普通高等教育经管类专业系列教材

用友U8财务业务一体化实训教程V10.1
（微课版）

崔 婕　李桂英　编著

清华大学出版社
北　京

内 容 简 介

财务业务一体化是企事业单位信息化建设的重点，全社会正在积极推进会计信息化建设，加快推动会计工作从传统核算型向现代管理型转变。本书以企业财务业务一体化应用为背景，以一个贯穿全书的制造企业仿真案例为导引，依托用友 U8 V10.1 财务软件，对构成财务业务一体化应用的七个模块(总账管理、应收款管理、应付款管理、采购管理、销售管理、库存管理、存货核算)进行了详细介绍。每章明确学习目标，章节的核心内容分别由实训工作情景、总体认知、实务演练、实训拓展、常见问题与自助维护几部分构成。此外，本书还提供电子课件、习题答案、配套的账套备份文档、重难点操作指引短视频，以及完整的账套练习。

本书可用作高等院校会计专业、财务管理专业、信息管理与信息系统专业及相关专业的教材，也可作为在职财会人员会计电算化培训或自学的教材。

本书配套的电子课件、习题答案、配套的账套备份文档、账套练习可以到 http://www.tupwk.com.cn/downpage 网站下载，也可以扫描前言中的二维码获取。扫描前言中的视频二维码可以直接观看教学视频。

本书封面贴有清华大学出版社防伪标签，无标签者不得销售。

版权所有，侵权必究。举报：010-62782989，beiqinquan@tup.tsinghua.edu.cn。

图书在版编目(CIP)数据

用友 U8 财务业务一体化实训教程 V10.1：微课版 / 崔婕，李桂英编著. —北京：清华大学出版社，2023.11

普通高等教育经管类专业系列教材

ISBN 978-7-302-64812-3

Ⅰ.①用… Ⅱ.①崔… ②李… Ⅲ.①财务软件—高等职业教育—教材 Ⅳ.① F232

中国国家版本馆 CIP 数据核字 (2023) 第 206116 号

责任编辑：胡辰浩
封面设计：周晓亮
版式设计：孔祥峰
责任校对：成凤进
责任印制：刘海龙

出版发行：清华大学出版社
网　　址：https://www.tup.com.cn, https://www.wqxuetang.com
地　　址：北京清华大学学研大厦 A 座　　邮　编：100084
社 总 机：010-83470000　　邮　购：010-62786544
投稿与读者服务：010-62776969，c-service@tup.tsinghua.edu.cn
质 量 反 馈：010-62772015，zhiliang@tup.tsinghua.edu.cn

印 装 者：三河市君旺印务有限公司
经　　销：全国新华书店
开　　本：185mm×260mm　　印　张：22.75　　字　数：612 千字
版　　次：2023 年 11 月第 1 版　　印　次：2023 年 11 月第 1 次印刷
定　　价：86.00 元

产品编号：090703-01

前言

一直以来，财务业务一体化都是企事业单位信息化建设的重点。为科学规划"十四五"时期会计信息化工作，指导国家机关、企事业单位、社会团体和其他组织(以下统称单位)应用会计数据标准，推进会计数字化转型，支撑会计职能拓展，推动会计信息化工作向更高水平迈进，财政部发布《会计信息化发展规划(2021—2025年)》。该规划提出各单位要积极推进会计信息化建设，加快推动会计工作从传统核算型向现代管理型转变，实现会计核算的集中和共享处理。一方面要注重运用新技术推动会计工作数字化转型，加快解决标准缺失、制度缺位、人才缺乏等问题；另一方面要正视会计信息化发展水平不均衡问题，促进会计信息系统与业务信息系统的深度融合，对业务和管理形成支撑和驱动，有效提升单位服务管理效能和经营管理水平。

本书以企业财务业务一体化应用为背景，以一个贯穿全书的制造企业仿真案例为导引，依托用友U8 V10.1财务软件，对构成财务业务一体化应用的七个模块(总账管理、应收款管理、应付款管理、采购管理、销售管理、库存管理、存货核算)进行了详细介绍。本书共分12章：前3章主要讲解会计信息化的组织实施与财务软件的安装、企业建账和基础设置；第4~7章是总账管理、UFO报表管理、固定资产管理、薪资管理；第8~11章是供应链系统初始化、采购管理、销售管理、库存管理与存货核算，由于应付和应收分别是采购与销售完整流程的构成部分，故还需考虑使用者能系统性学习财务业务一体化知识，因此本书将应付款管理编入第9章，将应收款管理编入第10章；第12章是供应链管理期末处理，讲解案例企业各个系统的月末处理方法。

本书实例丰富，结构清晰，易懂、易学、易练，重视实践性应用，强调案例式教学，各操作步骤配有详细的文字图例说明。在章节的内容设计上，本书难易适中、突出特色，特殊业务处理方法的编写源于企业的真实处理手段；在章节构成上，各章开头首先明确本章学习目标，章节的核心内容分别由实训工作情景、总体认知、实务演练、实训拓展、常见问题与自助维护几部分构成，在各章的最后设计了单元测试，以供使用者巩固学习之用。为更好地服务教学和帮助读者自主学习，本书提供了电子课件、习题答案、配套的账套备份文档、重难点操作指引短视频、完整的账套练习，让读者能将全书所学操作前后贯穿，全面掌握。本书可用作高等院校会计专业、财务管理专业、信息管理与信息系统专业及相关专业的教材。

本书由崔婕、李桂英担任主编，由胡飞、庞瑞博担任副主编。其编写具体分工为：崔婕编写第1章、第12章；李桂英编写第2章、第3章、第4章、第8章；胡飞编写第5章、第6章、第7章；庞瑞博编写第9章、第10章、第11章。本书是集体智慧的结晶，感谢参编人员的辛苦付出。此外，还要特别感谢实务界朋友提供的案例素材，以及对特殊业务和财务业务一体化处理手段的指导。

编者在编写本书的过程中参考了相关文献，在此向这些文献的作者深表感谢。由于作者水平有限，书中难免有错误与不足之处，恳请专家和广大读者批评指正。我们的电话是010-62796045，邮箱是992116@qq.com。

本书配套的电子课件、习题答案、配套的账套备份文件、账套练习可以到http://www.tupwk.com.cn/downpage网站下载，也可以扫描下方的二维码获取。扫描下方的视频二维码可以直接观看教学视频。

扫描下载   扫一扫

配套资源   看视频

编者

2023年8月

目 录

第1章	实训准备 …………………………… 1

1.1 实训工作情景 ………………………… 1
1.2 会计信息化基本认识 …………………… 2
 1.2.1 会计信息化相关概念 …………… 2
 1.2.2 我国会计信息化的发展 ………… 2
1.3 会计信息化与手工会计的联系
  与区别 ………………………………… 5
 1.3.1 会计信息化与手工会计的联系 …… 5
 1.3.2 会计信息化与手工会计的区别 …… 5
1.4 会计信息化的组织实施 ………………… 6
 1.4.1 开展会计信息化的条件 ………… 6
 1.4.2 会计信息化建设的目标和任务 …… 7
1.5 会计信息化教学系统的安装 …………… 8
 1.5.1 系统技术架构 …………………… 8
 1.5.2 数据库的安装 …………………… 9
 1.5.3 用友U8 V10.1软件的安装 ……… 9
1.6 常见问题与自助维护 ………………… 12
 1.6.1 常见问题 ……………………… 12
 1.6.2 自助维护 ……………………… 12

第2章	企业建账 ………………………… 14

2.1 实训工作情景 ………………………… 14
2.2 企业建账认知 ………………………… 16
 2.2.1 企业建账的含义 ……………… 16
 2.2.2 谁负责企业建账 ……………… 16
 2.2.3 在哪里进行企业建账 ………… 17
 2.2.4 怎样进行企业建账 …………… 18
2.3 企业建账实务 ………………………… 18
 2.3.1 增加角色与用户 ……………… 19

 2.3.2 建立企业账套 ………………… 20
 2.3.3 设置用户权限 ………………… 24
 2.3.4 修改账套 ……………………… 26
 2.3.5 账套输出 ……………………… 26
 2.3.6 账套引入 ……………………… 27
2.4 实训拓展 ……………………………… 28
2.5 常见问题与自助维护 ………………… 31
单元测试 …………………………………… 32

第3章	基础设置 ………………………… 34

3.1 实训工作情景 ………………………… 34
3.2 基础设置认知 ………………………… 35
 3.2.1 基础设置的含义 ……………… 35
 3.2.2 在哪里进行基础设置 ………… 35
 3.2.3 如何进行基础设置 …………… 36
3.3 基础设置资料 ………………………… 37
 3.3.1 系统启用 ……………………… 37
 3.3.2 机构人员设置 ………………… 38
 3.3.3 地区分类及客商信息设置 …… 41
 3.3.4 存货设置 ……………………… 46
 3.3.5 收付结算设置 ………………… 50
 3.3.6 财务设置 ……………………… 53
 3.3.7 业务设置 ……………………… 62
3.4 实训拓展 ……………………………… 69
3.5 常见问题与自助维护 ………………… 69
单元测试 …………………………………… 70

第4章	总账管理 ………………………… 72

4.1 实训工作情景 ………………………… 72

4.2 总账系统基本功能 ……………………… 73
4.3 总账系统初始设置 ……………………… 73
    4.3.1 总账选项设置 ……………………… 73
    4.3.2 数据权限和金额权限设置 ……… 73
    4.3.3 录入期初余额 …………………… 74
    4.3.4 试算平衡 ………………………… 74
4.4 总账日常业务处理 ……………………… 74
    4.4.1 总账日常业务处理工作内容 …… 74
    4.4.2 总账日常业务处理工作流程 …… 74
4.5 总账期末业务 …………………………… 79
    4.5.1 转账定义 ………………………… 79
    4.5.2 转账生成 ………………………… 81
    4.5.3 对账 ……………………………… 81
    4.5.4 结账 ……………………………… 81
4.6 总账初始设置实务 ……………………… 81
    4.6.1 基本任务 ………………………… 81
    4.6.2 实训拓展：数据权限与金额
          权限设置(用户：001 张扬) …… 91
4.7 总账日常业务处理实务 ………………… 94
    4.7.1 基本任务 ………………………… 94
    4.7.2 实训拓展 ………………………… 113
4.8 总账期末转账业务 ……………………… 114
    4.8.1 基本任务 ………………………… 114
    4.8.2 总账期末业务操作指导 ………… 114
    4.8.3 拓展实训 ………………………… 124
4.9 常见问题与自助维护 …………………… 125
单元测试 ……………………………………… 127

第 5 章 UFO报表管理 ……………… 130

5.1 实训工作情景 …………………………… 130
5.2 UFO报表管理系统认知 ………………… 131
    5.2.1 UFO报表管理系统的主要功能 … 131
    5.2.2 UFO报表管理系统的基本概念 … 131
    5.2.3 UFO报表管理系统的业务流程 … 134
5.3 自定义报表实务 ………………………… 135
5.4 利用报表模板编制报表实务 …………… 141
5.5 拓展业务 ………………………………… 143
5.6 自助维护 ………………………………… 144
5.7 思考练习 ………………………………… 145

第 6 章 固定资产管理 ……………… 147

6.1 实训工作情景 …………………………… 147
6.2 固定资产系统认知 ……………………… 148
    6.2.1 固定资产系统的基本功能 ……… 148
    6.2.2 固定资产系统与其他系统的主要
          关系 ……………………………… 148
6.3 固定资产管理系统业务处理流程 ……… 149
    6.3.1 固定资产管理初始化设置流程 … 149
    6.3.2 固定资产管理日常业务处理
          流程 ……………………………… 150
    6.3.3 固定资产管理期末业务处理
          流程 ……………………………… 152
6.4 固定资产日常业务处理 ………………… 153
6.5 固定资产拓展任务 ……………………… 162
6.6 自助维护 ………………………………… 162
6.7 思考练习 ………………………………… 163

第 7 章 薪资管理 …………………… 165

7.1 实训工作情景 …………………………… 165
7.2 薪资管理系统认知 ……………………… 166
    7.2.1 薪资管理系统的主要功能 ……… 166
    7.2.2 薪资管理系统的基本概念 ……… 167
7.3 薪资管理业务处理流程 ………………… 168
    7.3.1 薪资管理初始化设置流程 ……… 168
    7.3.2 薪资管理日常业务处理 ………… 169
7.4 薪资管理日常业务处理 ………………… 171
7.5 薪资管理拓展业务 ……………………… 184
7.6 自助维护 ………………………………… 185
7.7 思考练习 ………………………………… 185

第 8 章 供应链系统初始化 ………… 187

8.1 实训工作情景 …………………………… 187
8.2 供应链管理系统基本认识 ……………… 188
    8.2.1 供应链管理系统知识构成 ……… 188
    8.2.2 供应链系统应用方案 …………… 189
    8.2.3 工业企业供应链管理应用流程 … 190
8.3 供应链管理系统初始设置 ……………… 190
    8.3.1 采购与应付款初始设置 ………… 190
    8.3.2 销售与应收款初始设置 ………… 197

8.3.3 库存与存货核算初始设置 ………… 204
8.3.4 供应链管理期初数据 ………… 208
8.4 实训拓展 ………… 220
8.5 常见问题与自助维护 ………… 223
单元测试 ………… 224

第 9 章 采购管理 ………… 226

9.1 采购管理概述 ………… 226
    9.1.1 采购管理系统概述 ………… 226
    9.1.2 用友U8采购管理系统认知 ………… 227
    9.1.3 采购管理系统与用友U8其他子系统的关系 ………… 228
    9.1.4 采购管理系统日常业务概述 ………… 229
    9.1.5 日常采购业务处理流程解析 ………… 230
9.2 采购管理实务 ………… 234
    9.2.1 基本任务 ………… 234
    9.2.2 基本任务实验操作指导 ………… 235
    9.2.3 拓展任务 ………… 265
9.3 常见问题与自助维护 ………… 271
单元测试 ………… 272

第 10 章 销售管理 ………… 274

10.1 销售管理概述 ………… 274
    10.1.1 销售管理系统概述 ………… 274
    10.1.2 用友U8销售管理系统的认知 ………… 274
    10.1.3 销售管理系统与用友U8其他子系统的关系 ………… 275
    10.1.4 销售管理系统日常业务概述 ………… 275
10.2 销售管理实务 ………… 280
    10.2.1 基本任务 ………… 280
    10.2.2 基本任务实验操作指导 ………… 281
    10.2.3 拓展任务 ………… 320
10.3 常见问题与自助维护 ………… 325
单元测试 ………… 325

第 11 章 库存与存货核算管理 ………… 328

11.1 库存管理概述 ………… 328
    11.1.1 库存管理系统概述 ………… 328
    11.1.2 库存管理系统日常业务处理 ………… 329
    11.1.3 库存管理系统期末处理 ………… 329
11.2 库存管理实务 ………… 330
    11.2.1 基本任务 ………… 330
    11.2.2 基本任务实操指导 ………… 330
11.3 存货核算概述 ………… 336
    11.3.1 存货核算系统概述 ………… 336
    11.3.2 存货核算系统日常业务处理 ………… 337
    11.3.3 存货核算系统期末处理 ………… 337
11.4 存货核算实务 ………… 338
    11.4.1 基本任务 ………… 338
    11.4.2 基本任务实操指导 ………… 338
11.5 拓展任务 ………… 342
11.6 常见问题与自助维护 ………… 346
单元测试 ………… 346

第 12 章 供应链管理期末处理 ………… 349

12.1 供应链管理期末处理概述 ………… 349
    12.1.1 期末处理 ………… 349
    12.1.2 月末结账 ………… 349
12.2 供应链管理期末处理实务 ………… 350
    12.2.1 基本任务 ………… 350
    12.2.2 基本任务实操指导 ………… 350
    12.2.3 拓展任务 ………… 353
12.3 常见问题与自助维护 ………… 353
单元测试 ………… 354

参考文献 ………… 355

第1章

实训准备

学习目标：
1. 了解会计信息化与会计信息系统；
2. 掌握用友U8 V10.1软件的安装。

1.1 实训工作情景

企业在使用会计信息系统对企业的日常财务、业务进行处理时，有可能会面临以下几个问题。

1. 会计信息化是一个系统工程，需要从何处入手

无论企业规模大小、业务复杂程度如何，企业信息化的建设过程都大致相同。首先要确定企业信息化建设的总体目标。其次要根据建设目标的要求和企业实际管理需求将企业信息化建设进程划分为几个阶段，并确定每个阶段的阶段目标。最后要根据阶段目标，参照企业资金预算进行管理软件选型、实施，并逐步建立与信息化管理相适配的企业内部管理体系。经过企业业务的需求分析、论证及讨论后，中诚通讯确定了企业信息化第一阶段的目标是先实现会计信息化。

2. 会计信息化和企业信息化是不是一回事

企业信息化是指企业利用计算机技术、网络技术等一系列现代化技术，通过对信息资源的深度开发和广泛利用，不断提高生产、经营、管理、决策的效率和水平，从而提高企业经济效益和企业竞争力的过程。从内容上看，企业信息化主要包括产品设计的信息化、生产过程的信息化、产品销售的信息化、财务及经营管理的信息化、决策信息化，以及信息化人才队伍的培养等多个方面。会计信息化是指企业利用计算机、网络通信等现代信息技术手段开展会计核算，以及利用上述手段将会计核算与其他经营管理活动有机结合的过程。会计信息化不仅包括与会计核算相关的信息化，还将会计核算与其他经营管理活动结合的情况纳入会计信息化范围。因此，会计信息化是企业信息化的重要组成部分。

3. 如何做好企业信息化资金预算

企业信息化资金投入主要包括购置管理软件、配置相关硬件及网络设备、管理软件实施及人员培训,以及后期的运行维护四个方面,因此需要根据软件提供在这几方面的报价进行资金预算。

1.2 会计信息化基本认识

1.2.1 会计信息化相关概念

1. 会计电算化

会计电算化是以电子计算机为主的当代电子和信息技术应用到会计工作中的简称。它主要是应用电子计算机代替人工记账、算账、报账,以及代替部分由大脑完成的对会计信息的处理、分析和判断的过程。会计电算化是会计发展史上的一次革命,对会计工作的各个方面都产生了深刻的影响。会计电算化的普及应用,有利于促进会计工作的规范化、提高会计工作质量、减轻会计人员的劳动强度、提高会计工作的效率、更好地发挥会计的职能作用,从而为实现会计工作现代化奠定良好的基础。

2. 会计信息化

会计信息化是指企业利用计算机、网络通信等现代信息技术手段开展会计核算,以及利用上述手段将会计核算与其他经营管理活动有机结合的过程。会计信息化不仅包括与会计核算相关的信息化,同时,鉴于企业其他经营管理职能与会计职能可能存在交叉重叠,其他信息系统可能是会计信息系统重要数据来源的情况,还将会计核算与其他经营管理活动相结合的内容纳入会计信息化范围,这样定义有利于企业正确认识会计信息化与其他领域信息化的密切关系,有利于企业财务会计部门适当地参与企业全领域的信息化工作。总的来看,会计信息化是会计电算化在两个方向上发展的结果:一是在横向上与企业管理信息系统相结合,形成融物流、资金流、信息流和业务流为一体的开放性会计系统;二是在纵向上为了满足企业决策层和管理层对信息的需求,由会计核算信息化逐步拓展到财务管理信息化和决策支持信息化,进而形成完整的会计信息化体系。因此,会计信息化是会计电算化的高级阶段,是会计观念上的重大突破,它要求人们站在整个企业的新视角来认识信息化工作,体现了会计的全面创新、变革和发展。

3. 会计信息系统

会计信息系统是指利用信息技术,对会计信息进行采集、存储、处理及传送,完成会计核算、监督、管理和辅助决策任务的信息系统。

1.2.2 我国会计信息化的发展

1979年会计电算化在中国第一汽车制造厂得以应用,在此后的几十年间,会计信息化经历了一个从起步到发展,功能不断完善,作用不断增强的过程。从我国会计信息化工作的开展程度、范围、组织、规划、管理及会计软件开发等方面来看,我国会计信息化发展可分为以下五个阶段。

1. 起步阶段(1979—1982年)

该阶段主要进行会计电算化的试点和基础理论研究工作。1979年,财政部拨出专款,在长春第一汽车制造厂用计算机进行工资、产值等方面的计算,这是我国会计信息化的起点。起步阶段的主要特点如下。

(1) 业务内容单一,起步阶段会计软件的内容是用计算机模拟手工记账,不仅模拟手工环境的会计循环,而且模拟手工环境的数据输出形式,利用计算机完成单项核算任务,如工资核算、总账核算和报表汇总等。

(2) 起步阶段会计软件开发的目标是实现会计核算电算化,利用计算机代替手工处理数据量大、业务简单的单项会计业务,将会计人员从繁杂、庞大的数据加工中解脱出来,从而提高数据加工效率和数据的精确度,提高会计数据输入和输出的速度。

(3) 起步阶段会计软件的特点是程序简单,程序和数据是相互联系的,没有数据管理,会计软件生成的数据就是一个个信息孤岛,缺乏数据共享。

(4) 应用范围小,只有极少数国有大型企业进行会计信息化工作。

(5) 会计信息化领域专业技术人员缺乏,懂会计的不太懂计算机,懂计算机的不太懂会计,既懂计算机又熟悉会计业务的电算化人才寥寥无几。

(6) 设备缺乏,硬件设备主要是中小型计算机,价格昂贵,体积庞大,使用不便,当时国内计算机操作系统缺乏中文版本,给电算化操作人员上机操作带来不便。

2. 自我发展阶段(1983—1987年)

1983年,国务院成立了电子振兴领导小组,负责推动全国计算机事业的发展。全国范围内掀起了计算机应用的热潮,微型计算机大批涌现,社会对会计信息化的需求越来越多,应用计算机进行会计信息化的单位逐渐增多。然而,由于经验不足,各会计单位各行其是,在会计软件工程中重复开发,浪费了人力、财力和物力。理论准备和人才培训也不够,组织管理工作滞后,影响了普及推广。自我发展阶段的特点如下。

(1) 单位会计信息化的内容,已从工资核算扩展到账务处理、材料核算、固定资产核算、成本核算等会计核算业务。有的企业逐步形成了电算化会计信息系统,可以在系统内实现资源共享。

(2) 计算机硬件发展很快,价格大降,微型机大量涌入市场,为会计电算化提供了良好的环境。

(3) 计算机软件发展迅速,中文操作系统研究成功,使会计电算化应用为更多人所接受。但各单位自行开发的会计软件不够规范和标准,会计软件研发水平不高,重复开发严重。

(4) 会计软件开始大量面市,商品化会计信息市场逐步形成,会计软件行业管理更加规范。各方面开展会计电算化热情高,但缺乏相应配套的组织制度和控制措施。国家对会计软件没有制定严格的评审制度,我国会计电算化事业处于自行发展的状态。

3. 稳步发展阶段(1988—1998年)

在该阶段,财政部先后颁发了多部有关会计信息化的规则,中国会计学会成立了"会计电算化研究组",各地也相继有了"会计电算化应用"组织。会计电算化工作稳步向前发展,一批专业商品化会计软件开发单位推出了通用的商品软件,各企事业单位会计电算化从单项业务处理向全面业务处理发展。稳步发展阶段的特点如下。

(1) 各级财政部门和各级业务主管部门加强了对会计电算化工作的管理和引导，制定了相应的发展规划措施、管理制度和会计软件开发标准。

(2) 会计信息化理论研究取得了初步成果，培养了一批既懂会计又懂计算机的会计电算化人才。

(3) 商品化会计软件主要是核算型会计软件的开发，向通用型、规划型和专业化方向发展，满足了企事业单位会计电算化的需要。

4. 成熟与飞跃阶段(1999—2005年)

会计电算化的发展过程从核算型到管理型，最终为预算决策型。我国会计软件从1999年开始跨越式地向前发展，人才培养力度加大，许多学校相继开设会计电算化课程，并对在职财务人员进行了全面的培训，企事业单位大力推广电算化工程，会计电算化在各单位如火如荼地开展。成熟与飞跃阶段的特点如下。

(1) 政府加强了对会计电算化的管理工作。

(2) 加大了会计电算化人才培养力度，财会人员必须取得会计电算化合格证书才能上岗，把中专、大专、本科和研究生各层次的会计电算化教育列入了教学规划。

(3) 从事商品化会计软件开发的单位和从事会计专用设备研制的单位，具备了一定的实力，使产品质量有了明显的提高。会计软件从核算型向管理型转变，从管理型向预算决策型发展。

(4) 企事业单位实行会计电算化的步伐加快，应用范围扩大，应用水平提高，经济效益显现出来。

(5) 国外的优秀财务软件进入国内市场，对我国会计电算化事业具有推动作用。

5. 与内控相结合的集成管理阶段(2005年至今)

进入21世纪以后，随着会计软件开发水平的提高和因特网应用的迅速发展，企业资源计划(ERP)软件越来越成熟，应用也越来越广泛。ERP软件是整合先进管理理念、业务流程、基础数据、人力资源、计算机硬件于一体的企业资源管理系统，它将企业的人、财、物等资源集中管理，并用于最佳的时间和地点，从而使企业获得最大限度的增值。ERP系统的应用使得企业内部控制发生了巨大的变化，主要体现在：首先，内部控制发生了转移，控制重点由会计人员和会计业务部门转移到了计算机数据处理部门；其次，控制的范围扩大，在传统环境下的内部控制制度上有取有舍，并增加了许多内部控制的内容，如数据编码控制等；最后，控制方法与手段转为人工控制与程序化控制相结合，它利用计算机程序化的控制加强业务流程的管理，控制的智能化程度大幅度提高。与内控相结合建立ERP系统的集成管理阶段的特点如下。

(1) 从会计软件的内容看，ERP软件涵盖了所有会计核算软件的全部功能，并且将其与办公自动化系统、电子商务、企业分销管理等全方位准确对接，充分实现了企业各类资源的集中管理，充分体现了准时生产、约束理论、精益生产、敏捷制造等先进管理思想，体现了会计电算化发展为高级阶段的特点。

(2) 从ERP软件的应用环境来看，法律法规建设在不断加强，从法律层面提出了对内部控制的要求。

1.3 会计信息化与手工会计的联系与区别

1.3.1 会计信息化与手工会计的联系

1. 系统目标相同

无论是会计信息系统还是手工会计信息系统,最终目标都是加强经营管理,提供会计信息,参与经营决策,提高经济效益。

2. 会计法规和财务制度相同

无论是会计信息化还是手工核算的业务处理工作,都必须严格遵守国家的会计法规及现行的财务制度规定。

3. 基本的会计理论与方法相同

会计理论是会计科学的结晶,会计方法是会计具体工作的总结。实行信息化后,虽然会引起会计理论和方法的变革,但是最基本的会计理论和方法,如会计基本假设和会计的记账方法等仍应当遵循。

4. 编制会计报表的要求相同

会计报表作为国家进行经济调控的依据,反映了企业的财务状况和经营成果,无论是电算还是手工核算,都应当按照一定的要求编制会计报表。

5. 都必须妥善保管会计档案

按照会计制度的要求,会计档案作为重要的历史资料,应妥善保管。采用财务软件进行账务处理后,虽然存储相关会计数据信息的介质发生了变化,但会计信息资料的保存必须与手工核算一样进行。

1.3.2 会计信息化与手工会计的区别

会计信息系统与手工会计相比,在以下几方面有所区别。

1. 处理工具的不同

手工会计使用的工具是算盘,以及机械或电子计算器。会计信息系统使用的工具以电子计算机为主,数据处理由计算机完成。

2. 信息载体的不同

手工系统的信息以纸张为载体,保管难度大,占用较多的空间,不易查找。会计信息系统以磁性介质或光盘为载体,体积小,易于保管,占用空间少,可以利用网络系统传输,查询方便。

3. 簿记规则不同

首先,账簿的存在方式不同。手工系统中规定日记账、总账采用订本式,明细账可用订本式或活页式;会计信息系统下,账簿是打印输出的折叠账页。其次,账簿的修改和结账方法不同。手工账簿的错误可以用画线更正法、红字冲销法和补充登记法修改,账页中的空行、空页用红线画销;会计信息化账簿不可能完全采用手工的改错方法。为保证审计的追踪线索,规定凡是已经记账的凭证数据不能修改,只能采用红字冲销法和补充登记法更改错误,以便留下修改痕迹,打印输出的账页空白部分也不准许画线注销。

4. 账务处理程序不同

手工系统的账务处理程序主要有记账凭证账务处理程序、科目汇总表账务处理程序、日记账账务处理程序、多栏式日记账账务处理程序和汇总记账凭证账务处理程序5种，都是为了简化登账中的重复登录和计算，但伴随而来的是工作人员和处理环节的增多，其差错率也随之增加。会计信息系统的账务处理程序对数据采用集中收集、统一处理、数据共享的操作方法，由记账凭证登记日记账、明细账，通过汇总登记总账，编制并打印报表。

5. 会计机构及人员不同

手工系统下，会计岗位一般分为出纳、工资、材料、固定资产和成本等若干工作岗位，进行具体的业务核算，并设专人负责记账、编制报表工作，人员也是专职会计人员。会计信息系统中，会计岗位划分为录入、审核、维护等岗位，人员构成包括会计专业人员、计算机操作员、计算机软硬件维护人员等。

6. 内部控制方式不同

在会计信息系统中，对手工会计的内部控制方式做了必要的改变，有的已经取消，如账证核对、账账核对、账表核对的控制方式已经不再存在，而是以更加严密的输入方式代之；又如除保留了签字、盖章等控制外，还增设了权限控制、序时控制等方式。

1.4 会计信息化的组织实施

1.4.1 开展会计信息化的条件

企业建设会计信息化需要具备以下四方面的基本条件。

1. 企业客观需要

随着企业生产的发展和市场竞争的加剧，其对企业经营管理的要求不断提高，会计工作显得越来越重要，不仅需要处理的会计数据剧增，业务处理的复杂程度也在增大。若继续依靠落后的传统计算工具与手工操作方式，企业即使增加了人员，其所能提供的会计信息在及时性、准确性、系统性方面也难以达到企业管理的要求。许多企业迫切需要建立电算化会计信息系统，从根本上摆脱这种困境，可以说这种紧迫感是企业建立会计信息化的动力。

2. 领导的重视与支持

企业建立会计信息化工作不仅是财会部门的事情，它还涉及企业的外部及内部许多部门，并且会计信息化应用程度越高，外界的制约因素就越大。因此，只有财会部门领导与人员的热情是远远不够的，会计信息化工作应该得到企业主要领导的重视和支持。根据国内外应用成功与失败的经验，这项工作必须由企业主要领导挂帅，如企业的厂长、经理、总会计师等，这样在人员配置、培训、资金筹集、设备更新、组织机构变更，以及与其他部门的协调等方面，才会顺利得多。因此，要加强对企业领导的宣传和培训，以取得他们对会计信息化工作的重视和支持。

3. 良好的会计基础工作

会计基础工作主要指会计制度是否健全，核算规程是否规范，基础数据是否准确、完整等，这是做好会计信息化工作的前提之一。计算机对会计数据的处理是在预先编制的软件控制下进行的，因此提供的程序必须正确，并且要符合法规和会计制度的要求，这就对会计工作提出了更加严格的要求。另外，会计工作具有阶段性与连续性的特点，许多工作仅提供要处理的当前数据是不够的，还要使用大量完整的、准确的其他基础数据，如账户的期初余额、库存结存、定额标准、计划指标等。如果处理的原始数据不及时、不准确，或者基础数据不完整、不可靠，计算机则不能正常运行，会计信息系统提供的信息也就失去了使用价值。因此，业务部门必须建立健全计量、收集与审核等规章制度，以保证能及时取得完整、准确的数据。初建电算化会计信息系统的单位，如果会计基础工作较差，则要先进行整顿，使其迅速达标。对于有一定基础的单位也要进一步提高与规范，积极创造条件，这样，今后在由手工处理向计算机处理正式转换时就会容易与省力得多。由此可见，会计信息化的建立也会推动企业会计工作规范化、标准化、制度化、程序化和合法化，这是一个改造与提高管理的过程，能使企业会计工作跃上一个新的台阶。

4. 合格的人才

会计信息化的开发、运行与维护，需要大量不同层次、不同知识结构的专业人才。目前，就绝大多数企事业单位来说，这类人才还很匮乏。大致来说，会计信息化人员分为三类：第一类是信息化的开发人员，负责完成会计软件的开发工作；第二类是信息化的应用人员，主要负责信息化的使用和日常维护；第三类是电算化系统的管理人员，负责单位会计信息化工作的组织、协调和管理，使其能健康地发展。对企业来说，要根据企业规模与会计信息化的实现方式等情况确定人才需求、配置与培养计划，使他们能尽快胜任工作。

1.4.2　会计信息化建设的目标和任务

我国推进会计信息化工作的主要目标是通过建立健全会计信息化法规体系和会计信息化标准体系，全力打造会计信息化人才队伍，基本实现大型企事业单位会计信息化与经营管理信息化融合，进一步提高企事业单位的管理水平和风险防范能力，做到数出一门、资源共享，以便不同信息使用者获取、分析和利用信息，从而进行投资和相关决策；基本实现大型会计师事务所采用信息化手段对客户的财务报告和内部控制进行审计，进一步提高社会审计质量和效率；基本实现政府会计管理和会计监督的信息化，进一步提高会计管理水平和监管效能。通过全面推进会计信息化工作，使我国的会计信息化达到或接近世界先进水平。根据以上目标，全面推进我国会计信息化工作的主要任务包括以下方面。

1. 推进企事业单位会计信息化建设

一是会计基础工作信息化，会计基础工作涉及企事业单位管理全过程，只有基础工作信息化，才能为企事业单位全面信息化奠定扎实的基础；二是会计准则制度有效实施信息化，通过将相关会计准则制度与信息系统实现有机结合，自动生成财务报告，进一步贯彻执行相关会计准则制度，确保会计信息等相关资料更加真实、完整；三是内部控制流程信息化，根据企事业单位内部控制规范制度要求，将内部控制流程、关键控制点等固化在信息系统中，促进各单位内部控制规范制度的设计与运行更加有效，形成自我评价报告；四是财务报告与内部控制评价报告标准化，各企事业单位在贯彻实施会计准则制度、内部控制规范制度并与全面信息化结合的过程中，生成标准化财务报告和内部控制评价报告，以满足不同信息使用者的需要。

2. 推进会计师事务所审计信息化建设

一是财务报告审计和内部控制审计信息化，加强计算机审计系统的研发与完善，实现审计程序和方法等与信息系统的结合，全面提高注册会计师执业质量和审计水平；二是会计师事务所内部管理信息化，通过信息化手段实现会计师事务所内部管理的科学化、精细化，促进注册会计师行业做强做大，全面提高会计师事务所的内部管理水平和执业能力。

3. 推进会计管理和会计监督信息化建设

一是建立会计人员管理系统，创新会计人员后续教育网络平台，实现对全社会会计人员的动态管理；二是在全国范围内逐步推广无纸化考试，提高会计从业资格管理工作效率和水平；三是推进信息系统在会计专业技术资格考试工作中的应用，完善会计人员专业技术资格考试制度，切实防范考试过程中的舞弊行为；四是完善注册会计师行业管理系统，建立行业数据库，对注册会计师注册、人员转所、事务所审批、业务报备等实行网络化管理；五是推动会计监管手段、技术和方法的创新，充分利用信息技术提高工作效率，不断提高会计管理和会计监督水平。

4. 推进会计教育与会计理论研究信息化建设

一是建立会计专业教育系统，实时反映和评价会计专业学历教育情况，掌握会计专业学生的培养状况及社会对会计专业学生的需求，改进教学方法和教学内容，促进会计专业毕业生最大限度地满足社会需求；二是建立会计理论研究信息平台，及时发布和宣传会计研究最新动态，定期统计、推介和评估有价值的会计理论研究成果，促进科研成果转化为生产力，以指导和规范会计理论研究，为会计改革与实践服务。

5. 推进会计信息化人才建设

一是完善会计审计和相关人员能力框架，在知识结构、能力培养中重视信息技术方面的内容与技能，提高利用信息技术从事会计审计和有关监管工作的能力；二是加强会计审计信息化人才的培养，着力打造熟悉会计审计准则制度、内部控制规范制度和会计信息化三位一体的复合型人才队伍。

6. 推进统一的会计相关信息平台建设

为了实现数出一门、资源共享的目标，会计相关信息平台应当以企事业单位标准化会计相关信息为基础，便于投资者、社会公众、监管部门及中介机构等有关方面利用。该平台应当涵盖数据收集、传输、验证、存储、查询、分析等模块，具备会计等相关信息查询、分析、检查与评价等多种功能，为会计监管等有关方面预留接口，提供数据支持。

1.5 会计信息化教学系统的安装

1.5.1 系统技术架构

用友U8 V10.1管理软件采用三层架构体系，即逻辑上分为数据服务器、应用服务器和客户端。采用三层架构设计，可以提高系统效率与安全性，降低硬件投资成本。物理上，既可以将数据服务器、应用服务器和客户端安装在一台计算机上，也可以将数据服务器和应用服务器安装在一台计算机上，而将客户端安装在另一台计算机上；当然，还可以将数据服务器、应用服务器和客户端分别安装在不同的3台计算机上。如果是C/S网络应用模式，在服务器和客户端分别安装了不同的内容，需要进行3层结构的互连，在系统运行过程中，可根据实际需要随意切换远程服务器，即通过在登录时改变服务器名称来访问不同服务器上的业务数据，从而实现单机到网络应用模式的转换。

1.5.2 数据库的安装

用友U8 V10.1管理软件要求以SQL Server 2000作为后台数据库。下面以安装SQL Server 2000个人版为例介绍安装过程，其操作步骤如下。

01 执行SQL Server 2000安装文件 Setup 后，打开SQL Server 2000自动菜单，选择其中的"安装SQL Server 2000组件"命令，打开"安装组件"对话框。

02 选择其中的"安装数据服务器"选项，然后打开"安装向导-欢迎"对话框，单击【下一步】按钮，打开"计算机名"对话框。选择"本地计算机"选项，单击【下一步】按钮，打开"安装选择"对话框。

03 选择"创建新的SQL Server实例，或安装客户端工具"选项，单击【下一步】按钮，打开"用户信息"对话框。输入姓名，单击【下一步】按钮，打开"软件许可证协议"对话框。阅读后，单击【是】按钮，打开"安装定义"对话框。

04 选择"服务器和客户端工具"选项，单击【下一步】按钮，打开"实例名"对话框，采用系统默认，单击【下一步】按钮，打开"安装类型"对话框。选择"典型"选项，并选择文件安装路径，单击【下一步】按钮，打开"选择组件"对话框。采用系统默认，单击【下一步】按钮，打开"服务账户"对话框。

05 选择"对每个服务使用同一账户。自动启动SQL Server服务"选项，将服务设置为"使用本地系统账户"，单击【下一步】按钮，打开"身份验证模式"对话框。

06 为了加强系统安全性，选择"混合身份验证模式"选项，选中"空密码"复选框，单击【下一步】按钮，打开"开始复制文件"对话框。

07 单击【下一步】按钮，打开"Microsoft Data Access Components 2.6 安装"对话框，按照系统提示关闭列表中的任务；单击【下一步】按钮，打开安装"软件"对话框，单击【完成】按钮开始安装。

08 稍等片刻，系统安装结束，显示"安装结束"对话框，单击【完成】按钮，结束SQL Server 2000的安装。

1.5.3 用友U8 V10.1软件的安装

01 双击光盘\用友ERP-U8 V10.1安装程序\SetupShell.exe文件，运行安装程序，打开如图1-1所示的安装界面。

02 选择"安装U8 V10.1"选项，单击【开始安装】。

03 选中"我接受许可证协议中的条款"单选按钮，单击【下一步】按钮，如图1-2所示。

图1-1　用友U8 V10.1安装界面

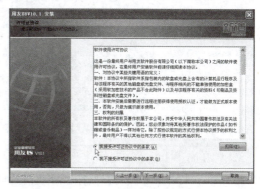

图1-2　软件使用许可协议

04 用友U8自动检测历史版本。

05 输入相应信息后(根据情况随意输入),单击【下一步】按钮,出现图1-3所示的界面。

06 选择安装路径后,单击【下一步】按钮,出现图1-4所示的界面。

图1-3 软件安装路径　　　　　　　　图1-4 软件安装类型

07 此处选择"全产品"选项进行安装,为简体中文版,然后单击【下一步】按钮。

08 此时单击"检测"按钮,可以进行用友U8 V10.1安装环境的检测,如图1-5所示。

提示:

未满足安装环境的条目,用友U8会自动提示,用户可逐个检查。未安装的缺省组件,也可单击该组件条目,用友U8会自动定位到该组件所在的安装位置。另外,还可通过双击该组件安装程序进行安装。"基础环境"和"缺省组件"若有未满足的条件,则安装不能向下进行,"可选组件"可以不安装。

环境检测全部通过后(如图1-6所示),单击【确定】按钮,返回安装界面,即可进行后续的安装工作。

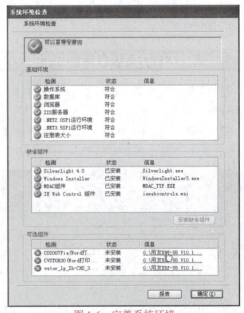

图1-5 系统环境检查　　　　　　　　图1-6 完善系统环境

09 接下来单击【安装】按钮,即可进行安装(如图1-7所示,此安装过程时间较长,请耐心等待)。

10 安装完成后，单击【完成】按钮，重新启动计算机。

11 系统重启后，出现"正在完成最后的配置"提示信息，如图1-8所示。在其中输入数据库名称(即本地计算机名称，可通过"我的电脑"|"系统属性"中的计算机名查看)，SA口令为空(安装SQL Server 2000时设置为空)，单击【测试连接】按钮，测试数据库连接，若一切正常，则会出现连接成功的提示信息。若数据库连接测试不成功，可先忽略，然后参考本书后面所介绍的方法进行测试。

图1-7　安装软件

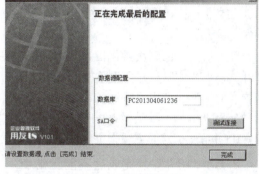
图1-8　测试连接软件

12 连接测试成功后，单击【完成】按钮，接下来系统会提示是否初始化数据库，单击【是】按钮，则会提示"正在初始化数据库实例，请稍候……"。数据库初始化完成后，会出现图1-9所示的"登录"界面。

13 在"登录"界面中，在"登录到"下拉列表中选择本地计算机名称，在"操作员"文本框中输入"admin"，密码为空，在"账套"下拉列表中选择"default"(U8 V10.1系统默认)，单击【确定】按钮。

14 系统提示创建账套，如图1-10所示。

图1-9　测试成功后登录界面

图1-10　创建账套

15 根据提示完成创建账套后，会弹出提示框询问是否现在进行系统启用的设置。若单击【是】按钮，在进行系统启用设置后，会出现"系统管理"对话框。

16 用户也可以引入账套，选择"账套"|"引入"命令，引入光盘中解压缩后的账套数据。

17 用户还可新建"角色"与"用户"，以及设置权限，建立了账套、用户及权限后，即可登录U8企业应用平台，进行实务操作。

1.6 常见问题与自助维护

1.6.1 常见问题

1. IIS未安装怎么办

在安装用友U8 V10.1之前，要求系统满足一定的安装条件，其中包括事先安装好IIS。IIS即互联网信息服务，是由微软公司提供的基于Microsoft Windows的服务组件，其中包括Web服务器、FTP服务器、NNTP服务器和SMTP服务器，分别用于网页浏览、文件传输、新闻服务和邮件发送等方面。

针对该问题的解决操作指导为：打开"控制面板"窗口，选择"添加或删除程序"选项；打开"添加或删除程序"对话框，单击"添加/删除Windows组件"选项；打开"Windows 组件向导"对话框，选中"Internet信息服务(IIS)"复选框。IIS安装过程中会提示指定文件路径，有两种应对策略：一种是插入Windows系统盘，指定系统盘所在驱动器位置；另外一种是预先下载好IIS并解压，这时需要指定解压文件所在位置。

2. U8 V10.1安装完成后不能正常使用

U8 V10.1安装完成后，用户有时会遇到用友U8不能正常使用的情况。系统不能正常使用有很多种可能，原因不一且定位困难，需要借助专业工具进行诊断。

针对该问题的解决操作指导为：执行"开始"｜"所有程序"｜"用友U8 V10.1"｜"系统服务"｜"诊断工具"命令，打开"用友ERP-U8诊断工具向导"对话框，单击【下一步】按钮；显示"用友U8安装信息"对话框，输入应用服务器、数据服务器地址和SA密码，单击"测试连接"按钮，检查是否连接成功；单击【检测】按钮，诊断工具会根据U8产品的环境要求进行自动检测，诊断各种由环境引起的问题并生成相应的报告，供用户自查及维护人员进行错误排查。

3. 登录异常

在"登录"窗口中未出现登录到的服务器名称和账套default，致使无法登录软件。

针对该问题的解决操作指导为：选择"开始"｜"程序"｜"用友U8 V10.1"｜"系统服务"｜"应用服务器配置"命令，在打开的窗口中单击"数据库服务器"图标；打开"数据源配置"窗口，单击【增加】按钮，打开"增加数据源"窗口，在"数据源"文本框中输入"default"，在"数据库服务器"文本框中输入数据库服务器名称(若为单机安装，则为本机计算机名称)，或单击右侧按钮选择。

1.6.2 自助维护

1. 会计信息化维护的内容

首先是程序的维护，根据运行记录，发现程序的错误需要修改或者用户有更高的要求，又或是部分程序需要改进或者环境发生变化，需要修改程序。其次是数据文件与代码的维护，发生意外情况造成数据丢失或混乱，需要对数据文件进行维护，若旧的代码不能适应新的要求，则要对代码进行维护。最后是机器、设备的维护，既有机器设备的日常保养、维护与管理，也有突发故障需要进行修理，以保证系统的正常运行。

2. 会计信息系统维护的类型

第一是纠错性维护，指由于软件测试的不彻底性，软件交付使用后，还会继续发现潜藏的错误，需要对它们进行正确诊断，找出错误的原因和位置，并改正错误而进行的维护。第二是适应性维护，适应性维护是指为了适应运行环境的变化而进行的维护，如对硬件的变更、升级，系统软件的更新，应用方法的变化或使用对象的变更等进行的维护。第三是完善性维护，完善性维护是指应用户的需要而增加新的功能或改善已有的功能与性能而进行的维护，这类维护的工作量最大。第四是预防性维护，预防性维护是指对一些使用时间较长，目前虽尚能使用，但可能不久就须做重大修改或加强的软件，进行预先的维护，以适应将来的修改或调整而减少维护的工作量。

第 2 章 企业建账

学习目标：
1. 了解角色与用户的概念，掌握角色与用户的设置方法；
2. 掌握"账套"的建立方法，能熟练区分"账套"与"账套库"的异同；
3. 学会输出、引入与修改账套，能够独立设置自动备份计划；
4. 熟悉系统管理员与账套主管的职责分工，掌握用友U8系统启用方法。

2.1 实训工作情景

基于企业第一阶段目标定位于会计信息化，经过慎重选型，河南嘉航紧固装置有限公司于2021年12月购置用友U8 V10.1(简称用友U8)总账、UFO报表、薪资管理、计件工资、固定资产、应收款管理、应付款管理、采购管理、销售管理、库存管理和存货核算11个子系统，并拟于2022年1月开始进行财务核算，实现财务管理的信息化。

河南嘉航紧固装置有限公司在开始会计信息化之前，需要了解以下方面的问题。

1. U8 V10.1各个子系统的主要功能

总账系统： 凭证录入、凭证审核、记账、结账完整的账务处理过程，输出各种总账分类、日记账、明细账和有关辅助账。

UFO报表系统： 从用友U8总账及其他模块中获取数据，生成对外财务报告和制作内部财务报告。

薪资管理系统： 可以采用计时工资和计件工资两种方式计算工资薪酬，对工资费用进行分摊，处理和职工薪酬相关的其他费用，将分摊结果形成凭证传递给总账系统。

固定资产管理系统： 主要管理企业固定资产的增减、变动、折旧计算，并将业务变动及折旧计算结果形成凭证传递给总账。

应收款管理： 主要实现企业与客户之间业务往来账款的核算与管理，形成凭证传递给总账。

应付款管理： 主要实现企业与供应商之间业务往来账款的核算与管理，形成凭证传递给总账。

采购管理： 可提供对企业采购业务中请购、订货、到货、开票、结算等环节的管理，支持按订单采购、普通采购、暂估、受托代销、退货等多种类型业务处理。

销售管理：可提供对企业销售业务中报价、订货、发货、开票等环节的管理，支持按订单销售、普通销售、委托代销、分期收款、零售、退货等多种类型业务处理。

库存管理：主要从数量的角度管理企业存货的出入库业务，加强库存控制，提供库存存储分析。

存货核算系统主要核算企业存货的入库成本、出库成本和结余成本，从资金的角度管理存货出入库业务。

2. U8 V10.1各个子系统之间的关系

根据用友U8各子系统的功能描述可以发现，其各个子系统均具有相对独立的功能，彼此之间又相互联系。各子系统之间的数据关系如图2-1所示。

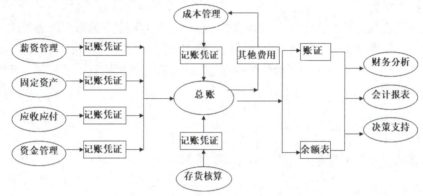

图2-1　用友U8各子系统之间的数据关系

应收款管理、应付款管理、薪资管理、固定资产管理、存货核算会根据业务生成凭证传递给总账，UFO报表系统可以从各个子系统获取数据生成报表。其他联系将在后续章节的学习中进行说明。

3. 企业的应用模式

用友U8各个模块既可以独立使用，也可以与其他模块集成使用。如果企业仅购买总账模块，那么企业可以在总账系统中通过填制凭证来处理与职工薪酬、固定资产核算、应收应付管理等相关的业务。如果企业除了购入总账系统，还购入了应收管理系统，那么所有与客户相关的应收与收款业务均在应收款管理系统处理，应收款管理系统处理的结果会自动传递凭证给总账。本教程各章节企业的应用模式如表2-1所示。

表2-1　河南嘉航紧固装置有限公司U8各章节应用模式

章	企业应用模式
第4章　总账管理	总账
第5章　UFO报表管理	总账+报表
第6章　固定资产管理	总账+固定资产
第7章　薪资管理	总账+薪资管理
第8章　供应链系统初始化	总账+采购+销售+库存+存货+应收+应付
第9章　采购管理	总账+采购+销售+库存+存货+应收+应付
第10章　销售管理	总账+采购+销售+库存+存货+应收+应付
第11章　库存和存货核算管理	总账+采购+销售+库存+存货+应收+应付
第12章　供应链管理期末处理	总账+采购+销售+库存+存货+应收+应付

4. 如何安全地存储财务数据

数据安全问题是任何一个实施会计信息化的企业都极为关注的问题。在用友U8系统中，与数据安全相关的有三方面，即数据存储安全、系统使用安全和系统运行安全。

1）数据存储安全

输入用友U8系统中的数据是存储在数据库管理系统中的。企业在实际运营中存在很多不可预知的不安全因素，如火灾、计算机病毒、误操作、人为破坏等，任何一种情况发生对系统及数据安全的影响都是致命的。如何在意外发生时将企业损失降至最低，是每个企业极为关注的问题。因此，系统必须提供一个保存机内数据的有效方法，可以定期将机内数据备份出来存储到不同的介质上。备份数据一方面用于意外发生时恢复数据；另一方面，对于异地管理的公司，还可以解决审计和数据汇总的问题。

2）系统使用安全

用友U8安装完成之后，为了确保财务数据的安全，并不是企业的所有职工都能登录到系统查看财务信息。按照企业目前的岗位分工情况，需要在用友U8中设置用户(即可以登录用友U8系统并进行操作的人)，并且按照其岗位分工内容为用户赋予相应的权限。这样一方面可以防止无关人员登录用友U8系统，造成数据泄露或丢失；另一方面可以分清责任，确保内部控制制度发挥作用。

【提示】

用友U8系统中提供了用户及权限设置，此内容在2.3节中进行介绍。

3）系统运行安全

在用友U8的使用过程中，会由于用户操作不当、计算机病毒侵入等情况出现各种各样的问题，应如何及时发现问题并采用有效的方法解决问题，以保证系统正常运行？在用友U8系统管理界面可以随时监控系统的登录及使用情况，对系统运行过程中的异常任务和单据锁定，系统管理员可以轻松解除，保证系统正常使用。另外，在系统管理的上机日志中，对各个模块的登录情况，具体到哪位用户何时操作了哪项具体功能等信息都进行了详细记录，以方便维护人员及时排除故障，确保系统安全运行。

2.2 企业建账认知

2.2.1 企业建账的含义

《中华人民共和国会计法》(以下简称《会计法》)第十六条规定，各单位发生的各项经济业务事项应当在依法设置的会计账簿上统一登记、核算，不得违反本法和国家统一的会计制度的规定私设会计账簿登记、核算。因此，对于实施会计信息化核算的企业，在安装用友U8财务软件后，首先需要把既有的数据建立或转移到用友U8系统中。

2.2.2 谁负责企业建账

企业实施信息化后，在使用系统之前，首先要建立企业账套。那由谁来负责企业的建账工作？对于这个问题，需要从系统管理员与账套主管两者的岗位分工进行区分。

1. 系统管理员

(1) 负责整个系统安全和维护工作，宏观管理所有账套，但不进行其他子系统的具体设置和业务处理。

(2) 拥有账套管理(建立、备份、恢复)权限，权限管理(操作员、权限)权限，视图管理、系统管理和帮助管理全部权限。

(3) 一个账套只有一个系统管理员(系统默认admin)，且整个系统也只有一个系统管理员。

2. 账套主管

(1) 负责所管账套的维护工作，微观管理所管账套。

(2) 拥有账套管理(修改、启用)权限，权限管理(权限)权限，视图管理权限，年度账管理全部权限，系统管理(注册、注销、退出)和帮助管理全部权限。

(3) 一个账套可有多个账套主管。

3. 两者的联系

(1) 系统管理员可以设置或指定账套主管。

(2) 两者均可登录系统进行管理。

2.2.3 在哪里进行企业建账

用友U8系统主要分为系统管理和企业门户两个模块，其中，系统管理主要安装在企业的数据服务器上，其具体功能包括以下方面。

1. 账套管理

账套是指一个独立、完整的数据集合，这个数据集合包括一整套独立、完整的系统控制参数、用户权限、基本档案、会计信息、账表查询等，即一个独立的数据库。每一个企业也可以为其每一个独立核算的下级单位建立一个核算账套，即用友U8可以为多个企业(或企业内多个独立核算的部分)分别建账，且各账套数据之间相互独立、互不影响，从而使资源得到充分的利用，系统最多允许建立999个企业账套。其中，账套管理包括账套的建立、修改、引入和输出。另外，系统管理员有权进行账套的建立、引入和输出操作，而账套信息的修改则由账套主管负责。

(1) 建立账套。建立账套是企业应用会计信息系统的首要环节，其中涉及很多与日后核算相关的内容。为了方便操作，会计信息系统中大都设置了建账向导，用来引导用户的建账过程。建立企业账套时，需要向系统提供以下表明企业特征的信息，具体归类如下。

账套基本信息：包括账套号、账套名称、账套启用日期及账套路径。

核算单位基本信息：包括企业名称、简称、地址、邮政编码、法人、通信方式等。

账套核算信息：包括记账本位币、行业性质、企业类型、账套主管、编码规则、数据精度等。

(2) 修改账套。账套建立完成后，如果发现有些参数有误需要修改，或者希望查看建账时所设定的信息，可以执行账套修改功能。只有账套主管有权修改账套，即便如此，有些系统已使用的关键信息仍无法修改，如账套号、启用会计期。

(3) 引入和输出账套。账套输出是将系统产生的数据备份到硬盘、光盘等存储介质。引入账套功能是指将系统外某账套数据引入本系统中。

2. 账套库管理

账套是账套库的上一级，账套由一个或多个账套库组成，一个账套库含有一年或多年使用数据。一个账套对应一个经营实体或核算单位，账套中的某个账套库对应这个经营实体某年度区间内的业务数据。例如，某单位建立账套"001正式账套"后在2009年使用，然后在2010年的期初建立2010账套库后使用，则"001正式账套"具有两个账套库，即"001正式账套2009年"和"001正式账套2010年"。如果希望连续使用也可以不建新库，直接录入2010年数据，则"001正式账套"具有一个账套库，即"001正式账套2009—2010年"。

对于拥有多个核算单位的客户，可以拥有多个账套(最多可以拥有999个账套)。

账套和账套库的两层结构方式的好处如下。

(1) 便于企业的管理，如进行账套的上报，跨年度区间的数据管理结构调整等。
(2) 方便数据备份输出和引入。
(3) 减少数据的负担，提高应用效率。

3. 权限管理

为了保证系统及数据安全，系统管理提供了权限管理功能。通过限定用户的权限，一方面可以避免与业务无关的人员进入系统，另一方面可以对用友U8系统所包含的各个模块的操作进行协调，以保证各负其责，流程顺畅。用户及权限管理包括设置角色、用户及为用户分配功能权限。

4. 系统安全管理

对于企业来说，系统运行安全、数据存储安全是非常重要的，用友U8系统管理中提供了三种安全保障机制。第一，在系统管理界面，可以监控整个系统运行情况，随时清除系统运行过程中的异常任务和单据锁定；第二，可以设置备份计划，让系统自动进行数据备份，当然，在账套管理和账套库管理中可以随时进行人工备份；第三，可以管理上机日志。上机日志对系统所有操作都进行了详细记录，为快捷定位问题原因提供了线索。

2.2.4 怎样进行企业建账

为了引导大家快速掌握企业建账的工作流程，我们把企业建账过程分为五个步骤，如图2-2所示。

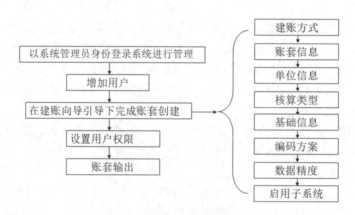

图2-2　企业建账的工作流程

2.3 企业建账实务

用友ERP系统能够高效、准确地处理企业的相关业务工作，但企业在运用用友ERP进行处理前，必须将企业人员的相关信息、公司的相关信息等录入系统，设置和完善公司的数据库信息，在此基础上才能进行相关的业务处理。在用友ERP系统中设置和完善公司的数据库信息，即企业的建账。本节内容主要是利用案例公司相关的人员信息、公司信息进行建账处理，涵盖对系统用户信息的增加及权限设置，建立企业"账套"，企业"账套信息"的修改、导出与引入等相关操作。

2.3.1 增加角色与用户

操作员即能够凭借相应的用户名称及口令登录用友ERP系统，进行业务处理的人员。公司的员工较多，隶属于不同的部门及工作岗位，因此员工们拥有的相应的业务处理内容及权限也不尽相同。因此，在添加操作员时，不仅对其姓名进行录入，还对其相应的角色、部门及相应的操作权限进行设置。河南嘉航紧固装置有限公司的操作员相关的信息如表2-2所示。

表2-2 用户及主要业务权限

用户编号	用户名称	角色编号	角色名称	主要业务权限	所属部门
001	张扬	系统自带	账套主管	系统的全部模块权限	财务部
002	孙俊梅	01	出纳	总账—出纳；总账—凭证—出纳签字	财务部
003	王东升	02	会计	总账；应收款管理；应付款管理；固定资产；薪资管理；存货核算；公共单据	财务部
004	李晓锋	系统自带	普通员工	公共单据；总账—账表—供应商往来辅助账；采购管理	采购部
005	刘智辉	系统自带	普通员工	公共单据；总账—账表—客户往来辅助账；销售管理	销售一部
006	张建军	系统自带	普通员工	公共单据；总账—账表—客户往来辅助账；销售管理	销售二部
007	陈怀忠	系统自带	普通员工	公共单据；库存管理	仓储部

操作步骤如下。

【注意】

在增加操作员之前，请确认系统日期为2022年1月1日。

1. 打开"系统管理"

打开方式：①双击计算机桌面的"系统管理"快捷方式；②开始—用友U8 V10.1—系统服务—系统管理，进入"系统管理"界面。

2. 注册登录：在"系统管理"界面，依次单击"系统—注册"

注册之前的"系统管理"界面只有"系统""视图""帮助"等选项是可操作的(黑色)，"账套""账套库""权限"均不可操作(灰色)。然后以"系统管理员(admin)"身份登录"系统管理"。"登录到"一般为默认；"操作员"admin；密码为空(首次打开系统管理默认为空，可对其进行设置和修改，具体步骤如下：勾选"修改密码"复选框，单击【确定】按钮，然后按提示输入修改后的密码即可)；其他设置为默认，如图2-3所示。单击【登录】，即可进入"系统管理"界面。注册登录后，除"账套库"选项卡不可操作外，其他均可操作。

3. 增加角色与用户

(1) 在"系统管理"界面，依次单击：权限/角色/增加，按照表2-2提供的角色编号、角色名称等信息进行输入，单击【增加】按钮继续设置其余角色，完成后单击【取消】按钮返回角色管理窗口，如图2-4所示。

图2-3 登录系统管理　　　　　　　　图2-4 角色管理

【注意】

如果建账资料与当前系统中有相同的角色，则不对当前系统中的该角色进行操作，只增加当前系统中没有的角色。

(2) 单击"用户"，打开"操作员详细情况"窗口，按照表2-2所列示的用户信息进行输入，同时勾选所属角色，如图2-5所示。最后单击下方【增加】按钮，相应的操作员就会在"用户管理"列表中显示。

【注意】

①系统管理员(admin)或有权限的管理员用户可以进行本功能的设置；②标识了蓝色的项目是必须输入的；③操作员口令：初次登录是由系统管理员(admin)设置的，操作员后期登录系统时可再行修改，系统管理员有权删除并重新设置口令；④操作员的业务权限在企业"账套信息"建立前无法进行设置，需在企业"账套信息"建立后进行操作。

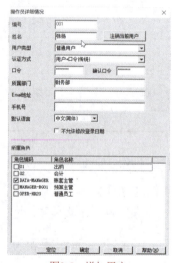

图2-5 增加用户

4. 用户信息的修改与删除

(1) 用户信息的修改：在用户列表中选中需修改的操作员，单击【修改】按钮，或直接在需要修改信息的操作员上双击，进行信息修改(操作员编码无法修改，只能删除)。

(2) 用户信息的删除：在用户列表中选中需修改的操作员，单击【删除】按钮(删除前需取消操作员的所属角色，否则无法删除；若该操作员在系统中进行过业务处理，则需先取消与其相关的操作才能删除)。

2.3.2 建立企业账套

企业账套设置主要是对案例公司的账套信息、公司信息、核算类型、账务信息等相关的基础信息及参数的设置。河南嘉航紧固装置有限公司的账套信息如表2-3所示。

表2-3　河南嘉航紧固装置有限公司账套资料

1. 账套信息	
账套号	001
账套名称	河南嘉航紧固装置有限公司
账套路径	默认
启用会计期	2022年1月
会计期间设置	默认
2. 单位信息	
单位名称	河南嘉航紧固装置有限公司
单位简称	嘉航紧固
单位地址	河南省郑州市长江路9999号
法人代表	赵文博
邮政编码	450000
联系电话及传真	0371-12345670
税号	400500600700999
3. 核算类型	
本币代码	RMB
本币名称	人民币
企业类型	工业
行业性质	2007年新会计制度科目
账套主管	张扬
按行业性质预置会计科目	打勾选择
4. 基础信息	
存货是否分类	打勾选择
客户是否分类	打勾选择
供应商是否分类	打勾选择
有无外币核算	打勾选择
5. 分类编码方案	
科目编码级次	4222
客户分类编码级次	22
供应商分类编码级次	22
存货分类编码级次	122
部门编码级次	12
地区分类编码级次	2
结算方式编码级次	12
收发类别编码级次	12
其余	默认
6. 数据精度	
所有小数位	均保留2位
7. 系统启用	
启用系统	总账、固定资产管理、应收款管理、应付款管理、采购管理、销售管理、库存管理、存货核算
启用日期	2022年1月1日

操作步骤如下。

【注意】

在建账之前,请确认系统日期为2022年1月1日。

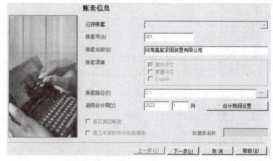

01 打开"系统管理"并以"系统管理员(admin)"身份注册登录。

02 单击"账套/建立",进入"创建账套"界面,选中"新建空白账套",然后单击【下一步】按钮,跳转到"账套信息"界面,如图2-6所示。

03 输入账套号:001;账套名称:河南嘉航紧固装置有限公司;启用会计期:2022年1月;其他默认。单击【下一步】按钮,跳转到"单位信息"界面。

图2-6 创建账套——账套信息

【注意】

账套号为必填项(001~999的数字),系统最多可以建立999个账套,而且新建账套号不能与已存账套号重复。

04 输入单位名称:河南嘉航紧固装置有限公司;单位简称:嘉航紧固;单位地址:河南省郑州市长江路9999号;法人代表:赵文博;邮政编码:450000;联系电话:0371-12345670;传真:0371-12345670;税号:400500600700999。单击【下一步】按钮,跳转到"核算类型"界面,如图2-7所示。

05 本币代码:RMB;本币名称:人民币;企业类型:工业;行业性质:2007年新会计制度科目;账套主管:张扬;按行业性质预置会计科目:打勾选择。单击【下一步】按钮,跳转到"基础信息"界面,如图2-8所示。

【注意】

①如果前面已经对相应的操作员进行过账套主管角色勾选,则"核算类型"里面的账套主管显示的即为已被勾选过账套主管的操作员姓名;若前面未增加操作员或未对操作员进行账套主管角色勾选,则该处显示默认的"demo"。②如勾选上"按行业性质预置科目",系统会按照上面选中的行业性质预置一级会计科目;如不勾选该选项,在下文会计科目设置时,会再次提醒是否预置,若此时选择预置,系统会按照所选的行业性质预置一级会计科目,若此时选择不预置,则所有会计科目系统不会预置,需要手动添加会用到的会计科目。

图2-7 创建账套——单位信息

图2-8 创建账套——核算类型

06 存货是否分类：打勾选择；客户是否分类：打勾选择；供应商是否分类：打勾选择；有无外币核算：打勾选择，如图2-9所示。单击【下一步】按钮，单击【完成】按钮，系统会弹出“可以创建账套了吗？”界面，单击【是】按钮，即可开始创建账套文件(时间较长，请耐心等待)；若单击【否】按钮，则放弃创建账套操作。

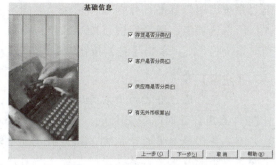

图2-9　创建账套——基础信息

【注意】

①存货(客户、供应商)是否分类，这里若勾选上，则在录入相应的存货档案(客户档案、供应商档案)时，必须先进行存货分类(客户分类、供应商分类)；若不对其进行勾选，则可直接录入相应的档案信息，存货分类(客户分类、供应商分类)可有可无。②若企业有外币业务，可以在“有无外币核算”选项前打勾，若未对其进行勾选，则无法进行外币设置，无法进行外币相关的业务操作。

07 系统建账完成以后，会自动弹出“编码方案”界面，进行编码方案的设置。科目编码级次：4222；客户分类编码级次：12；供应商分类编码级次：12；存货分类编码级次：122；部门编码级次：12；地区分类编码级次：12；结算方式编码级次：12；收发类别编码级次：12；其余默认。核对设置无误后单击【确定】按钮，如图2-10所示；关闭当前界面，弹出“数据精度”界面。

编码方案

项目	最大级数	最大长度	单级最大长度	第1级	第2级	第3级	第4级	第5级	第6级	第7级	第8级	第9级
科目编码级次	13	40	9	4	2	2	2					
客户分类编码级次	5	12	9	2	2							
供应商分类编码级次	5	12	9	2	2							
存货分类编码级次	8	12	9	1	2	2						
部门编码级次	9	12	9	1	2							
地区分类编码级次	5	12	9	2								
费用项目分类	5	12	9	1	2							
结算方式编码级次	2	3	3	1	2							
货位编码级次	8	20	9	2	3	4						
收发类别编码级次	3	5	5	1	2							
项目设备	8	30	9	2	2							
责任中心分类档案	5	30	9	2	2							
项目要素分类档案	6	30	9	2	2							
客户权限组级次	5	12	9	2	3	4						

确定(O)　取消(C)　帮助(F)

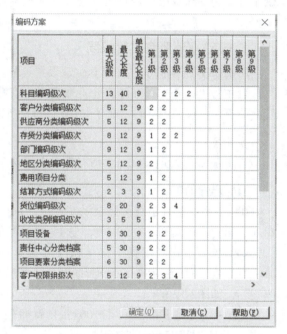

图2-10　编码方案

【注意】

①分类编码方案指设置分类编码的级次方案，由级次和级长组成(即几级几位)，每级编码位数称为级长(位长)，每级编码级长之和(各级编码位数之和)称为总级长。②若建立账套时设置存货(客户、供应商)不分类，则在此不能进行存货(客户、供应商)的分类编码方案设置。③因按行业性质预置了标准一级会计科目，一级科目编码级次不能修改，若前面未预置，一级科目编码级次则可以设置。④后期用账套主管登录企业应用平台后也能对未使用的编码方案进行修改。⑤编码方案设置完成以后，单击【确定】按钮，等【确定】按钮变成灰色后，直接关闭界面，此处系统不会直接跳转下一界面。

图2-11　数据精度

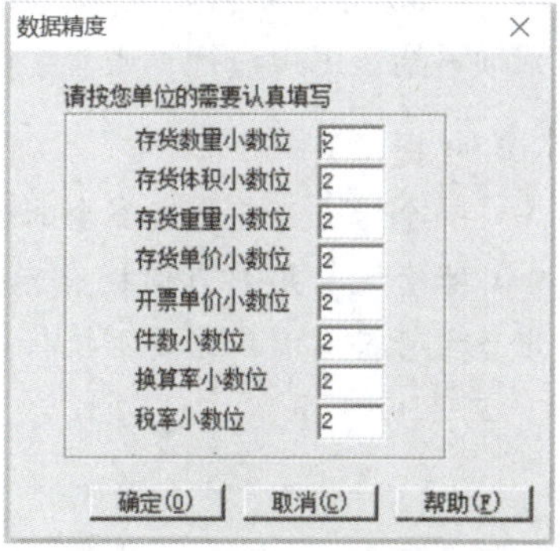

08 数据精度设置与系统默认相同(图2-11)，直接在“数据精度”界面单击【确定】按钮。稍等片刻会弹出对话框，提示建账成功，问是否进行系统启用设置，单击【是】按钮，弹

出"系统启用"界面。分别在"总账""固定资产""薪资管理"前面的复选框上勾选，弹出"日历"选项卡，选择启用日期2022年1月1日，单击【确定】按钮，弹出提示框"确实要启用当前系统吗？"，单击【是】按钮。

【注意】

①只能对已经安装的子系统进行系统启用，而且子系统启用日期必须大于或等于账套启用日期(即启用会计期)。②此处的"系统启用"属于建账启用，即由系统管理员启用相关子系统。③只有具备已经启用的子系统，相关操作员才能登录操作，否则不能登录操作。④后期用账套主管登录企业应用平台后也能对系统进行启用，但启用人为账套主管，此处的启用人应当是系统管理员(admin)。

2.3.3 设置用户权限

在用友U8 V10.1财务系统运行环境中，只有设置了用户之后，才能进行相关的操作，而且只有合法的用户才能登录和使用用友U8 V10.1软件系统，因此用户在登录系统之前，必须先被赋予合法的操作权限。用户权限设置主要包括账套主管权限设置、普通用户和管理员用户权限设置。

1. 指定/取消账套主管权限

用友U8系统提供了三种账套主管设置途径。第一，在增加用户时，将用户所属角色勾选为"账套主管"；第二，在建立企业账套时，在核算类型界面将某用户设置为在建套账的账套主管；第三，在权限设置时，赋予某用户账套主管的权限。

【注意】

只用系统管理员(admin)才拥有账套主管设置权限。

操作步骤如下。

01 以系统管理员身份登录系统管理，执行权限/权限命令，进入操作员权限界面，单击窗口右上角的"账套列表"下拉框，选择"001嘉航紧固"。

02 选中用户"张扬"，单击【修改】按钮，选择"账套主管"，系统提示"设置普通用户:[张扬]账套主管权限吗？"，如图2-12所示。

03 单击【是】按钮，用户001张扬就拥有了"账套主管"权限。若增加用户001张扬时，所属角色已经勾选"账套主管"，001张扬就自动拥有"账套主管"所有权限，系统管理员无须再给该用户进行"账套主管"权限设置。

图2-12　账套主管权限设置

【提示】

一个账套可以指定多个账套主管，一个账套主管也可以管理多个账套。

账套主管用户自动拥有其管辖账套的所有权限，因在增加用户时已经勾选张扬所属角色为账套主管，所以不需要再执行权限命令设置账套主管权限。

2. 普通用户权限设置

系统管理员和账套主管都可以给用户赋予权限，但二者的区别在于：系统管理员有权给系统中的所有用户赋予账套主管或其他权限，而账套主管只能给其所管辖账套的用户进行授权，且不具有给所管辖用户赋予账套主管的权限。

操作步骤如下。

`01` 在系统管理窗口，执行权限/权限，打开"操作员权限"窗口。

`02` 在打开的"操作员权限"窗口中，在左侧窗格中选中用户"孙俊梅"，然后单击工具栏中的【修改】按钮，接着单击"操作员权限"窗口右上角的账套列表框，选中"001嘉航紧固"，然后依据表2-2中该用户对应的主要业务权限，选中"操作员权限"窗口右侧角色权限列表中对应的权限项目。

`03` 单击【保存】按钮，完成用户功能权限修改操作。

`04` 单击【退出】按钮，退出"操作员权限"窗口，返回到"系统管理"窗口。

【提示】

用友U8权限包括功能权限、数据权限和金额权限，其中，功能权限的分配在"系统管理"窗口中完成，数据权限和金额权限的分配在企业应用平台/系统服务/权限/数据权限或金额权限中进行分配。另外需要提示的是，只有系统管理进行功能权限分配之后才能进行数据权限和金额权限的分配。

【知识链接】

角色、用户和人员的关系

(1) 角色和用户的关系。

角色是指企业管理中拥有某一职能的组织，这个角色组织可以是实际的部门，也可以是由拥有同一类职能的人构成的虚拟组织，如财务工作中常见的会计主管、主管会计、出纳等角色(他们可以是一个部门的工作人员，也可以不是一个部门的工作人员，但工作职能是同类角色统称)。我们在设置角色后，可以定义角色的权限，如果用户归属此角色，其相应具有该角色的权限。因此，角色设置功能的优点在于方便控制操作员权限，可以依据职能统一进行权限的划分。

角色的个数不受限制，一个角色可以拥有多个用户，一个用户也可以分属于多个不同的角色。用户和角色的设置不分先后顺序，用户可以根据自己的需要先后设置。但对于自动传授权限来说，应首先设定角色，然后分配权限，最后进行用户的设置。这样在设置用户的时候，如果选择其归属哪一个角色，则其自动具有该角色的权限。若角色已经在用户设置中被选择过，系统则会将这些用户名称自动显示在角色设置中的所属用户名称的列表中。系统管理员或有权限的管理员用户可以进行角色与用户功能的设置。

如果一个用户既独立分配了权限，又属于某个角色，则表明此用户拥有此角色和用户本身的权限。

(2) 用户和人员档案的关系。

人员档案是企业中所有的职员信息。

用户是操作用友U8系统的人员。用户一般是人员档案的一个子集，但人员档案中的人员和操作员档案中的用户可以有不同的编码和名称，因此需要建立一个对应关系。

2.3.4 修改账套

在建账过程中因考虑不周、粗心大意等导致账套信息错误,可以由账套主管登录系统对账套信息进行修改,如河南嘉航紧固有限公司有外币业务,但在建账过程中核算类型未设置"外币核算",这就需要对账套信息进行修改,具体操作指导如下。

01 在"系统管理"窗口执行系统/注册命令,打开"登录"窗口,输入操作员"001"(或张扬),密码为空,单击"账套"编辑框,选择"001嘉航紧固",语言区域默认为"简体中文",操作日期修改为"2022-01-01",如图2-13所示。

02 然后单击【登录】按钮,进入系统管理界面。

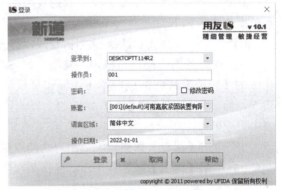

图2-13 企业应用平台登录

【提示】

单击"登录"按钮进入系统管理界面后,注意浏览系统管理功能菜单,黑色字体功能项即账套主管的操作权限范围。

03 执行"账套"/"修改"命令,打开"修改账套"窗口,单击【下一步】按钮,找到"基础信息"界面,选中"有无外币核算"复选框,并依据系统向导提示完成对账套信息的修改操作。

【提示】

虽在系统管理中设置有账套"修改"功能,但这并非说明账套主管有权对所有已建账信息进行修改,如一旦完成建账,建账日期则无法修改,因此系统管理员在建账时要确保账套信息的准确性。

2.3.5 账套输出

账套输出又称为"账套备份"。在实际工作中,为保护机内数据的安全,企业应定期进行数据的备份。用友U8中提供了两种数据备份方式,即自动备份和人工备份(设置自动备份计划),本部分仅对自动备份进行介绍,人工备份将在实训拓展中进行介绍。

在账套输出前,首先要指定文件存放路径,并在该路径下建立数据存储文件夹。本书将所有实验数据放置于"D:\实验账套"目录中,然后根据章节安排在该目录中分别建立"企业建账""基础设置"等子文件夹。

操作步骤如下。

01 以系统管理员身份注册,进入系统管理界面,执行"账套/输出"命令,打开"账套输出"对话框。

02 单击"账套号"下拉列表,选择所要输出的账套。再单击"输出文件位置"编辑框中的路径参照按钮,选择文件备份位置为"D:\实验账套\企业建账\",如图2-14所示。

图2-14 账套输出

03 单击【确认】按钮，系统将企业账套数据库进行整理，待数据完成备份后，系统会弹出"输出成功"的提示，单击【确定】按钮。

04 单击D:\实验账套\企业建账，查看账套备份文件。一般情况下，在账套输出后会生成两个文件，即UFDATA.BAK和UfErAct.lst(取消勾选"同步输出文件服务器上相关文件"复选框)，且这两个文件不能直接打开，只有通过系统管理中的引入功能引入用友U8中，才能正常查询。

【提示】

只有系统管理员能输出账套，但企业的"年度账"由该企业"账套主管"在"系统管理/账套库管理"中进行输出。

为确保"账套"文件成功、完整输出，在"账套"输出前，建议关闭企业应用平台。

只有系统安装或配置了文件服务器之后，才能选择"账套输出"界面中的"同步输出文件服务器上相关文件"复选框。若有存放在文件服务器中的文件需要输出，可以选择"同步输出文件服务器上相关文件"复选框，连同"实验账套"文件一并输出，否则取消勾选。

若在"账套"输出时，同时勾选"删除当前输出账套"复选框，则系统在输出"企业账套"时会将该账套一并删除。若确认删除账套，在系统提示"真要删除该账套吗？"时单击【确认】按钮；若单击【取消】按钮，则放弃删除当前正在输出的账套，该账套可以继续使用。另外，对于正在使用的账套，系统的"删除当前输出账套"选项是置灰状态，限制勾选，因此实现"删除当前输出账套"操作前需要退出企业应用平台。

2.3.6 账套引入

引入账套的操作应由系统管理员(admin)在"系统管理"中完成，具体操作步骤如下。

01 在系统管理界面，执行"账套/引入"命令，系统弹出"请选择账套备份文件"对话框。

02 在该对话框中选择"D\实验账套\企业账套\UfErpAct.lst"，然后单击【确定】按钮，系统弹出"系统管理"信息提示框，提示账套引入的默认路径。

03 单击【确定】按钮，系统弹出"请选择账套引入的目录"对话框，默认选择"C:\U8SOFT\"文件夹，如图2-15所示。

04 单击【确定】按钮，系统弹出"账套引入"信息提示框，待系统弹出提示"引入成功"，单击【确定】按钮完成"账套引入"操作。

【提示】

只有系统管理员能引入账套，但企业的"年度账"由该企业"账套主管"在"系统管理/账套库管理"中进行引入。

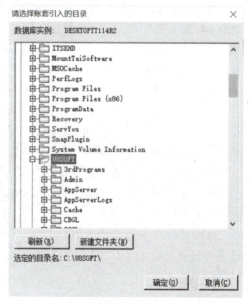

图2-15 账套引入

2.4 实训拓展

用友U8系统提供人工备份和手工备份两种账套输出方式。其中，人工备份主要由系统管理员(admin)注册，执行"账套\输出"命令完成备份，而自动备份是由"系统管理员或账套主管"设置自动备份计划，系统按照设置计划自动备份数据的一种账套输出方式。利用设置自动备份计划功能，企业不仅可以实现定时、自动输出多个账套及保障系统数据安全的目的，还有效减轻了账套输出人员的工作量。

【拓展任务1】
设置自动备份计划
计划编号：2022-001
计划名称：001账套备份
备份类型：账套备份
发生频率：每周
发生天数：6
开始时间：12:30
有效触发：2
保留天数：15
备份路径：D:\账套备份
账套：001河南嘉航紧固装置有限公司

操作步骤如下。

01 在电脑D盘中新建"账套备份"文件夹。

02 在系统管理窗口执行"注册\设置备份计划"命令，打开"备份计划设置"窗口。

03 单击【增加】按钮，打开"备份计划详细情况"对话框。

04 录入计划编号"为2022-001"，计划名称为"001账套备份"，选择发生频率为"每周"，发生天数为"6"，开始时间为"12:30"(表示每周五上午12:30开始备份)，有效触发调整为"2"，保留天数调整为"15"。

05 单击【增加】按钮，系统弹出"请选择账套备份路径"编辑框，选择"D:\账套备份"，然后单击【确定】按钮，系统返回"备份计划详细情况"对话框，此时注意查看"请选择账套备份路径"编辑框的备份路径信息，若需要修改，可以通过单击该编辑框中的"浏览"按钮，完成"账套备份路径"的修改操作。

06 单击"备份计划详细情况"对话框中的"请选择账套和年度"区，选中"001"账套，如图2-16所示。

07 单击右下角的【增加】按钮，保存自动备份设置，单击【取消】按钮退出。

【提示】
设置自动备份计划可由"系统管理员"或"账套主管"在系统管理中完成。

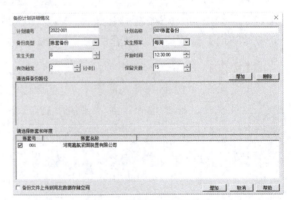

图2-16 设置自动备份计划

【拓展任务2】数据权限设置

用友U8中的权限分为功能权限、数据权限和金额权限。功能权限是指用户能操作用友U8中的哪些权限，数据权限是设置用户能够对哪个范围的数据进行查看和修改。功能权限由"系统管理员"在"系统管理"中对用户进行授权，数据权限由"账套主管"在"企业应用平台"为用户授权，本实验案例中企业的数据权限设置要求如下。

设置销售一部主管刘智辉只能查看销售一部管理的客户档案，不能查看销售二部管理的客户档案。

操作步骤如下。

1. 客户档案功能权限设置

01 以"系统管理(admin)"身份注册"系统管理"后，单击"权限"菜单下的"权限"命令，系统将打开"操作员权限"窗口。

02 在操作员列表中选中"刘智辉"，然后单击【修改】按钮，再在右侧权限列表中双击"基本信息/公共目录设置/客商信息/"，最后选中"客户档案"复选框，如图2-17所示。

03 单击【保存】按钮，保存刘智辉具有客户档案管理的功能权限设置。

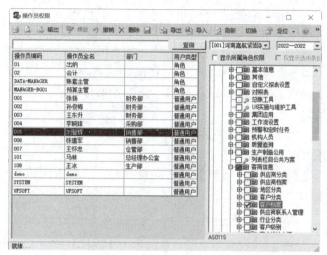

图2-17　操作员权限设置——客户档案查看权限

【提示】

进行数据权限设置的前提是设置功能权限，只有"系统管理员"能进行功能权限设置。

2. 数据权限控制设置

01 以"账套主管"身份登录"企业应用平台"，单击"系统服务"页签，然后双击展开"权限"模块，单击"数据权限控制设置"，系统将打开"数据权限控制设置"窗口。

02 在"记录级"选项卡中选中"客户档案"复选框，如图2-18所示。

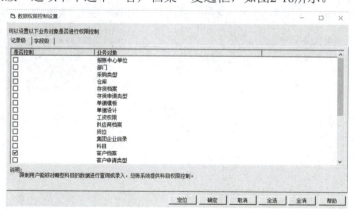

图2-18　数据权限控制设置

03 单击【确定】按钮,完成数据权限控制设置。

【提示】

数据权限控制设置重新注册才能生效,只有"账套主管"能进行数据权限设置。

3. 数据权限分组

01 由"账套主管"在企业应用平台"系统服务"页签下执行"权限/数据权限分配"命令,系统进入"权限浏览"窗口。

02 单击"业务对象"编辑框中的下拉箭头,选择"客户档案",然后单击【分组】按钮,系统打开"客户权限为组"窗口。

03 在"客户权限分组"窗口,单击工具栏中的【增加】按钮,在权限分组类别区选择"业务员"单选按钮,输入"权限分组编号"为"01","权限分组名称"为"销售一部",如图2-19所示。

04 单击【保存】按钮,保存"销售一部"权限分组。

05 重复上述步骤3和步骤4,完成"销售二部"权限分组设置。

06 单击【退出】按钮,系统返回"权限浏览"窗口。

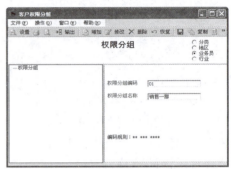

图2-19 权限分组

4. 数据权限分配

01 在"权限浏览"窗口,单击【授权】按钮,系统打开"记录权限设置"窗口。

02 在"禁用"编辑框中选中"销售一部",然后单击【单选】按钮将"权限分组——销售一部"选入"可用"编辑框。

03 单击【保存】按钮完成"记录权限设置",再单击【关闭】按钮返回"数据权限浏览"窗口。

04 在"权限浏览"窗口单击【分配】按钮,系统打开"档案分配"对话框,选择"档案"选项,在"权限分组"中选择"销售一部",将"未分配档案"中客户编码为"01""04""05"和"06"的客户档案选入"已分配档案",如图2-20所示。

05 单击【保存】按钮,保存客户档案分配设置。

06 在"权限浏览"窗口,选中"005 刘智辉",单击【修改】按钮,选中"01 销售一部"复选框,如图2-21所示。

07 单击【保存】按钮,关闭当前窗口。

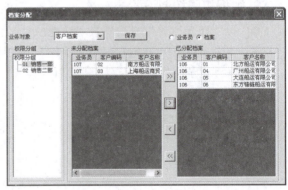

图2-20 档案分配

图2-21　客户档案权限浏览

5. 数据权限设置有效性验证

以"005 刘智辉"身份登录企业应用平台，在"基础设置"页签中单击"基础档案/客商信息/客户档案"选项，进入"客户档案"窗口，此时只能查看到客户编码为"01""04""05"和"06"的4个客户档案记录，如图2-22所示。

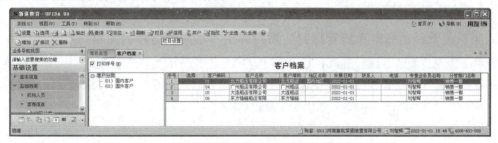

图2-22　客户档案查询

2.5　常见问题与自助维护

1. 如何在教室机输出"账套"成功并引入个人计算机

教室机输出"账套"成功引入个人机需要具备两个"一致"条件，一是财务软件版本一致，二是数据库版本一致。SQL Server数据库管理系统是运行用友U8必需的一款系统软件，目前市面上有SQL Server 2000、SQL Server 2005、SQL Server 2008等，在低版本SQL上做的账套数据在高版本SQL上可以引入，在高版本SQL上做的账套数据在低版本不能引入。同样，不同的两台计算机若数据库版本一致，财务软件版本不一致，账套也不能成功引入。该种情况下可以由系统管理员登录系统进行管理，执行"注册"\"升级SQL Server数据"命令，打开"升级SQL Server数据"对话框，选择需要升级的账套和账套库，然后单击【确定】按钮完成升级操作。

2. 如何清除异常任务和清除单据锁定

如果用友U8服务端超时限不工作或由于不可预见的原因非法退出系统，会被系统识别为异常任务，在系统管理界面的运行状态栏显示"运行状态异常"。在用友U8"运行状态异常"情况下会产生两种影响：一是占用系统资源，企业购买软件时是有用户数据限制的，运行异常的任务也占用了一个用户的操作资源，从而影响其他用户登录；二是如果该任务是独占性质的任务(独占是指该功能执行时与其他功能互斥，如月末结账时是不允许其他业务同时处于运行状态的)，会影响其他操作的正常执行。

在用友U8运行中，如果突然发生系统断电、死机或网络中断等不可预见的情况，系统会锁定当前操作的单据。再次启动系统并重新填制采购入库单时，系统会提示采购入库单正在使用无法增加，这时就需要用到系统管理中的清除单据锁定功能。一旦用友U8在运行时出现异常任务和单据锁定的情况，可以由系统管理员登录系统进行管理，执行"视图\清除异常任务或清除单据锁定"命令，如图2-23所示，在弹出的如图2-24所示的对话框中删除单据锁定。

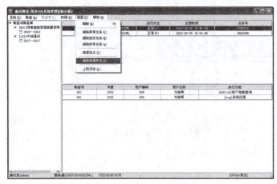
图2-23　执行"清除单据锁定"命令

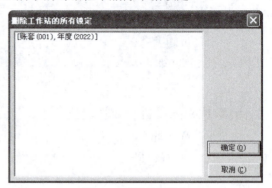
图2-24　删除单据锁定

3. 当系统管理员登录系统管理时，系统弹出"不知道这样的主机"提示如何处理

当系统管理员登录系统管理时，系统弹出"不知道这样的主机"提示是因为登录时主机机器名或IP地址输入错误导致应用服务器没有开启。因此，系统管理员在登录时要注意检查"登录到"文本框中录入的主机机器名或IP地址是否正确。

单元测试

一、单项选择题

1. (　　)不是账套主管的工作任务。
   A. 账套备份　　　　　　　　　　B. 账套修改
   C. 组织企业按照既定的流程运行　　D. 账套库管理

2. 系统管理员无权进行以下哪种操作？(　　)
   A. 建立账套　　B. 修改账套　　C. 删除账套　　D. 引入账套

3. 如果要给王莉赋予账套主管，以下哪种方法不可行？(　　)
   A. 在建立用户时由系统管理员指定王莉为账套主管角色
   B. 由王莉在系统管理中进行企业账套的创建，那么王莉将自动成为该账套的账套主管
   C. 在建立账套时，由系统管理员指定王莉为该账套的账套主管
   D. 在权限中由系统管理员指定王莉为该账套的账套主管

4. 引入账套时，如果系统已存在相同账套号的数据，则(　　)。
   A. 无法引入　　　　B. 覆盖系统中同账套号内的所有数据
   C. 恢复为与账套号不同的另外一个账套
   D. 将引入进来的数据追加到系统内同账套号的账套中

二、多项选择题

1. 关于系统管理员，以下说法正确的是( )。
   A. 其名称为 admin，不能更改
   B. 其口令为空，且不允许更改
   C. 系统不区分 admin 的大小写
   D. 系统管理员可以为系统内所有的账套指定账套主管
2. 关于输出账套，下列说法正确的是( )。
   A. 必须选择备份账套　　　　　　B. 必须由系统管理员登录系统进行管理
   C. 本月所有系统必须已结账　　　D. 必须选择输出的路径
3. 如何将企业账务资料转移至用友U8系统中？( )
   A. 在用友U8中进行企业建账
   B. 在用友U8企业应用平台中建立企业的公共基础档案
   C. 在用友U8各个子系统中进行选项设置
   D. 在用友U8各个子系统中录入期初余额
4. 用友U8系统管理中提供了哪些安全保障机制？( )
   A. 系统管理中的"视图"功能可以监控系统运行情况，随时清除系统运行异常任务和单据锁定
   B. 设置备份计划
   C. 管理上机日志
   D. 初始化账套库
5. 关于账套主管，下列说法正确的是？( )
   A. 可以增加用户　　　　　　　　B. 可以为本账套的用户设置权限
   C. 自动拥有本账套所有权限　　　D. 可以删除自己所管辖的账套
6. 增加操作员时必须输入的项目包括( )。
   A. 操作员编号　　B. 操作员姓名　　C. 操作员口令　　D. 操作员所属部门

三、判断题

1. 只有以账套主管的身份登录系统管理才能进行账套创建的工作。　　　　　　　(　　)
2. 在用友U8中，不仅可以建立多个账套，每个账套中还可以存放多个年度的数据。 (　　)
3. 账套主管只能在建立账套时由系统管理员指定。　　　　　　　　　　　　　　(　　)
4. 一个账套可以有多个账套主管，一个账套主管也可以管理多个账套。　　　　　(　　)
5. 系统管理员可以为系统内所有的账套指定账套主管。　　　　　　　　　　　　(　　)

四、思考题

1. 系统管理有哪些功能？
2. 哪些人员可以登录系统管理？
3. 账套与账套库有何不同？
4. 角色与用户的设置是否有先后顺序？
5. 系统管理员和账套主管是否都能给用户授权，有何不同？

第 3 章

基础设置

学习目标：
1. 理解基础设置的含义，熟悉基础设置的位置及在整个ERP系统中的重要作用；
2. 掌握系统管理中建立各项基础档案的具体流程和操作方法；
3. 了解存货属性的作用，掌握存货档案的设置方法；
4. 了解主计量单位与辅助计量单位的含义，掌握存货计量单位组及计量单位的设置方法，能够熟练运用无换算、固定换算、浮动换算工具。

3.1 实训工作情景

1. 企业购置用友U8 V10.1版本中总账、UFO报表、应收款管理、应付款管理、薪资管理、固定资产、采购管理、销售管理、委外管理、库存管理及存货核算，共11个子系统，企业在购置这些系统后，是必须全部使用，还是可以选择使用其中的几个

用友U8分为财务会计、管理会计、供应链、生产制造、人力资源、集团使用、决策支持、企业应用集成应用等产品组，每个产品组中又包含若干子系统，这些子系统大多数既可以集成使用，又可以单独使用，但集成使用与独立使用在某些功能的用法上是有差异的。例如，如果单独使用销售管理系统，那么销售出库业务的办理必须在销售管理系统中进行；而如果销售管理与库存管理系统集成使用，那么销售出库业务在库存管理系统中办理。再如，如果企业只启用了总账系统，其他系统未启用，那么企业的应收应付等所有业务的财务处理都在总账系统中完成。本案例企业采用系统集成应用模式。另外，用友U8中设置了系统启用功能，在此可以独立地设置每个子系统的启用时间，子系统只有被启用之后才可以登录。

2. 建账完成只是在数据库管理系统中为企业建立了一个新的数据库，里面没有任何数据，那么建账完成后还需要做些什么

在开始使用用友U8供应链系统管理企业业务之前，用户需要做好三项基本工作：①基础设置，如部门档案、人员档案、客户档案、供应商档案、存货档案、仓库档案、凭证类别、会计科目、费用类型、单据设置等；②期初余额录入，即把会计电算化实施前的业务数据在用友U8系统中进行记录，以保持企业业务处理的连续进行；③系统初始化设置，如系统选项设置。所有系统的公共基础档案设置和系统选项设置均在企业应用平台中录入。

3. 从手工会计核算向会计信息化迁移的过程是照抄照搬目前的账户设置，还是需要做一些改变？

从手工核算到信息化管理不是简单的照抄照搬，而是要将企业的管理需求和管理软件优势功能相结合。用友U8中提供了灵活的科目辅助核算、常用摘要、常用凭证、自定义项、自由项等可以帮助企业规范业务核算、优化账户设置、详细记录业务信息，从而方便管理查询，以充分发挥信息系统的优势。

3.2 基础设置认知

3.2.1 基础设置的含义

建账只是在数据库管理系统中为河南嘉航紧固装置有限公司建立了一个新的数据库，用来存放企业即将录入的各种数据。当经济业务发生时，企业要进行正确的记录和计量，此时首先需要保证将要使用的子系统已经启用，因为只有启用的子系统才可以登录。其次，进行业务记录要用到很多基础信息，如收款要涉及客户、报销要涉及部门和人员、录入凭证要用到凭证类别和会计科目等，因此，企业必须事先将这些公共的基础信息建立到企业账套中，这样才能开始日常业务处理。

3.2.2 在哪里进行基础设置

企业应用平台是用友U8系统集成应用平台，它是用户、合作伙伴访问用友U8系统的唯一入口。按照用户使用用途，将企业应用平台划分为三个功能组，即系统服务、基础设置、业务工作，其中，系统服务又划分为系统管理、服务器配置、工具、权限，基础设置包括基本信息、基础档案、业务参数、个人参数等，业务工作包括财务会计、内部控制、企业应用集成、用友U8应用中心，如图3-1所示。

图3-1 企业应用平台功能组

1. 系统服务

系统服务是为系统安全正常运行而设的，主要包括系统管理、服务器配置、工具和权限。用友U8财务软件提供了3种不同性质的权限管理，即功能权限、数据权限和金额权限。功能权限在系统管理中进行设置，主要规定了每个操作员对各模块及细分功能的操作权限。数据权限是针对业务对象进行的控制，可以选择对特定业务对象的某些项目和某些记录进行查询及录入的权限控制。金额权限的主要作用体现在两方面：一是设置用户在填制凭证时对特定科目允许输入的金额范围；二是设置在填制采购订单时允许输入的采购金额范围。

2. 基础设置

基础设置主要是设置用友U8各模块公用的基本信息、基础档案、业务参数、个人参数。

(1) 基本信息。在基本信息模块中,可以对建账过程中设定的会计期间、编码方案、数据精度进行修改,以及进行用友U8子系统启用设置。

(2) 基础档案。基础档案是指由各个系统共享的基础档案信息,按照基础档案用途不同,将其划分为机构人员、客商信息、存货、财务、业务等几个子模块。在企业启用系统时,需要根据企业实际情况,设定企业基础档案,并将整理好的基础档案录入系统中。设置基础档案的前提是确定基础档案的分类编码方案。基础档案的设置必须遵循分类编码方案中所设置的级次及各级编码长度的规定。

由于企业基础数据之间存在前后承接关系,如建账时如果选择客户分类,那么在客商信息设置时,必须在设置客户分类的基础上再设置客户档案。再如,只有先设置好人员档案,在设置部门档案时,部门档案中的"负责人"才能参照选择。因此,基础档案的设置应遵从一定的顺序。

(3) 单据设置。单据是企业经济业务发生的证明,如代表货物发出的销售发货单、代表材料入库的采购入库单,以及购销业务中的专用发票等。单据设置包括单据格式设置、单据编号设置和单据打印控制。

不同企业各项业务处理中使用的单据可能存在细微的差别,用友U8管理软件中预置了常用单据模板,允许用户对各单据类型的多个显示模板和多个打印模板进行设置,以满足企业个性化的单据格式需求。单据编号是单据的标识,用友U8系统默认单据采取流水编号。如果企业根据业务需要有特定的编号规则,可以设置为手工编号方式。

3. 业务工作

业务工作中集成了登录用户拥有操作权限的所有功能模块,它们分别归属于各功能组中。企业业务工作功能组为企业用户提供了进入用友U8各子系统的唯一入口。

【提示】

业务工作中的财务会计子模块下不显示总账、应收款管理、应付款管理、人力资源、固定资产等系统,是由于这些子系统尚未启用,因此没有提供登录入口。UFO报表系统不需要启用。

3.2.3 如何进行基础设置

在用友U8系统中,每一项基础档案都要进行编码,编码要符合编码方案的规定。企业建账环节已经设置了编码方案,在企业应用平台中可以对编码方案进行修改。基础设置的工作流程如图3-2所示。

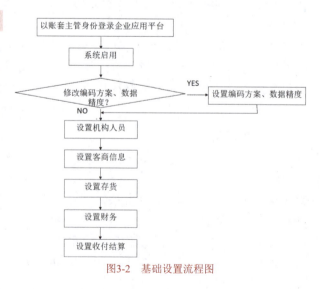

图3-2 基础设置流程图

3.3 基础设置资料

由用户"001张扬"完成河南嘉航紧固装置有限公司基础档案设置操作。

3.3.1 系统启用

由用户"001张扬"在企业应用平台启用总账系统、固定资产管理系统、应付款管理系统、应收款管理系统、采购管理系统、销售管理系统、库存管理系统、存货核算系统,启用日期为2022年1月1日。

操作步骤如下。

01 执行"开始/所有程序/用友U8 V10.1/企业应用平台"命令,系统打开"登录"窗口,操作员输入"001",密码为空,选择账套"001河南嘉航紧固装置有限公司",操作日期修改为"2022-01-01",然后单击【登录】按钮,如图3-3所示,系统进入企业应用平台。

02 在企业应用平台"基础设置"页签下执行"基本信息/系统启用",系统打开"系统启用"窗口。

03 勾选"总账"复选框,系统弹出"日历"对话框,设置系统启用日期为"2022-01-01",单击【确定】按钮,系统弹出提示信息"确定要启用当前系统吗?",单击【是】按钮,总账系统启用完成,如图3-4所示。

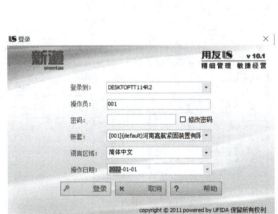

图3-3　企业应用平台登录

图3-4　系统启用

04 系统启用完成,在"系统启用"窗口单击【退出】按钮退出。

【提示】

系统启用可由"系统管理员"在系统管理中于建账完成时启用,或建账完成后由"账套主管"在企业应用平台启用,除"系统管理员和账套主管"外,其他用户无权启用系统。

各子系统的启用日期必须大于或等于账套的启用时间。账套启用时间在"系统启用"界面的右上角显示。

3.3.2 机构人员设置

1. 部门档案设置

在用友U8中,部门指某使用单位下辖的具有分别进行财务核算或业务管理要求的单元体,可以是实际中的部门机构,也可以是虚拟的核算单元。按照已经定义好的部门编码级次原则输入部门编号及其信息。最多可分9级,编码总长12位,部门档案包含部门编码、名称、负责人等信息。河南嘉航紧固装置有限公司部门设置情况如表3-1所示。

表3-1 企业部门档案

部门编码	部门名称	部门负责人
1	总经理办公室	马林
2	财务部	张扬
3	采购部	李晓锋
4	销售部	
401	销售一部	刘智辉
402	销售二部	张建军
5	生产部	王冰
6	仓储部	陈怀忠

注意:

增加部门档案时,部分负责人暂不设置,待人员档案设置完成后再返回修改补录。

操作步骤如下。

01 在企业应用平台"基础设置"页签下,依次单击"基础档案/机构人员/部门档案",系统打开"部门档案"窗口。

02 在"部门档案"窗口,单击工具栏中的【增加】按钮,输入部门编码为"1",部门名称为"总经理办公室",单击【保存】按钮,如图3-5所示。

03 重复步骤2,完成表3-1中其他部门档案的设置操作。

04 单击部门档案窗口工具栏中的【退出】按钮返回。

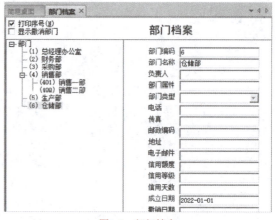

图3-5 部门档案

【栏目说明】

部门编码需要符合编码级次原则,必须录入且唯一,部门档案中的"部门编码"不允许与工作中心档案的"工作中心编码"重复。

部门名称必须录入,但可以重名。

在增加部门档案时"负责人"无法选择,用户可以待人员档案设置后返回部门档案,从而完成负责人选择。

2. 人员类别设置

表3-2列示的是河南嘉航紧固装置有限公司的人员类别设置情况，表中所有人员类别子类均属于"正式工"。

表3-2　人员类别

人员类别	人员类别编码	人员类别名称
正式工	1011	企业管理人员
正式工	1012	销售人员
正式工	1013	采购人员
正式工	1014	车间管理人员
正式工	1015	生产人员
正式工	1016	仓库管理人员

操作步骤如下。

01 以账套主管"张扬"身份登录企业应用平台，登录日期为"2022-01-01"，账套选择"001　河南嘉航紧固装置有限公司"，单击【登录】按钮，系统进入"UFIDAU8"窗口。

02 在"UFIDAU8"窗口，依次执行"基础设置/基础档案/机构人员/人员类别"命令，系统打开"人员类别"窗口。

03 在"人员类别"窗口左侧的人员类别大类中选中"正式工"，然后单击【增加】按钮，系统打开"增加档案项"对话框。

04 在"档案编码"编辑框中输入"1011"，在"档案名称"编辑框中输入"企业管理人员"，单击【确定】按钮完成第一个人员类别设置，如图3-6所示。

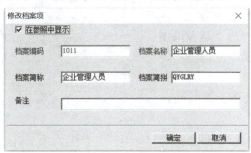

图3-6　增加档案项

05 重复步骤4，完成表3-2中剩余人员类别设置操作。

06 单击【退出】按钮，退出"人员类别"设置窗口。

【提示】

人员类别编码必须录入且唯一，同级档案编码长度相同；人员类别名称必须录入且唯一；新增/修改人员信息时，只能选择末级的人员类别。

3. 人员档案设置

在用友U8中，人员是指企业各职能部门中需要进行独立财务核算和业务管理的职员信息，必须先设置好部门档案才能在这些部门下设置相应的职员档案。除固定资产和成本管理产品外，其他产品均需使用职员档案。如果企业不需要对职员进行核算和管理，则可以不设置职员档案。河南嘉航紧固装置有限公司人员档案设置如表3-3所示。

表3-3 企业人员档案

人员编码	人员姓名	性别	人员类别	行政部门	是否业务员	是否操作员
101	马林	男	企业管理人员	总经理办公室	否	是
102	张扬	男	企业管理人员	财务部	否	否
103	孙俊梅	女	企业管理人员	财务部	是	否
104	王东升	男	企业管理人员	财务部	否	否
105	李晓锋	男	采购人员	采购部	是	否
106	刘智辉	男	销售人员	销售一部	是	否
107	张建军	男	销售人员	销售二部	是	否
108	王冰	男	车间管理人员	生产部	否	是
109	王鸿洋	男	生产人员	生产部	否	否
110	王怀忠	男	仓库管理员	仓储部	否	是

注意

以上人员均为"在职"。

操作步骤如下。

01 在企业应用平台"基础设置"页签下,依次单击"基础档案/机构人员/人员档案",系统打开"人员档案"窗口。

02 在"人员档案"窗口单击工具栏中的【增加】按钮,输入人员编码为"101",人员姓名为"马林",性别选择"男",人员类别选择"企业管理人员",行政部门选择"总经理办公室",雇佣状态选择"在职",勾选"是否操作员"复选框,"是否业务员"复选框不勾选,如图3-7所示。

03 单击工具栏中的【保存】按钮,新增一项人员档案设置。

04 重复步骤2,新增表3-3其他在职人员的档案设置。若某个人员同时还是用友U8软件的用户,即具有在职人员和操作员双重角色,则单击【保存】按钮后,系统弹出"人员信息已改,是否同步修改操作员的相关信息?"提出框,单击【是】按钮,系统保存人员信息并新增一张人员档案表。若单击【否】按钮,系统直接保存并新增一项人员档案。

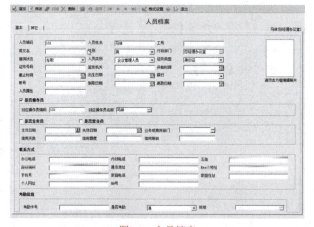

图3-7 人员档案

05 单击【退出】按钮,完成人员档案设置操作。

【栏目说明】

人员编码必须录入且唯一,保存后不能修改;人员名称必须录入,可以重名,可随时修改。

如果新增的人员设置为操作员,则将操作员的所属行政部门、E-mail地址、手机号带入用户档案(可在"系统管理"窗口的用户列表中查看)中,对于关联的操作或修改人员时,系统将提示"人员信息已改,是否同步修改操作员的相关信息?",如果选择"是",则系统将操作员的所属行政部门、E-mail地址、手机号带入人员档案。

如果部门人员是操作员,则同时保存到操作员表中,其密码默认为操作员编码,角色默认为"普通用户"角色。

是"业务员"的需要添加"业务或费用部门";若在增加时设置为"业务员",则有与其"行政部门"相同的默认部门。

业务及费用归属部门是指此操作员作为业务员时,所属的业务部门,或当他不是业务员时,其费用需要归集到所设置的业务部门。参照部门档案,只能输入末级部门。

3.3.3 地区分类及客商信息设置

1. 地区分类设置

企业可以根据自身管理需要对客户、供应商、委托方等的所属地区进行相应的分类,建立地区分类体系,以便对业务数据进行统计、分析。使用用友U8产品中的采购管理、销售管理、库存管理和应收应付款管理系统都会用地区分类。地区分类最多有五级,企业可以根据实际需要进行分类,可以按照省、市、区进行分类,如果有涉外业务,也可以按照国内和国外进行分类。本案例企业有出口业务,其地区分类如表3-4所示。

表3-4 地区分类

地区分类编码	地区分类名称
01	国内地区
02	国外地区

操作步骤如下。

01 在企业应用平台的"基础设置"页签下,执行"基础档案/客商信息/地区分类"命令,打开"地区分类"窗口。

02 单击"地区分类"窗口工具栏中的【增加】按钮,录入地区分类编码"1",分类名称录入"国内地区"。

03 单击【保存】按钮,保存新增地区分类。

04 重复步骤2,完成表3-4地区分类信息的录入操作,如图3-8所示。

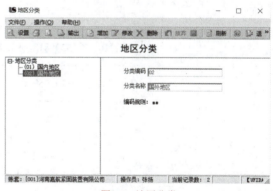

图3-8 地区分类

【提示】

地区分类编码必须录入,必须唯一且符合编码规则,并要注意分类编码字母的大小写。
类别名称可以是汉字或英文字母,必须录入且唯一。

2. 客商信息设置

1) 客户分类

本案例企业的客户遍布国内外,为便于业务统计与分析,并结合企业自身管理需要,现将客户分类为表3-5所示的类别。

表3-5 客户分类

客户分类编码	客户分类名称
01	国内客户
02	国外客户

操作步骤如下。

① 在企业应用平台的"基础设置"页签下,执行"基础档案/客商信息/客户分类"命令,打开"客户分类"窗口。

② 单击"客户分类"窗口工具栏中的【增加】按钮,录入客户分类编码"1",分类名称录入"国内客户"。

③ 单击【保存】按钮,保存新增客户分类。

④ 重复步骤2,完成表3-5客户分类信息的录入操作。

2) 客户档案

在用友U8中,客户档案功能用于设置往来客户的档案信息,以便对客户资料管理和业务数据的录入、统计、分析,如在填制销售发货单、销售发票和进行应收款结算时,都会用到客户档案。若在建账时设置有客户分类,则必须先设置客户分类,否则客户档案会增加。本案例企业的客户档案如表3-6所示。

表3-6 客户档案

客户编码	客户名称	客户简称	所属分类码	税号	开户银行	账号	分管部门	专管业务员
01	北方船运有限公司	北方船运	01	320500123456789	工商青岛分行	11011112221	销售一部	刘智辉
02	南方船运有限公司	南方船运	01	320500789054321	建行厦门分行	12022223331	销售二部	张建军
03	上海船运商贸公司	上海船运	01	320581885975730	交通黄埔分行	13033334441	销售二部	张建军
04	广州船运有限公司	广州船运	01	328305970581857	工行广州分行	11011112222	销售一部	刘智辉
05	大连船运有限公司	大连船运	01	320571898557308	工行大连分行	11011112223	销售一部	刘智辉
06	东方锚链船运有限公司	东方锚链	01	320855730857189	工行上海分行	11011112224	销售一部	刘智辉

备注:

表3-6中所有客户的结算币种均为"人民币",客户属性均为"01";

表3-6中的"开户银行"均是默认的结算银行;

在录入"开户银行"时,需要在"增加客户档案"对话框中单击工具栏中的【银行】按钮,然后在打开的对话框中录入相关信息,其所属银行为开户银行所在银行。

操作步骤如下。

① 在企业应用平台的"基础设置"页签下,执行"基础档案/客商信息/客户档案"命令,打开"客户档案"窗口。

② 在"客户档案"窗口,选择客户为"国内客户",然后单击工具栏中的【增加】按钮,输入客户编码为"01",客户名称为"北方船运有限公司",客户简称为"北方船运",

单击所属地区编辑中的参照按钮，选择所属地区为"1"，所属分类为"1"，勾选"国内"复选框；单击"联系""信用"等选项卡录入分管部门、专管业务员等信息，如图3-9所示。

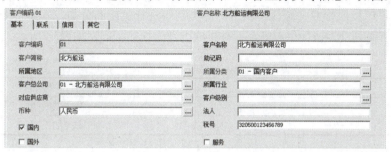

图3-9 增加客户档案

03 单击工具栏中的"银行"，弹出"客户银行档案"窗口，单击【增加】按钮，选择所属银行为"中国工商银行"，开户银行录入"工商青岛分行"，银行账号为"11011112221"，默认值为"是"，如图3-10所示。

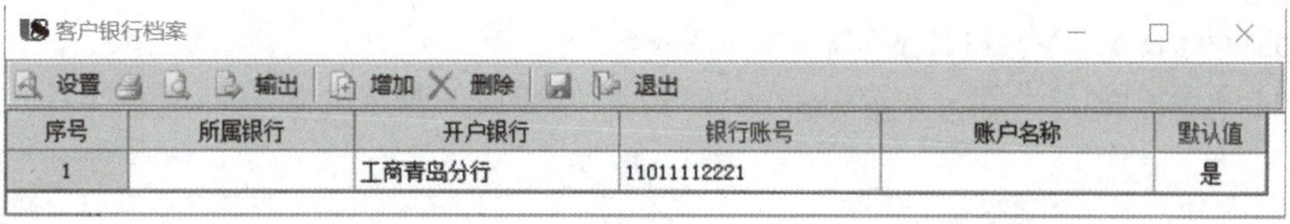

序号	所属银行	开户银行	银行账号	账户名称	默认值
1		工商青岛分行	11011112221		是

图3-10 客户银行档案

04 单击【保存】按钮，新增一张客户档案。
05 重复步骤2，完成表3-6客户档案信息的录入操作。
06 单击"客户档案"窗口中的【退出】按钮，退出客户档案设置。

【栏目说明】

客户编码：必须录入且唯一，可以是数字或字符，最多可输入20位。

客户名称：可以是汉字或英语字母，最多输入49个汉字或98个字符。客户名称用于销售发票的打印，即打印出来的销售发票的客户栏目显示内容为客户的名称。

客户属性："国内"指国内客户，如果启用销售系统，新增客户档案默认为"国内"；"国外"指国外客户，如果未启用销售系统，只启用了出口系统，新增客户档案默认为"国外"；标记为"服务"属性的客户，可为售后服务业务使用。

客户档案银行页：使用用友U8产品的用户，大多数还需要使用金税系统，由用友U8系统传入金税系统的发票不允许修改客户的银行信息，因此需要在用友U8产品中正确录入发票上的客户银行信息。

【提示】

已停用的客户(即客户档案的停用日期小于当前单据日期的客户)，输入单据时不能再参照，否则系统提示"此客户已停用，请选择其他客户"。在进行单据或账表查询时，已停用的客户仍可继续查询。

档案增加指定默认的币种，将在销售订单等单据中直接带出。

当客户的基本信息编辑完成并保存后，方可使用"银行"的编辑功能，来编辑该客户的银行信息。

3) 供应商分类

同地区分类、客户分类，企业也可以根据自身管理需要对供应商进行分类管理，建立供应商分类体系。可以按照行业、地区、供应产品类别等进行供应商分类，本案例企业按照供应产品类别，将供应商划分为铸件供应商、锻件供应商及委托加工商，如表3-7所示。

表3-7　供应商分类

01	铸件供应商
02	锻件供应商
03	委托加工商

操作步骤如下。

01 在企业应用平台的"基础设置"页签下，执行"基础档案/客商信息/供应商分类"命令，打开"供应商分类"窗口。

02 单击"供应商分类"窗口工具栏中的【增加】按钮，录入供应商分类编码"01"，分类名称录入"铸件供应商"。

03 单击【保存】按钮，保存新增供应商分类。

04 重复步骤2和步骤3，完成表3-7供应商分类信息的录入操作，如图3-11所示。

图3-11　供应商分类

【提示】

供应商/客户的类别编码是系统识别不同供应商/客户的唯一标志，所以编码必须唯一且不可修改。

供应商/客户的类别名称是用户对供应商/客户类别的信息描述，可以是汉字或英文字母，不能为空。

4) 供应商档案

对于企业来说，设置供应商档案信息有利于对供应商资料的管理和业务数据的统计与分析。在用友U8中设置案例企业供应商档案，主要是方便企业进行采购管理、委外管理、库存管理、应付款管理。在供应链管理中，企业填制采购入库单、采购发票，以及进行采购结算、应付确认等，采购业务单据需要填制供应商单位信息，因此在基础档案设置时，必须先设置供应商档案信息，在业务单据处理时才能选择供应商。另外，若建账时选择有供应商分类，那么需要先设置供应商分类，再增加供应商档案，本案例企业供应商档案设置如表3-8所示。

表3-8 供应商档案

供应商编码	供应商名称	供应商简称	所属分类码	税号	开户银行	账号	税率	分管部门	分管业务员
001	宁波隆泰铸件有限公司	隆泰	01	320123123123123	工行宁波分行	11011112238	13%	采购部	李晓锋
002	宁波恒泰铸造有限公司	恒泰	01	320500789012345	中行宁波分行	11011112239	13%	采购部	李晓锋
003	洛阳华锐重锻件有限公司	华锐	02	320123123123123	工行洛阳分行	11011112240	13%	采购部	李晓锋
004	江苏华盛特钢铸锻有限公司	华盛	02	320500745568784	工行苏州分行	11011112241	13%	采购部	李晓锋

操作步骤如下。

01 在企业应用平台的"基础设置"页签下,执行"基础档案/客商信息/供应商档案"命令,打开"供应商档案"窗口。

02 在"供应商档案"窗口单击工具栏中的【增加】按钮,输入供应商编码为"001",供应商名称为"宁波隆泰铸件有限公司",供应商简称为"隆泰",单击所属地区编辑中的参照按钮,选择所属地区为"01",所属分类为"01",勾选"采购";单击"联系""信用"等选项卡录入分管部门、分管业务员等信息,如图3-12所示。

03 单击左上角【银行】按钮,填制供应商银行信息(如果在供应商档案"基本"选项卡中录入了"开户银行""银行账号""所属银行"等信息,则供应商银行信息由系统自动生成,可单击左上角"银行"按钮直接查看),如图3-13所示。

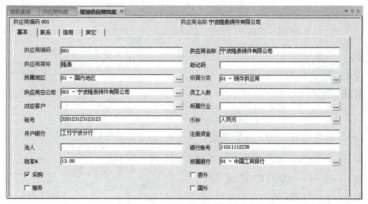

图3-12 增加供应商档案

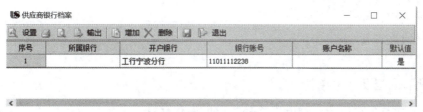

图3-13 供应商银行档案

04 单击"保存并新增"按钮,新增一张供应商档案。

05 重复步骤2和步骤3,完成表3-8供应商档案信息的录入操作。

06 单击"供应商档案"窗口中的【退出】按钮,退出供应商档案设置。

【提示】

已停用的供应商(即供应商档案的停用日期小于当前单据日期的供应商),输入单据时不能再参照,否则系统提示"此供应商已停用,请选择其他供应商"。在进行单据或账表查询时,已停用的供应商仍可继续查询。

3.3.4 存货设置

用友U8中的存货功能,主要用于设置企业在生产经营中使用到的各种存货信息,以便对这些存货进行资料管理、实务管理和业务数据的统计与分析。企业的存货需要有计量单位和存放的仓库,在企业存货种类繁多的情况下,为便于存货分类管理,还需要设置存货分类。

1. 存货分类

存货分类用于设置存货分类编码、名称及所属经济分类,以便对业务数据的统计和分析。本案例企业的存货分类如表3-9所示。

表3-9 存货分类

存货类别编码	存货类别名称
1商品	101锁类产品
	102锥类产品
	103绑扎类产品
2生产	201原材料
	202半成品
3劳务	301应税劳务

操作步骤如下。

01 在企业应用平台"基础设置"页签下,依次单击"基础档案/存货/存货分类",系统打开"存货分类"窗口。

02 在"存货分类"窗口,单击工具栏中的【增加】按钮,输入分类编码为"1",分类名称输入"商品",然后单击【保存】按钮,依照该设置方式,完成表3-9中"生产"和"劳务"分类的设置,如图3-14所示。

03 单击【退出】按钮,退出"存货分类"窗口。

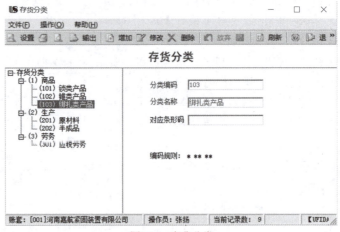

图3-14 存货分类

2. 计量单位组及计量单位

企业为进行库存管理和存货成本核算,需要为存货设置计量单位,但是在设置计量单位时,需要先"分组"定义计量单位组,即先增加计量单位组,才能在该计量单位组下增加计量单位。

用友U8将计量单位组划分为无换算计量单位组、浮动换算计量单位组、固定换算计量单位组三种类别,其主要区别如下。

(1) 无换算计量单位组:该组下可以有一个或多个计量单位,每个计量单位都以单独形式存在,各计量单位之间不存在换算关系,因此无须输入换算率,系统默认每个计量单位均为"主计量单位"。

(2) 浮动换算计量单位组：在设置浮动换算率时，可以选择的计量单位组中只包含两个计量单位，且该组中增加计量单位时需要将主计量单位和辅助计量单位显示在存货卡片界面上。

(3) 固定换算计量单位组：设置固定换算率时，可以选择的计量单位组中可以包含两个或两个以上的计量单位，且每一个辅助计量单位对主计量单位的换算率不为空。此时需要将该计量单位组中的主计量单位显示在存货卡片界面上。

在存货档案中，每一种存货只能选择一个计量单位组，本案例企业存货计量单位分组及计量单位设置情况如表3-10所示。

表3-10 计量单位组及计量单位

计量单位组名称	计量单位组类别	计量单位编号	计量单位名称
1基本计量单位	无换算率	01	个
		02	套
		03	把
		04	件
		05	千克
		06	米
		07	卷
		08	台
		09	包
		10	瓶
		11	本
		12	箱
		13	千米

操作步骤如下。

01 在企业应用平台"基础设置"页签下，依次单击"基础档案/存货/计量单位"，系统打开"计量单位"窗口。

02 在"计量单位"窗口，单击工具栏中的【分组】按钮，系统打开"计量单位组"窗口。

03 在"计量单位组"窗口，单击工具栏中的【增加】按钮，输入计量单位组编码为"1"，计量单位组名称为"基本计量单位"，计量单位组类别选择"无换算率"，然后单击该窗口工具栏中的【保存】按钮，如图3-15所示。

图3-15 计量单位组

04 单击【退出】按钮，退出"计量单位组"窗口。

05 在"计量单位"窗口，选中左侧计量单位组中的"无换算率"，单击该窗口工具栏中的【单位】按钮，系统打开"计量单位"窗口。

06 单击【增加】按钮,输入计量单位编码为"01",计量单位名称为"个",然后单击【保存】按钮,保存新增计量单位设置信息。

07 重复步骤5和步骤6,完成表3-10中的计量单位设置操作。

08 计量单位设置完毕,单击【退出】按钮退出"计量单位"窗口。

【提示】

先建立计量单位组,再建立计量单位。

若计量单位组为无换算率组,计量单位之间无须换算,因此计量单位界面不显示主计量单位标志和辅助计量标志复选框。

在固定换算和浮动换算中,通常将小的计量单位设置为"主计量单位",因此在增加主计量单位后,辅助计量单位增加时需要输入换算率。

固定换算组每一个辅计量单位对主计量单位的换算率不能为空。

被存货引用后的主、辅计量单位均不允许删除,但可以修改辅计量单位的使用顺序及其换算率。如果在单据中使用了某一计量单位,该计量单位的换算率就不允许再修改。

浮动换算组可以修改为固定换算组。浮动换算的计量单位组只能包括两个计量单位。同时,其辅计量单位换算率可以为空,在单据中使用该浮动换算率时需要手工输入换算率,或通过输入数量、件数,由系统自动计算换算率。

3. 存货档案

存货档案是系统初始化最基本、最重要的业务数据资料,以便在采购、销售、库存等业务单据处理时可快速地选择存货信息。本案例企业存货档案设置如表3-11所示。

表3-11 存货档案

存货编码	存货名称	计量单位	存货分类	税率	存货属性
10101	全自动燕尾底锁	个	101	13%	内销、自制
10102	半自动燕尾底锁	个	101	13%	内销、自制
10103	集装箱中间扭锁	个	101	13%	内销、自制
10201	全自动锥	个	102	13%	内销、自制
10301	绑扎眼板	件	103	13%	内销、自制
20101	板钢	千克	201	13%	外购、生产耗用
20102	圆钢	千克	201	13%	外购、生产耗用
20103	管钢	千克	201	13%	外购、生产耗用
20201	壳体	个	202	13%	外购、生产耗用
20202	锁轴	件	202	13%	自制、生产耗用
20203	自锁螺母	件	202	13%	外购、生产耗用
20204	内六角螺栓	件	202	13%	委外、生产耗用
20205	钢球	件	202	13%	委外、生产耗用
20206	弹簧	件	202	13%	委外、生产耗用
20207	定位器	件	202	13%	外购、生产耗用
20208	不锈钢压簧	件	202	13%	委外、生产耗用
20209	钢丝手把	件	202	13%	委外、生产耗用
20210	锁体	个	202	13%	自制、生产耗用
20211	定位座	个	202	13%	自制、生产耗用

(续表)

存货编码	存货名称	计量单位	存货分类	税率	存货属性
20212	扭簧	个	202	13%	委外、生产耗用
20213	销钉	个	202	13%	自制、生产耗用
20214	全自动机件	个	202	13%	自制、生产耗用
20215	面板	件	202	13%	自制、生产耗用
30101	运输费用	千米	301	9%	内销、外购、应税劳务

操作步骤如下。

01 在企业应用平台"基础设置"页签下，依次单击"基础档案/存货档案"，系统打开"存货档案"窗口。

02 在"存货档案"窗口，单击工具栏中的【增加】按钮，系统打开"增加存货档案"窗口，依照表3-11信息编辑存货档案，如图3-16所示，单击【保存并新增】按钮，保存新增一张存货档案单据。

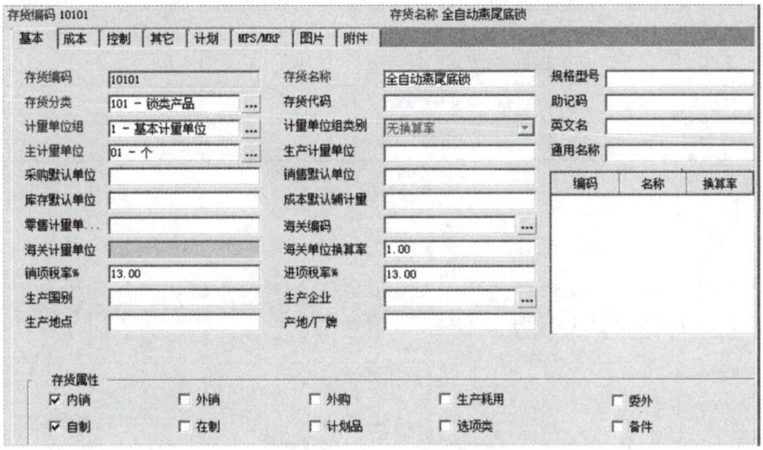

图3-16　增加存货档案

03 存货档案设置完成，单击【退出】按钮退出。

【提示】

在设置存货档案之前必须先到企业应用平台的基础档案中设置计量单位，否则，存货档案中没有被选的计量单位，存货档案无法保存。

【知识链接】

存货属性

存货属性是对存货的一种分类，在用友U8中，共设置有外购、内销、外销、委托加工等18种存货属性。而设置存货属性的目的是缩小存货的查找范围，以便在录入入库单、出库单、发票等业务单据时，能快速地从大量存货中迅速查询出目标存货。在设置存货档案时，勾选"外购"属性的存货将在入库、采购发票等单据中被参照，勾选有"内销""外销"属性的存货将在发货、出库、销售发票等单据中被参照。直运业务存货属性为"外购"。同一存货可以设置多个属性，但当一个存货同时被设置为"自制""委外"和"外购"时，MPS/MRP系统默认"自制"为其最高优先属性而自动建议计划生产订单。而当一个存货同时被设置为"委外"和"外购"时，MPS/MRP系统默认"委外"为其最高优先属性而自动建议计划委外订单，另外，随同发货单或发票一起开具的应税劳务，也应设置在存货档案中。

3.3.5 收付结算设置

1. 结算方式设置

结算方式是经济主体之间经济往来(商品交易、劳务供应、债权债务清算等)的款项收付的程序和方法。结算方式种类繁多，按照支付手段划分，主要包括现金结算、票据结算(银行汇票、商业汇票、银行本票、支票)、汇兑、委托收款、异地托收承付，以及第三方支付方式(支付宝、财付通、微信转账等)。目前，河南嘉航紧固装置有限公司使用的主要结算方式如表3-12所示。

表3-12 收付结算

结算方式编码	结算方式名称	票据管理
1	现金结算	否
2	支票结算	是
201	现金支票	是
202	转账支票	是
3	电汇	否
4	商业汇票	否
401	商业承兑汇票	否
402	银行承兑汇票	否

操作步骤如下。

01 在企业应用平台"基础设置"页签中，执行"基础档案/收付结算/结算方式"命令，系统打开"结算方式"窗口。

02 在"结算方式"窗口，单击工具栏上的【增加】按钮，结算方式编码输入为"1"，结算方式名称输入为"现金结算"，如图3-17所示，然后单击【保存】按钮。

03 结算方式录入完毕，单击【退出】按钮，退出"结算方式"窗口。

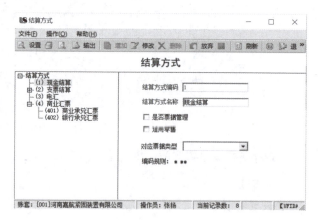

图3-17 结算方式

【栏目说明】

结算方式编码：用以标识某结算方式。用户必须按照结算方式编码级次的先后顺序来进行录入，录入值必须唯一。

结算方式名称：用户根据企业的实际情况，必须录入所用结算方式的名称，录入值必须唯一。结算方式名称最多可写6个汉字(或12个字符)。

票据管理标志：用户可根据实际情况，通过单击复选框选择该结算方式下的票据是否要进行票据管理。

适用零售："适用零售"值为"是"的结算方式才下发给零售系统。

2. 付款条件

付款条件即"现金折扣"，是指企业为了鼓励客户在信用期限内尽早偿还款项而给予的价格优惠。现金折扣的形式有2/10，1/20，n/30，分别代表：如果购货方在10天之内付款，那么销售方就给予总价款的2%的优惠；如果购货方在20天内付款，销售方就给予总价款的1%的优惠；如果对方在30天内付款，不给予任何优惠折扣。本案例企业在经营过程中与往来单位协议规定的收、付款折扣条件如表3-13所示。

表3-13 付款条件

付款条件编码	付款条件名称	信用天数	优惠天数1	优惠率1	优惠天数2	优惠率2	优惠天数3	优惠率3
01	4/10,2/20,n/30	30	10	4	20	2	30	0
02	2/20,1/40,n/60	60	20	2	40	1	60	0
03	2/30,1/45,n/60	60	30	2	45	1	60	0

操作步骤如下。

01 在企业应用平台"基础设置"页签中，执行"基础档案/收付结算/付款条件"命令，系统打开"付款条件"窗口。

02 在"付款条件"窗口，单击工具栏中的【增加】按钮，在付款条件编码栏输入"01"，信用天数输入"30"，优惠天数1为"10"，优惠率1为"4"，优惠天数2为"20"，优惠率2为"2"，优惠天数3为"30"，优惠率3为"0"，单击【保存】按钮，系统自动填写付款条件名称为："4/10,2/20,n/30"。

03 重复步骤2，完成表3-13中的"02""03"付款条件设置，如图3-18所示。

序号	付款条件编码	付款条件名称	信用天数	优惠天数1	优惠率1	优惠天数2	优惠率2	优惠天数3	优惠率3
1	01	4/10, 2/20, n/30	30	10	4.0000	20	2.0000	30	0.0000
2	02	2/20, 1/40, n/60	60	20	2.0000	40	1.0000	60	0.0000
3	03	2/30, 1/45, n/60	60	30	2.0000	45	1.0000	60	0.0000

图3-18 付款条件

04 单击"付款条件"窗口中的【退出】按钮退出。

【栏目说明】

付款条件编码：用以标识某付款条件，必须输入且唯一，可以用数字0~9或字符A~Z表示，最多可输入3个字符。

付款条件名称：系统根据用户输入的信用天数、优惠天数、优惠率自动填写该付款条件的完整信息。

信用天数：是指客户放弃折扣延期付款的最长天数，若超过此天数，客户不仅要按全额支付货款，还可能支付延期付款利息或违约金。该值必须输入，最大值为999。

优惠天数：是指客户享受现金折扣的某个信用期间的最大天数，优惠天数应小于信用天数，且最大值为999。

优惠率：是指客户在优惠天数范围内付款所享受的现金折扣率，按照百分比计算。

【提示】

用友U8系统最多同时支持4个信用期间的现金折扣；付款条件一旦被引用，便不可进行修改和删除操作。

3. 本单位开户银行信息

用友U8支持企业具有多个开户行及账号。"本单位开户银行"功能用于维护及查询使用单位的开户银行信息。开户银行一旦被引用，便不能进行修改和删除操作。河南嘉航紧固装置有限公司的开户银行信息如下。

开户银行编码：001
开户银行账号：6222352021010188
币种：人民币
开户银行名称：中国工商银行郑州长江路支行
所属银行编码：01中国工商银行

操作步骤如下。

`01` 在企业应用平台"基础设置"页签中，执行"基础档案/收付结算/本单位开户银行"命令，系统打开"本单位开户银行"窗口。

`02` 在"本单位开户银行"窗口，单击工具栏上的【增加】按钮，编码输入为"001"，银行账号输入为"6222352021010188"，币种为"人民币"，开户银行名称输入为"中国工商银行郑州长江路支行"，所属银行编码选择为"01中国工商银行"，如图3-19所示，单击【保存】按钮，系统返回"本单位开户银行"窗口。

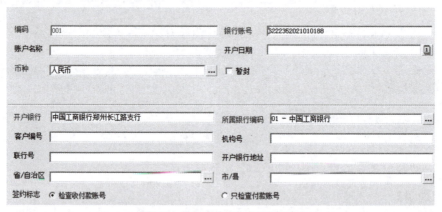

图3-19　增加本单位开户银行信息

`03` 单击【退出】按钮，退出"本单位开户银行"窗口。

【提示】

"暂封"标志用来标识银行账号的应用状态。如果这个账号临时不用，可以用鼠标单击来设置"暂封"标志为有效。

【知识链接】

银行档案

银行档案用于设置企业所用的各银行总行的名称和编码，用于工资、HR、网上报销、网上银行等系统；用户可以根据业务的需要方便地增加、修改、删除、查询、打印银行档案。个人账户规则要求：当"银行名称"="中国建设银行"时，"单位编码"必输入，为8位长度，由数字0～9组成；否则，"单位编码"不可输入。账号长度不得为空，且不能超过30位；账号是否"定长"是指此银行要求所有企业的账号长度必须相同；如果使用招商银行网上银行系统中的加密文件格式，则必须增加输入"招商银行"名称，招商银行账号长度不得超出18位。

3.3.6 财务设置

1. 凭证类别设置

设置凭证类别是指对记账凭证进行分类编制，用户可以按照企业的需求选择或自定义凭证类别。用友U8提供"凭证类别"设置功能，其主要分类形式有以下几种。

(1) 记账凭证。
(2) 收款、付款、转账凭证。
(3) 现金、银行、转账凭证。
(4) 现金收款、现金付款、银行收款、银行付款、转账凭证。
(5) 自定义凭证类别。

为便于凭证管理及记账，本案例企业选用收款、付款、转账凭证的专用分类形式，其具体分类设置如表3-14所示。

表3-14　凭证类别

类别名称	限制类型	限制科目
收款凭证	借方必有	1001，1002
付款凭证	贷方必有	1001，1002
转账凭证	凭证必无	1001，1002

操作步骤如下。

01 在企业应用平台"基础设置"页签中，执行"基础档案/财务/凭证类别"，系统弹出"凭证类别"对话框。

02 在"凭证类别"对话框中，凭证分类方式选择"收款凭证 付款凭证 转账凭证"单选按钮，如图3-20所示，单击【确定】按钮，系统进入"凭证类别"设置窗口。

03 在"凭证类别"窗口，单击工具栏中的【修改】按钮，在表体中依据表3-14资料说明设置类别名称、限制类型、限制科目，如图3-21所示。

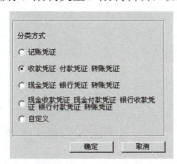

图3-20　凭证类别预置

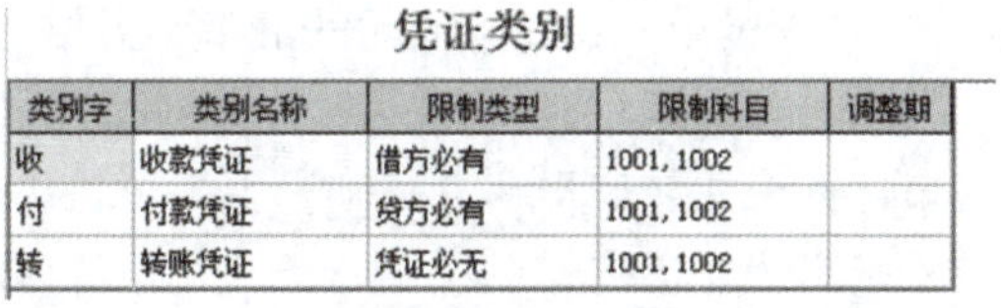

类别字	类别名称	限制类型	限制科目	调整期
收	收款凭证	借方必有	1001,1002	
付	付款凭证	贷方必有	1001,1002	
转	转账凭证	凭证必无	1001,1002	

图3-21　凭证类别

04 凭证类别设置完毕，单击【退出】按钮退出。

【栏目说明】 限制类型与限制科目

限制类型

借方必有：制单时，此类凭证借方至少有一个限制科目有发生。

贷方必有：制单时，此类凭证贷方至少有一个限制科目有发生。

凭证必有：制单时，此类凭证借方和贷方至少有一个限制科目有发生。

凭证必无：制单时，此类凭证借方和贷方不可有一个限制科目发生。

无限制：制单时，此类科目可以使用所有合法会计科目，限制科目由用户输入，可以是任意级次的科目，科目之间用逗号分隔，数量不限，也可参照录入，但不能重复录入。

借方必无：记账凭证中金额发生在借方的会计科目必须不包含借方必无科目，可在凭证保存时检查。

贷方必无：记账凭证中金额发生在贷方的会计科目必须不包含贷方必无科目，可在凭证保存时检查。

限制科目

限制科目是指在填制记账凭证时，不同类别的记账凭证会对会计科目有一定的限制。
收款凭证限制科目：借方必有1001或1002科目，否则系统提示凭证不合法，无法保存。
付款凭证限制科目：贷方必有1001或1002科目，否则系统提示凭证不合法，无法保存。
转账凭证限制科目：借贷两方必无1001和1002科目，否则系统提示凭证不合法，无法保存。
另外，如果限制科目为非末级科目，则在制单时，其所有下级科目都将受到同样的限制，即若分类如表3-14所示，1002科目下有100201和100202两个下级科目，则在填制收款凭证时，其借方科目可以使用100201、100202科目。

【提示】

在凭证类别使用之前，可以修改或删除凭证类别设置，凭证类别记录完全删除后可以重新选择"类别方式"。

已经使用的凭证类别及类别字不能修改或删除。

若选择有科目限制，则至少要输入一个限制科目，若选择限制类型为"无限制"，则不能输入限制科目。若采用手工输入限制科目，限制科目之间的逗号应在英文半角状态下录入。

单击"凭证类别"窗口中的上下箭头按钮，可以调整凭证类别的先后顺序，凭证类别顺序决定着明细账中凭证的排列顺序。如凭证类别中凭证字顺序为"收、付、转"，则在查询明细账、日记账时，同一日期内的记账凭证将按照"收、付、转"的顺序进行排列。

2. 外币设置

本案例企业采用固定汇率核算外币，外币涉及美元和欧元。美元币符为$，2022年8月1日美元对人民币汇率为1美元=6.9744人民币；欧元币符为€，2022年1月初欧元对人民币汇率为1欧元=8.2117人民币。美元与欧元的汇率小数位均为"4"。

操作步骤如下。

01 在企业应用平台"基础设置"页签下，执行"基础档案/财务/外币设置"命令，系统打开"外币设置"窗口。

02 在"外币设置"窗口，单击工具栏中的【增加】按钮，币符输入为"$"，币名输入为"美元"，汇率小数位修改为"4"，折算方式选择"外币*汇率=本位币"，然后单击【确认】按钮，如图3-22所示。

03 在"外币设置"窗口，再次单击【增加】按钮，币符输入为"€"，币名输入为"欧元"，汇率小数位修改为"4"，

图3-22 外币设置

折算方式选择"外币*汇率=本位币",然后单击【确认】按钮。

04 在"外币设置"窗口左侧选中"美元",汇率默认为"固定汇率",单击月份"2022.01"对应的记账汇率栏,输入美元记账汇率为"6.9744",然后单击其他区域保存美元汇率设置。

05 参照步骤4,完成欧元汇率设置,并单击【退出】按钮退出。

【栏目说明】

币符与币名:定义外币的符号及其名称,如美元,其币符可以定义为"$",名称定义为"美元",币符为必输项。

折算方式:分为直接汇率与间接汇率两种,用户可以根据外币的使用情况选定汇率的折算方式。直接汇率即"外币*汇率=本位币",间接汇率即"外币/汇率=本位币"。

固定汇率与浮动汇率:选"固定汇率"即可录入各月的月初汇率,选"浮动汇率"即可录入所选月份的各日汇率。

记账汇率:在平时制单时,系统自动显示此汇率,如果用户使用固定汇率(月初汇率),则记账汇率必须输入,否则制单时汇率为0。

调整汇率:即月末汇率。在期末计算汇兑损益时用,平时可不输,等期末可输入期末时汇率,用于计算汇兑损益,本汇率不做其他用途。

【提示】

在外币设置窗口选中"固定汇率"仅供用户录入固定汇率与浮动汇率,并不决定在制单时是使用固定汇率还是浮动汇率。总账系统"选项"中"汇率方式"的设置,决定了制单是使用固定汇率还是浮动汇率。

如若建账时未勾选"有无外币核算",即使进行了外币设置,外币科目中的外币核算"币种"也无法选择。

3. 会计科目设置

会计科目是企业填制会计凭证、登记会计账簿、编制会计报表的基础。会计科目是一个完整的体系,它是区别于流水账的标志,是复式记账和分类核算的基础。会计科目设置的完整性会影响会计过程的顺利实施,会计科目设置的层次深度直接影响会计核算的详细、准确程度。新增会计科目过程中可能会遇到新增会计科目的下级科目与一个已设置好的科目的下级明细科目类似,在这种情况下如果设置一批新下级明细科目,非常浪费时间和人力,所以用友U8产品提供了成批复制下级明细科目的功能。可以将同一账套或不同账套内的相似下级科目复制给某一科目,减少重复设置的工作量,并提高正确率和一致性。期初余额以上期期末余额为基础,反映了以前期间的交易和上期采用的会计政策的结果。期初已存在的账户余额是由上期结转至本期的金额,或是上期期末余额调整后的金额。本案例企业常用会计科目如表3-15所示。

表3-15 常用会计科目

科目名称及编码	币种核算/计量	账页格式	辅助核算	余额方向/单位	备注
库存现金(1001)			日记账	借	修改
银行存款(1002)			日记账、银行账	借	修改
工行存款(100201)			日记账、银行账	借	增加
中行存款					

(续表)

科目名称及编码	币种核算/计量	账页格式	辅助核算	余额方向/单位	备注
中行存款(10020201)/美元户	美元	外币金额式	日记账、银行账、外币核算	借	增加
中行存款(10020202)/欧元户	欧元	外币金额式	日记账、银行账、外币核算	借	增加
应收票据(1121)				借	
商业承兑汇票(112101)			客户往来	借	增加
银行承兑汇票(112102)			客户往来	借	增加
应收账款(1122)				借	
人民币(112201)			客户往来	借	增加
美元(112202)		外币金额式	客户往来、外币核算	借	增加
欧元(112203)		外币金额式	客户往来、外币核算	借	增加
预付账款(1123)			供应商往来	借	修改
其他应收款(1221)				借	
应收个人款(122101)			个人往来	借	增加
应收客户其他款(122102)				借	增加
应收单位款(122103)			客户往来	借	增加
坏账准备(1231)				贷	
原材料(1403)				借方	
钢材(140301)				借/kg	增加
板钢(14030101)			数量核算	借/kg	增加
圆钢(14030102)			数量核算	借/kg	增加
管钢(14030103)			数量核算	借/个	增加
半成品(140302)					增加
壳体(14030201)			数量核算	借/个	增加
锁轴(14030202)			数量核算	借/件	增加
白锁螺母(14030203)			数量核算	借/件	增加
内六角螺栓(14030204)			数量核算	借/件	增加
钢球(14030205)			数量核算	借/件	增加
弹簧(14030206)			数量核算	借/件	增加
定位器(14030207)			数量核算	借/件	增加
不锈钢压簧(14030208)			数量核算	借/件	增加
钢丝手把(14030209)			数量核算	借/件	增加
锁体(14030210)			数量核算	借/个	增加
定位座(14030211)			数量核算	借/个	增加
扭簧(14030212)			数量核算	借/个	增加
销钉(14030213)			数量核算	借/个	增加
全自动机件(14030214)			数量核算	借/个	增加
面板(14030215)			数量核算	借/件	增加
库存商品(1405)			数量核算　项目核算	借/个	修改
全自动锁(140501)			数量核算　项目核算	借/个	增加
半自动锁(140502)			数量核算	借/个	增加
旋转锁(140503)			数量核算　项目核算	借/个	增加

(续表)

科目名称及编码	币种核算/计量	账页格式	辅助核算	余额方向/单位	备注
锥类产品(140504)			数量核算　项目核算	借/个	增加
绑扎类产品(140505)			数量核算　项目核算	借/件	增加
应付票据(2201)				贷	
商业承兑汇票(220101)			供应商往来	贷	增加
银行承兑汇票(220102)			供应商往来	贷	增加
应付账款(2202)					
应付往来账款(220201)			供应商往来	贷	增加
暂估应付账款(220202)			供应商往来(不受应付系统控制)	贷	增加
预收账款(2203)			客户往来	贷	修改
应付职工薪酬(2211)				贷	
应付工资(221101)				贷	增加
应付福利费(221102)				贷	增加
应付养老保险(221103)				贷	增加
应付住房公积金(221104)				贷	增加
工会经费(221105)				贷	增加
职工教育经费(221106)				贷	增加
应交税费(2221)				贷	
应交增值税(222101)				贷	增加
进项税额(22210101)				贷	增加
进项税额转出(22210102)				贷	增加
销项税额(22210103)				贷	增加
已交税金(2221010104)				贷	增加
转出未交增值税(2221010105)				贷	增加
未交增值税(222102)				贷	增加
应交所得税(222103)				贷	增加
应交个人所得税(222104)				贷	增加
应交城市维护建设税(222105)				贷	增加
应交教育费附加(222106)				贷	增加
其他应付款(2241)				贷	
单位(224101)			供应商往来	贷	增加
个人(224102)			个人往来	贷	增加
利润分配(4104)				贷	
提取法定盈余公积(410401)				贷	增加
未分配利润(410415)				贷	增加
生产成本(5001)				借	
直接材料(500101)			项目核算	借	增加
直接人工(500102)				借	增加
制造费用(500103)				借	增加
其他(500104)				借	增加
制造费用(5101)				借	
工资(510101)				借	增加

(续表)

科目名称及编码	币种核算/计量	账页格式	辅助核算	余额方向/单位	备注
折旧费(510102)				借	增加
其他(510103)				借	增加
主营业务收入(6001)			数量核算 项目核算	借/个	修改
全自动锁(600101)			数量核算 项目核算	借/个	增加
半自动锁(600102)			数量核算 项目核算	借/个	增加
旋转锁(600103)			数量核算 项目核算	借/个	增加
锥类产品(600104)			数量核算 项目核算	借/个	增加
绑扎类产品(600105)			数量核算 项目核算	借/件	增加
主营业务成本(6401)			项目核算		修改
全自动锁(640101)			项目核算	借/个	增加
半自动锁(640102)			项目核算	借/个	增加
旋转锁(640103)			项目核算		增加
锥类产品(640104)			项目核算		增加
绑扎类产品(640105)			项目核算	借/件	增加
销售费用(6601)					
薪资(660101)					成批复制
福利费(660102)					成批复制
办公费(660103)					成批复制
差旅费(660104)					成批复制
招待费(660105)					成批复制
折旧费(660106)					成批复制
广告费(660107)					修改
展览费(660108)					增加
委托代销手续费(660109)					增加
其他(660110)					增加
管理费用(6602)					
薪资(660201)			部门核算		增加
福利费(660202)			部门核算		增加
办公费(660203)			部门核算		增加
差旅费(660204)			部门核算		增加
招待费(660205)			部门核算		增加
折旧费(660206)			部门核算		增加
其他(660207)			部门核算		增加
财务费用(6603)					
利息(660301)					增加
银行手续费(660302)					增加
其他(660303)					增加
信用减值损失(6702)					增加

要求：利用增加、修改、成批复制等功能完成会计科目的设置操作，并完成会计科目指定操作，包括指定现金科目、银行存款科目，以及将库存现金、银行存款、其他货币资金科目指定为现金流量科目。

1) 增加、修改、成批复制会计科目

操作步骤如下。

01 在企业应用平台的"基础设置"页签中，执行"基础档案/财务/会计科目"命令，系统打开"会计科目"窗口。

02 单击【增加】按钮，系统弹出"新增会计科目"对话框，输入科目编码为"100201"，科目名称输入为"工行存款"，选中"日记账""银行账"复选框，"科目性质（余额方向）"默认选择"借方"，如图3-23所示。单击【确定】按钮完成工行存款科目新增操作，同时按照表3-16中的资料完成其余会计科目的设置。

03 单击【修改】按钮，完成表8-11中一些会计科目的修改操作，如图3-24所示。

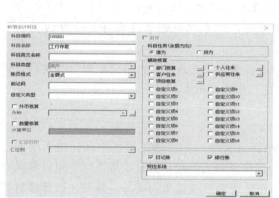
图3-23 新增会计科目

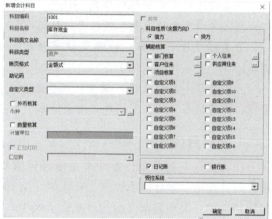
图3-24 会计科目修改

【提示】

没有会计科目设置权的用户只能在此浏览科目的具体定义，而不能进行修改。

已使用的科目可以增加下级，新增第一个下级科目为原上级科目的全部属性。

04 在"会计科目"窗口，选择"编辑"菜单中的"成批复制"命令，弹出"成批复制"对话框，被复制科目编码输入为"6001"，科目编码输入为"6401"，选择"辅助核算"复选框，默认"本账套"，如图3-25所示。

【提示】

如果需要复制携带辅助核算、数量核算和外币核算的，在三个辅助核算前打勾即可。

2) 指定会计科目

实现现金账、银行账管理的保密性，指定科目是将现金、银行存款科目指定给出纳管理，指定科目后，才能执行出纳签字以及查看现金日记账或银行存款日记账。若不指定科目，出纳则不能在出纳查询到现金日记账和银行日记账。

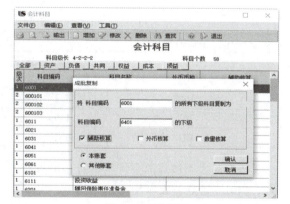
图3-25 成批复制

操作步骤如下。

01 在企业应用平台的"基础设置"页签中，执行"基础档案/财务/会计科目"命令，系统打开"会计科目"窗口。

②在"会计科目"窗口,单击【编辑/指定科目】,在弹出的对话框中设置现金科目为"库存现金",如图3-26所示,设置银行科目为"银行存款",现金流量科目为"库存现金""银行存款""其他货币资金"。

③单击【确定】按钮,完成会计科目指定操作。

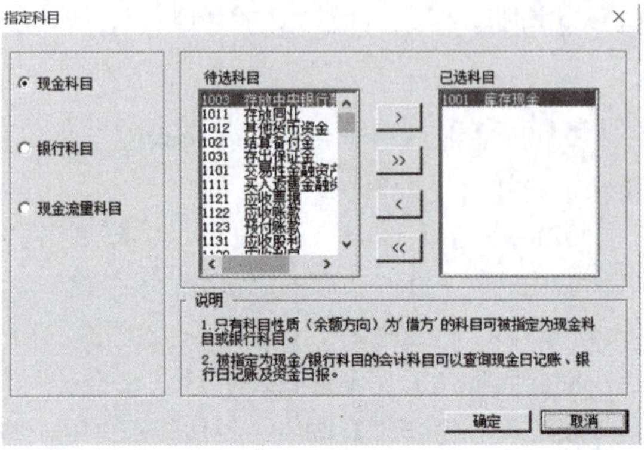

【提示】

此处指定的现金、银行存款科目供出纳管理使用,所以在查询现金、银行存款日记账前,必须指定现金、银行存款总账科目。

图3-26 指定科目

若未指定会计科目,出纳凭证无法执行出纳签字,系统弹出"没有符合条件的凭证"提示。

指定科目一旦被使用,则不能随意删除或修改,若需修改或产出,必须先删除有该科目的凭证,并将该科目及其下级科目余额清零,方可进行修改或删除。

4. 项目目录设置

在实际业务处理中,企业有很多项目需要核算与管理,如在建工程、产品、技术改造工程、对外投资、项目成本管理、合同等。用友U8提供了强大的项目管理功能,用户可以将具有相同特性的一类项目定义到一个项目大类中,但在使用项目核算与管理前,需要先设置项目档案。项目档案设置主要包括增加或修改项目大类,定义项目核算科目、项目分类、项目栏目结构及项目目录维护。本案例企业项目目录设置如表3-16所示。

项目大类:产品 项目级次:1-2
项目分类:1—锁类产品:01全自动锁;02半自动锁;03旋转锁
2—锥类产品;3—绑扎类产品

表3-16 项目目录

项目编号	项目名称	所属分类码
101	全自动燕尾底锁	101
102	半自动燕尾底锁	102
103	集装箱中间扭锁	103
201	全自动锥	2
301	绑扎眼板	3

按产品大类核算的会计科目有1405库存商品、5001生产成本/直接材料、6001主营业务收入、6401主营业务成本及其科目下所有明细科目。

操作步骤如下。

①在企业应用平台的"基础设置"页签下,执行"基础档案/财务/项目目录"命令,系统打开"项目目录"窗口;

②在"项目目录"窗口,单击工具栏上的【增加】按钮,系统打开"项目大类—增加"对话框,输入新增项目大类名称为"产品",默认"普通项目",依据向导,单击【下一步】按钮,进入定义项目级次,一级级长调整为"1",二级级长调整为"2",其他级次长度默认

为"0",再次单击"下一步"按钮进入"定义项目栏目",该设置均依照系统默认设置,最后单击【确定】按钮,系统返回"项目档案"窗口。

03 在"项目档案"窗口中,选择项目大类为"产品",然后单击"核算科目"选项卡,单击【全选】按钮,将待选科目选入已选科目编辑框,将"1405、500101、6001、6401"科目指定为"产品"项目大类的核算科目,然后单击【确定】按钮,如图3-27所示。

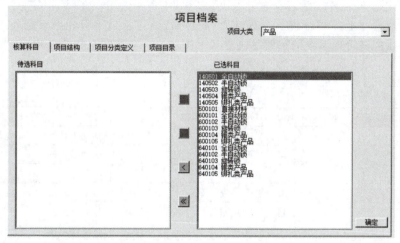

图3-27 项目档案

04 单击"项目分类定义"选项卡,输入分类编码为"1",分类名称为"锁类产品",单击【确定】按钮,在依据此方法完成"锥类产品"和"绑扎类产品"的项目分类定义。

05 单击"项目目录"选项卡,单击【维护】按钮,系统打开"项目目录维护"窗口。

06 在"项目目录维护"窗口,单击工具栏中的【增加】按钮,输入项目编号为"101",项目名称为"全自动锁",所属分类码选为"1",依此方法,完成表3-16其他项目的维护,如图3-28所示。

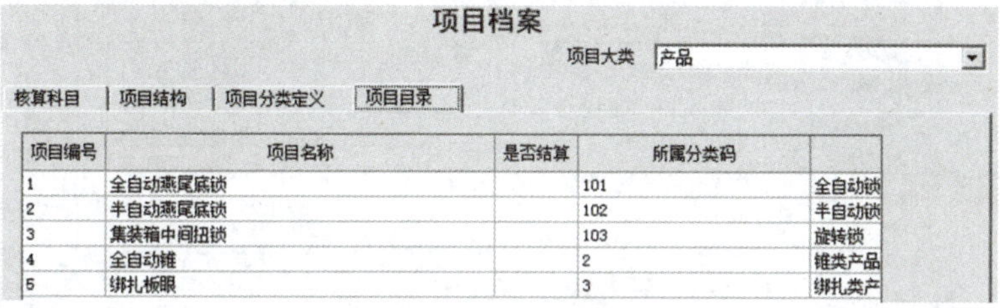

图3-28 项目目录维护

07 单击【关闭】按钮,系统返回"项目档案"窗口。

【提示】

一个项目大类可以指定多个会计核算科目,一个会计核算科目只能属于一个项目大类。每年年初应将已结算或不用的项目删除,结算后的项目将不能再使用。

【知识链接】

项目辅助核算

随着企业管理活动的不断细化,通常需要对某种对象进行收入和成本的核算,这种对象可以是工程,也可以是某个订单或某种产品,在用友U8中称为项目。由于企业中通常存在多种不同性质的项目，因此在用友U8中可以将具有相同特性的一类项目定义为一个项目大类。为了便于管理，用户可以对每个项目大类进行细分，在每个分类下定义具体的项目档案。

3.3.7 业务设置

1. 仓库档案

存货一般放置于仓库进行保管，因此对存货进行核算管理，首先应对仓库进行管理，进行仓库设置是供应链管理系统的重要基础准备工作之一。本案例企业的仓库档案设置如表3-17所示。

表3-17 仓库档案

仓库编码	仓库名称	存货计价方式
1	原材料库	移动平均法
2	半成品库	移动平均法
201	外购半成品库	移动平均法
202	委托加工半成品库	移动平均法
203	自制半成品库	移动平均法
3	产成品库	移动平均法

操作步骤如下。

01 执行"基础设置/业务/仓库档案"命令，打开"仓库档案"窗口。

02 在"仓库档案"窗口；单击工具栏上的【增加】按钮，在弹出的"增加仓库档案"窗口中录入仓库编码为"1"，仓库名称为"原材料库"，选择部门编码为"6 仓储部"，计价方式选择"移动平均法"，仓库属性选择"普通仓"，取消选择"参与MRP运算""参与ROP计算""货位管理"复选框，如图3-29所示。

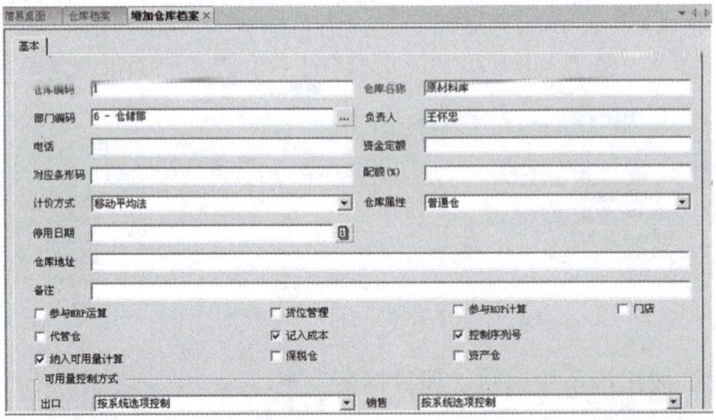

图3-29 增加仓库档案

03 单击【保存】按钮，保存新增原材料库档案信息设置，重复步骤2，完成表3-17其他仓库档案的设置操作。

04 仓库档案设置完成后，单击【关闭】按钮退出。

【栏目说明】

仓库编码：最多10位，必须输入且唯一；仓库名称最多20位，必须输入。

仓库属性：仓库属性可选择普通仓、现场仓、委外仓，默认为"普通仓"。"普通仓"用于正常的材料、产品、商品的出入库、盘点的管理；"现场仓"用于生产过程的材料、半成品、成品的管理；"委外仓"用于发给"委外商"材料的管理。

【提示】

若仓库已经使用，则不可删除，而且只可修改负责人、电话、资金定额、仓库地址和备注等项目。

【知识链接】

存货计价方式

用友U8系统提供6种存货计价方式，工业企业的有计划价法、全月平均法、移动平均法、先进先出法、后进先出法、个别计价法，每个仓库都对应着一种计价方式，因此在新增仓库档案时，必须选择一种存货计价方式。

计划价法：期末计算差异率时，根据此仓库同种存货的差异、金额计算的差异率，计算出库成本。

全月平均法：期末处理计算出库成本时，根据该仓库同种存货的金额和数量计算的平均单价，计算出库成本。

移动平均法：业务发生日计算出库成本时，根据该仓库的同种存货按最新结存金额和结存数量计算的单价，计算出库成本。

先进先出法、后进先出法：按出库单记账(包括红字出库单)计算出库成本时，只按此仓库同种存货的入库记录进行先进先出或后进先出选择成本，只要存货相同、仓库相同则将入库记录全部排序进行先进先出或后进先出选择成本。

个别计价法：该仓库的各种存货，其计算出库成本的方法与入库成本方法一致。

2. 收发类别

企业设置收发类别的目的主要是便于对存货出入库情况进行分类汇总统计。收发类别表示了存货的出入库类型，用友U8系统内置了两种存货收发类型，即收和发。用户在收发类别设置时，注意入库的收发类别标志应选择"收"，出库的收发类别标志应选择"发"，结合河南嘉航紧固装置有限公司日常存货的出入库类型，需要设置的收发类别如表3-18所示。

表3-18 收发类别

收发类别编码	收发类别名称	收发标志	收发类别编号	收发类别名称	收发标志
1	正常入库	收	3	正常出库	发
101	采购入库	收	301	销售出库	发
102	采购退货	收	302	销售退货	发
103	产成品入库	收	303	材料领用出库	发
104	委托加工入库	收	304	边角废料销售出库	发
105	调拨入库	收	305	调拨出库	发
106	组装入库	收	306	组装出库	发
107	转换入库	收	307	转换出库	发
108	其他入库	收	308	其他出库	发
-	-	-	309	委托加工出库	发
2	非正常入库	收	4	非正常出库	发
201	盘盈入库	收	401	盘亏出库	发
202	其他入库	收	402	其他出库	发

操作步骤如下。

01 在"企业应用平台"的"基础设置"页签下,依次单击"基础档案/业务/收发类别"选项,系统打开"收发类别"窗口。

02 在"收发类别"窗口的工具栏中单击【增加】按钮,收发类别编码输入"1",收发类别名称输入"正常入库",收发类别标志选择"收"。

03 单击【保存】按钮,保存"正常入库"设置信息。重复步骤2,新增并保存表3-18中的收发类别设置,结果如图3-30所示。

04 在"收发类别"窗口单击工具栏上的【退出】按钮退出收发类别设置操作。

图3-30 收发类别设置

【栏目说明】

收发标志:系统规定收发类型只有两种,即收和发。输入此项目时,系统显示一个选择窗,让用户选择,而不能输入。

收发类别编码:用户必须输入。系统规定收发类别最多可分三级,最大位数5位;必须逐级定义,即定义下级编码之前必须先定义上级编码。

收发类别名称:最大位数为12位。用户必须输入,相同级次且上级级次相同的类别名称不可以相同。

适用零售:"适用零售"值为"是"的收发类别才下发给零售系统。

3. 采购类型

企业设置采购类型的目的是便于对采购业务数据按照采购类型进行统计。所谓采购类型是用户根据企业需要自行设定的项目,用户在使用用友采购管理系统、填制采购入库单等单据时,需要选择采购类型。采购类型不分级次,企业可以根据实际需要进行设立。本案例企业的采购类型设置如表3-19所示。

表3-19 采购类型

采购类型编码	采购类型名称	入库类别	是否默认值
01	普通采购	采购入库	是
02	特殊采购	采购入库	否
03	外协加工	委托加工入库	否

操作步骤如下。

01 在企业应用平台"基础设置"中,单击"业务/采购类型",系统打开"采购类型"窗口。

02 在"采购类型"窗口,单击工具栏中的【增加】按钮,输入采购类型编码为"01",采购类型名称为"普通采购",入库类别选择"采购入库",默认值选择"是"然后单击【保存】按钮。

03 重复步骤2,完成表3-19采购类型设置操作,结果如图3-31所示。

序号	采购类型编码	采购类型名称	入库类别	是否默认值	是否委外默认值	是否列入MPS/MRP计划
1	01	普通采购	采购入库	是	否	是
2	02	特殊采购	采购入库	否	否	是
3	03	外协加工	委托加工入库	否	否	是

图3-31 采购类型设置

04 单击【退出】按钮，退出"采购类型"设置窗口。

【栏目说明】

采购类型编码：编码只有2位字长，必须输入，不能为空，不允许重复，并要注意编码字母的大小写。

采购类型名称：必须输入，不能为空。

入库类别：是指设定填制采购入库单时，输入采购类型后，默认的入库类别，以便加快录入速度。

是否默认值：是指设定某个采购类型是填制采购单据默认的采购类型，对于最常发生的采购类型，可以设定该采购类型为默认的采购类型。

是否委外默认值：设定某个采购类型是填制委外单据默认的采购类型，对于最常发生的委外加工的采购类型，可以设定该采购类型为默认的委外类型。

是否列入MPS/MRP计划：选择是或否，可以按类型控制采购入库单等单据是否列入MPS/MRP计划。

4. 销售类型

同理，企业设置销售类型的目的是便于对销售业务数据按照销售类型进行统计。用户在销售管理系统填制销售订单等单据时，需要选择销售类型。与采购类型相似，销售类型也不分级次，也是企业根据实际需要进行设置。本案例企业销售类型设置情况如表3-20所示。

表3-20 销售类型

销售类型编码	销售类型名称	出库类别	是否默认值
01	普通销售	销售出库	是
02	特殊销售	销售出库	否
03	边角废料销售	边角废料销售出库	否

操作步骤如下。

01 在企业应用平台"基础设置"页签中，单击"业务/采购类型"，系统打开"销售类型"窗口。

02 在"销售类型"窗口，单击工具栏中的【增加】按钮，输入销售类型编码为"01"，采购类型名称为"普通销售"，出库类别选择"销售出库"，默认值选择"是"，然后单击【保存】按钮。

【提示】

出库类别是收发类别中收发标志为发的那部分，收发标志为收的收发类别是不能作为出库类别的。

03 重复步骤2，完成表3-20销售类型设置操作，如图3-32所示。

序号	销售类型编码	销售类型名称	出库类别	是否默认值	是否列入MPS/MRP计划
1	01	普通销售	销售出库	是	是
2	02	特殊销售	销售出库	否	是
3	03	边角废料销售	边角废料销售出库	否	是

图3-32 销售类型设置

04 单击【退出】按钮，退出“销售类型”设置窗口。

【栏目说明】

销售类型编码：只有2位字长，必须输入且唯一，区分大小写。

出库类别：用于设定在销售管理系统填制销售出库单时，选择销售类型后，系统默认的出库类别，以便加快录入速度，以及便于销售业务数据传递到库存管理系统和存货核算系统时进行出库统计和财务制单处理。

是否默认值：“是”则设定某个销售类型是填制销售单据默认的销售类型，对于最常发生的销售类型，可以设定该销售类型为默认的销售类型。只允许设定一种类型为默认值。

5. 费用项目分类设置

费用项目分类是指将同一类属性的费用归集成为一类，以便统计和分析。本案例企业的费用项目分类如表3-21所示。

表3-21 费用项目分类

费用项目分类编码	费用项目分类名称
1	购销费用
2	管理费用

操作步骤如下。

01 在企业应用平台“基础设置”页签中，依次单击“基础档案/业务/费用项目分类”，系统打开“项目分类”对话框。

02 单击“费用项目分类”对话框中工具栏上的【增加】按钮，输入分类编码为“1”，费用项目分类名称为“购销费用”，然后单击【保存】按钮。

03 重复步骤2，新增费用项目分类“管理费用”，如图3-33所示。

04 费用项目分类设置完成，单击【退出】按钮，退出“费用项目分类”窗口。

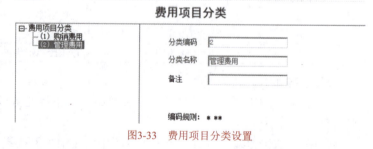

图3-33 费用项目分类设置

【栏目说明】

分类编码：12个字符，必须输入；分类名称：50个字符，必须输入；备注：255个字符，可输可不输。

6. 费用项目设置

费用项目包括企业在日常购销活动中发生的运输费、装卸费、包装费，以及企业日常经营活动中发生的业务招待费等。本案例企业的费用项目设置如表3-22所示。

表3-22 费用项目

费用项目编码	费用项目名称	费用项目分类
1	运输费用	1
2	装卸费用	1
3	包装费用	1
4	业务招待费用	1
5	广告费	1
6	展览费	1
7	折扣费用(如：现金折扣)	1
8	委托代销手续费	1

操作步骤如下。

01 在企业应用平台"基础设置"页签中，依次单击"基础档案/业务/费用项目"，系统打开"费用项目"对话框。

02 单击"费用项目"对话框中工具栏上的【增加】按钮，输入分类编码为"1"，费用项目名称为"运输费用"，然后单击【保存】按钮。

03 重复步骤2，完成表3-22中的费用项目设置，如图3-34所示。

04 费用项目设置完成，单击【退出】按钮，退出"费用项目"窗口。

图3-34 费用项目设置

【栏目说明】

费用项目编码、费用项目名称：不能为空，且不能重复。

盈亏项目编码、盈亏项目名称：参照盈亏项目档案输入，可输可不输。

备注：对费用项目的说明。

所属费用分类：100个字符，不能为空，必须参照或输入费用分类档案中存在的记录。

税率：默认为空，输入为%，约束基本同存货档案税率。

【知识链接】

劳务费用

企业在日常购销活动中，尤其是一些工业企业，经常会产生一些运输费、装卸费、包装费等劳务费用，这些劳务费用是构成企业存货成本的一个组成部分，但因劳务费用与存货税率的不同，为了正确反映与核算购销过程中产生的劳务费用，需要先在存货分类中单独设置一个分类"应税劳务"或"劳务费用"，然后在存货档案中建立存货为"运输费"，设置其增值税率为"9%"，该存货属性选择为"内销""外购""应税劳务"。

7. 发运方式

用户在处理采购业务或销售业务中的运输方式时，应先设定这些运输方式。表3-23列示的是本案例企业的发运方式。

表3-23 发运方式

发运方式编码	发运方式名称
1	公路运输
2	铁路运输
3	水路运输
4	航空运输

操作步骤如下。

01 在企业应用平台"基础设置"中,单击"业务/发运方式",系统打开"发运方式"窗口。

02 在"发运方式"窗口,单击【增加】按钮,录入发运方式编码为"1",发运方式名称为"公路运输",然后单击【保存】按钮。

03 重复步骤2,完成表3-23中的发运方式设置操作,如图3-35所示。

序号	发运方式编码	发运方式名称	发运方式英文名称
1	1	公路运输	
2	2	铁路运输	
3	3	水路运输	
4	4	航空运输	

图3-35 发运方式设置

04 发运方式设置完成后,单击【退出】按钮退出。

【栏目说明】

发运方式编码、发运方式名称:不能为空,且不能重复。

发运方式英文名称:输入发运方式的英文名称,用于出口管理,可输可不输。

8. 非合理损耗类型设置

在企业采购过程中,由于运输、装卸等原因导致采购的货物发生短缺或损毁,应区分不同情况,做出相应的账务处理。属于合理性损耗的,应记入采购货物的成本。属于非合理性损耗的,如运输部门或供货单位原因造成的货物短缺或毁损,应根据具体原因进行账务处理。因此,企业应事先设置好非合理性损耗类型及对应入账科目,以便非合理损耗发生时,系统能够根据非合理损耗类型自动生成会计核算凭证。本案例企业的非合理损耗类型设置如表3-24所示。

表3-24 非合理损耗类型

非合理损耗类型编码	非合理损耗类型名称	是否默认值
1	运输责任	是
2	管理不善	否

操作步骤如下。

01 在企业应用平台"基础设置"页签下,单击"基础档案/业务/非合理损耗类型",系统打开"非合理损耗类型"窗口。

02 在"非合理损耗类型"窗口,单击工具栏中的【增加】按钮,非合理损耗类型编码输入"1",非合理损耗类型名称输入"运输责任",是否默认值选择"是",然后单击【保存】按钮。

03 重复步骤2,完成表3-24中的非合理损耗类型设置操作,如图3-36所示。

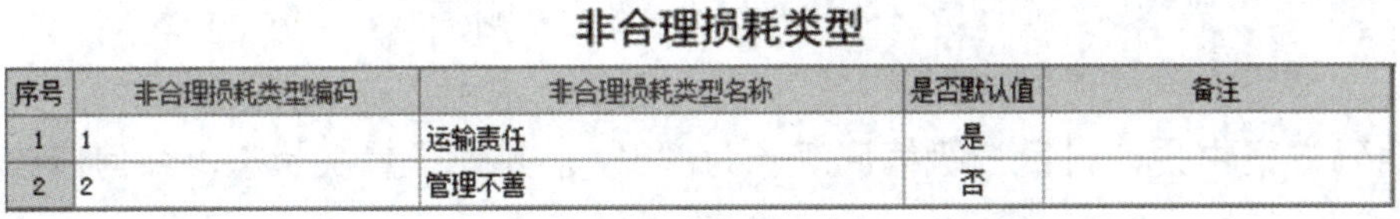

非合理损耗类型

序号	非合理损耗类型编码	非合理损耗类型名称	是否默认值	备注
1	1	运输责任	是	
2	2	管理不善	否	

图3-36 非合理损耗类型设置

04 单击【退出】按钮，退出“非合理损耗类型”窗口。

【栏目说明】

非合理损耗类型编码、非合理损耗类型名称：不能为空，且不能重复。

是否默认值：标识非合理损耗类型在结算时是否作为默认值，只能定义一个默认值。

会计科目：可输可不输，或者使用科目参照输入。

【提示】

在存货核算系统中设置非合理损耗类型时，需要设置会计科目，作为制作凭证的科目依据。

在采购管理系统中设置非合理损耗类型时，无此栏目。

备注：可输可不输，可参照输入，参照内容为常用摘要。

3.4 实训拓展

会计摘要是在会计凭证和会计账簿中，对经济业务往来主要内容的简要记录。企业在日常业务处理中，由于业务发生的重复性，财务或业务人员在填制会计凭证或填制业务单据的过程中，经常会录入很多文字完全相同或大部分相同的摘要。为减少大量重复的摘要录入工作，提高企业的财务、业务处理效率，以及更好地体现会计信息化软件便捷、高效的特点，用友U8系统提供了常用摘要设置功能。

【拓展任务1】设置常用摘要

其具体设置步骤如下。

01 以账套主管身份登录企业应用平台，单击左下角“基础设置”选项卡，执行“基础档案”|“其他”|“常用摘要”命令，进入“常用摘要”窗口。

02 单击【增加】按钮，输入常用摘要，结果如图3-37所示。

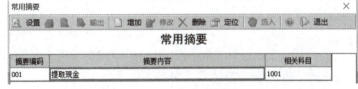

图3-37 常用摘要设置

【提示】

如果常用摘要对应某个会计科目，可以在“相关科目”编辑框单击“科目参照”按钮或直接录入会计科目编码，这样用户在调用常用摘要时，会计科目也被一同调入，以提高录入速度。

3.5 常见问题与自助维护

1. 用友U8系统弹出“演示账套已到期”提示

用友U8财务软件分为演示版财务软件和企业版财务软件，演示版财务软件主要用于高校进行会计信息化实践教学。与企业版财务软件相比，演示版财务软件部分功能受到一定限制，或者有些功能专供学生在实践中反复练习使用。

2. 编码方案中会计科目一级编码级长为"3"，并处于置灰状态，如何修改？

在建账时，如果行业性质选择"2007年新会计科目制度"，并勾选"按行业性质预置会计科目"，则编码方案中会计科目一级编码级长为"4"，且处于置灰状态。如果编码方案中会计科目一级编码级长为"3"，并处于置灰状态，那么在建账时选择的应是"2007年新会计科目制度"的行业性质。若要修改编码方案，可以"账套主管"身份注册系统管理，执行"账套"|"修改"命令，然后按照操作指导单击"下一步"等，重新选择行业性质为"2007年新会计科目制度"，系统弹出"编码方案"对话框，对编码方案进行修改。

3. 登录企业应用平台后，在基础档案中找不到部门档案等子模块

登录企业应用平台后，在基础档案中找不到部门档案等子模块有两种可能，一是该用户是否有相关模块操作处理权限，二是总账等系统是否启用。当以"账套主管"身份登录企业应用平台后无法找到部门档案等信息时，可以通过执行"基础设置"|"基本信息"|"系统启用"|"总账"命令，再单击"基础档案"模块，双击展开"机构人员档案"查看"部门档案"是否显示。因此只有启用了系统，与该系统相关的基础档案、业务工作等才能登录。

4. 在录入部门档案时，负责人录入后，负责人编辑框中的参照按钮显示红色"！"

在录入部门档案时，负责人录入后，负责人编辑框中的参照按钮显示红色，是因为人员档案尚未录入，导致部门档案中的负责人无法参照。其解决方法为：一是先录入好人员档案，再录入部门档案；二是在未录入人员档案前，部门档案中的负责人可以先空着不录，待人员档案录入后再回到部门档案中进行修改录入。

单元测试

一、单项选择题

1. 必须先建立(　　)，才能建立人员档案。
  A. 本单位信息档案　　　　　B. 部门档案
  C. 职务档案　　　　　　　　D. 岗位档案
2. 设置某个业务员登录用友U8后只能查看部分客户档案，这种权限称为(　　)。
  A. 功能权限　　B. 数据权限　　C. 金额权限　　D. 主管权限
3. 关于总账的启用日期，下列说法正确的是(　　)。
  A. 总账启用会计期必须小于或等于账套的启用日期
  B. 总账启用会计期必须小于或等于系统日期
  C. 总账启用会计期必须大于或等于账套的启用日期
  D. 总账启用会计期必须大于或等于系统日期
4. 在基本科目设置中所设置的"应收账款"科目，应在总账系统中设置其辅助核算内容为(　　)，并且其受控系统为"应收系统"，否则在这里不能被选中。
  A. 供应商往来　　B. 存货核算　　C. 客户往来　　D. 项目核算

5. 主计量单位一般为( )计量单位。
   A. 最大　　　　B. 最小　　　　C. 适中　　　　D. 随意选定
6. 在发票上开具的运输费,必须具有的存货属性是( )。
   A. 外购　　　　B. 内销　　　　C. 生产耗用　　D. 应税劳务
7. 在增加会计科目时,以下说法错误的是( )。
   A. 先建上级再建下级
   B. 会计科目编码的长度及每级位数要符合编码规则
   C. 编码不能重复
   D. 科目已经使用后则不能增加下级科目
8. 关于项目,下列说法错误的是( )。
   A. 相同特点的一类项目可以定义为一个项目大类
   B. 一个项目大类可以核算多个科目
   C. 可以定义项目的具体栏目
   D. 一个科目也可以对应到不同的项目大类

二、多项选择题

1. 在企业应用平台中,可以进行修改的账套信息是( )。
   A. 会计期间方　B. 编码方案　　C. 账套主管　　D. 数据精度
2. 如果在人员中选择该员工是操作员,则该员工的( )信息被记录在用户列表中。
   A. 用户编码　　B. 用户姓名　　C. 所属部门　　D. 所属角色
3. 用友U8演示版与企业版的主要区别是( )。
   A. 演示版只支持3个月的账务处理　　B. 演示版可以支持3个月以上的财务处理
   C. 演示版不支持跨年财务处理　　　　D. 演示版支持跨年财务处理
4. 企业应用平台的功能组包括( )。
   A. 基础设置　　B. 系统服务　　C. 业务工作　　D. 系统管理

三、判断题

1. 部门档案中的负责人信息只能从已经建立的人员档案中进行选择。( )
2. 一个项目大类可以指定多个科目,一个科目只能属于一个项目大类。( )
3. 系统中不设置客户的税号,则不能给该客户开具销售专用发票。( )
4. 银行结算票据如果使用支票登记簿,则在系统初始化定义结算方式时必须设置为票据管理,否则不能使用支票登记簿。( )
5. 只有指定现金及银行总账科目,才能进行出纳签字的操作。( )

四、思考题

1. 企业应用平台的作用是什么?
2. 在哪里进行基础设置?
3. 设置存货属性的作用是什么?
4. 功能权限与数据权限、金额权限有什么区别?
5. 哪些结算方式需要设置"票据管理"?
6. 在哪里指定会计科目?指定会计科目的意义是什么?

第 4 章

总账管理

学习目标：

1. 理解总账管理的功能，了解总账在整个ERP系统中的作用；
2. 掌握总账初始化设置、日常业务处理和期末业务处理的具体流程及操作方法；
3. 能够独立进行总账系统初始化设置、凭证的填制、审核与记账；
4. 掌握账簿查询方法，完成银行对账和总账期末处理。

4.1 实训工作情景

1.目前企业财务工作繁杂，财务人员少，工作强度大，经常加班加点，疏漏难以避免，企业能否通过财务信息化改善目前的情况

用友U8财务管理最核心的一个系统就是总账，企业以上所述问题通过总账系统的应用即可轻松解决。

手工环境下，总账是指总分类账簿，是根据总分类科目开设账户，用来登记全部经济业务，进行总分类核算，提供总括核算资料的分类账簿。总分类账所提供的核算资料，是编制会计报表的主要依据，任何单位都必须设置总分类账。总分类账的登记依据和方法，主要取决于所采用的会计核算形式。它可以直接根据各种记账凭证逐笔登记，也可以先把记账凭证按照一定方式进行汇总，编制成科目汇总表或汇总记账凭证等，然后据以登记。

启用用友U8总账系统后，涉及企业资金变动的所有业务均需要在总账中进行处理，经济业务发生时，只需要根据原始凭证在用友U8中填制记账凭证，再根据内部控制要求由他人对凭证进行审核，之后记账由系统自动完成。由于计算机系统运算速度快、数出一源、记账准确，因此可以将财务人员从繁重的核算工作中解放出来，将精力更多地投放在财务管理工作中。

2.手工方式下，各种各样的会计资料，哪些需要转移到用友U8系统中

手工方式下，装订成册的凭证、各类账簿、报表，均需要作为会计档案进行保管。那么，在手工向信息化过渡的过程中，用友U8需要将哪些资料作为信息化业务处理的基础资料？

用友U8总账初始化的主要内容包括选项设置、基础档案设置和科目期初余额设置，以上三项正是本章要介绍的主要内容。

3.每月结账前有很多需要转账的业务，如结转本月完工产品成本、结转销售成本、结转期间损益等，手工结转涉及查账、计算、编制凭证等工作，烦琐易错，用友U8能否辅助财务人员完成这项工作

对于有规律可循的业务，如计提银行借款利息、按增值税一定比例计算各种税金、销售成本结转等，这些业务的共同特征是凭证类型固定、业务内容、凭证科目固定，金额来源及计算方法固定，在用友U8中就可以事先定义自动凭证规则，届时由计算机自动生成凭证。

4.2 总账系统基本功能

总账系统的基本功能就是利用建立的会计科目体系，输入和处理各种记账凭证，完成记账、结账及对账的工作，输出各种总分类账、日记账、明细账和有关辅助账。

4.3 总账系统初始设置

用友U8是通用企业管理软件，而每个企业都有自身的行业特征和个性化管理需求。总账初始设置是由企业根据自身的行业特性和管理需求，将通用的总账管理系统设置为适合企业自身特点的个性化系统的过程，通常也称为总账初始化。

4.3.1 总账选项设置

总账初始化工作流程如图4-1所示。

为了最大范围地满足不同企业用户的信息化应用需求，总账作为通用商品化管理软件的核心子系统，是通过内置大量的选项(也称参数)来提供面向不同企业应用的解决方案的。企业可以根据自身的实际情况进行选择，以确定符合企业个性特点的应用模式。

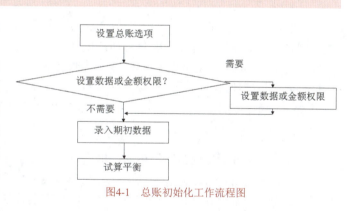

图4-1 总账初始化工作流程图

软件越通用，意味着系统内置的参数越多，系统参数设置决定了企业的应用模式和应用流程。为了明确各项参数的适用对象，软件一般将参数分门别类地进行管理。

4.3.2 数据权限和金额权限设置

用友U8管理系统内置了三种权限管理：功能权限、数据权限和金额权限。其中，功能权限控制在系统管理中完成，在第2章"企业建账"中已做介绍；数据权限和金额权限在企业应用平台中设置，且必须在功能权限设置完成之后。如果企业业务量较大，内部控制比较严格，则需要采用更精细的数据权限或金额权限控制，在开始总账日常业务处理之前，在总账初始化设置中可以完成该项工作。

4.3.3 录入期初余额

根据期初余额录入方式,把会计科目分为3类,即直接录入、参照录入、通过录入下级科目余额自动带入。其中,参照录入的另外一种形式就是使用"引入"功能从应收、应付系统引入期初数据。

一般而言,只有末级科目且没有项目和部门辅助核算,而且不需要与其他子系统账簿对账的账户,其期初余额才能直接录入;有项目核算或部门核算的末级科目,以及需要与其他账簿对账的末级科目,其账户的期初余额需要参照录入;非末级科目的账户期初余额是通过录入下级科目的账户期初余额后系统自动带入的。

4.3.4 试算平衡

期初数据输入完毕后应进行试算平衡。如果期初余额试算不平衡,可以填制、审核凭证,但不能进行记账处理。因为企业信息化时,初始设置工作量大,占用时间比较长,为了不影响日常业务的正常进行,可以在初始化工作未完成的情况下进行凭证的填制。

4.4 总账日常业务处理

4.4.1 总账日常业务处理工作内容

总账系统的日常业务处理包括凭证管理、出纳管理、账簿管理,其具体内容如下。

1. 凭证管理

凭证是记录经济业务发生或者完成情况的书面证明,是登记账簿的依据。凭证管理用于与凭证相关的一切操作与管理功能,包括:填制凭证、出纳签字、审核凭证、记账、查询凭证。另外,记账后有错的凭证可通过冲销凭证功能进行回冲。凭证是总账系统数据的唯一来源,为严控数据的正确性,总账系统设置了严密的制单控制。另外,总账系统还提供资金赤字控制、支票控制、预算控制、外币折算误差控制、凭证类型控制等功能。

2. 出纳管理

企业的日常现金是由出纳管理的,出纳每天要对现金和银行存款这些收支进行登记管理,以及核算正确与否。总账系统中的出纳管理为出纳人员提供了一个集成办公环境,可以完成库存现金日记账、银行存款日记账的查询和打印、支票管理,随时生成最新资金日报表,进行银行对账并输出银行存款余额调节表。

3. 账簿管理

总账系统提供了强大的账证查询功能,可以查询打印总账、明细账、日记账、发生额余额表、多栏账、序时账等。总账系统的账证查询功能,不仅可以查询到已记账凭证的数据,而且可以查询未记账凭证的数据,以及实现总账、明细账、日记账和凭证的联查。

4.4.2 总账日常业务处理工作流程

总账日常业务处理工作流程如图4-2所示,各工作流程环节介绍如下。

1. 填制凭证

填制凭证是会计核算工作的重要环节,是对原始凭证的整理和分类。记账凭证按照填制方式不同分为手工填制凭证和机制凭证。机制凭证包括利用总账系统自动转账功能生成的凭证,以及由应收、应付、存货核算等其他子系统生成并传递到总账系统的记账凭证。手工填制凭证又分为两类:一是根据审核无误的原始凭证直接在总账系统中填制记账凭证;二是先以手工方式下填

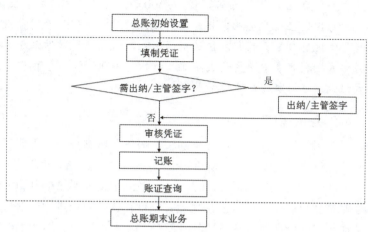

图4-2 总账日常业务处理工作流程图

制好记账凭证,然后集中输入总账系统中。手工方式下编制凭证应填写的具体内容及注意事项如下。

(1) 凭证类别。填制凭证时可以直接选择所需的凭证类别。如果在设置凭证类别时设置了凭证的限制类型,那么必须符合限制类型的要求,否则系统会给出错误提示。

(2) 凭证编号。如果选择"系统编号"方式,凭证按凭证类别按月自动顺序编号。如果选择"手工编号"方式,需要手工输入凭证号,但应注意凭证号的连续性、唯一性。

(3) 凭证日期。填制凭证时,日期一般自动取得登录系统时的业务日期。在选择"制单序时控制"的情况下,凭证日期应大于或等于该类凭证最后一张凭证日期,但不能超过机内系统日期。

(4) 附单据数。记账凭证打印出来后,应将相应的原始凭证粘附其后,这里的附单据数是指该笔业务填制记账凭证所附的原始单据数。

(5) 摘要。摘要是对经济业务的概括说明。因为计算机记账时以记录行为单位,所以每行记录都要有摘要,不同记录行的摘要可以相同也可以不同,每行摘要将随相应的会计科目在明细账、日记账中出现。摘要可以直接输入,如果定义了常用摘要的话,也可以调用常用摘要。

(6) 会计科目。填制凭证时,日期一般自动取登录系统时的业务日期。在选择"制单序时控制"的情况下,凭证日期应大于或等于该类凭证最后一张凭证日期,但不能超过机内系统日期。

如果输入的是银行科目,一般系统会要求输入有关结算方式的信息,此时最好输入,以便日后银行对账。如果输入的科目有外币核算,系统会自动带出在外币中已设置的相关汇率,如果不符还可以修改,输入外币金额后,系统会自动计算出本币金额。如果输入的科目有数量核算,应该输入数量和单价,系统会计算出本币金额。如果输入的科目有辅助核算,应该输入相关的辅助信息,以便系统生成辅助核算信息。

(7) 金额。金额可以是正数或负数,但不能为零。凭证金额应符合"有借必有贷,借贷必相等"原则,否则将不能保存。另外,如果设置了常用凭证,可以在填制凭证时直接调用常用凭证,从而提高凭证录入的速度和规范性。

【知识链接】

关于损益类科目金额的填制

填制涉及损益类科目的凭证时需要注意,如果科目发生额与科目金额方向相反,需要将科

目发生额以红字记录与科目余额方向保持一致。如本月正常销售10 000元，后发生销售退货500元，一般会记录主营业务收入借方500元，这里建议在主营业务收入科目的贷方用红字记录500元。原因何在呢？企业账务处理的最终结果是编制对外财务报告，其中，利润反映企业一定会计期间经营成果，利润表模板中的公式默认按照科目的余额方向取科目发生额。按照第一章记录方式，利润表中的主营业务收入会取到10 000元，没有包括销售退回的500元，按照第二种方式记录，可以取到正确的主营业务收入9 500元。

2. 复核凭证

为了保证会计事项处理正确和记账凭证填制正确，需要对记账凭证进行复核。凭证复核包括出纳签字、主管签字和审核凭证。

(1) 出纳签字。由于出纳凭证涉及企业资金的收支，因此应加强对出纳凭证的管理。出纳签字功能使得出纳可以对涉及现金、银行存款的凭证进行核对，以决定凭证是否有误。如果凭证正确无误，出纳便可签字，否则必须交由制单人进行修改后再重新核对。

出纳凭证是否必须由出纳签字取决于系统参数的设置，如果选择了"出纳凭证必须由出纳签字"选项，那么出纳凭证必须经过出纳签字才能够记账。

(2) 主管签字。为了加强对会计人员制单的管理，有的企业所有凭证都需要由主管签字，为了满足这一应用需求，总账系统提供主管签字功能。但凭证是否需要主管签字才能记账，取决于系统参数的设置。

(3) 审核凭证。审核凭证时审核员按照相关规定，对制单员填制的记账凭证进行检查核对，如是否与原始凭证相符、会计分录是否正确等。凭证审核无误后，审核人便可签字，否则必须交由制单人进行修改后再重新审核。

3. 凭证记账

记账凭证经过审核签字后，便可以记账。在计算机系统中，记账是由计算机自动进行的。记账过程一旦因断电或其他原因造成中断，系统将自动调用"恢复记账前状态"功能恢复数据，再重新选择记账。

如果记账后发现输入的记账凭证有错误需要进行修改，需要人工调用"恢复记账前状态"功能。系统提供了两种恢复记账前的状态，即将系统恢复到最后一次记账前的状态和将系统恢复到月初状态。只有主管才能选择将数据"恢复到月初状态"。

如果期初余额试算不平衡，则不能记账。如果上月未结账，则本月不能记账。

4. 修改凭证

如果发生凭证填制错误的情况，则涉及如何修改凭证。在信息化方式下，凭证的修改分为无痕迹修改和有痕迹修改。

(1) 无痕迹修改。无痕迹修改是指系统内不保存任何修改线索和痕迹。对于尚未审核和签字的凭证可以直接进行修改；对于已经审核或签字的凭证应该先取消审核或签字，然后才能修改。显然，这两种情况下，都没有保留任何审计线索。

(2) 有痕迹修改。有痕迹修改是指系统通过保存错误凭证和更正凭证的方式而保留修改痕迹，因而可以留下审计线索。对于已经记账的错误凭证，一般应采用有痕迹修改。具体方法是采用红字更正法或补充更正法。前者适用于更正记账金额大于应记金额的错误或者会计科目的错误，后者适用于更正记账金额小于应记金额的错误。

能够修改他人填制的凭证，将取决于系统参数的设置。其他子系统生成的凭证，在账务系统中只能进行查询、审核、记账，不能修改和作废；只能在生成该凭证的原子系统中进行修改和删除，以保证记账凭证和原子系统中的原始单据相一致。

一般而言，修改凭证时，凭证类别及编号是不能修改的。修改凭证日期时，为了保持序时性，日期应介于前后两张凭证日期之间，同时日期月份不能修改。

5. 删除凭证

在用友U8系统中，没有直接删除凭证的功能。如果需要删除凭证，要分为两步。

第1步，作废凭证。对于尚未审核和签字的凭证，如果不需要的话，可以直接将其作废，作废凭证仍保留凭证内容及编号，仅显示"作废"字样。作废凭证不能修改，不能审核，但应参与记账，否则月末无法结账。记账时不对作废凭证进行数据处理，相当于一张空凭证。账簿查询时，查不到作废凭证的数据。

第2步，整理凭证。与作废凭证相对应，系统也提供对作废凭证的恢复，可将已标识为作废的凭证恢复为正常凭证。如果作废凭证没有保留的必要，可以通过"整理凭证"彻底将其删除。

6. 冲销凭证

冲销凭证是针对已记账凭证由系统自动生成的一张红字冲销凭证。用友U8系统提供两种自动冲销凭证方式。用户可以在填制凭证界面，单击"冲销凭证"，输入凭证类别和凭证号，单击【确定】后系统自动生成一张红字冲销凭证；在查询凭证界面，可以选中目标凭证记录并打开凭证，单击"冲销凭证"，系统自动生成一张红字冲销凭证，但外部凭证不能在总账系统冲销，外部凭证可以在相应系统的凭证查询窗口单击"冲销"按钮完成冲销凭证操作。

7. 凭证汇总

凭证汇总时，可按一定条件对记账凭证进行汇总并生成凭证汇总表。进行凭证汇总的凭证可以是已记账凭证，也可以是未记账凭证。凭证汇总表可供财务人员随时查询凭证汇总信息，及时了解企业的经营状况及其他财务信息。

8. 设置常用凭证

在企业里，会计业务都有其规范性，因而在日常填制凭证的过程中，经常会有许多凭证完全相同或部分相同，如果将这些常用凭证存储起来，在填制会计凭证时可随时调用，必将大大提高业务处理的效率。

9. 设置常用摘要

企业在处理日常业务数据时，在输入单据或凭证的过程中，因为业务的重复性发生，经常会有许多摘要完全相同或大部分相同，如果将这些常用摘要存储起来，在输入单据或凭证时随时调用，必将大大提高业务处理效率。调用常用摘要可以在输入摘要时直接输摘要代码，也可以按F2键或参照输入。

10. 账证查询

(1) 凭证查询。本功能用于查询已记账、未记账凭证、作废凭证、标错凭证。在查询方式上，既可以按照凭证号范围查询，也可以按日期查询；既可以按制单人查询，也可以按审核人或出纳员查询；通过设置查询条件，财务人员可以按科目、摘要、金额、外币、数据、结算方式或各种辅助项查询。

(2) 基本会计账簿查询。基本会计账簿就是手工处理方式下的总账、明细账、日记账、多栏账等。凭证记账后，所有的账簿资料自动生成。在信息化环境下，总账可以用发生额及余额表替代。

在查询多栏账之前，必须先定义多栏账的格式。多栏账格式设置可以有两种方式，即自动编制栏目和手工编制栏目。

(3) 辅助核算账簿查询。辅助账在手工处理方式下一般作为备查账存在。

个人核算。个人核算主要进行个人借款、还款管理工作，及时控制个人借款，完成清欠工作。个人核算可以提供个人往来明细账、催款单、余额表、账龄分析报告及自动清理核销已清账等功能。

部门核算。部门核算主要用于考核部门收支的发生情况，及时反映控制部门费用的支出，对各部门的收支情况加以比较分析，便于部门考核。部门核算可以提供各级部门的总账、明细账，以及对各部门收入与费用进行部门收支分析等功能。

项目核算。项目核算用于收入、成本、在建工程等业务的核算，以项目为中心为使用者提供各项目的成本、费用、收入、往来等汇总与明细信息，以及项目计划执行报告等。

客户核算和供应商核算。客户核算和供应商核算主要进行客户和供应商往来款项的发生、清欠管理工作，及时掌握往来款项的最新情况。客户核算和供应商核算可以提供往来款的总账、明细账、催款单、对账单、往来账清理、账龄分析报告等功能，如果用户启用了应收款管理系统和应付款管理系统，可以分别在这两个系统中对客户往来款和供应商往来款进行更为详细的核算与管理。

11. 银行对账

银行对账是指在每月月末，企业的出纳人员将企业的银行存款日记账与开户银行发来的当月银行存款对账单进行逐笔核对，勾对"已达账项"，找出"未达账项"，并编制每月银行存款余额调节表的过程。用友U8财务软件中执行银行对账功能，具体步骤包括银行对账初始数据录入、银行对账单录入、对账、银行存款余额调节表的编制等。企业为了解未达账情况，应定期(至少每月一次)将银行存款日记账与银行对账单进行核对，这称为银行对账。具体银行对账流程如下。

(1) 银行对账期初录入。为了保证银行对账的正确性，在使用【银行对账】功能进行对账之前，必须在开始对账的月初先将日记账、银行对账单未达项录入系统中，并保证单位日记账调整后的余额与银行对账单调整后余额相等。

【提示】

银行对账功能可以与总账同时启用，也可在总账启用后的其他任何月份开始使用。

(2) 录入银行对账单。银行对账单是银行和企业核对账务的联系单，是银行记录的企业在银行存取款的明细账，是证实企业业务往来的记录银行对账单可以作为企业资金流动的依据，还可以认定企业某一时段的资金规模，很多地方需要对账单。

(3) 银行对账。银行对账采用自动对账与手工对账相结合的方式。自动对账是计算机根据对账依据自动进行核对、勾销，对于已核对上的银行业务，系统将自动在银行存款日记账和银行对账单双方写上两清标志、对账序号，并视为已达账项，对于在两清栏未写上两清符号的记录，系统则视其为未达账项。手工对账是对自动对账的补充，使用完自动对账后，可能还有一些特殊的已达账没有对出来，而被视为未达账项，为了保证对账更彻底正确，可用手工对账来进行调整。

【知识链接】

未达账项

即使银行对账单上的存款余额与本单位银行存款日记账上的存款余额都没有错误,也可能会出现对账不一致的情况,这是由于发生未达账项造成的。"未达账项"是指由于双方记账时间不一致而发生的一方已入账,另一方尚未入账的会计事项。如发现有未达账项,应据以编制未达账项调节表,以便检查双方的账面余额。调节以后的账面余额如果相等,表示双方所记账目正确,否则,说明记账有错误,应及时查明原因予以更正。

(4) 余额调节表查询。在对银行账进行两清勾对后,便可调用此功能查询打印《银行存款余额调节表》,以检查对账是否正确。进入此项操作,屏幕显示所有银行科目的账面余额及调整余额。如要查看某科目的调节表,则将光标移到该科目上,然后用鼠标单击【查看】按钮或双击该行,则可查看该银行账户的银行存款余额调节表。该余额调节表为截止到对账截止日期的余额调节表,若无对账截止日期,则为最新余额调节表。

(5) 查询银行勾兑情况。用于查询单位日记账及银行对账单的对账结果。

(6) 核销银行账。本功能用于将核对正确并确认无误的已达账删除,对于一般用户来说,在银行对账正确后,如果想将已达账删除并只保留未达账时,可使用本功能。核销银行账不会影响银行日记账的查询和打印,但如果银行对账不平衡,不要核销银行账,否则将造成以后对账错误。

4.5 总账期末业务

总账系统月末处理主要包括定义自动转账凭证、生成记账凭证、对账和结账等内容。总账期末业务处理的工作流程如图4-3所示。

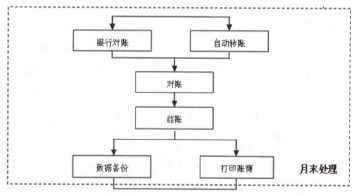

图4-3 总账期末业务处理工作流程图

4.5.1 转账定义

转账分为外部转账和内部转账。外部转账是指将其他转向核算子系统自动生成的凭证转入总账系统,如薪资系统有关工资费用分配的凭证;固定资产系统有关固定资产增减变动及计提折旧的凭证;应收款管理系统有关应收账款发生、收回及坏账准备的凭证,应付款管理系统有关应付账款及偿还的凭证。而内部转账就是我们所讲的自动转账,是指在总账系统内部通过设置凭证模板而用的分配、费用的分摊、费用的计提、税金的计算、成本费用的结转、期间损益的结转等。这些业务的凭证分录是固定的，金额来源和计算方法也是固定的，因而可以利用自动转账功能将处理这些经济业务的凭证模板定义下来，期末时通过调用这些模板来自动生成相关凭证。

1. 常用自动转账类型

用友U8系统提供的自动转账类型主要包括：自定义转账、对应结转、销售成本结转、售价结转、汇兑损益结转、自定义比例结转、费用摊销和预提。自定义转账具有通用性，其他自动转账类型是自定义转账对应于某种具体应用的特殊情况。自定义转账功能可以完成的转账业务主要有："费用分配"的结转，如工资分配等；"费用分摊"的结转，如制造费用等；"税金计算"的结转，如增值税等；"提取各项费用"的结转，如提取福利费等；"部门核算"的结转；"项目核算"的结转；"个人核算"的结转；"客户核算"的结转；"供应商核算"的结转。

(1) 对应结转。当两个或多个上级科目的下级科目及辅助项有一一对应关系时，可进行将其余额按一定比例系数进行对应结转，可一对一结转，也可一对多结转。本功能只结转期末余额。

(2) 销售成本结转。销售成本结转是将月末商品(或产成品)销售数量乘以库存商品(或产成品)的平均单价计算各类商品销售成本并进行结转。库存商品科目、主营业务收入科目、主营业务成本科目及下级科目的结构必须相同，并且辅助账也必须完全相同，辅助账不同的科目结转成本，可以在"自定义转账"中定义。在"自定义转账"中的转账公式处进行如下定义也可得到相应的销售成本(与执行"销售成本结转"功能相同)。

(3) 汇兑损益结转。汇兑损益结转设置用于期末自动计算外币账户的汇兑损益，并在转账生成中自动生成汇兑损益转账凭证，汇兑损益处理以下外币账户：外汇存款户；外币现金；外币结算的各项债权、债务，不包括所有者权益类账户，成本类账户和损益类账户。

(4) 期间损益结转。期间损益结转设置用于在一个会计期间终了将损益类科目的余额结转到本年利润科目中，从而及时反映企业利润的盈亏情况。主要是对于管理费用、销售费用、财务费用、销售收入、营业外收支等科目向本年利润的结转。

2. 定义自动转账凭证

要想利用自动转账功能自动生成记账凭证，首先应该定义凭证模板。定义凭证模板时，应设置凭证类别、摘要、借贷会计科目及其金额。其中，最关键的是金额公式的设置。因为各月金额不可能总相同，所以不能直接输入金额数，而必须利用账务子系统提供的账务函数来提取账户数据，如期初余额函数、期末余额函数、发生额函数、累计发生额函数、净发生额函数等。

3. 自动转账凭证生成顺序

定义转账凭证时，一定要注意这些凭证的生成顺序。例如，定义了结转销售成本、计算汇兑损益、结转期间损益、计提所得税、结转所得税等5张自动转账凭证。因为销售成本、汇兑损益是期间损益的一部分，所以一定要先生成结转销售成本、计算汇兑损益的凭证并复核记账后，才能生成结转期间损益的凭证；因为要依据本期利润计提所得税，所以一定要先生成结转期间损益的凭证并复核记账后，才能生成计提所得税的凭证；因为有了所得税费用才能结转所得税至本年利润，所以一定要先生成计提所得税的凭证并复核记账后，才能生成结转所得税的凭证。因此，这5张凭证的顺序是结转销售成本——计提汇兑损益——结转期间损益——计提所得税——结转所得税，并且前一张凭证必须复核记账后才能继续生成后一张凭证。

【提示】

凭证模板只需定义一次即可，各月不必重复定义。

4.5.2 转账生成

在定义完转账凭证后,当每个月发生相关经济业务时可不必通过手工录入凭证,每月月末只需执行本功能即可快速生成转账凭证,在此生成的转账凭证将自动追加到未记账凭证中。

利用模板生成凭证操作需要每月重复进行。通常情况下,只有凭证记账后,账务函数才能取出相关数据。所以利用自动转账生成凭证时,操作员一定要使得相关凭证已经全部记账,这样才能保证取出数据并且是完整的。例如,定义了一张根据本期利润计提所得税的凭证,那么要生成该张凭证,必须保证有关利润的凭证已经全部记账;否则,要么不能取出相应数据而导致金额为零而不能生成凭证,要么取出的数据不完整而导致所得税计提错误。

利用自动转账生成的凭证属于机制凭证,它仅仅代替了人工查账和填制凭证的环节,自动转账生成的凭证仍然需要审核记账。

4.5.3 对账

一般说来,只要记账凭证录入正确,计算机自动记账后各种账簿都应是正确、平衡的,但由于非法操作、计算机病毒或其他原因,有时可能会造成某些数据被破坏,因此引起账账不符。为了保证账证相符、账账相符,用户应经常使用本功能进行对账,至少一个月一次,一般可在月末结账前进行。进入系统时会隐藏"恢复记账前状态"功能,如果要使用该功能,则必须进入【对账】功能按【Ctrl+H】快捷键激活"恢复记账前功能"。

4.5.4 结账

在手工会计处理中,都有结账的过程,在计算机会计处理中也应有这一过程,以符合会计制度的要求,因此本系统特别提供了【结账】功能。每月工作结束后,月末都要进行结账。结账只能每月进行一次。结账前要做好数据备份,结账后,当月不能再填制凭证,并终止各账户的记账工作。同时,系统会自动计算当月各账户发生额合计及余额,并将其转入下月月初。本月结账时,系统会进行下列检查工作。

(1) 检查本月业务是否已全部记账,本月有未记账凭证时不能结账。
(2) 检查上月是否已结账,上月未结账则本月不能记账,但可以填制、复核凭证。
(3) 核对总账与明细账、总账与辅助账,账账不符不能结账。
(4) 对科目余额进行试算平衡,试算结果不平衡将不能结账。
(5) 检查损益类账户是否已结转至本年利润。
(6) 当各子系统集成应用时,总账系统必须在其他各子系统结账后才能最后结账。

4.6 总账初始设置实务

4.6.1 基本任务

总账初始化资料

1. 总账选项

总账选项设置,如表4-1所示。

表4-1 总账选项设置

选项卡	选项设置
凭证	制单序时控制 支票控制 赤字控制：资金及往来科目；赤字控制方式：提示 可以使用应收、应付、存货受控科目 取消"现金流量科目必录现金流量项目" 凭证编号方式采用系统编号
权限	出纳凭证必须经由出纳签字 允许修改、作废他人填制的凭证 可查询他人凭证
会计日历	会计日历为1月1日至12月31日 数量小数位和单价小数位设为2位
其他	外币核算采用固定汇率 部门、个人、项目按编码方式排序

2. 期初余额

(1) 总账期初明细，如表4-2所示。

表4-2 总账期初明细

科目名称及编码	辅助核算	余额方向	币种/计量	期初余额	备注
库存现金(1001)	日记账	借		4500	
银行存款(1002)	日记账、银行账	借		436000	
工行存款(100201)	日记账、银行账	借		436000	
中行存款(10020201)/美元	日记账、银行账、外币核算	借	美元		
中行存款(10020202)/欧元	日记账、银行账、外币核算	借	欧元		
应收票据(1121)		借			
商业承兑汇票(112101)	客户往来	借			
银行承兑汇票(112102)	客户往来	借			
质押票据(112103)	客户往来	借			
应收账款(1122)		借		33556	
人民币(112201)	客户往来	借		33556	
美元(112202)	客户往来、外币核算	借			
欧元(112203)	客户往来、外币核算	借			
预付账款(1123)	供应商往来	借			
其他应收款(1221)		借			
应收个人款(122101)	个人往来	借		3000	
应收单位款(122102)	客户往来	借			
应收客户其他款(122103)		借			
坏账准备(1231)		贷		36691.60	
原材料(1403)		借		372510	
钢材(140301)		借		129000	

(续表)

科目名称及编码	辅助核算	余额方向	币种/计量	期初余额	备注
板钢(14030101)	数量核算	借	1000kg	42500	
圆钢(14030102)	数量核算	借	1000kg	49000	
管钢(14030103)	数量核算	借	1000个	40000	
半成品(140302)				243510	
壳体(14030201)	数量核算	借	2600个	46800	
锁轴(14030202)	数量核算	借	1650件	16500	
自锁螺母(14030203)	数量核算	借	2700件	2700	
内六角螺栓(14030204)	数量核算	借	2700件	4050	
钢球(14030205)	数量核算	借	2600件	1300	
弹簧(14030206)	数量核算	借	2600件	27300	
定位器(14030207)	数量核算	借	1580件	23700	
不锈钢压簧(14030208)	数量核算	借	1600件	16000	
钢丝手把(14030209)	数量核算	借	1600件	20800	
锁体(14030210)	数量核算	借	1600个	32000	
定位座(14030211)	数量核算	借	1600个	12800	
扭簧(14030212)	数量核算	借	1600个	4000	
销钉(14030213)	数量核算	借	1600个	2160	
全自动机件(14030214)	数量核算	借	1600个	15200	
面板(14030215)	数量核算	借	1600件	24000	
库存商品(1405)	数量核算 项目核算	借		212100	
全自动锁(140501)	数量核算 项目核算	借	300	40500	项目目录1全自动燕尾底锁
半自动锁(140502)	数量核算 项目核算	借	450	36000	项目目录2半自动燕尾底锁
扭转锁(140503)	数量核算 项目核算	借	380	36100	项目目录3集装箱中间扭锁
锥类产品(140504)	数量核算 项目核算	借	460	34500	项目目录4全自动锥
绑扎类产品(140505)	数量核算 项目核算	借	500	65000	项目目录5绑扎眼板
固定资产		借		1493600	
累计折旧		贷		171981.27	
短期借款(2001)		贷		55000	
应付票据(2201)		贷			
商业承兑汇票(220101)	供应商往来	贷			
银行承兑汇票(220102)	供应商往来	贷			
应付账款(2202)				22210	
应付往来账款(220201)	供应商往来	贷		17210	
暂估应付账款(220202)		贷		5000	
预收账款(2203)	客户往来	贷			
应付职工薪酬(2211)		贷			
应付工资(221101)		贷			
应付福利费(221102)		贷			
应付养老保险(221103)		贷			
应付住房公积金(221104)		贷			
工会经费(221105)		贷			

(续表)

科目名称及编码	辅助核算	余额方向	币种/计量	期初余额	备注
职工教育经费(221106)		贷			
应交税费(2221)		贷		41500	
应交增值税(222101)		贷			
进项税额(22210101)		贷			
进行税额转出(22210102)		贷			
销项税额(22210103)		贷			
已交税金(22210104)		贷			
转出未交增值税(22210105)		贷			
未交增值税(222102)		贷		39200	
应交所得税(222103)		贷			
应交个人所得税(222104)		贷		2300	
应交城市维护建设税(222105)		贷			
应交教育费附加(222106)		贷			
其他应付款(2241)		贷			
单位(224101)	供应商往来	贷			
个人(224102)	个人往来	贷			
实收资本(4001)				1738500	
资本公积(4002)				17657.86	
盈余公积(4101)				56000	
本年利润(4103)					
利润分配(4104)		贷		650000	
提取法定盈余公积(410401)		贷			
未分配利润(410415)		贷		650000	
生产成本(5001)		借		62514.73	
直接材料(500101)	项目核算	借		18010.31	项目目录4全自动锥
直接人工(500102)		借		44504.42	项目目录4全自动锥
制造费用(500103)		借			
其他(500104)		借			
制造费用(5101)		借		48260	
工资(510101)		借		48260	
折旧费(510102)		借			
其他(510103)		借			
主营业务收入(6001)	数量核算 项目核算				
全自动锁(600101)	数量核算 项目核算				
半自动锁(600102)	数量核算 项目核算				
扭转锁(600103)	数量核算 项目核算				
锥类产品(600104)	数量核算 项目核算				
绑扎类产品(600105)	数量核算 项目核算				
主营业务成本(6401)	项目核算				
全自动锁(640101)	项目核算				
半自动锁(640102)	项目核算				

(续表)

科目名称及编码	辅助核算	余额方向	币种/计量	期初余额	备注
扭转锁(640103)	项目核算				
锥类产品(640104)	项目核算				
绑扎类产品(640105)	项目核算				
销售费用(6601)					
薪资(660101)					
福利费(660102)					
办公费(660103)					
差旅费(660104)					
招待费(660105)					
折旧费(660106)					
广告费(660107)					
展览费(660108)					
委托代销手续费(660109)					
其他(6601010)					
管理费用(6602)					
薪资(660201)	部门核算				
福利费(660202)	部门核算				
办公费(660203)	部门核算				
差旅费(660204)	部门核算				
招待费(660205)	部门核算				
折旧费(660206)	部门核算				
其他(660207)	部门核算				
财务费用(6603)					
利息收入(660301)					
银行手续费(660302)					
其他(660303)					

(2) 辅助期初明细，如表4-3至表4-8所示。

表4-3　应收账款期初往来明细

应收账款期初往来明细：112201应收账款/人民币

单据日期	发票编号	客户名称	存货名称	数量	无税单价	含税单价	价税合计	部门
2021-12-27	14033301(普通发票)	东方锚链	绑扎眼板	100	130	146.9	14690	销售一部
2021-12-29	01801501(专用发票)	南方船运	全自动燕尾底锁	120	135		18306	销售二部

表4-4　其他应收单期初往来明细

其他应收期初往来明细：112201应收账款/人民币

单据日期	单据类型	单据编号	客户名称	摘要	金额	部门
2021-12-31	其他应收单	00000001	上海船运	代垫运费	560	销售二部

表4-5 应付账款期初往来明细

应付账款期初往来明细：220201应付账款/应付往来账款

单据日期	发票编号	供应商名称	存货名称	数量	无税单价	价税合计	部门
2021-12-29	01901601 (专用发票)	宁波隆泰	定位器	1000	15	16950	采购部

表4-6 其他应付单期初往来明细

其他应付单期初往来明细：220201应付账款/应付往来账款

单据日期	单据类型	单据编号	客户名称	摘要	金额	部门
2021-12-29	其他应付单	00000021	宁波隆泰	代垫运费	260	采购部

表4-7 暂估应付期初往来明细

暂估应付期初往来明细：220202应付账款/暂估应付账款

日期	供应商名称	存货名称	暂估金额	部门	业务员
2021-12-15	宁波隆泰	自锁螺母	5000	采购部	李晓锋

表4-8 个人期初往来明细

个人期初往来明细：122101其他应收款/应收个人款

日期	部门	个人	摘要	摘要	金额	年度
2021-12-29	总经办	马林	预借差旅费	代垫运费	3000	2022

总账初始化设置指导

由系统管理员在系统管理中引入"基础设置"账套作为基础数据，以账套主管"001 张扬"身份进行总账初始设置。

3. 设置总账选项

操作步骤如下。

01 在企业业务平台业务工作中，选择"财务会计"中的"总账"，执行"设置"/"选项"命令，打开"选项"对话框。

02 单击【编辑】按钮，进入修改状态。

03 单击"凭证"选项卡，按照实验资料的要求进行相应设置，如图4-4所示。

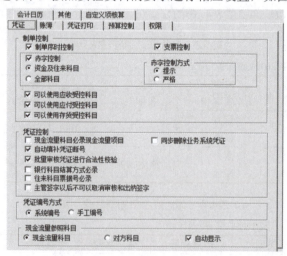

图4-4 总账选项设置

【提示】

制单序时控制：此项和"系统编号"选项联用，制单时凭证编号必须按日期顺序排列，10月25日编制25号凭证，则10月26日只能开始编制26号凭证，即制单序时，如果有特殊需要可以将其改为不序时制单。

支票控制：若选择此项，在制单时使用银行科目编制凭证时，系统针对票据管理的结算方式进行登记，如果录入支票号在支票登记簿中已存，系统提供登记支票报销的功能；否则，系统提供登记支票登记簿的功能。

赤字控制：若选择了此项，在制单时，当"资金及往来科目"或"全部科目"的最新余额出现负数时，系统将予以提示。系统提供了提示、严格两种方式，可根据您的需要进行选择。

可以使用应收受控科目：若科目为应收款管理系统的受控科目，为了防止重复制单，只允许应收系统使用此科目进行制单，总账系统是不能使用此科目制单的。因此，如果您希望在总账系统中也能使用这些科目填制凭证，则应选择此项。注意：总账和其他业务系统使用了受控科目会引起应收系统与总账对账不平。

可以使用应付受控科目：若科目为应付款管理系统的受控科目，为了防止重复制单，只允许应付系统使用此科目进行制单，总账系统是不能使用此科目制单的。所以如果您希望在总账系统中也能使用这些科目填制凭证，则应选择此项。

【知识链接】

受控科目

选项设置中提到3种受控科目：应收受控科目、应付受控科目和存货受控科目，仅以应收受控科目为例阐释受控科目的意义。

应收系统的受控科目是指只能在应收款管理系统制单使用的科目。在总账系统与应收款管理系统集成应用的前提下，企业与客户之间的往来业务均在应收款管理系统处理，业务处理的结果通过自动凭证机制生成凭证传递给总账。涉及客户往来业务处理的科目包括应收票据、应收款项和预收账款科目，既然与此相关的业务在应收款管理系统生成，那么总账中不再填制这类业务凭证，否则业务处理就重复了。这几个科目也称为应收受控科目。

04 单击"权限"选项卡，按照实验资料的要求进行相应的设置，如图4-5所示。

图4-5 总账权限设置

制单权限控制到科目：要在系统管理的"功能权限"中设置科目权限，再选择此项，权限设置有效。选择此项，则在制单时，操作员只能使用具有相应制单权限的科目制单。

允许修改、作废他人填制的凭证：若选择了此项，在制单时可修改或作废别人填制的凭证，否则不能修改。

制单权限控制到凭证类别：要在系统管理的"功能权限"中设置凭证类别权限，再选择此项，权限设置有效。选择此项，则在制单时，只显示此操作员有权限的凭证类别。同时，在凭证类别参照中按人员的权限过滤出有权限的凭证类别。

操作员进行金额权限控制：选择此项，可以对不同级别的人员进行金额大小的控制，例如，财务主管可以对10万元以上的经济业务制单，一般财务人员只能对5万元以下的经济业务制单，这样可以减少由于不必要的责任事故带来的经济损失。如为外部凭证或常用凭证调用生成，则处理与预算处理相同，不做金额控制。

【提示】

结转凭证不受金额权限控制。

外部系统凭证是已生成的凭证，得到系统的认可，所以除非进行更改，否则不做金额等权限控制。

凭证审核控制到操作员：如只允许某操作员审核其本部门操作员填制的凭证，则应选择此选项。

出纳凭证必须经由出纳签字：若要求现金、银行科目凭证必须由出纳人员核对签字后才能记账，则应选择此选项。

凭证必须经由主管会计签字：如要求所有凭证必须由主管签字后才能记账，则应选择此选项。

可查询他人凭证：如允许操作员查询他人凭证，则应选择此选项。

查询客户往来辅助账：由U850以前版本升级用户，如往来核算在应收系统时，系统无客户辅助账，只有选择此项后才能查询，并需补录期初客户往来明细数据。U850以后版本，默认在总账中查询客户往来辅助账。

05 单击"会计日历"选项卡，按照实验资料的要求进行相应的设置。

在"会计日历"选项卡，可查看各会计期间的起始日期与结束日期，以及启用会计年度和启用日期；还可以看到建立账套时的一些信息，如账套名称、单位名称、账套存放的路径、行业性质和定义的科目级长等。但此处仅能查看会计日历的信息，如需修改请到系统管理中进行。

【提示】

总账系统的启用日期不能在系统的启用日期之前。

总账中已录入期初余额(包括辅助期初)则不能修改总账启用日期。

总账中已制单的月份不能修改总账的启用日期，其他系统中已制单的月份不能修改总账的启用日期。

第二年进入系统，不能修改总账的启用日期。

06 选项设置完成后，单击【确定】按钮，系统自动返回。

【知识链接】

总账的账务处理流程简单概括为"填制凭证——审核凭证——记账"，如果在选项卡中选中了"出纳凭证必须经由出纳签字"选项,则账务处理流程在记账之前会增加"出纳签字"环节,出纳签字可以在审核凭证之前,也可以在审核凭证之后,但必须在凭证记账前完成。

4. 录入期初余额

由于"本账套"建账日期为2022年1月1日,因此只需要录入各科目的期初余额和辅助期初余额即可,无须录入科目的累计借方发生额和累计贷方发生额。

(1) 直接录入期初余额。

01 直接录入期初余额的会计科目主要包括库存现金、银行存款、坏账准备、固定资产、累计折旧、实收资本、本年利润等科目,这些科目不仅是末级科目且辅助项不是部门核算或项目核算,也不需要与其他账簿对账。具体操作步骤为:在企业应用平台的"业务"页签中,执行"财务会计/总账/设置/期初余额"命令,系统打开"期初余额"窗口。

02 双击"库存现金"科目的期初余额栏,然后输入该科目的期初余额为"4500"。

03 依据表4-2中的期初余额资料,完成其他直接录入科目的期初余额设置操作。

04 单击【退出】按钮,退出"期初余额"窗口。

(2) 参照录入。

参照录入分为项目核算的参照录入,需要与存货核算对账的参照录入,需要与应收、应付系统对账的参照录入三种参照录入形式。

项目核算的参照录入:可在"期初余额"窗口中双击项目核算科目,如"库存商品",系统将弹出"辅助期初余额"窗口,逐一录入各个项目的期初余额,然后退出该窗口返回"期初余额"窗口,此时该科目的余额将自动带出。

需要与存货核算对账的参照录入:可在总账系统中通过期初往来明细参照录入,以"暂估应付款"为例,其操作步骤如下。

01 在企业应用平台的"业务工作"页签中,单击"总账"/"设置"/"期初余额",系统打开"期初余额"窗口。

02 在"期初余额"窗口,双击"暂估应付款"科目,系统进入"辅助期初余额"窗口。

03 在"辅助期初余额"窗口,单击工具栏上的"往来明细"按钮,系统进入"期初往来明细"窗口。

04 在"期初往来明细"窗口,单击工具栏上的【增行】按钮,录入日期为"2021年12月15日",供应商为"宁波隆泰铸件有限公司",摘要为"采购自锁螺母5000个,暂估入库",方向为"贷",金额为"5000",如图4-6所示。

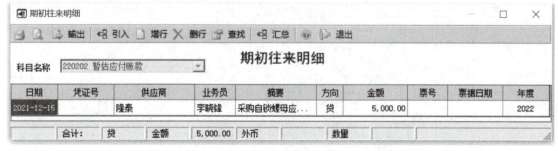

图4-6 期初往来明细

05 单击【汇总】按钮,系统弹出信息提示框,单击【确定】按钮,完成往来明细的汇总,然后单击【退出】按钮,返回"期初余额"窗口,该科目期初余额自动带入。

需要与应收、应付系统对账的参照录入：引入期初往来科目明细账的前提条件一是要求新建账套或"年度账"未记账状态，二是要启用应收/应付系统。用友U8产品提供将应收应付系统的期初余额引入总账的对应科目余额中的功能。即往来明细期初余额录入是先分别在应收、应付系统录入应收账款科目和应付账款的期初余额，然后在总账系统中进行"期初余额"的引入。具体操作步骤如下。

01 在"期初余额录入"界面，选择有往来核算属性的会计科目，双击"期初余额"栏，进入"辅助期初余额"界面，单击"往来明细"按钮，进入"期初往来明细录入"界面。

02 从科目名称下拉框中选择要引入的末级科目名称，单击"引入"按钮从应收/应付系统引入选择科目的期初明细。

【提示】

如果期初数据不可修改，则不可使用引入功能。

当应收应付系统与总账系统启用日期不同时，不可引入应收应付期初数据，只能在总账中录入。

如果科目辅助核算属性在使用中发生变更，例如，在年中变更为有辅助往来核算科目，因应收/应付系统中无期初余额，这时只能在总账中补充录入期初余额。

通过录入下级科目余额自动计算：该类会计科目的期初余额不需要人工录入，系统依照其下级科目的账户期初余额，自动带入。因为有些会计科目之间存在勾稽关系，所以系统可以自行处理。如原材料科目的账户期初余额，可以通过在录入原材料类的钢材、半钢、圆钢、管钢等的期初余额后，系统自动计算出该一级会计的期初余额。

【提示】

无论往来核算在总账还是在应收应付系统，有往来辅助核算的科目都要按明细录入数据。

如果某科目为数量、外币核算，可以录入期初数量、外币余额。但必须先录入本币余额，再录入外币余额。

若期初余额有外币、数量余额，则必须有本币余额。

在录入辅助核算期初余额之前，必须先设置各辅助核算目录。

5. 试算平衡

在所有科目余额录入完成后，单击【试算】按钮，系统弹出"期初试算平衡表"界面，显示试算结果是否平衡，如图4-7所示。若期初余额试算平衡，则单击【确定】按钮；若期初余额试算不平衡，则修改期余额，重新调整至平衡后再进行下一步工作。

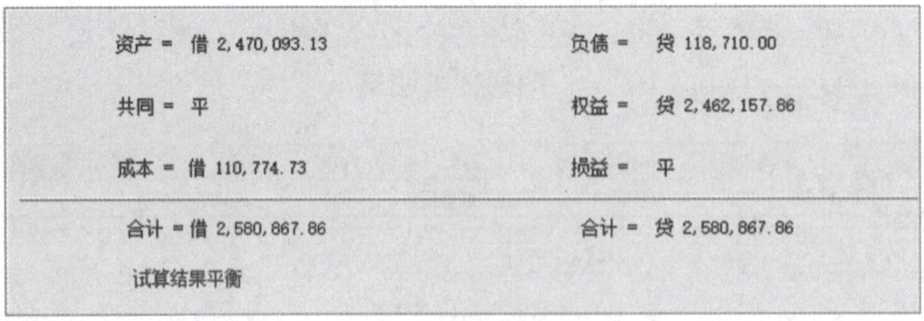

资产	借 2,470,093.13	负债	贷 118,710.00
共同	平	权益	贷 2,462,157.86
成本	借 110,774.73	损益	平
合计	借 2,580,867.86	合计	贷 2,580,867.86
试算结果平衡			

图4-7 试算平衡

【提示】

系统只能对期初余额的平衡关系进行试算,而不能对年初余额进行试算。

如果期初余额不平衡,可以填制凭证,审核凭证,但是不允许记账。凭证记账后,期初余额变为"只读、浏览"状态,不能再修改。

假设总账过渡到新年度,新年度已经进行开账及结转,此时会计科目需要调整辅助核算,期初余额需要先删除,调整辅助核算后再重新录入。例如,应收账款会计科目在上年度按照客户进行辅助核算,新年度需要增加部门辅助核算。

在新年度,期初余额中将应收账款会计科目已结转期初数据删除;基础档案——会计科目中调整应收账款会计科目辅助核算为客户和部门;期初余额中将应收账款会计科目的期初余额重新录入。

6. 账套备份

总账初始化设置完成后将账套数据进行输出,存放于"总账初始化"文件夹。

4.6.2 实训拓展:数据权限与金额权限设置(用户:001 张扬)

1. 数据权限设置

用友U8中的权限分为功能权限、数据权限和金额权限。功能权限是指用户能操作用友U8中的哪些权限,数据权限是设置用户能够对哪个范围的数据进行查看和修改。功能权限由"系统管理员"在"系统管理"中对用户进行授权,数据权限由"账套主管"在"企业应用平台"为用户授权,本实验案例企业的数据权限设置要求如下。

【拓展任务1】:设置销售一部业务员刘智辉只能查看销售一部管理的客户档案,不能查看销售二部管理的客户档案。

操作步骤如下。

(1) 客户档案功能权限设置。

[01] 以"系统管理(admin)"身份注册"系统管理"后,单击"权限"菜单下的"权限"命令,系统打开"操作员权限"窗口。

[02] 在操作员列表中选中"刘智辉",然后单击【修改】按钮,再在右侧权限列表中双击"基本信息/公共目录设置/客商信息/",最后选中"客户档案"复选框,如图4-8所示。

[03] 单击【保存】按钮,保存刘智辉具有客户档案管理的功能权限设置。

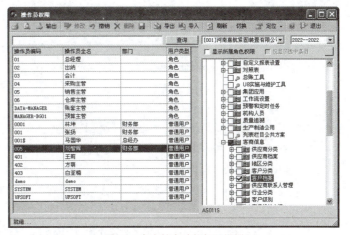

图4-8 客户档案功能权限设置

【提示】

进行数据权限设置的前提是设置功能权限,只有"系统管理员"能进行功能权限设置。

(2) 数据权限控制设置。

01 以"账套主管"身份登录"企业应用平台",在左下角单击"系统服务"页签,然后双击展开"权限"模块,单击"数据权限控制设置",系统打开"数据权限控制设置"窗口。

02 在"记录级"选项卡中选中"客户档案"复选框,如图4-9所示。

03 单击【确定】按钮,完成数据权限控制设置。

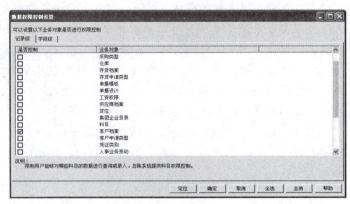

图4-9 数据权限控制设置

【提示】

数据权限控制设置重注册才能生效,只有"账套主管"能进行数据权限设置。

(3) 数据权限分组。

01 由"账套主管"在企业应用平台"系统服务"页签下,执行"权限/数据权限分配"命令,系统进入"权限浏览"窗口。

02 单击"业务对象"编辑框中的下拉箭头,选择"客户档案",然后单击【分组】按钮,系统打开"客户权限分组"窗口。

03 在"客户权限分组"窗口,单击工具栏中的【增加】按钮,在权限分组类别区选择"业务员",输入"权限分组编号"为"01","权限分组名称"为"销售一部",如图4-10所示。

04 单击【保存】按钮,保存"销售一部"权限分组。

05 重复上述步骤3和步骤4,完成"销售二部"权限分组设置。

06 单击【退出】按钮,系统返回"权限浏览"窗口。

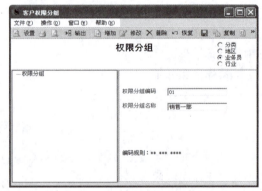

图4-10 客户权限分组

(4) 数据权限分配。

01 在"权限浏览"窗口,单击【授权】按钮,系统打开"记录权限设置"对话框。

02 在"禁用"编辑框中选中"销售一部",然后单击"单选"按钮将"权限分组——销售一部"选入"可用"编辑框。

03 单击【保存】按钮,完成"记录权限设置",再单击【关闭】按钮返回"权限浏览"窗口。

04 在"权限浏览"窗口单击【分配】按钮,系统打开"档案分配"对话框,选择"档案"选项,在"权限分组"中选择"销售一部",将"未分配档案"中客户编码为"01""04""05"和"06"的客户档案选入"已分配档案",如图4-11所示。

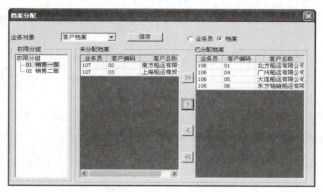

图4-11 客户档案分配

05 单击【保存】按钮,保存客户档案分配设置。

06 在"权限浏览"窗口,选中"005 刘智辉",单击【修改】按钮,选中"01销售一部"复选框,如图4-12所示。

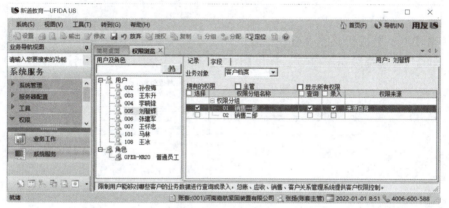

图4-12 数据权限浏览设置

07 单击【保存】按钮,关闭当前窗口。

(5) 数据权限设置有效性验证。

以"005 刘智辉"身份登录企业应用平台,在"基础设置"页签中执行"基础档案/客商信息/客户档案"命令,进入"客户档案"窗口,此时只能查看到客户编码为"01""04""05"和"06"的四个客户档案记录,如图4-13所示。

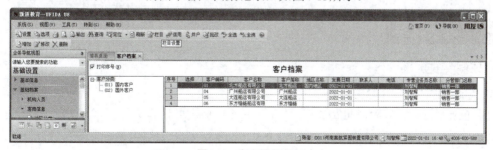

图4-13 客户档案查询

2. 金额权限设置

本功能用于设置用户可使用的金额级别,对业务对象提供金额级别权限设置有:采购订单的金额审核额度、科目的制单金额额度。在设置这两个金额权限之前必须先设定对应的金额级别。

【拓展任务2】设置003王东升只能填制“管理费用”科目金额在10 000元以下的记账凭证。

操作步骤如下。

01 以“账套主管”身份登录“企业应用平台”，在左下角单击“系统服务”页签，然后双击展开“权限”模块，单击“金额权限分配”，系统打开“金额权限设置”窗口。

02 默认选中右上角“科目级别”，单击工具栏中的【级别】按钮，进入金额级别设置窗口。

03 输入科目编码、级别金额，单击【保存】按钮，结果如图4-14所示。

金额级别设置

◉ 科目级别
○ 采购订单级别

科目编码	科目名称	级别一	级别二	级别三	级别四	级别五	级别六
6602	管理费用	5, 000	10, 000	20, 000	50, 000	100, 000	

图4-14　金额级别设置

04 单击【退出】按钮返回“金额权限设置”窗口，单击工具栏中的【增加】按钮，输入用户编码“003”，选择级别“二”，单击【保存】按钮，效果如图4-15所示。

金额权限设置

◉ 科目级别
○ 采购订单级别

用户编码	用户名称	级别
003	王东升	级别二

图4-15　金额权限设置

【注意事项】

金额权限控制中有以下三种情况不受控制：

- 调用常用凭证生成的凭证；
- 期末转账结转生成的凭证；
- 在外部系统生成的凭证，如果超出金额权限，保存凭证时不受限制。

4.7　总账日常业务处理实务

4.7.1　基本任务

1. 填制凭证

(1) 凭证增加(用户：003王东升)。

河南嘉航紧固装置有限公司2022年1月份发生日常业务如下。

2日，销售一部刘智辉报销业务招待费2 600元，以现金支付(附单据：普通发票1张)。

借：销售费用/业务招待费(660105)　　　　2 600

　　贷：库存现金(1001)　　　　2 600

3日，出纳孙俊梅持现金支票(支票号XJ0001)从工商银行人民币户提取现金10 000元，用途为“备用金”。

借：库存现金(1001) 10 000
　　贷：银行存款/工行存款/人民币户(10020101) 10 000

4日，收到外商投入资金300 000美元，汇率为1：6.75，转账支票号为"WZZ0001"。

借：银行存款/中行存款/美元户(10020102)
2092320(固定汇率)
　　贷：实收资本(4001) 2 092 320

6日，采购部李晓峰采购板钢8 000千克，单价4.5元/千克，增值税税率为13%，价税合计40 680元，材料已直接验收入库，同日开出转账支票一张用于支付该次采购货款，转账支票票号为"ZZ0001"。

借：原材料/钢材/板钢(140303) 36 000
　　应交税费/应交增值税/进行税额(22210101) 4 680
　　贷：银行存款/工行存款(100201) 40 680

8日销售二部张建军收到北方船运有限公司开来的转账支票一张，票号为ZZ6801，票面金额305 100元，用于支付前欠货款。

借：银行存款/工行存款(100201) 305 100
　　贷：应收账款/人民币(112201) 305 100

10日，采购部李晓锋从宁波隆泰铸件有限公司购入定位器1 000件，单价15元/件，增值税税率为13%，价税合计20 340元，货款暂欠。

借：原材料/定位器(140304) 15 000
　　应交税费/应交增值税/进项税额(22210101) 1 950
　　贷：应付账款/应付往来账款(112201) 16 950

12日，分配本月工资费用。其中总经办10 000元，财务部15 000元，采购部6 000元，销售部14 000元，车间管理人员6 000元，生产工人30 000元。

借：管理费用/薪资(660201)【部门辅助核算：总经办】 10 000
　　管理费用/薪资(660201)【部门辅助核算：财务部】 15 000
　　管理费用/薪资(660201)【部门辅助核算：采购部】 6 000
　　销售费用/薪资(660101) 14 000
　　制造费用/薪资(510101) 6 000
　　生产成本/直接人工(500102) 30 000
　　贷：应付职工薪酬/应付工资(221101) 81 000

15日，总经办马林出差归来，报销差旅费2 640元，交回现金360元。

借：管理费用/差旅费(660204)【部门辅助核算：财务部】 2 640
　　库存现金(1001) 360
　　贷：其他应收款/应收个人款(122101) 3 000

18日，生产部领用壳体1 500件，单价18元/件，用于生产集装箱中间扭锁。

借：生产成本/直接材料(500101) 27 000
　　贷：原材料/壳体(14030201) 27 000

20日，向南方船运有限公司销售集装箱中间扭锁200个，单价150元/个，货已发出，并已开具增值税专用发票，但对方未支付货款。

借：应收账款(112201) 33 900

  贷：主营业务收入/集装箱中间扭锁(600103)   30 000
     应交税费/应交增值税/销项税(22210103)   3 900

(2) 凭证修改(无痕迹修改)。

  经查，15日报销差旅费凭证中第1分录行管理费用/差旅费科目的部门辅助核算输入错误，应进行如下修改。

  借：管理费用/差旅费(660204)【部门辅助核算：总经办】   2 640
    库存现金   360
    贷：其他应收款/应收个人款(122101)   3 000

(3) 凭证删除。

  经过核查，2日刘智辉报销的业务招待费属于个人行为，应由个人负担不予报销，现金已追缴，业务无须再反映。

2. 出纳签字

  31日，由出纳人员002孙俊梅对本月(2022年1月)填制的收、付凭证进行出纳签字。

3. 审核凭证

  31日，由用户001张扬对本月(2022年1月)全部记账凭证进行审核签字。

4. 记账

  31日，由用户001张扬对本月(2022年1月)全部记账凭证进行记账。

5. 冲销凭证(有痕迹修改)

  1月31日，由用户003王东升冲销已记账"收-0001"号凭证。

  注意：为确保汇兑损益转账生成操作顺利进行，生成红字冲销凭证后立即删除。

6. 账证查询(用户：001张扬)

(1) 查询2022年1月库存现金支出5 000元以上的付款凭证。

(2) 查询余额表。查询2022年1月余额表，并联查"应收账款"专项资料。

(3) 查询"原材料/半成品/定位器"数量金额明细账，并联查"转-0001"号记账凭证。

(4) 查询项目账。定义并查询管理费用多栏账。

7. 辅助账查询(用户：001张扬)

(1) 查询部门辅助账。查询2022年1月总经办、财务部、采购部本月费用支出情况。

(2) 查询个人辅助账。查询总经理办公室马林的个人往来清理情况。

(3) 查询个人往来辅助账，进行客户往来账龄分析。

(4) 查询项目账。查询"集装箱中间扭锁"项目明细账，进行"产品"项目大类的统计分析。

8. 出纳管理(用户：002孙俊梅)

(1) 查询现金日记账。

(2) 查询2022年1月31日资金日报。

(3) 登记支票登记簿。

  2022年1月31日，采购员李晓峰向出纳孙俊梅领取转账支票一张，用于采购自锁螺母，票号为ZZ0002，预计金额为5 000元。

(4) 银行对账。

河南嘉航紧固装置有限公司2022年1月1日启用银行对账功能,中国工商银行人民币户单位日记账调整前期初余额为400 000,银行对账单调整前期初余额为436 000,经查,有期初未达账项一笔,系属银行已收企业未收款项36 000元(转账支票号为ZZ1825,日期为2021年12月28日)。

2022年1月银行对账单,如表4-9所示。

表4-9 2022年1月银行对账单

日期	结算方式	票号	借方金额/元	贷方金额/元
2022年1月3日	201	XJ0001	10 000	
2022年1月6日	202	ZZ0001		40 680
2022年1月8日	202	ZZ6801	30 510	

总账日常业务处理操作指导

由系统管理员(admin)在系统管理中引入"总账初始化"账套,以用户003王东升的身份注册进行填制凭证的操作,包括增加凭证、修改凭证、删除凭证、冲销凭证等;以出纳身份进行出纳签字、出纳管理、银行对账等;以"账套主管"身份进行凭证审核、凭证记账、账证查询、辅助账查询等。

1) 填制凭证

(1) 增加凭证。

业务1　无辅助核算的一般业务

操作步骤如下。

01 以003王东升身份登录用友U8企业应用平台,单击"业务工作"选项,执行"财务会计/总账/凭证/填制凭证"命令,进入填制凭证窗口。

02 单击【增加】按钮或按F5键,增加一张新凭证,将光标定位在凭证类别上,输入或参照选择付款凭证。

03 系统自动取当前业务日期为记账凭证填制的日期,将凭证日期修改为"2022.01.02"。

04 在"附单据数"处输入原始单据张数1张。如需要将某些图片、文件作为附件链接凭证时,可单击附单据数录入框右侧的图标,选择文件的链接地址即可。用户根据需要输入凭证自定义项,单击凭证右上角的输入框输入。

05 输入凭证分录的摘要为"报销业务招待费",选择科目名称为"660105",借方金额为"2600",按回车键;摘要自动带入下一行,输入贷方科目"1001",光标位于贷方时,按"="键将借贷方差额"2600"取到当前位置,如图4-16所示。

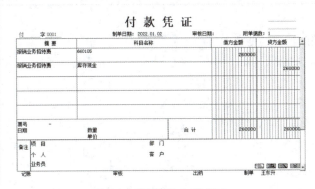

图4-16 填制业务1记账凭证

06 凭证全部录入完毕后，单击【保存】按钮或按【F6】键，系统弹出"凭证保存成功"信息提示，单击【确定】按钮。

【提示】

科目编码必须是末级会计科目编码。

录入分录的借方或贷方本币发生额，金额不能为零，但可以是红字，红字金额以负数形式输入。

可按"="键取当前凭证借贷方金额的差额，可按空格键调整金额方向。

业务2 具有银行账辅助核算及票据管理结算方式的业务

操作步骤如下。

01 执行"财务会计/总账/凭证/填制凭证"命令，单击【增加】按钮，选择凭证类别为"付款凭证"，修改凭证日期为"2023.01.03"，附件张数为"1"，摘要输入"提取现金"。

02 借方科目输入"1001"，金额为"10000"，贷方科目输入"100201"，系统自动弹出辅助项，输入结算方式为"201"，票号为"XJ0001"，发生日期为"2022-01-03"，如图4-17所示，然后单击【确定】按钮。

03 凭证信息填制完毕，单击【保存】按钮，系统弹出"此支票尚未登记，是否登记？"信息提示，如图4-18。单击【是】按钮，弹出"票号登记"窗口，填写收款人、用途等信息，如图4-19所示。

图4-17 银行账辅助项

图4-18 支票登记提醒

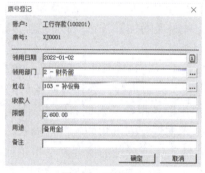

图4-19 票号登记

04 单击【确定】按钮，系统弹出"凭证已保存成功"信息提示，再单击【确定】按钮完成该业务凭证的填制。

业务3：有外币辅助核算的业务

01 执行"财务会计/总账/凭证/填制凭证"命令，单击【增加】按钮或按F5键，选择凭证类别为"收款凭证"，修改凭证日期为"2022.01.03"，附件张数为"1"，摘要输入"接收外商投资"。

02 参照选择外币科目"10020102"，系统自动弹出外币金额栏及外币汇率"6.25"，修改外币汇率为"6.75"，输入外币金额"300000"，系统自动计算出借方本币金额"2025000"，如图4-20所示。

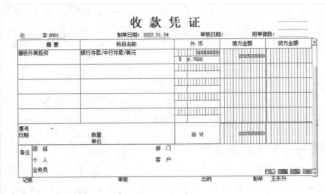

图4-20 填制业务3记账凭证——外币辅助核算业务

03 凭证信息填写完成后,单击【保存】按钮,保存凭证。

业务4:有数量辅助核算的业务

操作步骤如下。

01 依照上述凭证增加方式打开填制凭证对话框,依次选择凭证类别,输入凭证填制日期、附件、摘要等信息,当输入数量科目"14030301"后,系统自动弹出数量核算"辅助项"对话框。

02 在"辅助项"对话框输入数量为"8000",单价为"4.5",单击【确定】按钮返回填制凭证窗口。

03 单击【保存】按钮完成凭证填制,可选中凭证中的数量科目"14030101",双击凭证右下角的辅助项图标查看数量核算信息或将光标定位至辅助信息栏项,待鼠标指针变换为蓝色笔头状双击查看,如图4-21所示。

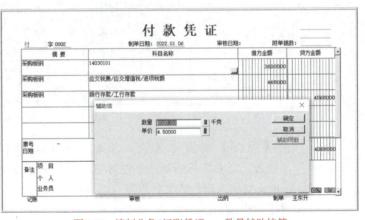

图4-21 填制业务4记账凭证——数量辅助核算

业务5:有客户往来辅助核算的业务

01 在填制凭证时,输入客户往来科目"112201",系统弹出"辅助项"对话框。

02 在"辅助项"对话框参照选择客户为"北方船运",业务员为"刘智辉",输入票号为"ZZ6801",发展日期修改为"2022-01-08",如图4-22所示,然后单击【确定】按钮。

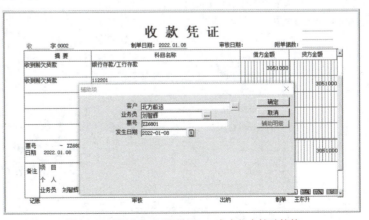

图4-22 填制业务5记账凭证——客户往来辅助核算

03 单击【保存】按钮完成凭证填制，同理，可选中凭证中的客户往来科目"1122"，双击凭证右下角的辅助项图标查看客户往来明细信息或将光标定位至辅助信息栏项，待鼠标指针变换为蓝色笔头状双击查看。

【提示】

若往来单位不属于已经定义的往来单位，则需要正确输入新往来单位的辅助信息，系统会自动追加到往来单位目录中。

业务6：有供应商往来辅助核算的业务

01 在填制凭证时，输入客户往来科目"220201"，系统弹出"辅助项"对话框。

02 在"辅助项"对话框参照选择客户为"隆泰"，业务员为"李晓峰"，票号为空，发展日期修改为"2022-01-10"，如图4-23所示，然后单击【确定】按钮。

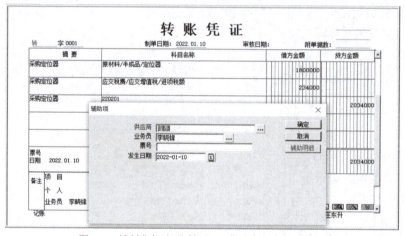

图4-23　填制业务6记账凭证——供应商往来辅助核算

03 单击【保存】按钮完成凭证填制，同理，可选中凭证中的供应商往来科目"220201"，双击凭证右下角的辅助项图标查看供应商往来明细信息或将光标定位至辅助信息栏项，待鼠标指针变换为蓝色笔头状双击查看。

业务7：有部门辅助核算的业务

01 在填制凭证时，输入部门核算科目"660201"，系统弹出"辅助项"对话框。

02 在"辅助项"对话框参照选择部门为"财务部"，如图4-24所示，单击【确定】按钮，再单击【保存】按钮完成凭证填制。

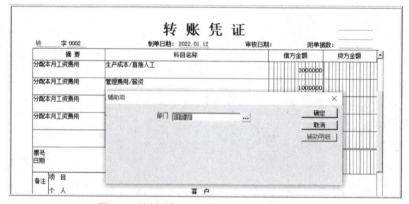

图4-24　填制业务7记账凭证——部门辅助核算

业务8：有个人往来辅助核算的业务

`01` 在填制凭证时，输入个人往来核算科目"122101"，系统弹出"辅助项"对话框。

`02` 在"辅助项"对话框参照选择部门为"总经理办公室"，个人为"马林"，发生日期修改为"2022.01.15"，如图4-25所示。

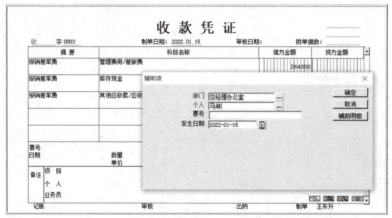

图4-25 填制业务8记账凭证——个人往来辅助核算

`03` 单击【确定】按钮，输入贷方科目金额，然后单击【保存】按钮。

业务9：有项目和数量辅助核算的业务

`01` 在填制凭证时，输入项目核算科目"500101"，系统弹出"辅助项"对话框。

`02` 在"辅助项"对话框参照选择项目名称为"集装箱中间扭锁"。

`03` 单击【确定】按钮，再单击【保存】按钮完成该笔业务凭证的填制，如图4-26所示。

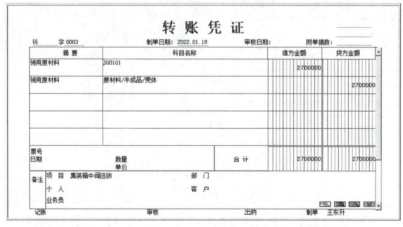

图4-26 填制业务9记账凭证——项目辅助核算和数量核算

业务10：有客户往来和项目辅助核算的业务

`01` 在填制凭证时，输入客户往来科目"112201"，系统弹出"辅助项"对话框。

`02` 在"辅助项"对话框参照选择客户为"南方船运"，业务员为"张建军"，输入票号为空，发展日期修改为"2022-01-20"，然后单击【确定】按钮，在输入借方金额后按回车键。

`03` 单击第二分录行，输入项目核算科目"600101"，系统弹出"辅助项"对话框，输入数量"200"，单价"150"，项目名称"集装箱中间扭锁"，单击【确定】按钮。

`04` 其他凭证信息输入完成后单击【保存】按钮，结果如图4-27所示。

图4-27　填制业务10记账凭证——客户往来和项目辅助核算

(2) 凭证修改。

操作步骤如下。

01 在填制凭证中，通过按首页/上页/下页/末页按钮翻页查找或按【查询】按钮输入查询条件，找到要修改的"收-0003"号凭证。

02 选中"660204 管理费用/差旅费"分录行，将光标移到备注栏，待鼠标指针状态变化后双击或直接双击凭证右下角第三个图标，屏幕显示辅助项录入窗，将部门修改为"总经理办公室"，如图4-28所示。

03 修改完毕后，单击【确定】按钮。

图4-28　修改凭证——修改"辅助项"

【提示】

若要希望当前分录的金额为其他所有分录的借贷方差额，则在金额处按"="键即可。

按"插入"按钮或按【Ctrl+I】键可在当前分录前插入一条分录。按"删除"按钮或按【Ctrl+D】可删除当前光标所在的分录。

04 单击工具栏【保存】按钮保存当前修改，按【放弃】按钮放弃当前凭证的修改。

(3) 凭证删除。

在用友U8系统删除凭证需要两步，第一步是凭证的作废，第二步是对作废凭证进行整理，其具体操作步骤如下。

01 进入填制凭证界面后，通过单击首页/上页/下页/末页按钮翻页查找或单击【查询】按钮输入条件查找要作废的"付-0001"号凭证。

02 单击【作废/恢复】按钮，凭证左上角显示"作废"字样，表示已将该凭证作废。

03 在填制凭证界面，单击【整理凭证】按钮，系统弹出"凭证日期选择"窗口，请选择凭证日期为"2022.01"，单击【确定】按钮，系统进入"作废凭证表"窗口，单击【全选】按钮。双击"删除？"对应栏，显示凭证删除标记"Y"，如图4-29所示。

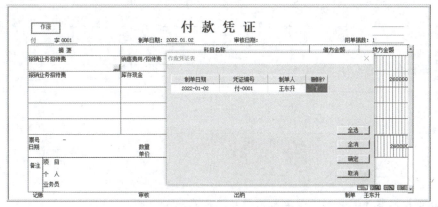

图4-29　作废凭证表

04 单击【确定】按钮，系统弹出"是否还需整理凭证断号"提示框，如图4-30所示。

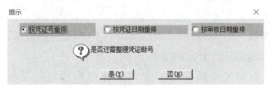

图4-30　"是否还需整理凭证断号"提示

05 选择"按凭证号重排"，单击【是】按钮，系统将作废凭证从数据库中删除并对剩余凭证重新排号。

【提示】

若本月有凭证已记账，那么本月最后一张已记账凭证之前的凭证将不能作凭证整理，只能对其后面的未记账凭证作凭证整理。若想对已记账凭证作凭证整理，请先到"恢复记账前状态"功能中恢复本月月初的记账前状态，再进行凭证整理。

若由于手工编制凭证造成凭证断号，因此也可通过此功能进行整理，方法是选择完凭证号重排方式之后不选作废凭证，直接按【是】按钮即可。对于由系统编号时，删除凭证后系统提示您是否整理空号凭证，若选取【是】，则将作废凭证删除并重新排凭证编号。

2) 出纳签字

01 以用户"002　孙俊梅"身份登录企业应用平台，执行业务工作/财务会计/总账命令，选择凭证/出纳签字，显示"出纳签字查询条件"界面。

02 选择凭证类别、查询月份和凭证号范围等查询条件，单击【确定】按钮，系统进入"出纳签字列表"窗口。

03 双击"收-0001"号凭证记录行，打开凭证，单击左上角【签字】按钮，凭证下方出纳处显示当前操作员姓名，表示这张凭证出纳员已签字，如图4-31所示。可单击【下张】继续执行出纳签字，或执行"批处理"实现成批出纳签字。若想对已签字的凭证取消签字，则单击【取消】按钮取消签字。

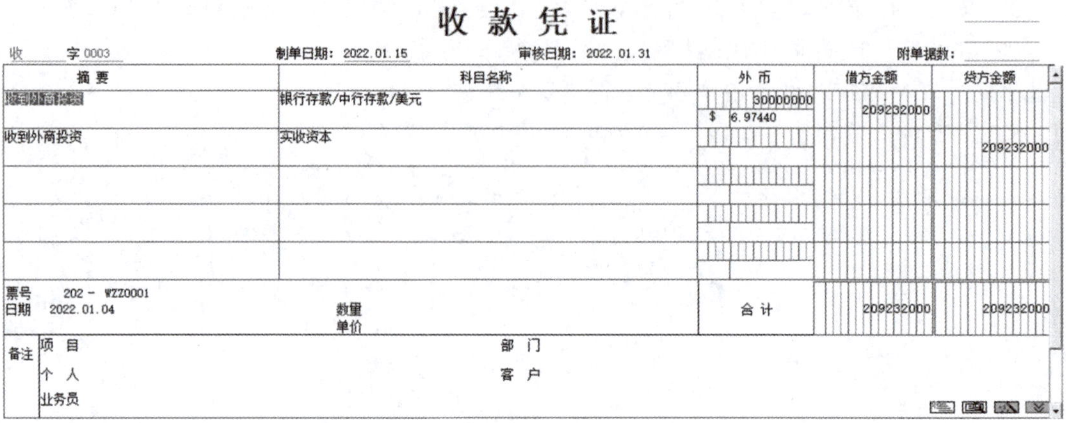

图4-31　出纳签字

【提示】

出纳与审核不能为同一人，制单与出纳可以是同一人。

凭证合并状态可以进行出纳签字，但不能填补结算方式和票号。

已签字的凭证，不能被修改、删除，只有取消签字才能进行。

取消签字只能由出纳人自己进行。

企业可根据实际需要决定是否要对出纳凭证进行出纳签字管理，若不需要此功能，可在“选项”中取消“出纳凭证必须经由出纳签字”的设置。

企业可以依据实际需要加入出纳签字后方可执行领导签字的控制，同时取消签字时控制领导尚未签字。可在“选项”中选中“主管签字以后不可以取消审核和出纳签字”。

3) 审核凭证

01 以用户“001 张扬”身份登录企业应用平台，执行业务工作/财务会计/总账命令，选择凭证/审核凭证，系统进入“凭证审核”窗口。

02 选择凭证类别，输入查询月份和凭证号范围等查询条件，单击【确定】按钮，系统进入“凭证审核列表”窗口。

03 双击某张凭证，则显示此张凭证，审核人员在确认该张凭证正确后，单击【审核】按钮将在审核处自动签上审核人姓名，并在凭证上显示审核日期，即该张凭证审核完毕，系统自动显示下一张待审核凭证。若审核人员发现该凭证有错误，可按【标错】按钮，对凭证进行标错，以便制单人可以对其进行修改。可执行“批处理”实现成批审核签字。若想对已签字的凭证取消签字，则单击【取消】按钮取消签字。

04 审核完成后关闭“审核凭证”，系统自动返回“审核凭证列表”窗口，如图4-32所示。

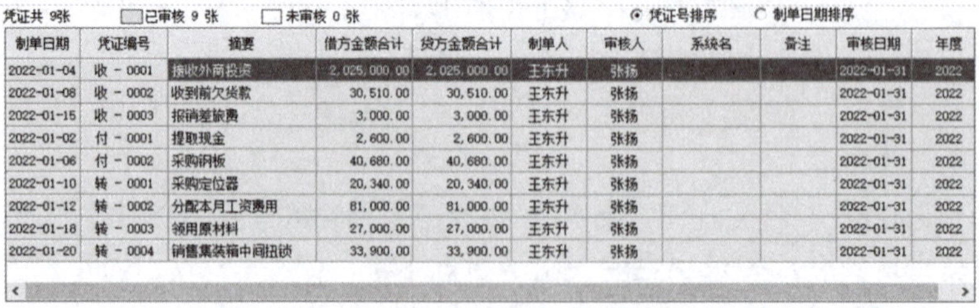
凭证共 9张　已审核 9 张　未审核 0 张　凭证号排序　制单日期排序

制单日期	凭证编号	摘要	借方金额合计	贷方金额合计	制单人	审核人	系统名	备注	审核日期	年度
2022-01-04	收 - 0001	接收外商投资	2,025,000.00	2,025,000.00	王东升	张扬			2022-01-31	2022
2022-01-08	收 - 0002	收到前欠货款	30,510.00	30,510.00	王东升	张扬			2022-01-31	2022
2022-01-15	收 - 0003	报销差旅费	3,000.00	3,000.00	王东升	张扬			2022-01-31	2022
2022-01-02	付 - 0001	提取现金	2,600.00	2,600.00	王东升	张扬			2022-01-31	2022
2022-01-06	付 - 0002	采购钢板	40,680.00	40,680.00	王东升	张扬			2022-01-31	2022
2022-01-10	转 - 0001	采购定位器	20,340.00	20,340.00	王东升	张扬			2022-01-31	2022
2022-01-12	转 - 0002	分配本月工资费用	81,000.00	81,000.00	王东升	张扬			2022-01-31	2022
2022-01-18	转 - 0003	领用原材料	27,000.00	27,000.00	王东升	张扬			2022-01-31	2022
2022-01-20	转 - 0004	销售集装箱中间扭锁	33,900.00	33,900.00	王东升	张扬			2022-01-31	2022

图4-32　审核凭证列表

【提示】

审核人和制单人不能是同一个人。

凭证在合并显示状态可直接审核，用户可根据需要选择是否展开凭证进行审核。

若想对已审核的凭证取消审核，则单击【取消】按钮取消审核。取消审核签字只能由审核人自己进行。

凭证一经审核，就不能被修改、删除，只有被取消审核签字后才可以进行修改或删除。

审核人除了要具有审核权，还需要有对待审核凭证制单人所制凭证的审核权，这个权限在"基础设置"的"数据权限"中设置。

采用手工制单的用户，在凭单上审核完后还须对录入机器中的凭证进行审核。

作废凭证不能被审核，也不能被标错。

已标错的凭证可以直接修改、作废，但不能被审核，若想审核，需先取消标错后才能审核。已审核的凭证不能标错。

预算审批通过的凭证，只能进行审核，不能进行凭证其他操作。

取消审核时，无论预算管理系统返回何值，全部认为成功，系统只提示不进行控制。

企业可以依据实际需要加入审核后方可执行领导签字的控制，同时取消审核时控制领导尚未签字。可在"选项"中选中"主管签字以后不可以取消审核和出纳签字"。

4) 记账

[01] 以用户"001 张扬"身份登录企业应用平台，执行业务工作/财务会计/总账/凭证/记账命令，系统进入"记账"窗口。

[02] 单击【全选】按钮或手动输入记账范围，如图4-33所示。

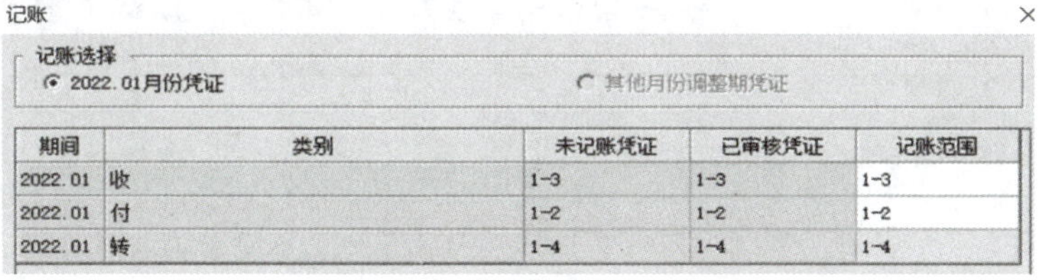

图4-33 记账

[03] 单击【记账】按钮进入期初试算过程，完成期初试算后，系统自动弹出"期初试算平衡表"。

[04] 单击【确定】按钮，系统开始登记总账、明细账、辅助账，账簿登记完成后，系统弹出总账"记账完毕"信息提示，如图4-34所示。

[05] 单击【确定】按钮完成凭证记账，再单击【退出】按钮返回。

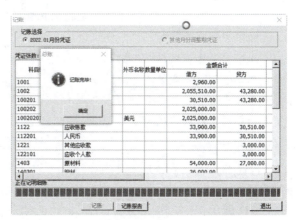

图4-34 记账完毕

【提示】

第一次记账时，若期初余额试算不平衡，不能记账。

上月未记账，本月不能记账。

未审核凭证不能记账，记账范围应小于等于已审核范围。

作废凭证无须审核可以直接记账。

记账过程中一旦断电或因其他原因造成中断后，系统将自动调用"恢复记账前状态"恢复数据，然后重新记账。

5) 冲销凭证

用友U8系统提供两种凭证冲销方式，一是用户可以选择在"填制凭证"窗口使用"冲销凭证"按钮进行冲销；二是用户可以在查询凭证状态下使用"冲销凭证"按钮进行冲销。本业务操作处理使用冲销方式一。

01 执行业务工作/财务会计/总账/凭证/填制凭证命令，系统进入填制凭证窗口。

02 在填制凭证窗口，单击【冲销凭证】按钮，系统弹出"冲销凭证"对话框，选择月份、凭证类别，输入拟冲销凭证的凭证号，如图4-35所示。

03 单击【确定】按钮，系统自动生成一张红字冲销凭证，如图4-36所示。

图4-35 冲销凭证

图4-36 红字冲销凭证

【提示】

通过红字冲销法增加的凭证，应视同正常凭证进行保存和管理。

红字冲销只能是对已记账凭证进行冲销。

红字冲销凭证可以手工填制。

红字冲销凭证删除方法同蓝字凭证。

本业务旨在练习如何生成红字冲销凭证，故红字冲销凭证生成后勿忘删除。

6) 账证查询

(1)查询凭证。查询现金支出在5 000元以上的记账凭证。

01 执行业务工作/财务会计/总账/凭证/查询凭证命令，打开"查询凭证"对话框。

02 单击【辅助条件】按钮，科目设置为"1001"，方向为"贷方"，金额输入"5000"，如图4-37所示。

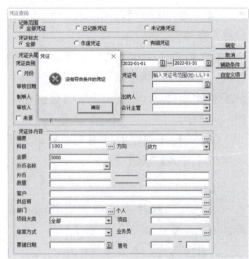

图4-37 凭证查询

03 单击【确定】按钮，系统弹出“没有符合条件的凭证”信息提示。

04 单击【确定】按钮返回。

(2) 查询余额表。查询2022.01余额表并联查应收款专项资料。

01 执行业务工作/财务会计/总账/账表/科目账/余额表命令，打开“发生额及余额表查询”对话框。

02 单击【确定】按钮，进入“发生额及余额表”窗口，如图3-38所示。

金额式

发生额及余额表

月份：2022.01-2022.01

科目编码	科目名称	期初余额		本期发生		期末余额	
		借方	贷方	借方	贷方	借方	贷方
1001	库存现金	4,500.00		2,960.00		7,460.00	
1002	银行存款	436,000.00		2,055,510.00	43,280.00	2,448,230.00	
1122	应收账款	33,556.00		33,900.00	30,510.00	36,946.00	
1221	其他应收款	3,000.00			3,000.00		
1231	坏账准备		36,691.60				36,691.60
1403	原材料	372,510.00		54,000.00	27,000.00	399,510.00	
1405	库存商品	212,100.00				212,100.00	
1601	固定资产	1,493,600.00				1,493,600.00	
1602	累计折旧		171,981.27				171,981.27
资产小计		2,555,266.00	208,672.87	2,146,370.00	103,790.00	4,597,846.00	208,672.87
2001	短期借款		55,000.00				55,000.00
2202	应付账款		22,210.00		20,340.00		42,550.00

图4-38 发生额及余额表

03 选择“1122 应收账款”记录行，单击工具栏上的【专项】按钮，系统打开“应收账款明细账”对话框，可以查看各个客户的期初余额、本期发生额、期末余额，如图4-39所示。

简易桌面 | 发生额及余额表 | 明细账

金额式

应收账款明细账

科目 1122 应收账款　　月份：2022.01-2022.01

2022年 月	日	凭证号数	摘要	借方	贷方	方向	余额
			上年结转			借	33,556.00
01	08	收-0002	收到前欠货款_北方船运_ZZ6801_2022.01.08		30,510.00	借	3,046.00
01	20	转-0004	销售集装箱中间扭锁_南方船运_2022.01.20_	33,900.00		借	36,946.00
01			当前合计	33,900.00	30,510.00	借	36,946.00
01			当前累计	33,900.00	30,510.00	借	36,946.00

图4-39 应收账款专项

04 在“发生额及余额表”窗口，单击工具栏上的【累计】按钮，可以查看累计借方发生额和累计贷方发生额。

(3) 查询“原材料/半成品/定位器”数量金额明细账，并联查凭证。

01 执行“账表/科目账/明细账”命令，系统打开“明细账查询条件”对话框。

02 选择查询科目“14030207”—“140303”，月份默认为“2022.01”—“2022.01”，如图4-40所示。

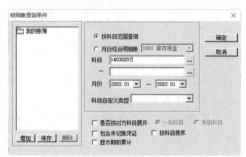

图4-40 明细账查询条件

03 单击【确定】按钮，进入“原材料明细账”窗口。

04 在左上角选择“数量金额式”，显示账簿信息如图4-41所示。

原材料明细账

数量单位：件

科目 14030207 定位器

月份：2022.01-2022.01

2022年 月	2022年 日	凭证号数	摘要	单价	借方 数量	借方 金额	贷方 数量	贷方 金额	方向	余额 数量
			上年结转						借	
01	10	转-0001	采购定位器	18.00000	1000.00	18,000.00			借	
01			当前合计		1000.00	18,000.00			借	
01			当前累计		1000.00	18,000.00			借	
			结转下年		1000.00				借	

图4-41　原材料/半成品/定位器明细账

05 选中“转-0001”记录行，单击工具栏上的【凭证】按钮，联查凭证。

【提示】

在明细账查询中可以联查总账和记账凭证。

(4) 查询多栏账。定义并查询管理费用多栏账。

01 执行“账表/科目账/明细账”命令，打开多栏账对话框。

02 单击【增加】按钮，打开“多栏账定义”对话框，选择核算科目为“6602 管理费用”，单击【自动编制】按钮，系统完成多栏式明细账定义，如图4-42所示。

03 单击【确定】按钮，返回“多栏账”对话框。

图4-42　“管理费用”科目多栏账定义

04 单击【查询】按钮，打开“多栏账查询”窗口，单击【确定】按钮，显示管理费用多栏账，如图4-43所示。

多栏账

多栏 管理费用多栏账

月份：2022.01-2022.01

2022年 月	2022年 日	凭证号数	摘要	借方	贷方	方向	余额	薪资	福利费
01	12	转-0002	分配本月工资费用	10,000.00		借	10,000.00	10,000.00	
01	12	转-0002	分配本月工资费用	15,000.00		借	25,000.00	15,000.00	
01	12	转-0002	分配本月工资费用	6,000.00		借	31,000.00	6,000.00	
01	15	收-0003	报销差旅费	2,640.00		借	33,640.00		
01			当前合计	33,640.00		借	33,640.00	31,000.00	
01			当前累计	33,640.00		借	33,640.00	31,000.00	

图4-43　管理费用多栏账

【提示】

多栏账名称不能重复定义。

如果选择了“分析栏目后置”，则所有栏目的分析方向必须相同。且若选择“借方分析”，则分析方向必须为“借”，若选择“贷方分析”则分析方向必须为“贷”。

如果选择了“分析栏目后置”，则所有栏目的分析内容必须相同，且不能输出外币及数量。若按金额分析，则需全按金额分析；若按余额分析，则需全按余额分析。

栏目中的科目不能重复定义。

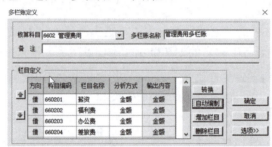

7) 辅助账查询

(1) 部门辅助账查询。查询2022年1月部分收支明细表。

01 选择账表/部门辅助账/部门收支分析，显示“部门收支分析条件”窗口。

02 在科目选择窗中选择需要查询部门收支分析的部门核算科目为管理费用下的明细科目，在部门选择窗中选择需要查询部门收支分析的部门：总经办、财务部、采购部，如图4-44所示。

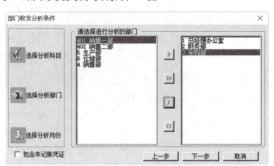

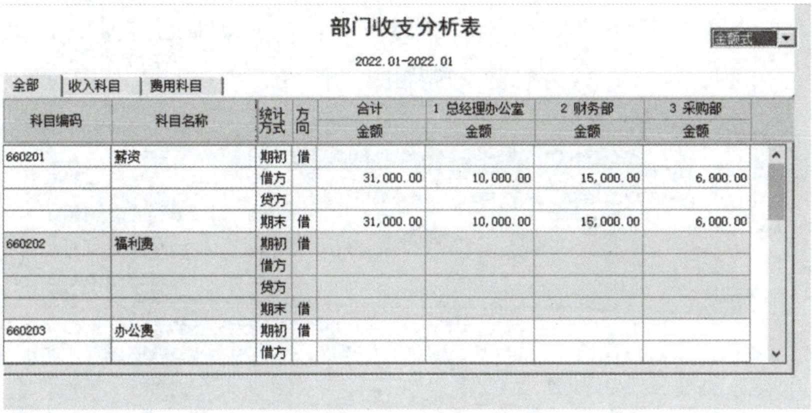

图4-44 部门收支分析条件——选择分析部门

03 单击【下一步】，选择收支分析起止月份“2022.01”，勾选“是否包含未记账凭证”。

04 单击【完成】按钮，系统显示部门收支明细表，如图4-45所示。

部门收支分析表

2022.01-2022.01

全部 | 收入科目 | 费用科目

科目编码	科目名称	统计方式	方向	合计 金额	1 总经理办公室 金额	2 财务部 金额	3 采购部 金额
660201	薪资	期初	借				
		借方		31,000.00	10,000.00	15,000.00	6,000.00
		贷方					
		期末	借	31,000.00	10,000.00	15,000.00	6,000.00
660202	福利费	期初	借				
		借方					
		贷方					
		期末	借				
660203	办公费	期初	借				
		借方					

图4-45 部门收支分析表

(2) 查询个人辅助账。查询总经理办公室马林个人往来清理情况。

01 选择账表/个人往来账/个人往来清理，屏幕显示个人往来两清条件窗口。

02 选择个人“101 马林”，选中左下角“显示已全部两清”复选框，单击【确定】按钮系统进入个人往来两清窗口。

03 单击工具栏上的【勾对】按钮，系统提示“是否对查询条件范围内的数据进行两清？”，单击【是】按钮，系统显示“自动勾对结果”窗口，如图4-46所示。

自动勾对结果

科目	部门	个人	专认勾对	逐笔勾对	全额勾对	项目勾对	自定
122101(应收个人款)	总经理办公室	马林		2			

*：表示该科目在被其他用户使用，此次不能进行自动两清。 确定

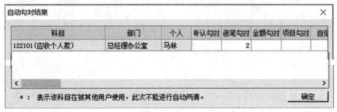

图4-46 自动勾对结果

04 单击【确定】按钮，完成个人往来两清。单击【取消】按钮可“反两清”。

(3) 查询客户往来辅助账。客户往来账龄分析。

01 选择账表/客户往来辅助账/客户往来账龄分析，打开“客户往来账龄”对话框。

02 查询科目选择“112201 应收账款/人民币”，单击【确定】按钮，显示客户往来账龄分

析情况，如图4-47所示。

往来账龄分析

金额式

科目 112201 人民币

客户 全部

币种：人民币

截止日期：2022-01-31

客户		方向	余额	1-30天		31-60天		
编号	名称			金额	%	金额	%	金额
02	南方船运	借	52,766.00	33,900.00	64.25	18,866.00	35.75	
06	东方锚链	借	14,690.00			14,690.00	100.00	
数量总计:	——		2	1		2		
金额总计:	——	借	67,456.00	33,900.00	50.25	33,556.00	49.75	
01	北方船运	贷	30,510.00	30,510.00	100.00			
数量总计:	——		1	1				
金额总计:	——	贷	30,510.00	30,510.00	100.00			

图4-47　客户往来账龄分析

(4) 查询项目账。查询“锁类产品”项目明细账，进行“产品”项目大类的统计分析。

01 选择账表/项目辅助账/项目统计分析，屏幕显示项目统计表查询条件窗。

02 项目大类选择“产品”下的全部统计项目，单击“下一步锁类产品”。

03 统计科目选择“500101 生成成本/直接材料”，单击【下一步】。

04 统计月份选择“2022.01”，单击【完成】按钮，显示项目统计情况，如图4-48所示。

项目统计表

2022.01-2022.01

金额式

项目分类及项目名称	项目编号	统计方式	合计		直接材料(500101)
			方向	金额	金额
锁类产品(1)		期初	借	18,010.31	18,010.31
		借方		27,000.00	27,000.00
		贷方			
		期末	借	45,010.31	45,010.31
集装箱中间扭锁(103)	103	期初	平		
		借方		27,000.00	27,000.00
		贷方			
		期末	借	27,000.00	27,000.00
全自动燕尾底锁(101)	101	期初	借	18,010.31	18,010.31
		借方			
		贷方			
		期末	借	18,010.31	18,010.31
合计		期初	借	18,010.31	18,010.31
		借方		27,000.00	27,000.00
		贷方			
		期末	借	45,010.31	45,010.31

图4-48　项目统计表

8) 出纳管理(操作员001)

(1) 查询现金日记账。

01 以出纳“001 孙俊梅”身份登录企业应用平台，执行总账/出纳/现金日记账命令，系统显示“现金日记账查询条件”对话框。

02 科目选择“1001 库存现金”，默认月份“2022.01”，单击【确定】按钮，进入现金日记账窗口，如图4-49所示。

现金日记账

金额式

科目 1001 库存现金

月份：2022.01-2022.01

2022年		凭证号数	摘要	对方科目	借方	贷方	方向	余额
月	日							
			上年结转				借	4,500.00
01	02	付-0001	提取现金	100201	2,600.00		借	7,100.00
01	02		本日合计		2,600.00		借	7,100.00
01	15	收-0003	报销差旅费	122101	360.00		借	7,460.00
01	15		本日合计		360.00		借	7,460.00
01			当前合计		2,960.00		借	7,460.00
01			当前累计		2,960.00		借	7,460.00
			结转下年				借	7,460.00

图4-49　现金日记账

(2) 查询资金日报表。

01 以出纳“001 方萌”身份登录企业应用平台，执行总账/出纳/资金日报命令，系统显示“资金日报表查询条件”对话框。

02 默认日期“2022.01.31”，勾选“有余额无发生也显示”复选框，单击【确定】按钮，系统进入“资金日报”窗口，如图4-50所示。

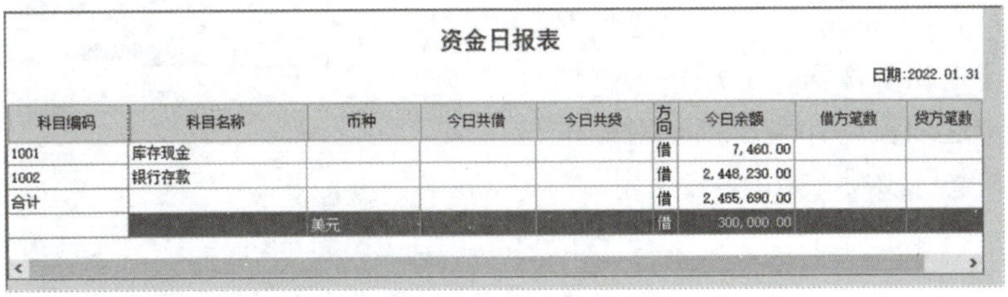
资金日报表

日期:2022.01.31

科目编码	科目名称	币种	今日共借	今日共贷	方向	今日余额	借方笔数	贷方笔数
1001	库存现金				借	7,460.00		
1002	银行存款				借	2,448,230.00		
合计					借	2,455,690.00		
		美元			借	300,000.00		

图4-50　资金日报

(3) 登记支票登记簿。

01 执行出纳/支票登记簿命令，系统打开“银行科目选择”对话框。

02 选择“10020101”，单击【确定】按钮，进入“支票登记”窗口。

03 单击【增加】按钮，输入领用日期“2022.01.22”，领用部门“采购部”，领用人“李晓峰”，支票号“ZZ0002”，预计金额“5000”，用途“采购自锁螺母”，单击【保存】按钮，效果如图4-51所示。

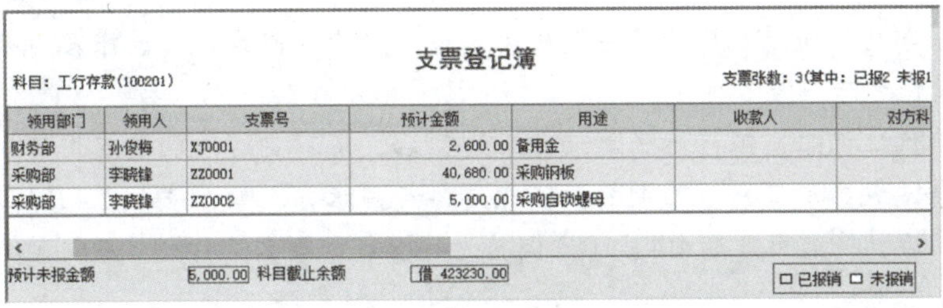
支票登记簿

科目：工行存款(100201)　　支票张数：3(其中：已报2 未报1

领用部门	领用人	支票号	预计金额	用途	收款人	对方科
财务部	孙俊梅	XJ0001	2,600.00	备用金		
采购部	李晓锋	ZZ0001	40,680.00	采购钢板		
采购部	李晓锋	ZZ0002	5,000.00	采购自锁螺母		

预计未报金额 5,000.00　科目截止余额 借 423230.00　□ 已报销 □ 未报销

图4-51　支票登记

【提示】

只有在“会计科目”中设置银行账的科目才能使用支票登记簿。

当需要使用支票登记簿功能时，请在“结算方式”设置中对需使用支票登记簿的结算方式在“是否票据管理”前打√。

本系统对于不同的银行账户分别登记支票登记簿，所以用户需先选择要登记的银行账户，才能进入支票登记簿界面。

将光标移到需要修改的数据项上可直接修改支票登记簿内容。

支票登记簿中报销日期为空时，表示该支票未报销，否则系统认为该支票已报销。

已报销的支票不能进行修改。若想取消报销标志，只要将光标移到报销日期处，按空格键后删掉报销日期即可。

(4) 银行对账。

银行对账期初录入

01 选择出纳/银行对账/银行对账期初录入命令，输入银行科目“100201”后，按【确定】按钮，屏幕显示银行期初录入窗口。

02 在启用日期处设置银行账户的启用日期"2022.01.01",对账单余额方向为借方。

03 录入单位日记账调整前余额为"400000",银行对账单调整前余额为"436000"。

04 单击"对账单期初未达账"按钮,系统打开"银行方期初"窗口,录入日期"2021-12-28",结算方式"202",票号"ZZ1825",金额"36000",单击【保存】按钮,再单击【退出】按钮,系统将根据调整前余额及期初未达项自动计算出银行对账单与单位日记账的调整后余额,如图4-52所示。

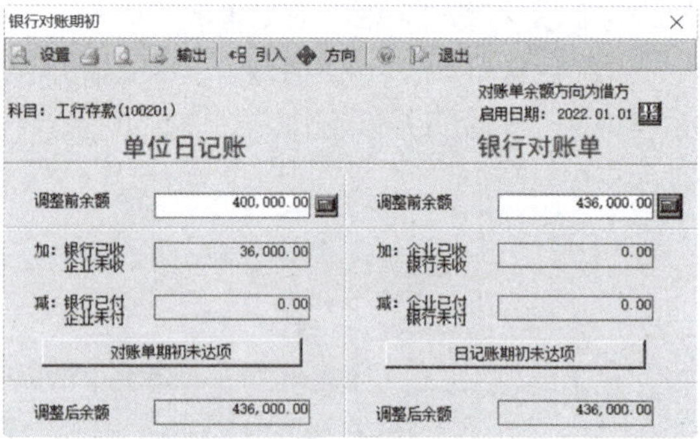

【提示】

单击【引入】按钮,可引入银行科目启用日期之前的日记账未达项记录。

图4-52 银行对账期初

单位日记账与银行对账单的"调整前余额"应分别为启用日期时该银行科目的科目余额及银行存款余额;"期初未达项"分别为上次手工勾对截止日期到启用日期前的未达账项;"调整后余额"分别为上次手工勾对截止日期的该银行科目的科目余额及银行存款余额。若录入正确,则单位日记账与银行对账单的调整后余额应平衡。

录入的银行对账单、单位日记账的期初未达项的发生日期不能大于等于此银行科目的启用日期。

"银行对账期初"功能是用于第一次使用银行对账模块前录入日记账及对账单未达项,在开始使用银行对账之后一般不再使用。

在录入完单位日记账、银行对账单期初未达项后,请不要随意调整启用日期,尤其是向前调,这样可能会造成启用日期后的期初数不能再参与对账。例如,录入了4月1日、5日、8日的几笔期初未达项后,将启用日期由4月10日调整为4月6日,那么,4月8日的那笔未达项将不能在期初及银行对账中见到。

银行对账单录入

01 执行出纳/银行对账/银行对账单命令,进入"银行科目选择"窗口,科目选择"100201工行存款",月份选择"2022.01",单击【确定】按钮进入"银行对账单"窗口。

02 单击工具栏【增加】按钮,录入银行对账单数据,单击【保存】按钮,如图4-53所示。

科目:工行存款(100201)　　　　　　　　　　　　　对账单账面余额:435,830.00

日期	结算方式	票号	借方金额	贷方金额	余额
2022.01.03	201	XJ0001	10,000.00		446,000.00
2022.01.06	202	ZZ0001		40,680.00	405,320.00
2022.01.08	202	ZZ6801	30,510.00		435,830.00

□已勾对 □未勾对

图4-53 银行对账单

银行对账

01 执行出纳/银行对账/银行对账命令,进入"银行科目选择"窗口,科目选择"100201工行存款",月份选择"2022.01",单击【确定】按钮进入"银行对账"窗口。

02 单击工具栏【对账】按钮,打开"自动对账"窗口,输入对账截止日期,勾选相应对账条件，单击【确定】按钮，显示自动对账结果，如图4-54所示。

科目：100201（工行存款）											
单位日记账						银行对账单					
票据日期	结算方式	票号	方向	金额	两清	凭证号数	日期	结算方式	票号	方向	金额	两清
2022.01.08	202	ZZ6801	借	30,510.00	○	收-0002	2022.01.03	201	XJ0001	借	10,000.00	
2022.01.03	201	XJ0001	贷	10,000.00		付-0001	2022.01.06	202	ZZ0001	贷	40,680.00	○
2022.01.06	202	ZZ0001	贷	40,680.00	○	付-0002	2022.01.08	202	ZZ6801	借	30,510.00	○

图4-54　银行对账

03 单击工具栏【取消】按钮或双击对账标志可以取消银行对账。

余额调节表查询

01 执行出纳/银行对账/余额调节表查询命令，进入"银行存款余额调节表"窗口。

02 选中银行科目"100201工行存款"记录行双击或单击工具栏【查看】按钮，打开"银行存款余额调节表"，如图4-55所示。

银行存款余额调节表				
银行科目（账户）	对账截止日期	单位账账面余额	对账单账面余额	调整后存款余额
工行存款(100201)		379,830.00	435,830.00	425,830.00
美元(10020201)		300,000.00	0.00	300,000.00
欧元(10020202)		0.00	0.00	0.00

图4-55　银行存款余额调节表

【提示】

银行余额调节表显示账面余额平衡，如果不平衡应找出原因。

银行对账完成后，如果确定银行对账无误，可以使用"核销银行账"功能核销已达账；如果银行对账不平衡，不要使用核销银行账功能，否则将造成以后对账错误；"核销银行账"功能不影响银行日记账的查询和打印，按ALT+U可以进行反核销。

9. 备份账套

总账日常业务操作完成后，将账套备份至"总账日账业务"文件夹。

4.7.2　实训拓展

常用凭证设置

在企业里，会计业务都有其规范性，因而在日常填制凭证的过程中，经常会有许多凭证完全相同或部分相同，如果将这些常用的凭证存储起来，在填制会计凭证时可随时调用，必将大大提高业务处理的效率。设置常用凭证有两种方式。

方式一操作步骤如下。

依次单击总账/凭证/常用凭证/增加按钮，输入凭证编号和说明，选择凭证类别，单击工具栏"详细"按钮，单击增分，录入记账凭证摘要、科目、借贷金额等信息，然后单击【退出】。

方式二操作步骤如下。

依次单击总账/凭证/填制凭证，通过单击【下张】按钮查找目标记账凭证，单击工具栏"常用凭证"右边的下拉箭头，选择"生成常用凭证"，系统打开"常用凭证生成"对话框，输入代号、说明,单击【确定】按钮完成常用凭证设置。

【知识链接】
手工凭证编号的适用范围

(1) 一个账套管理多家分支机构:若一家公司下属有很多分支机构,每个分支机构可能有财务人员在填制凭证,在对凭证进行编号时,习惯上会采用手工编号方式,按照分支机构顺序进行对记账凭证进行编号,如A公司有3家分支机构,那么分支机构1的凭证编号为:1-001,1-002,1-003,等等。

(2) 会计信息化实施时补录凭证:如某企业自2022年1月起开始实施会计电算化,系统日期已经进入2月份,但1月份的凭证尚未录入,为使打印的纸质凭证与系统凭证编号保持一致,此时可以将凭证编号方式设置为手工编号方式,把1月份的记账凭证补录到用友U8系统中。

4.8 总账期末转账业务

4.8.1 基本任务

1. 转账定义

(1) 自定义结转。依据短期借款期初余额计提1月份短期借款利息(年利率6%)。
　　借:财务费用/利息(660301)　　　　　　JG取对方科目计算结果
　　　　贷:应付利息(2231)　　　　　　　　QC(2001)×0.06/12

(2) 对应结转。结转制造费用。

(3) 销售成本结转。将主营业务收入、库存商品、主营业务成本三个科目设置为数量核算。

(4) 汇兑损益。设置外币调整汇率,2022年1月31日美元汇率为1:6.75。

(5) 期间损益。设置本年利润科目为4103,凭证类别为"转账凭证"。

2. 转账生成

(1) 生成自定义转账凭证。
(2) 生成对应结转凭证。
(3) 生成销售成本结转凭证。
(4) 生成汇兑损益结转凭证。
(5) 生成期间损益结转凭证。

3. 对账

4. 结账

4.8.2 总账期末业务操作指导

1. 转账定义

(1) 自定义结转设置。

01 执行总账/期末/转账定义/自定义转账命令,打开"自动转账设置"窗口。

02 单击工具栏【增加】按钮,系统打开"转账目录"设置对话框,输入转账序号

“0001”，转账说明“计提短期借款利息”。凭证类别选择“转账凭证”，如图4-56所示。

03 单击【确定】，再单击工具栏“增行”按钮，输入分录借方信息，科目编码选择“660303”，方向默认为“借”，输入金额公式“JG( )”。

04 再次单击【增行】按钮，确定分录贷方信息。科目编码选择“2231”，方向选择“贷”，双击金额公式栏并单击【参照】按钮，系统打开“公式向导”对话框，公式名称选择“期初余额GC( )”，如图4-57所示。

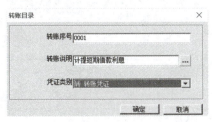

图4-56 转账目录

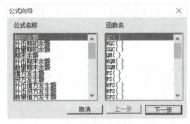

图4-57 公式向导

05 单击【下一步】按钮，科目选择“2001”，期间默认为“月”，方向为“贷”，按默认值取数，选择“继续输入公式”，运算符选择“乘”，单击【下一步】按钮，系统再次打开“公式向导”对话框。

06 向下拖动“公式名称”输入框右侧滚动条，找到“常数”并选中，单击【下一步】，输入常数值为“0.06/12”，如图4-58所示。

图4-58 公式向导——公式说明

07 单击【完成】按钮，返回“自动转账设置”窗口，查看借贷方金额公式，无误后单击工具栏【保存】按钮，如图4-59所示。

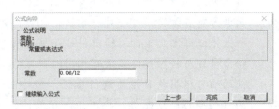

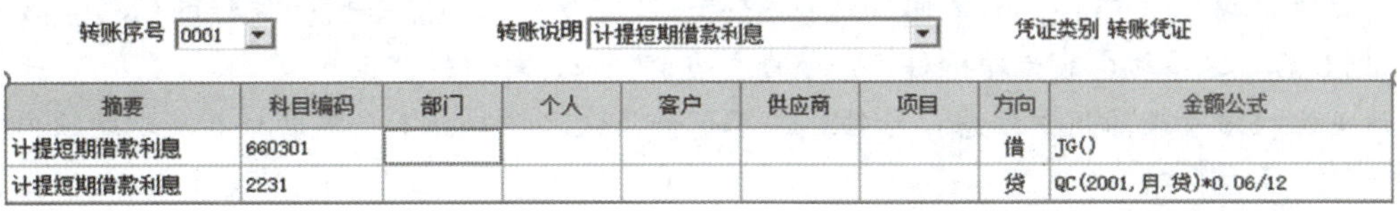

转账序号 0001 转账说明 计提短期借款利息 凭证类别 转账凭证

摘要	科目编码	部门	个人	客户	供应商	项目	方向	金额公式
计提短期借款利息	660301						借	JG()
计提短期借款利息	2231						贷	QC(2001,月,贷)*0.06/12

图4-59 自定义转账设置

【提示】

请关注权限管理的用户注意：结转凭证不受金额权限控制，不受辅助核算及辅助项内容的限制。

转账公式设置有两种输入方法，即直接手工输入或使用函数向导。手工输入函数公式必须在英文半角状态下录入，否则系统提示“金额公式不合法”。

(2) 对应结转设置。

01 执行总账/期末/转账定义/对应结转命令，打开“对应结转设置”对话框。

02 单击【增加】按钮，开始对应结转设置。输入编号“0002”，摘要“结转制造费用”，凭证类别选择“转账凭证”，转出科目参照选择“510101 制造费用/薪资”，若转出科目设置有辅助项，则选择对应辅助项。

03 单击工具栏【增行】按钮，双击转入科目信息行，转入科目选择"500103生产成本/制造费用"，结转系统输入"1"，如图4-60所示。

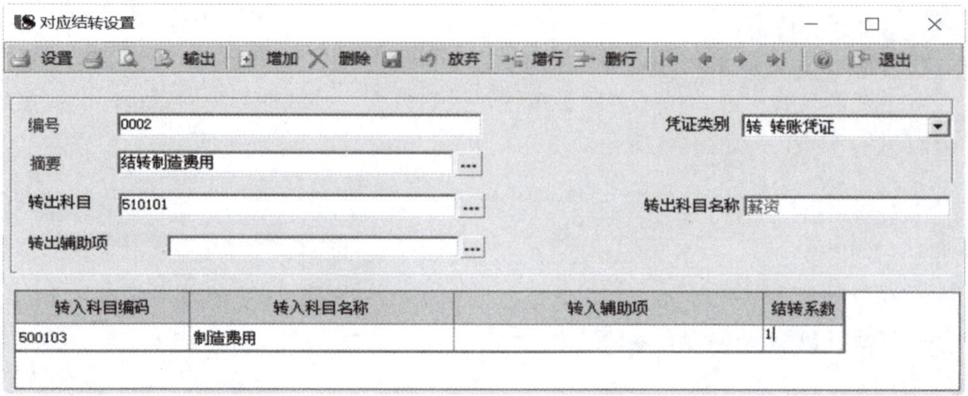

图4-60 对应结转设置

04 单击工具栏【保存】按钮，完成对应结转设置。

【提示】

当两个或多个上级科目的下级科目及辅助项有一一对应关系时，可进行将其余额按一定比例系数进行对应结转，可一对一结转，也可一对多结转。本功能只结转期末余额。

一张凭证可定义多行，转出科目及辅助项必须一致，转入科目及辅助项可不相同。

转出科目与转入科目必须有相同的科目结构，但转出辅助项与转入辅助项可不相同。

辅助项可根据科目性质进行参照，若转出科目有复合账类，系统弹出辅助项录入窗，如该科目为部门项目辅助账类，要求录入结转的项目和部门，录入完毕后，系统用逗号分隔显示在表格中。

同一编号的凭证类别必须相同。

自动生成转账凭证时，如果同一凭证转入科目有多个，并且若同一凭证的结转系数之和为1，则最后一笔结转金额为转出科目余额减去当前凭证已转出的余额。

请关注权限管理的用户注意：结转凭证不受金额权限控制，不受辅助核算及辅助项内容的限制。

(3) 销售成本结转设置。

01 执行总账/期末/转账定义/销售成本结转命令，打开"销售成本结转设置"窗口。

02 凭证类别选择"转账凭证"，参照选择"库存商品科目1405，主营业务收入科目6001，主营业务成本科目6401"，如图4-61所示。

03 单击【确定】按钮，完成销售

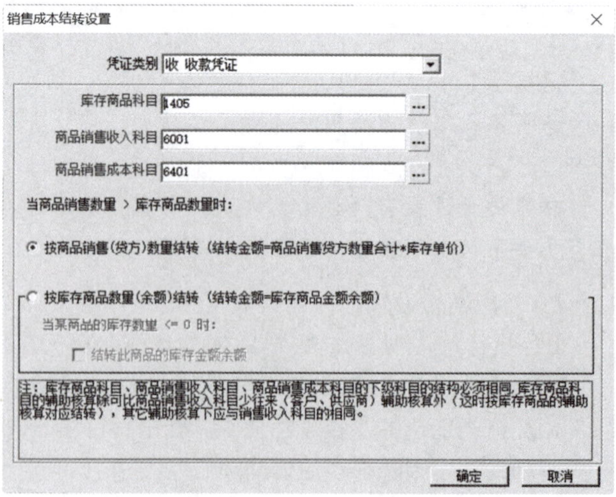

图4-61 销售成本结转设置

成本结转设置。

【提示】

销售成本结转设置中的库存商品、主营业务收入科目要求必须具有定义数量核算。

库存商品科目、销售收入科目、销售成本科目可以有部门、项目核算、往来核算，若只有销售收入有往来核算，此外三个科目的其他辅助核算完全相同，则结转时不按往来展开转账，而只按库存商品科目和销售成本科目的辅助核算结转，否则三个科目的辅助核算要完全一致。

当库存商品科目的期末数量余额小于商品销售收入科目的贷方数量发生额时，若不希望结转后造成库存商品科目余额为负数，可选择按库存商品科目的期末数量余额结转。

请关注权限管理的用户注意：结转凭证不受金额权限控制，不受辅助核算及辅助项内容的限制。

只有在选项中选择了"自定义项作为辅助核算"，销售成本结转才按自定义项展开。

(4) 汇兑损益结转设置。

01 执行总账/期末/转账定义/汇兑损益命令，显示"汇兑损益设置"窗口。

02 在"汇兑损益入账科目"处输入该账套中汇兑损益科目的科目编码"6061"，也可单击【参照】按钮或按【F2】键参照科目录入。

03 将光标移到要计算汇兑损益的外币科目上按空格键选择需要计算汇兑损益的科目，或用鼠标双击选中要计算汇兑损益的科目，如图4-62所示。选择完毕后，单击【确定】即可。

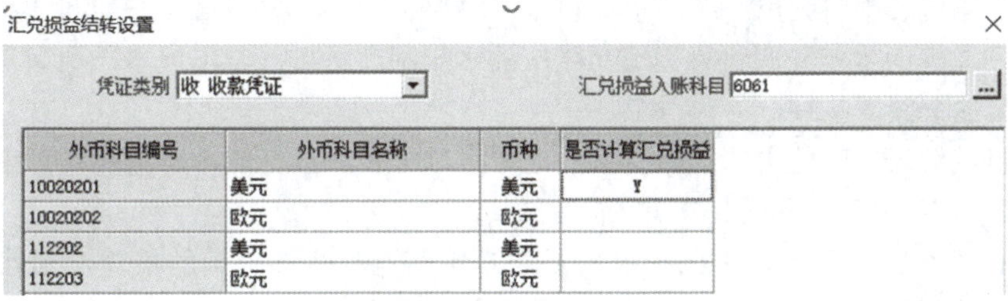

图4-62 汇兑损益结转设置

【提示】

汇兑损益结转设置时，凭证类别可以先默认，待转账生成凭证时再根据分录性质判定。

为了保证汇兑损益计算正确，填制某月的汇兑损益凭证时必须先将本月的所有未记账凭证先记账。

汇兑损益入账科目若有辅助核算，则必须与外币科目的辅助账类一致或少于外币科目的辅助账类，且不能有数量外币核算。

若启用了应收(付)系统，且在应收(付)的选项中选择了"详细核算"，应先在应收(付)系统做汇兑损益，生成凭证并记账，再在总账做相应科目的汇兑损益。

请关注权限管理的用户注意：结转凭证不受金额权限控制，不受辅助核算及辅助项内容的限制。

只有在选项中选择了自定义项作为辅助核算，汇兑损益才按自定义项结转。

(5) 期间损益结转设置。

01 执行总账/期末/转账定义/期间损益命令，显示"期间损益设置"窗口。

02 凭证类别选择"转账凭证"，本年利润科目选择"4103"，如图4-63所示，单击【确定】按钮完成设置。

图4-63　期间损益结转设置

损益科目结转表中将列出所有的损益科目。如果希望某损益科目参与期间损益的结转，则应在该科目所在行的本年利润科目栏填写相应的本年利润科目，若不填本年利润科目，则将不转此损益科目的余额。

损益科目结转表每一行中的损益科目的期末余额将转到该行的本年利润科目中去，若损益科目的期末余额为"0"，将不参与期间损益结转。

若损益科目结转表每一行中的损益科目与本年利润科目都有辅助核算，则辅助账类必须相同。

损益科目结转表中的本年利润科目必须为末级科目，且为本年利润入账科目的下级科目。

2. 转账生成(用户：003王东升)

(1) 自定义转账生成。

01 执行总账/期末/转账生成命令，显示"转账生成"窗口。

02 结转月份"2022.01"，选中"自定义转账"，单击【全选】按钮，默认"按本科目有发生的辅助项结转"，如图4-64所示。

图4-64　自定义转账生成

03 单击【确定】按钮，生成一张转账凭证。

04 单击工具栏【保存】按钮，系统自动将当前凭证追加到未记账凭证中，并在凭证左上角显示"已生成"标志，如图4-65所示。

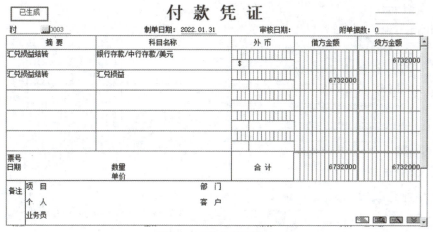

图4-65　自定义结转凭证

05 操作员"001 张扬"重注册，对转账生成的上述凭证执行审核、记账。

【提示】

由于转账是按照已记账凭证的数据进行计算的，所以在进行月末转账工作之前，请先将所有未记账凭证记账，否则，生成的转账凭证数据可能有误。

同手工凭证、其他机制凭证，转账生成的记账凭证仍需审核后方能记账。

单击八种转账功能选项右侧的参照按钮，可调出相应的转账定义功能，对转账定义进行修改。

(2) 对应结转生成。

01 执行总账/期末/转账生成命令，显示"转账生成"窗口。

02 结转月份"2022.01"，选中"对应结转"单选按钮，单击【全选】按钮，如图4-66所示。

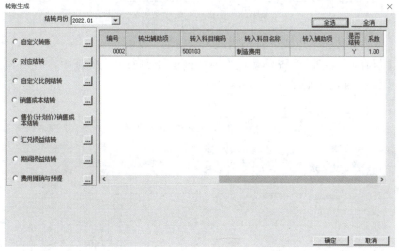

图4-66　对应结转生成

03 单击【确定】按钮，生成一张转账凭证。

04 单击工具栏【保存】按钮，系统自动将当前凭证追加到未记账凭证中，并在凭证左上角显示"已生成"标志，如图4-67所示。

图4-67 对应结转凭证

05 操作员"001 张扬"重注册，对转账生成的上述凭证执行审核、记账。

(3) 销售成本结转生成。

01 执行总账/期末/转账生成命令，显示"转账生成"窗口。

02 开始月份"2022.01"，结束月份"2022.01"，选中"销售成本结转"。单击【确定】按钮，打开销售成本结转一览表，可在金额栏查看系统计算出的销售成本，如图4-68所示。

图4-68 销售成本结转一览表

03 单击【确定】按钮，生成一张销售成本结转的记账凭证。

04 单击【保存】按钮，系统自动将当前凭证追加到未记账凭证中，并在凭证左上角显示"已生成"标志，如图4-69所示。

图4-69 销售成本结转凭证

05 操作员"001 张扬"重注册，对转账生成的上述凭证执行审核、记账。

【提示】

销售成本结转可按全月平均法结转销售成本，也可按售价(计划价)法结转销售成本。此处销售成本结转为"按全月平均法结转销售成本"，若按售价(计划价)法结转销售成本，可以在"转账生成设置"窗口选择"售价(计划价)销售成本结转"。

(4) 汇兑损益结转生成。

01 操作员"003 王东升"登录，执行总账/期末/转账生成命令，显示"转账生成"窗口。

02 选中"汇兑损益结转"，结转月份默认"2022.01"，外币币种选择"美元 $"，单击【全选】按钮，全部选择要结转的凭证，如图4-70所示。

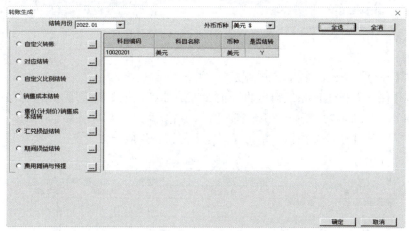

图4-70　汇兑损益结转生成

03 单击【确定】按钮，显示汇兑损益试算表，查看汇兑损益试算表后，按【确定】按钮即可计算结果生成转账凭证。

04 选择凭证类别"收款凭证"，单击【保存】按钮，系统自动将当前凭证追加到未记账凭证中，并在凭证左上角显示"已生成"标志，如图4-71所示。

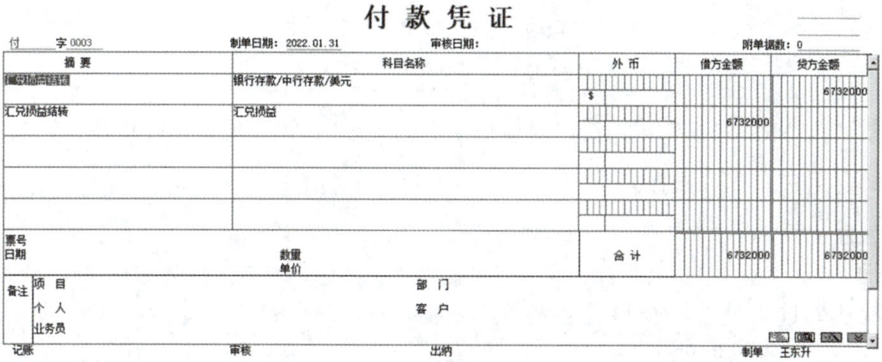

图4-71　汇兑损益结转凭证

05 操作员"001 张扬"重注册，对转账生成的上述凭证执行审核、出纳签字并记账。

(5) 期间损益结转生成。

01 操作员"003 王东升"登录，执行总账/期末/转账生成命令，显示"转账生成"窗口。

02 选中"期间损益结转"，结转月份默认"2022.01"，类型选择"收入"，单击【全选】按钮，全部选择要结转的凭证，如图4-72所示。

图4-72 期间损益结转生成——收入

03 单击【确定】按钮，生成一张"收入"类科目结转凭证。

04 单击【保存】按钮，系统自动将当前凭证追加到未记账凭证中，并在凭证左上角显示"已生成"标志，如图4-73所示。关闭当前凭证，系统返回"期间损益"转账生成窗口，类型选择"支出"，单击【全选】按钮，单击【确定】按钮，生成一张"支出"类科目结转凭证。

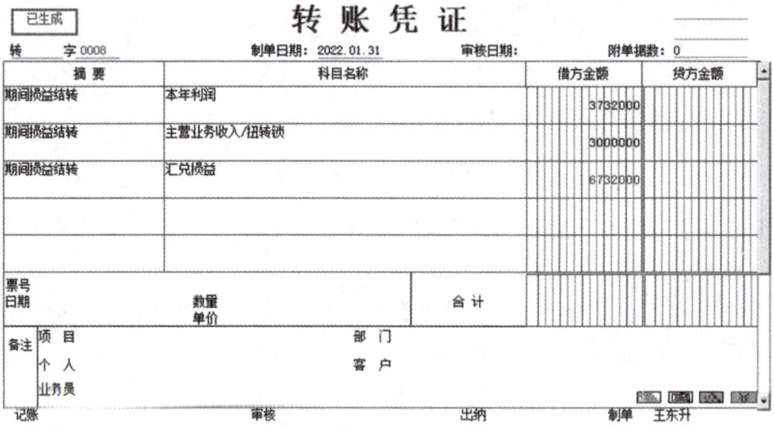

图4-73 期间损益收入结转凭证

05 操作员"001张扬"重注册，对转账生成的上述2张记账凭证执行审核、记账。

3. 对账(用户：001张扬)

01 选择"期末"|"对账"，显示待对账界面。

02 默认勾选"是否检查科目档案辅助核算项与账务数据的一致性"选项，默认"选择核对内容"，选中对账月份"2022.01"，单击工具栏中的【选择】按钮，激活"对账"。

03 单击【对账】按钮，系统开始自动对账。对账结果如图4-74所示。

图4-74 对账

【提示】

在对账过程中，按【对账】按钮可停止对账。

若对账结果为账账不符，则对账月份的对账结果处显示"错误"，双击"错误"行可以查看引起账账不符的原因。

按【试算】按钮，可以对各科目类别余额进行试算平衡，显示试算平衡表。

按【检查】按钮，检查明细账、总账、辅助账自身的数据完整性及有效性。

4. 结账

01 选择"期末"|"结账"进入此功能，屏幕显示结账向导一"选择结账月份"。

02 选择结账月份"2022.01"，单击【下一步】，屏幕显示结账向导二"核对账簿"。

03 单击【对账】按钮，系统对要结账的月份进行账账核对，在对账过程中，可按【停止】按钮中止对账，对账完成后，单击【下一步】，屏幕显示结账向导三"月度工作报告"，如图4-75所示。

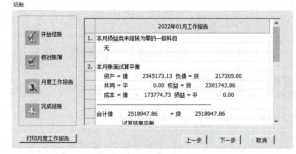

图4-75　2022年01月工作报告

注意：

若需打印，则单击"打印月度工作报告"即可打印。

04 查看"2022年01月工作报告"后，单击【下一步】，屏幕显示结账向导四"完成结账"。单击【结账】按钮，若符合结账要求，系统将进行结账，否则不予结账。

【提示】

上月未结账，则本月不能记账，但可以填制、复核凭证。

如本月还有未记账凭证时，则本月不能结账。

尚未启用调整期时，已结账月份不能再填制凭证。当总账选项启用调整期时，增加"关账"操作，在结账之后、关账之前仍旧可以手工填制凭证。

结账只能由有结账权的人进行。

若总账与明细账对账不符，则不能结账。

如果与其他系统集成使用，其他系统未全部结账，则本月总账无法结账。

【知识链接】

如何启用调整期

如果希望在结账后仍旧可以通过填制凭证来调整报表数据，则可在总账选项中启用调整期。调整期启用后，加入关账操作，在结账之后、关账之前为调整期。在调整期内填制的凭证为调整期凭证。

【操作方法】

01 在总账选项中，选中【启用调整期】，如果用户尚未设置调整期凭证类别，则关闭总账选项时会自动弹出凭证类别设置窗口，要求用户选择调整期凭证类别，用户可双击调整期列进行选择。

02 关闭总账选项后系统自动显示"关账"菜单。

③ 用户可按正常操作，进行正常凭证录入、审核、记账、结账。

④ 结账后，用户可录入当月调整期凭证，选择凭证类别时只允许选择调整期凭证类别字，调整期凭证的审核、记账，与日常凭证类似。

⑤ 结账后，也可录入以后会计月的日常凭证。

⑥ 调整期凭证记账后，可进行关账，关账后该期间不能再进行操作。

⑦ 用户如需修改或新增调整期凭证，可进行反关账、反记账、弃审等操作。

⑧ 反记账的界面提供【只恢复本月调整期凭证】选项，当结账后未关账时，该选项可用。

【注意事项】

如果在总账系统选项中取消"启用调整期"，已存的数据不发生变化，后续操作将不能生成调整期凭证。

5. 账套备份

总账期末业务处理完成，将账套数据输出至"总账期末业务处理"文件夹。

4.8.3 拓展实训

1. 恢复2022年01月记账

进入总账/凭证时，系统会隐藏"恢复记账前状态"功能，如果要使用该功能，则必须进入"对账"功能按【Ctrl+H】激活"恢复记账前功能"。在实际记账过程中出现以下情况的，需要"恢复记账前状态"。

(1) 记账过程由于一旦断电或其他原因造成中断后，系统将自动调用"恢复记账前状态"恢复数据，然后重新记账。

(2) 在记账过程中，不得中断退出。

(3) 在第一次记账时，若期初余额试算不平衡，系统将不允许记账。

(4) 所选范围内的凭证如有不平衡凭证，系统将列出错误凭证，并重选记账范围。

操作步骤如下。

① 在期末对账界面，按下【Ctrl+H】键，显示"凭证"菜单中的"恢复记账前状态"功能，再次按下【Ctrl+H】键隐藏此菜单。

② 最近记账月的恢复：本账套最后记账月是1月份，恢复记账选择"恢复2022年01月份凭证"选项。

最近一次记账前状态：这种方式一般用于记账时系统造成的数据错误的恢复。

最近记账月的月初状态：恢复到最近记账月的月初未记账时的状态，如最后记账月为2022.01，则系统提示可恢复到2022.01月初状态。

选择凭证范围恢复记账：这种方式是有选择性地恢复部分凭证。可在凭证列表中单击【全选】按钮确定恢复记账的范围。

③ 恢复调整期凭证：选中"调整期凭证"选项。

恢复最近记账月的调整期凭证：恢复到最近记账月的调整期凭证未记账状态。

选择凭证范围恢复记账：选择凭证范围，对调整期凭证有选择性地恢复记账。

④ 选择是否恢复"往来两清标志"和选择恢复两清标志的月份和类型，系统根据选择在恢复时，清除恢复月份中所选类型的两清标志。

⑤ 系统提供灵活的恢复方式，用户可以根据需要来恢复所有的会计科目，将需要恢复的

科目从"不恢复的科目"选入"恢复的科目",即可只恢复需要恢复的科目。

2. 取消2022年01月结账

`01` 选择"期末"|"结账"进入此功能,屏幕显示结账向导一"选择结账月份"。

`02` 选择结账月份"2022.01",同时按下【Ctrl+Shift+F6】键,系统弹出"确认口令"对话框。

`03` 输入主管口令(主管口令为空则不必输入),单击【确定】按钮,取消结账。

【提示】
反结账操作只能由有反结账权的人进行。

3. 取消凭证复核

凭证复核包括审核签字和出纳签字,审核人员取消审核签字,出纳人员取消出纳签字,只有取消凭证复核后,凭证才能实现无痕迹修改。

4.9 常见问题与自助维护

1. 应收账款科目期初余额翻倍,分析造成该种现象的原因,并提出如何解决

无论是应收账款科目,还是其他带有往来辅助核算的会计科目,出现期初余额翻倍的原因均在于在未设置辅助核算前就输入了此科目的期初余额,之后又设置该科目的辅助核算。如应收账款科目,录入期初余额后,又返回会计科目表将应收账款修改为"客户往来"辅助核算,然后回到总账期初余额窗口,按照客户往来明细录入应收账款的期初余额,因此造成期初余额翻倍。

解决期初余额翻倍问题的办法,以应收账款科目为例:首先删除该科目辅助期初数据,再在会计科目设置窗口找到应收账款科目并双击打开,单击【修改】按钮,取消勾选"客户往来"辅助项;然后在总账期初余额界面双击应收账款期初余额栏,并删除其期余额数据,再返回至会计科目设置窗口,将应收账款科目重新修改为"客户往来"辅助核算,再次回到总账期初余额中按照应收辅助信息录入期初数据。

2. 填制凭证保存时,系统提示"日期不能滞后于系统日期",该如何解决

系统日期是指计算机中的CMOS时钟日期,凭证制单日期应与系统日期保持一致,但往往用户把凭证制单日期填写为业务发生日期,这将因凭证日期与系统日期不一致,导致凭证无法保存。

解法办法:调整制单日期或重新设置计算机系统日期。

3. 填制凭证时,系统提示"日期不能超前建账日期",该如何解决

解法办法:检查总账系统启用日期是否正确,若总账系统启用日期错误,则凭证制单日期要填写总账系统启用日期或之后的日期方能保存凭证。

4. 以出纳身份登录总账之后,查找不到"出纳签字"模块是什么原因

出纳人员只有被赋予出纳签字权限才能执行出纳签字,若出纳登录总账后看不到出纳签字模块,可以以系统管理员身份主次系统管理,执行权限/权限,为出纳赋予总账/凭证/出纳签字功能权限。

5. 凭证制单完毕，执行出纳签字时，系统提示"没有符合条件的凭证"，是什么原因

在会计科目设置中，未指定现金科目和银行科目的情况下，执行出纳签字，系统提示"没有符合条件的凭证"。在这种情况下，企业需要在应用平台基础设置中，执行基础档案/财务/会计科目命令，在会计科目窗口，单击工具栏【编辑】菜单，选择"指定科目"，打开指定科目对话框，将库存现金指定为"现金科目"，银行存款指定为"银行科目"，然后单击【确定】按钮。

6. 填制凭证时，当录入应收账款、应收票据或预收账款科目时，系统提示不能使用【应收系统】的受控科目，是什么原因

应收账款、应收票据或预收账款科目属于应收款管理系统科目，当启用了应收管理系统后，应收账款、应收票据或预收账款科目就受应收系统控制，因此只能在应收管理系统使用。若在总账系统填制凭证时使用这些科目，首先需要在会计科目设置中将应收账款、应收票据或预收账款科目受控系统选择为"空"，然后执行"总账/设置/选项"命令，打开选项窗口，默认凭证选项卡，单击【编辑】按钮，勾选"可以使用应收受控科目"选项。

7. 填制凭证完毕，单击【保存】时系统提示"不满足借贷必有条件"，无法保存

在凭证类别设置时，每一凭证类别都设置了限制类型和限制科目，如收款凭证借方必有"1001,1002"，付款凭证贷方必有"1001,1002"，转账凭证必无"1001,1002"，填制凭证时，如果凭证类别选择错误，系统则会弹出"不满足借贷必有条件"提示。出现该种提示，用户只需修改正确的凭证类别即可。

8. 执行凭证记账时，系统提示"无可记账的凭证"

出现该种情况可能有三种原因，一是上月总账系统未结账；二是本月凭证未审核；三是本月凭证均已记账。当记账时系弹出"无可记账的凭证"提示时，用户可以执行"总账/期末"命令，打开结账窗口，查看上月总账系统是否结账。若未结账，可对总账系统执行结账操作；若已结账，用户可以执行"总账/凭证/凭证查询"命令，在查询条件窗口记账范围选择"全部凭证"，确定后查看凭证是否审核签字或记账；若未审核，执行审核签字；若已记账，则不必再执行记账操作。

9. 出纳登记支票登记簿，但是无法进入支票登记簿功能

一般情况下，支票登记簿无法进入原因有二，其一可能是在会计科目设置时，未将银行存款科目设置为"银行账"；其二可能在结算方式设置时，支票结算方式设置中未勾选"是否票据管理"。因此，在支票登记时，如果出现支票登记簿功能无法进入的情况，建议从上述两方面原因进行检查并设置。

10. 系统管理员已给某用户赋予了审核权，但该用户不能进行凭证审核操作

若在总账选项中把权限控制设置了"凭证审核控制到操作员"，则需要给该用户分配凭证审核权限，否则其无法执行凭证审核操作。这时可以"账套主管"身份，执行总账/设置/数据权限分配命令，业务对象选择"用户"，在用户列表中选择要赋予审核权限的审核人，单击工具栏"授权"按钮，在记录权限设置窗口勾选"审核"，将预授权用户从禁用列表框选至可用框，然后单击【保存】按钮即可完成数据权限分配操作。

单元测试

一、单项选择题

1. 总账期初余额试算不平衡，以下哪些操作不能进行？（　　）
   A. 填制凭证　　　B. 修改凭证　　　C. 审核凭证　　　D. 记账
2. 关于用友U8，正确的描述是(　　)。
   A. 出纳凭证必须经由出纳签字　　　B. 凭证必须经由会计主管签字
   C. 允许修改他人填制的凭证　　　D. 所有凭证必须经过审核才能记账
3. 凭证一旦保存便不能修改的内容是(　　)。
   A. 凭证类别　　　B. 凭证日期　　　C. 附单据数　　　D. 凭证摘要

二、多项选择题

1. 明光公司在工商银行开立了一个日元账户，公司对该账户进行银行存款日记账管理，并定期进行银行对账，则在设置会计科目时，应选择(　　)选项。
   A. 日记账　　　B. 外币核算　　　C. 项目核算　　　D. 银行账
2. 删除会计科目时，下列描述正确的是(　　)。
   A. 建立后，不能删除
   B. 有下级的科目，应从下至上删除
   C. 已经输入余额，可将余额设为0后再删除
   D. 已在输入凭证中使用，不允许删除
3. 在总账系统中，用户可通过(　　)功能彻底删除已作废记账凭证。
   A. 整理凭证　　　B. 作废凭证　　　C. 冲销凭证　　　D. 删除分录
4. 关于凭证审核，下列说法正确的有(　　)。
   A. 审核人员发现凭证有错，可以直接对凭证内容进行修改
   B. 作废的凭证不能被审核
   C. 审核人与制单人不能是同一个人
   D. 凭证一经审核，就不能直接修改或删除
5. 下列关于记账的说法中，正确的有(　　)。
   A. 在一个会计期内，可以多次执行记账操作
   B. 记账的对象是本月已审核但未记账的记账凭证
   C. 经记账处理的凭证不能再进行删除、修改等操作
   D. 记账的复杂过程由计算机自动完成
6. 关于账簿查询，以下说法错误的是(　　)。
   A. 系统提供总账——明细账——凭证逆向联查
   B. 每次查询多栏账页前首先要定义
   C. 现金日记账和银行日记账只有出纳才能查询
   D. 在查询账簿时可以查到未记账凭证的数据

7. 在总账系统中，为了加强企业的银行支票管理，往往需要建立"支票登记簿"，以详细记录支票的领用、报销等情况。而支票登记簿的建立和使用，应在满足(   )等条件的基础上进行。

　　A. 已在"设置/会计科目"功能中指定银行总账科目
　　B. 已在"设置/科目备查资料"功能中设定相关科目备查项
　　C. 已在"设置/结算方式"功能中设定"票据结算"标志
　　D. 已在"设置/选项"功能中选择"支票控制"选项

8. 关于总账系统中出错记账凭证的修改，下列说法中正确的是(   )。

　　A. 外部系统传过来的凭证发生错误，既可以在总账系统中进行修改，也可以在生成该凭证的系统中进行修改
　　B. 已经记账的凭证发生错误，不允许直接修改，只能采用"红字冲销法"或"补充更正法"进行更正
　　C. 已经输入但尚未审核的机内记账凭证发生错误，可以通过凭证编辑功能直接修改
　　D. 已通过审核的凭证发生错误，只要该凭证尚未记账，可通过凭证编辑功能直接修改

9. 在总账系统"期初余额"功能中，下列科目不能直接输入期初余额，需要通过辅助项输入期初数据的有(   )。

　　A. 数据核算科目　　B. 项目核算科目　　C. 外币核算科目　　D. 往来核算科目

10. 总账系统提供的各科目会计账页格式有(   )。

　　A. 数量金额式　　B. 金额式　　C. 辅助账式　　D. 多栏备查式

11. 通过总账系统明细账查询功能，用户可以查询到(   )格式的账户明细发生情况。

　　A. 普通明细账　　　　　　　　B. 按科目排序明细账
　　C. 月份综合明细账　　　　　　D. 按日期排序明细账

12. 通过总账系统"凭证/查询凭证"功能，可以查询到(   )。

　　A. 未记账凭证　　B. 有错凭证　　C. 已记账凭证　　D. 作废凭证

13. 在总账系统中，普通多栏账由系统将要分析科目的下级科目自动生成"多栏账"，一般来说，(   )等类型的科目分析其下级科目的贷方发生额。

　　A. 费用类科目　　B. 资产类科目　　C. 负债类科目　　D. 收入类科目

14. 关于总账系统结账功能，下列说法中正确的有(   )。

　　A. 结账操作只能由会计主管进行　　B. 已结账月份不能再填制记账凭证
　　C. 结账功能每月可根据需要多次进行　　D. 结账前，一般应进行数据备份

15. 月末处理是指在将本月发生的经济业务全部登记入账后所要做的工作，通过总账系统"月末处理"功能，用户可以实现(   )等操作。

　　A. 对账　　　　B. 结账　　　　C. 转账生成　　　　D. 转账定义

三、判断题

1. 制单序时控制是指凭证的填制日期必须大于等于系统日期。　　　　　　　　　　(   )
2. 在总账系统中，期初余额试算不平衡时可以填制凭证，但不能执行记账功能。　(   )
3. 每个会计科目的余额方向由科目性质决定，但系统允许对各级科目的余额方向进行调整。　　　　　　　　　　　　　　　　　　　　　　　　　　　　　　　　　(   )
4. 在填制记账凭证时所使用的会计科目必须是末级会计科目，金额可以为零，红字用"—"表示。　　　　　　　　　　　　　　　　　　　　　　　　　　　　　(   )

5. 记账凭证是登记账簿的依据，是总账管理子系统的唯一数据来源。（   ）

6. 凭证上的摘要是对本凭证所反映的经济业务内容的说明，凭证上的每个分录行必须有摘要，且同一张凭证上的摘要应相同。（   ）

7. 在记账时，已作废的凭证将参与记账，否则月末无法结账。但系统不对作废凭证实行处理，即相当于一张空凭证。（   ）

8. 在总账管理子系统中，取消出纳凭证的签字既可由出纳进行，也可由账套主管进行。（   ）

9. 通过总账管理子系统账簿查询功能，既可以实现对已记账经济业务的账簿信息查询，也可以实现对未记账凭证的模拟记账信息查询。（   ）

10. 每个月末，均需要先进行转账定义，再进行转账生成。（   ）

11. 在总账管理子系统中，上月未结账，本月可以先记账，但本月不能结账。（   ）

四、简答题

1. 总账系统有哪些主要功能？
2. 凭证录入主要项目包括哪些？
3. 什么是转账定义？如何进行转账定义？转账生成顺序是什么？
4. 出纳管理包括哪些主要功能？
5. 记账前需要进行哪些检查？

第 5 章

UFO 报表管理

学习目标：
1. 理解报表编制的原理及流程；
2. 掌握报表格式定义、公式定义的操作方法；
3. 掌握报表数据处理、表页管理及图表功能等操作；
4. 理解报表模板的使用；
5. 掌握报表模板的使用及模板的调整；
6. 掌握利用模板生成报表。

5.1 实训工作情景

UFO报表管理系统是用友U8 V10.1软件中一个重要的子系统。与总账、固定资产、应收款管理、应付款管理、采购管理、销售管理、库存管理、存货核算等其他子系统之间存在有效的连接。可以利用报表系统中的函数公式，读取并计算其他子系统中的相关数据，而且能够导出为Excel格式的文件，有利于会计报表使用者对企业财务信息的分析与决策。河南嘉航紧固装置有限公司在开始运用用友U8 V10.1软件进行报表管理之前，需要了解以下两方面的问题。

1. 企业每月要定期上报财务报表，高层管理人员也经常找财务要各种数据，每个月末财务人员都十分忙碌，运用用友U8 V10.1软件，是不是账务处理完成之后，报表能自动生成

企业购买了财务软件，相当于购置了一套制作报表的工具，软件中是不包括各种现成的表格的。企业财务报表分为对外财务报告和对内管理报表。对外财务报告格式由国家统一规定，通用管理软件中一般对这些统一格式的报表提供报表模板，可以减轻企业人员绘制表格的工作量，由于表格中的数据来源稳定，故而也可以设置公式从数据库中读取数据快速生成报表。因此，相比于手工编报，计算机系统从编制报表的及时性、准确性上都有了极大提升。

2. 目前企业有些表格是用Excel编制的，用友U8V10.1软件中的UFO报表和Excel报表之间是一种什么关系

Excel是一个功能强大的通用表处理软件，UFO报表系统是用友U8管理软件中的一个子系统。UFO报表中内置的函数可以从用友总账和其他系统获取数据生成报表，因此，与总账的无缝连接是UFO报表的主要优势。UFO报表系统生成的报表可以转换为Excel表格，利用Excel强大的功能进行后续的数据分析和处理。

5.2 UFO报表管理系统认知

5.2.1 UFO报表管理系统的主要功能

1. 文件管理功能

UFO报表管理系统的文件管理功能主要包括文件的新建、对已有报表文件的打开、文件的储存，以及报表文件的相关页面设置及打印设置等方面。除此之外，报表管理系统还能够完成多种文件的转换，如REP文件、TXT文件、MDB文件、XLS文件等，对这些文件的引入和输出可以完成多种财务软件的数据交换。

2. 报表的编辑功能

编辑功能主要是对报表的格式设计，以及对生成的数据进行剪切、复制、粘贴、插入、查询、替换、自动填充等操作，进一步优化报表编制的工作量。

3. 格式设计功能

格式设计功能主要是对报表的尺寸设计、行高、列宽、区域划线、单元类型、字体图案、单元格内容对齐、单元格的组合等方面的设计。除此之外，报表系统内也有一些已经制定好的模板及常用报表，可以直接供使用者使用，同时这些模板还可以根据企业自身的情况及需求进行调整。

4. 数据处理功能

数据处理功能主要包括对关键字的设置、录入、偏移等功能，单元格公式的编辑、单元格的排序、汇总、单元格的审核、舍位平衡的设置、整表或表页的重算，以及数据的采集功能。

5. 工具功能

工具功能主要包括对报表页面的分页设置、显示比例及显示风格设置、调用计算器、数据的自动求和及合并报表的操作功能。

6. 图表管理功能

报表管理系统可以对生成出来的数据进行组织和分析，可将数据制作成柱状图、饼状图、折线图等图标，并能设置成不同位置、字体、颜色，还可以将这些图表进行打印输出。

5.2.2 UFO报表管理系统的基本概念

1. 报表和报表文件

(1) 报表。报表是报表管理子系统存储数据的基本单位。一个报表管理子系统中，用户可以根据需要存储不同种类的报表。

(2) 表页。一个UFO报表最多可容纳99999张表页。一个报表中的所有表页具有相同的格式，但是其中的数据不同。表页在报表中的序号在表页的下方以标签的形式出现，称为"页标"。页标用"第1页至第99999页"表示。

(3) 报表文件。一个或多个报表以文件的形式保存在存储介质中称为报表文件，后缀名为".REP"，如"资产负债表.REP"。

2. 报表结构

按照报表结构的复杂性，将报表分为简单表和复合表。简单表就是由若干行和列组成的规则的二维表，资产负债表、利润表、现金流量表都是简单表；复合表就是由若干张简单表组合而成的某种组合。

(1) 简单表。由若干行和列组成，如资产负债表、利润表等。简单表的格式一般由四个基本要素组成：标题、表头、表体、表尾。

标题：用来描述报表的名称。报表的标题可能不止一行，有时会有副标题、修饰线等内容。

表头：用来描述报表的编制单位名称、日期等辅助信息和报表栏目。尤其是报表的表头栏目名称，它是表头的最主要内容，决定了报表的纵向结构、报表的列数及每一列的宽度。有的报表表头栏目比较简单，只有一层，而有的报表表头栏目比较复杂，需分若干层次。

表体：是报表的核心。决定报表的横向组成。它是报表数据的表现区域，是报表的主体。表体在纵向上由若干行组成，这些行称为表行。在横向上，每个表行又由若干个栏目构成，这些栏目称为表列。

表尾：表体以下进行辅助说明的部分，以及编制人、审核人等内容。

(2) 复合表。复合表由多个简单表组合形成，还可能出现表中套表的现象。

3. 格式状态和数据状态

报表工作区左下角有一个"格式／数据"切换按钮，单击该按钮可以在格式状态与数据状态之间进行切换。

(1) 格式状态。在格式状态下设计报表格式和定义报表公式，报表格式设计包括表尺寸、行高列宽、单元属性、单元风格、组合单元、关键字等。报表的公式设计可以定义报表的三类公式，即单元公式(计算公式)、审核公式、舍位平衡公式。在格式状态下所做的操作对本报表所有的表页都发生作用。在格式状态下所看到的是报表的格式，报表的数据全部被隐藏。因此，在格式状态下不能进行数据的录入、计算等操作。

(2) 数据状态。在数据状态下处理报表数据，主要包括生成报表数据、输入个别数据、增加或删除表页、审核、舍位平衡、制作图形、汇总、合并报表等。数据状态下用户可以看到报表的全部内容，包括格式和数据，但不能设计、修改报表的格式。

4. 单元及单元属性

(1) 单元。单元是组成报表的最小单位，单元名称由所在行、列标识。行号用数字1~9999表示，最大行数为9999行。列标用字母A~IU表示，最大列数为255列。

UFO报表的单元主要有以下三种类型。

① 数值单元：是报表的数据，在数据状态下(格式/数据按钮显示为"数据"时)输入。数值单元必须是数字，可以直接输入或由单元中存放的单元公式运算生成。建立一个新表时，所有单元的类型均默认为数值型。

② 字符单元：是报表的数据，在数据状态下(格式/数据按钮显示为"数据"时)输入。字符单元的内容可以是汉字、字母、数字及各种键盘可输入的符号组成的一串字符。字符单元的内容可以直接输入，也可由单元公式生成。

③ 表样单元：是报表的格式，是在格式状态下(格式/数据按钮显示为"格式"时)输入的所有文字、符号或数字。一旦单元被定义为表样，那么在其中输入的内容对所有表页都有效。表样单元在格式状态下输入和修改，在数据状态下只能显示而无法修改。

(2) 组合单元。组合单元由相邻的两个或更多单元组成，这些单元必须是同一种单元类型，UFO在处理报表时将组合单元视为一个单元。组合单元可以组合同一行相邻的几个单元，也可以组合同一列相邻的几个单元，还可以把一个多行多列的平面区域设为一个组合单元。组合单元的名称可以用被组合区域的名称或区域中的某一单元的名称来表示。

(3) 区域。区域是指由若干个相连的报表单元组成的长方形矩阵。在UFO报表中，区域是二维的，最大的区域是一个二维表的所有单元(整个表页)，最小的区域是一个单元。区域的表示方法是起点单元与终点单元相连。

5. 关键字

关键字是一个特殊数据单元，是连接一张空表和有数据报表的纽带，也可通过关键字来唯一标识一个表页，用于在大量表页中快速选择表页。通过对表页中定义关键字并对其取值，可以确定表页所反映的会计主体和会计期间，报表的单元公式也是根据每张表页的关键字取值来确定公式中变量的值，从而采集相应会计期间会计数据的。

通常将那些引起报表数据发生变化的项目定义为关键字。关键字一般包括：单位名称、单位编号、年、季、月、日等，也可以自行定义关键字。

单位名称：字符型(最多30个字符)，为该报表表页编制单位的名称。

单位编号：字符型(最多10个字符)，为该报表表页编制单位的编号。

年、季、月、日为数字行的，分别为该报表表页反映的年度、季度和日期。

关键字的显示位置在格式状态下设置，关键字的值则在数据状态下录入，每张报表可以定义多个关键字。

6. 报表函数

报表子系统中函数的作用是从各种地方取数，是自动生成报表数据的关键，因此函数是计算公式中的重要构成要素。按照函数用途的不同，函数可以分为账务函数，其他业务系统取数函数、统计函数、数学函数、日期时间函数、本表他页取数函数等，下面举例说明账务函数。

账务函数的基本格式为：函数名("科目编码"，会计期间，["方向"]，[账套号]，[会计年度]，[编码1]，[编码2])。

上述格式中，科目编码也可以是科目名称，且必须用双引号括起来，也可不加。

会计期间可以是年、季、月等变量，也可以是具体表示年、季、月的数字。

方向即借或贷，可以省略。

账套号为数字，默认时为999账套。

会计年度即数据取数的年度，可以省略。

[编码1]与[编码2]与科目编码的核算账类有关，可以取科目的辅助账，如职员编码、项目编码等，如无辅助核算则省略。

UFO主要账务函数，如表5-1所示。

表5-1 UFO主要账务函数

总账函数	金额式	数量式	外币式
期初余额函数	QC( )	SQC( )	WQC( )
期末余额函数	QM( )	SQM( )	WQM( )
发生额函数	FS( )	SFS( )	WFS( )
累计发生额函数	LFS( )	SLFS( )	WLFS( )
条件发生额函数	TFS( )	STFS( )	WTFS( )
对方科目发生额函数	DFS( )	SDFS( )	WDFS( )
净额函数	JE( )	SJE( )	WJE( )
现金流量项目金额函数	XJLL( )		

5.2.3 UFO报表管理系统的业务流程

UFO报表的编制主要分两种，一种是利用系统内预置的报表模板，依据公司的具体情况微调并快速生成；另一种是利用报表的功能模块，依据公司需求进行自定义生成。其业务流程一般分为格式设计和报表数据处理。

1. 格式设计

在格式状态下进行报表的格式设计，格式对整个报表都有效，包括以下操作。

(1) 设置表尺寸：定义报表的大小即设定报表的行数和列数。

(2) 录入表内文字：包括表头、表体和表尾(关键字值除外)。在格式状态下定义单元内容的自动默认为表样型，定义为表样型的单元在数据状态下不允许修改和删除。

(3) 确定关键字在表页上的位置，如单位名称、年、月等。

(4) 定义行高和列宽。

(5) 定义组合单元：即把几个单元作为一个单元使用。

(6) 设置单元风格：设置单元的字型、字体、字号、颜色、图案、折行显示等。

(7) 设置单元属性：把需要输入数字的单元定为数值单元；把需要输入字符的单元定为字符单元。

(8) 画表格线。

(9) 设置可变区：即确定可变区在表页上的位置和大小。

(10) 定义各类公式。

UFO系统中有三种不同性质的公式：单元公式、审核公式和舍位平衡公式。

单元公式决定报表数据的来源，是自动生成报表数据的关键，其工作过程是从软件系统的账簿、凭证等数据库采集数据，直接填入表中相应的单元或经过简单计算填入相应的单元。因此，通常报表子系统会内置一整套从各种数据文件中调取数据的函数，不同的报表软件，函数的具体表示方法不同，但这些函数所提供的功能和使用方法一般是相同的。通过计算公式来组织报表数据，既经济又省事，把大量重复繁杂的劳动简单化，合理地设置计算公式能大大节约时间，提高工作效率。由于计算公式可以直接定义在报表单元中，因此单元公式的输入方式包括引导输入和直接输入两种。在对计算公式不熟练的情况下，可通过系统提示，逐步引导输入计算公式。如果已经掌握了各种函数的用法和规律，在对公式输入比较熟练的情况下，可直接输入计算公式。

审核公式用于审核验证数据的正确性，财务报表中的数据往往存在一定的勾稽关系，如资产负债表中的资产合计应等于负债及所有者权益合计。实际工作中为了确保报表数据的准确性，可以利用这种报表之间或报表内的勾稽关系，对报表的编制进行数据正确性的检查，用于这种用途的公式称作审核公式。

对于资产金额较大的企业，对报表进行汇总时，得到的汇总数据可能位数很多，如果报表数据以"元"为单位报送，报表使用者阅读起来就很困难。在这种情况下就需要把以"元"为单位的报表，转换为以"千元""万元"为单位的报表，转换过程中原报表的平衡关系可能被破坏，因此需要进行调整，使之仍然符合原有的平衡关系，报表经舍位之后，用于重新调整平衡关系的公式，称为舍位平衡公式。

编辑公式时注意以下四方面。①单元公式在输入时，凡是涉及数学符号的均须输入英文半角字符，否则系统将认为公式输入错误而不能被保存。②账套号和会计年度如果选择默认，以后在选择取数的账套时，需要进行账套初始工作；如果直接输入，则不需再进行账套初始。③如果输入的会计科目有辅助核算，还可以输入相关辅助核算内容；如果没辅助核算，则"辅助核算"选择框呈灰色，不可输入。④审核公式在格式状态下编辑，在数据状态下执行审核公式。

如果是对外常用报表，用友U8系统中预置了不同行业的报表模板，报表模板中已经完成了报表的格式设计工作。调用报表模板后，进行检查或者在原有模板的基础上稍做修改，即可生成报表，省去了大量的公式定义工作。

2. 报表数据处理

报表格式和报表中的各类公式定义好之后，即可录入数据并进行处理。报表数据处理在数据状态下进行，包括以下操作。

(1) 因为新建的报表只有一张表页，所以需要追加多个表页。

(2) 如果报表中定义了关键字，则录入每张表页上关键字的值。

(3) 在数值单元或字符单元中录入数据。

(4) 如果报表中有可变区，可变区初始只有一行或一列，则需要追加可变行或可变列，并在可变行或可变列中录入数据。随着数据的录入，当前表页的单元公式将自动运算并显示结果。如果报表有审核公式和合位平衡公式，则执行审核和舍位。需要的话，可以做报表汇总和合并报表。

(5) 报表图形处理。

有必要的话，选取报表数据后可以制作各种图形，如直方图、圆饼图、折线图、面割图、立体图。图形可随意移动；图形的标题、数据组可以按照要求设置；图形可以打印输出。

5.3 自定义报表实务

【实验准备】

(1) 完成总账系统的结账工作。

(2) 引入总账系统结账备份的账套数据。

【实验内容】

自定义一张货币资金表。

【实验要求】

以账套主管"张扬"的身份登录企业应用平台,在UFO报表子系统新建表格,并依据"货币资金表"进行格式设置、单元公式设置,并生成货币资金表。

【实验资料】

1)"货币资金表"格式及单元公式设置,如表5-2所示

表5-2 货币资金表

单位名称:		年 月 日	单位:元
项目	行次	期初数	期末数
库存现金	1		
银行存款	2		
合计	3		

制表人:张扬

2) 格式要求

(1) 表尺寸为7行4列。

(2) 表头。

① 标题"货币资金表"设置为"黑体,16号,水平、垂直居中",设置为组合单元,行高12毫米,列宽30毫米。

② 第二行设置为"宋体,12号,对齐方式为水平、垂直方向居中"。

③ 单位名称及年、月、日应设为关键字。

(3)表体。表体中文字设置为"宋体,12号,对齐方式为水平、垂直方向居中"。

(4)表尾。"制表人"设置为"宋体,12号,垂直居中,左对齐最后一列"。

3) 单元公式设置

库存现金期初数:C4=QC("1001",月)

库存现金期末数:D4=QM("1001",月)

银行存款期初数:C5=QC("1002",月)

银行存款期末数:D5=QM("1002",月)

期初数合计:C6=C4+C5

期末数合计:D6=D4+D5

4) 定义舍位平衡公式

5) 保存报表格式

6) 生成报表

7) 表页管理:对表页进行追加、排序和查找

8) 插入图表对象,生成直方图

操作步骤如下。

1. 新建报表

(1) 以账套主管"张扬"的身份,登录企业应用平台,单击"业务工作"|"财务会计"|"UFO报表",进入UFO报表系统。弹出"日积月累"窗口,对报表的相关知识进行介绍,单击【关闭】按钮。

(2) 单击左上角文件菜单栏【新建】按钮,建立一张默认名为"report1"空白报表,在对报

表进行保存时可进行重命名。

2. 报表格式设置

查看报表左下角的【格式/数据】按钮，报告的格式设置，均是在"格式"状态下进行操作。

(1) 表尺寸设置：选择"格式"下方"表尺寸"选项，打开"表尺寸"对话框，输入行数"7"、列数"4"，单击【确认】按钮。

【提示】

表尺寸是指设置表格的大小，即行和列的数量。

(2) 行高列宽设置：选中第一行单元格，选择"格式"下方"行高"选项，打开"行高"对话框，输入报表行高"12"，单击【确认】按钮。选中所有列，选择"格式"下方"列宽"选项，打开"列宽"对话框，输入报表列宽"30"，单击【确认】按钮。

【提示】

行高、列宽以"毫米"为单位，行高列宽的设置应当结合数据的长度，否则可能会产生数据溢出的错误。

(3) 定义组合单元：选择需合并的单元区域A1:D1，执行"格式"|"组合单元"命令，打开"组合单元"对话框。选择组合方式为"整体组合"或"按行组合"，该单元即合并成一个单元格。

(4) 区域划线。选中报表需要画线的单元区域 A3:D6，执行"格式"|"区域画线"命令，打开"区域画线"对话框。选择"网线"单选按钮，单击【确认】按钮，将所选区域画上表格线。

(5) 输入报表项目。选中需要输入内容的单元或组合单元，在该单元或组合单元中输入相关文字内容。

【提示】

报表项目是指报表的文字内容，主要包括表头内容、表体项目、表尾项目等，不包括关键字。单位名称、日期一般需要设置为关键字。

(6) 设置单元属性。

① 选中标题所在组合单元"A1"，执行"格式"|"单元属性"命令，打开"单元格属性"对话框。

A. 单击"字体图案"选项卡，设置字体"黑体"，字号"16"。

B. 单击"对齐"选项卡，设置对齐方式，水平方向和垂直方向均选择"居中"。

② 选中"A2：D6"，执行"格式"|"单元属性"命令，打开"单元格属性"对话框。

A. 单击"字体图案"选项卡，设置字体"宋体"，字号"12"。

B. 单击"对齐"选项卡，设置对齐方式，水平方向和垂直方向均选择"居中"。

③ 选中"D7"，执行"格式"|"单元属性"命令，打开"单元格属性"对话框。

A. 单击"字体图案"选项卡，设置字体"宋体"，字号"12"。

B. 单击"对齐"选项卡，设置对齐方式，水平方向"居左"，垂直方向"居中"，如图5-1所示。

【提示】

格式状态下输入内容的单元均默认为表样单元，未输入数据的单元均默认为数值单元，在数据状态下可输入数值，若希望在数据状态下输入字符，应将其定义为字符单元。字符单元和数值单元输入后只对本表页有效，表样单元输入后对所有表页有效。

(7) 设置关键字。选中需要输入关键字的单元"A2"，执行"数据"|"关键字"|"设置"命令，如图5-2所示。

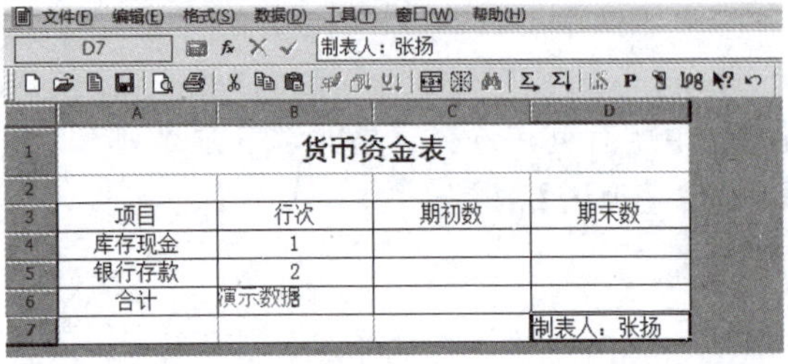

图5-1　货币资金表单元属性设置　　　　图5-2　货币资金表关键字设置

打开"设置关键字"对话框，选中"单位名称"，单击【确定】按钮。同理，在B2单元中设置"年"关键字，在C2单元中设置"月"和"日"关键字。

【提示】

关键字在格式状态下定义，关键字的值则在数据状态下录入；每张报表可以同时定义多个关键字；但关键字在一张报表中只能定义一次，即同一张报表中不能有重复的关键字；关键字如年、月等会随同报表数据一起显示，在定义关键字时既要考虑编制报表的需要，又要考虑打印的需要。如果关键字的位置设置错误，可以执行"数据"|"关键字"|"取消"命令取消后再重新设置。

(8) 调整关键字位置。在C2单元中设置"月"和"日"关键字后，发现这两个关键字是重叠的，因此需要调整。执行"数据"|"关键字"|"偏移"命令，打开"定义关键字偏移"对话框。在需要调整位置的关键字后面输入偏移量，如月"-40"，调整到合适位置时，单击【确定】按钮，如图5-3所示。

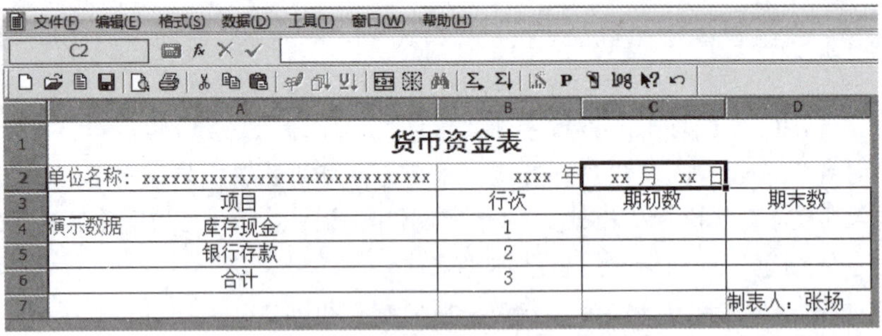

图5-3　调整关键字位置

【提示】

关键字的位置可以用偏移量来表示，负数值表示向左移，正数值表示向右移。在调整时，可以通过输入正或负的数值来调整。关键字偏移量单位为像素。

3. 录入单元公式

录入单元格公式时，既可以用手工直接录入公式，也可以利用系统进行引导输入公式。

(1) 引导输入公式。选定被定义单元D4，即"库存现金"期末数；单击【fx】按钮，打开"定义公式"对话框，单击【函数向导】按钮，打开"函数向导"对话框；在"函数分类"列表框中选择"用友账务函数"，在右侧的"函数名"列表框中选择"期末(QM)"，如图5-4所示。

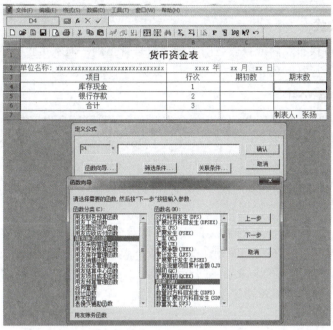

图5-4　定义D4公式

单击【下一步】按钮，打开"用友账务函数"对话框单击【参照】按钮，打开"账务函数"对话框；选择科目"1001"，其余各项均采用系统默认值，单击【确定】按钮，返回"用友账务函数"对话框。单击【确定】按钮，返回"定义公式"对话框，单击【确认】按钮，如图5-5所示。

图5-5　单元格公式设置

同理可定义"C4""C5"和"D5"单元公式。

合计单元格公式的录入既可以直接手工录入，也可以通过统计函数引导输入公式。直接手工录入单元公式：选定被定义单元C6；单击【fx】按钮，打开"定义公式"对话框；在"定义公式"对话框内直接手工录入"C4+C5"，单击【确认】按钮。通过统计函数引导输入公式：选定被定义单元D6；单击【fx】按钮，打开"定义公式"对话框；单击"函数向导"按钮，打开"函数向导"对话框；在函数分类列表框中选择"统计函数"，在右边的函数名列表中选择"PTOTAL"，单击【下一步】按钮，打开"固定区统计函数"对话框；在固定区区域文本框中输入"D4:D5"，单击【确认】按钮返回定义公式对话框，再单击【确认】按钮。

(2) 直接输入公式。选定需要定义公式的单元C4，即"库存现金"的期初数；执行"数

据"|"编辑公式"|"单元公式"命令,打开"定义公式"对话框;在"定义公式"对话框中,直接输入总账期初函数公式"QC("1001",月)",单击【确认】按钮。

【提示】

在进行手工录入公式时,单元公式中涉及的符号均为英文半角字符。在需要输入公式的单元格内直接单击【fx】按钮或双击某公式单元或按"="键,都可以打开"定义公式"对话框。

4. 定义审核公式

审核公式用于审核报表内或报表之间勾稽关系是否正确,但本实验的"货币资金表"中不存在这种勾稽关系。若要定义审核公式,执行"数据"|"编辑公式""审核公式"命令即可。

5. 定义舍位平衡公式

01 执行"数据"|"编辑公式"|"舍位公式"命令,打开"舍位平衡公式"对话框。

02 确定信息:舍位表名SW1,舍位范围C4:D6,舍位位数3,平衡公式"C6=C4+C5,D6=D4+D5"。

03 单击【完成】按钮。

【提示】

舍位平衡公式是指用来重新调整报表数据进位后的小数位平衡关系的公式。每个公式一行,各公式之间用逗号","(半角)隔开,最后一条公式不用写逗号,否则公式无法执行;等号左边只能为一个单元(不带页号和表名);舍位公式中只能使用"+""−"符号,不能使用其他运算符及函数;一个单元只允许在等号右边出现一次。

6. 保存报表格式

01 执行"文件"|【保存】命令,如果是第一次保存,则打开"另存为"对话框。

02 选择保存文件夹的目录,输入报表文件名"货币资金表",选择保存类型"*.REP",单击【保存】按钮。

【提示】

报表格式设置完以后切记要及时将这张报表格式保存下来,以便以后随时调用;如果没有保存就退出,系统会提示"是否保存报表?"信息,以防止误操作;".REP"为用友报表文件专用扩展名。

7. 生成报表

01 单击报表左下角"格式/数据"按钮,将表页切换到"数据"状态。

02 执行"数据"|"关键字"|"录入"命令,打开"录入关键字"对话框。输入单位名称"河南嘉航紧固装置有限公司",输入年"2022",月"1",日"31",如图5-6所示。

图5-6 录入关键字

03 单击【确认】按钮,系统弹出"是否重算第1页?"提示信息。单击【是】按钮,系统会自动根据单元公式计算1月货币资金表数据;单击【否】按钮,系统不计算1月数据,可利用"数据"菜单下"表页重算"功能重新计算生成报表数据。

【提示】

每一张表页对应不同的关键字值，输出时随同单元一起显示；日期关键字可确认报表数据取数的时间范围；可将生成的报表保存到指定位置；当账簿数据发生变化时，可利用"表页重算"功能随时刷新报表数据。

8. 表页管理

(1) 追加表页。数据状态下，执行"编辑"|"追加"|"表页"命令，打开"追加表页"对话框，输入需要增加的表页数，如"2"，单击【确认】按钮。

【提示】

追加表页是在最后一张表页后追加N张空表页，插入表页是在当前表页后面插入一张空表页；一张报表最多只能管理99999张表页，演示版最多为4页。

(2) 表页排序。数据状态下，执行"数据"|"排序"|"表页""命令，打开"表页排序"对话框，选择第一关键字"年"，排序方向为递增；第二关键字为"月"，排序方向为递增，单击【确认】按钮，系统将自动把表页按照年份递增顺序重新排列，如果年份相同，再按月份递增顺序排序。

(3) 表页查找。数据状态下，执行"编辑"|"查找"命令，打开"查找"对话框，确定查找内容为"表页"，确定查找条件为"月=9"，单击【查找】按钮，查找到符合条件的表页作为当前表页。

9. 图表功能

(1) 追加图表区域。格式状态下，执行"编辑"|"追加"|"行"命令，打开"追加行"对话框，输入追加行数"9"，单击【确认】按钮。

(2) 在数据状态下，选择数据区域A3:D6，执行"工具"|"插入图表对象"命令，打开"区域作图"对话框，在数据组选择"行"，操作范围选择"当前表页"，输入图表名称为"资金对比分析图"，图表标题为"资金比较"，X轴标题为"期间"，Y轴标题为"金额"，图表格式选择"成组直方图"，单击【确认】按钮。将图表对象调整到需要的大小与位置。

【提示】

插入的图表对象实际上也属于报表的数据，因此有关图表对象的操作必须在数据状态下进行；选择图表对象显示区域时，区域不能少于2行×2列，否则会提示出现错误。

5.4　利用报表模板编制报表实务

【实验准备】

(1) 完成总账系统的结账工作。
(2) 引入总账系统结账备份的账套数据。

【实验内容】

(1) 利用报表模板生成"资产负债表"。
(2) 利用报表模板生成"利润表"。
(3) 利用报表模板生成"现金流量表"。

【实验要求】

以账套主管"张扬"的身份登录企业应用平台，在UFO报表子系统新建表格，并调用系统内的报表模板对"资产负债表""利润表""现金流量表"进行生成。

【操作步骤】

1. 利用报表模板生成"资产负债表"

`01` 新建一张报表。以账套主管"张扬"的身份，登录企业应用平台，单击"业务工作"|"财务会计"|"UFO报表"，进入UFO报表系统。弹出"日积月累"窗口，对报表的相关知识进行介绍，单击【关闭】按钮；单击左上角菜单栏"文件"|"新建"按钮，建立一张默认名为"report1"的空白报表。

`02` 调用资产负债表模板。在格式状态下，执行"格式"|"报表模板"命令，打开"报表模板"对话框；选择所在的行业为"2007年新会计制度科目"，财务报表为"资产负债表"。

单击【确认】按钮，系统弹出"模板格式将覆盖本表格式！是否继续？"信息提示对话框；单击【确定】按钮，即可打开"资产负债表"模板。

`03` 调整报表模板。单击【数据/格式】按钮，将"资产负债表"处于格式状态；根据本单位的实际情况，调整报表格式，修改报表公式。

`04` 保存调整后的报表模板。

`05` 生成资产负债表数据。在数据状态下，执行"数据"|"关键字"|"录入"命令，打开"录入关键字"对话框；输入关键字：年2022，月01，日31；单击【确认】按钮，系统弹出"是否重算第1页？"信息提示对话框；单击【是】按钮，系统会自动根据单元公式计算1月份数据；单击【否】按钮，系统不计算1月份的数据，但可以利用"数据"菜单下的"表页重算"功能生成数据。

`06` 保存资产负债表。执行"格式"|"另存为"命令，可以将资产负债表保存为以".REP"和".XLS"为后缀的文件。

【提示】".REP"为后缀的文件不能直接打开，只能通过系统进行引入；".XLS"为后缀的文件可以直接打开。

2. 利用报表模板生成"利润表"

`01` 格式菜单下执行"格式"|"报表模板"命令，打开"报表模板"对话框；选择所在的行业为"2007年新会计制度科目"，财务报表为"利润表"，单击【确认】按钮，系统弹出"模板格式将覆盖本表格式！是否继续？"信息提示对话框；单击【确定】按钮，即可打开"利润表"模板。

`02` 单击"数据/格式"按钮，将"利润表"处于"格式"状态。根据本公司实际情况，调整报表格式，设置"单位名称"为关键字，修改报表公式，保存调整后的报表模板。

`03` 在"数据"状态下，执行"数据"|"关键字"|"录入"命令，打开"录入关键字"对话框。输入关键字：年2022，月01；单击【确认】按钮，系统弹出"是否重算第1页？"信息提示对话框；单击【是】按钮；系统会自动根据单元公式计算1月的报表数据；单击"否"按钮，系统不计算1月的报表数据，以后可利用"数据"菜单下的"表页重算"功能生成报表数据。

3. 利用报表模板生成"现金流量表"

系统提供了两种生成现金流量表的方法：一是利用现金流量表模块；二是利用总账的项目管理功能和UFO报表。本例主要介绍第二种方法。

01 指定现金流量科目。在企业应用平台基础设置中，执行"基础档案"|"财务"|"会计科目"命令，进入"会计科目"窗口；执行"编辑"|"指定科目"命令，打开"指定科目"对话框；指定现金流量科目单击【确定】按钮。

02 查看现金流量项目目录。在企业应用平台基础设置中，执行"基础档案"|"财务"|"项目目录"；命令，打开"项目档案"对话框；系统已预置现金流量项目，选择"现金流量项目"项目大类，查看其项目目录。

03 确认每一笔涉及现金流量的业务对应的现金流量项目。有两种方法确认每一笔涉及现金流量的业务对应的现金流量项目。第一种是在填制凭证时如果涉及观金流量科目可以在填制凭证界面单击"流量"按钮，打开"现金流量表"对话框，指定发生的该笔现金流量的所属项目。第二种是凭证填制完成后再补充录入现金流量项目，本例为第二种。

在总账系统中，执行"现金流量表"|"现金流量表凭证查询"命令；打开"现金流量凭证查询"对话框，单击【确定】按钮，进入"现金流量查询及修改"窗口；左边窗口中显示全部的与现金流量有关的凭证。针对每一张现金流量凭证，单击"修改"按钮补充录入现金流量项目。

04 调用现金流量表模板。在"格式"状态下，执行"格式"|"报表模板"命令，打开"报表模板"对话框；选择您所在的行业"2007年新会计制度科目"，财务报表"现金流量表"；单击【确认】按钮，弹出"模板格式将覆盖本表格式！是否继续"提示框；单击【确定】按钮，即可打开"现金流量表"模板。

05 定义现金流量表项目公式。单击"数据/格式"按钮，将"现金流量表"处于格式状态；单击选择C6单元格。单击【fx】按钮，打开"定义公式"对话框；单击【函数向导】按钮，打开"函数向导"对话框；在函数分类列表框中选择"用友账务函数"，在右边的函数名列表中选中"现金流量项目金额(XJLL)"，单击【下一步】按钮，打开"用友账务函数"对话框；单击【参照】按钮，打开"账务函数"对话框，单击"现金流量项目编码"右边的参照按钮，打开"现金流量项目"选项，双击选择与C6单元格左边相对应的项目，单击【确定】按钮，返回"用友账务函数"对话框，单击【确定】按钮，返回"定义公式"对话框，单击【确认】按钮；重复以上步骤，输入其他单元公式；单击工具栏中的【保存】按钮，保存调整后的报表模板为"现金流量表"。

06 生成现金流量表主表数据。在数据状态下，执行"数据"|"表页重算"命令。弹出"是否重算第1页"提示框；单击【是】按钮，系统会自动根据单元公式计算1月份数据；执行"文件"|【保存】命令，保存"现金流量表"数据。

5.5 拓展业务

(1) 本表他页取数函数。本表他页取数是指要取数的表(目的表)和存放数据来源的表(源表)之间是一个文件的不同表页。本表他页取数主要有两种情况，即取确定页号表页的数据或按一定关键字取数。

① 取确定页号表页的数据。

当所取数据所在的表页页号已知时，用以下格式可以方便地取得本表他页的数据：<目标区域>=<数据源区域>@<页号>。如B2=C5@1的含义为各页B2单元取当前表第1页C5单元的值。

② 按一定关键字取数。

可用SELECT函数按一定关键字从本表他页取得数据。如D=C+SELECT(D，年@=年 and 月

@=月+1)表示当前表的D列等于当前表的C列加上同年上个月D列的值。

SELECT函数中，@前的年和月代表目的表的年关键字值和月关键字值；@后面的年和月代表源表的年关键字值和月关键字值。

(2) 他表取数函数。他表取数是指目的表和源表不在一个表文件中。同样，他表取数也主要有两种情况，即取确定页号表页的数据或按一定关键字取数。

① 取他表确定页号表页的数据。当所取数据所在的表页页号已知时，用以下格式可以方便地取得他表的数据：<目标区域>="<他表表名>"-><数据源区域>[@<页号>]。如B2="LRB"->C5@1的含义为各页B2单元取LRB第1页C5单元的值。

② 按一定关键字取数。当我们从他表取数时，已知条件并不是页号，而是希望按照年、月、日等关键字的对应关系来取他表数据，就必须用到关联条件：RELATION <单元|关键字|变量|常量>WITH="<他表表名>"-><单元|关键字|变量|常量>。如A1="FYB"->A1 FOR ALL RELATION 月 WITH "FYB"->月，意为取FYB表的与当前表页月相同的月的A1单元的值。

【提示】

UFO允许在报表中的每个数值型、字符型的单元内，写入代表一定运算关系的公式，用来建立表内各单元之间、报表与报表之间或报表系统与其他子系统之间的运算关系。描述这些运算关系的表达式，我们称为单元公式。为了规范和简化单元公式的定义过程，一般报表系统会提供公式向导，逐步引导公式的建立过程。

5.6 自助维护

1. 资产负债表为什么不平衡

资产负债表中的数据取自一级科目余额，造成资产负债表不平衡可能有多方面原因，可以从以下两方面着手检查。

(1) 查看总账中的余额表，检查是否所有损益类科目已经全部结转为空。

(2) 检查一级科目是否包含在资产负债表的相关项目中。

例如，生成的资产负债表中若出现资产合计不等于负债和所有者权益合计可能是因为本月业务处理不完整，月末没有将制造费用结转到产成品，而资产负债表上存货科目只包含生产成本，没有包含制造费用。因此修订存货公式，将制造费用包含在存货中即可。

2. 利润表编制的结果为什么不正确

一般从以下两方面分析。

(1) 要正确把握利润表的编制时机，也就是要在月末损益类账户结转到本年利润账户前编制利润表。

(2) 要正确编制取数公式，也就是要把反映实际损益的借方和贷方两个方向的发生额数据都能完整地取出来，不能只取某一个方向发生的数据，避免对已经发生经济业务的计算遗漏。

3. 现金流量表为什么取不到数

按照现金流量表编制的流程逆序检查以下几个关键点。

(1) 是否正确地设置了现金流量表单元公式。需要注意的是，现金流出项目单元公式中是否有"流出"字样。

(2) 现金流量表中是否设置了关键字。

(3) 在总账中查询现金流量凭证是否确认了对应的现金流量项目。

(4) 在会计科目中是否指定了现金流量科目。

5.7 思考练习

一、单项选择题

1. 下列说法不正确的是(　　)。
   A. 在格式状态下可输入关键字的值
   B. 在数据状态下可以追加表页
   C. 在数据状态下可以输入关键字
   D. 在格式状态下可以定义计算公式

2. 报表公式QM("1221",月)的含义是(　　)。
   A. 取1221科目的本月期初余额
   B. 取1221科目的本月期末余额
   C. 取1221账套的本月期初余额
   D. 取1221账套的本月期末余额

3. 财务报表的单元类型不包括(　　)。
   A. 字符型　　　B. 表样型　　　C. 数值型　　　D. 逻辑型

4. 财务报表系统中一般提供下列哪些报表模板(　　)。
   A. 资产负债表
   B. 货币资金明细表
   C. 管理费用明细表
   D. 产品销售毛利分析表

5. 在UFO报表中，要想将A1:C4设置成组合单元，应选择以下(　　)组合方式。
   A. 按行组合　　B. 取消组合　　C. 按列组合　　D. 整体组合

二、多选题

1. UFO报表中，需要在格式状态下进行的操作有(　　)。
   A. 设置报表计算公式　　　　B. 输入报表项目
   C. 生成报表数据　　　　　　D. 追加表页

2. 报表系统中，报表公式定义包括(　　)。
   A. 计算公式　　　　　　　　B. 审核公式
   C. 舍位平衡公式　　　　　　D. 校验公式

3. 在会计软件中，报表的编制方式有(　　)。
   A. 手工编制报表　　　　　　B. 由系统预制报表
   C. 用Excel编制报表　　　　　D. 由用户自定义报表

4. 在报表行属性中可设置(　　)。
   A. 行高　　　　B. 文本对齐　　C. 数字格式　　D. 缺省字体

5. 报表管理系统日常使用的功能有( )。
   A. 修改报表单元格公式　　　　　B. 报表编制
   C. 报表汇总　　　　　　　　　　D. 报表审核

三、判断题

1. 在自定义报表设置中，在"数据"状态下，可以直接修改单元格公式。　　　　( )
2. 财务报表的关键字中包括制表人。　　　　( )
3. 财务报表系统生成的报表可以输出EXCEL格式的文件，以便对数据进一步加工。( )
4. 在财务报表系统中，系统不仅提供了多个行业的报表模板，还可以自定义报表模板。
   　　　　　　　　　　　　　　　　　　　　　　　　　　　　　　　　( )
5. 财务报表只能从总账系统提出数据。　　　　( )

四、简答题

1. 在自定义报表时，报表格式设计主要涉及哪些内容？
2. 如何设置和录入关键字？
3. 录入报表函数时需要注意哪些问题？
4. 如何利用模板生成"利润表"？
5. 若按照模板生成的资产负债表不平衡，其是由哪些原因导致的？

第 6 章

固定资产管理

学习目标：
1. 掌握用友U8中固定资产管理系统的相关内容；
2. 掌握利用固定资产系统进行固定资产初始化设置；
3. 掌握利用固定资产系统进行固定资产日常业务处理；
4. 掌握利用固定资产系统进行固定资产期末业务处理。

6.1 实训工作情景

1. 企业中固定资产的管理涉及资产管理部门、财务部门和资产的使用部门。其中，财务部门负责对固定资产增减变动、计提折旧等进行核算，并会同资产管理部门定期对固定资产进行盘点。用友U8中的固定资产系统可支持完整的固定资产管理活动，还是仅提供对固定资产进行核算

用友U8固定资产系统支持完整的固定资产管理活动，固定资产系统具体功能将在下一小节中阐释。

2. 企业购置了一项大型资产，供多个部门使用，计算折旧时能否分摊到各个使用部门

用友U8固定资产系统为多部门使用同一项资产提供了记录和核算手段，可以将设备折旧精确分摊到各使用部门。

3. 前期已经学习了总账，固定资产增加、变动、折旧计算等全部需要在总账中填制凭证，如果企业同时使用总账和固定资产，两者之间的业务区隔和业务关联是什么

企业同时使用总账和固定资产系统的情况下，有关固定资产的全部管理活动均在固定资产系统处理，并生成业务凭证传递给总账系统，总账中不再手工填制该类凭证，总账中可以查询固定资产和累计折旧的总账、明细账，固定资产系统中各原始卡片上固定资产原值的合计即为总账中固定资产科目期初余额，固定资产系统中各原始卡片上累计折旧的合计即为总账中累计折旧科目期初余额。

6.2 固定资产系统认知

6.2.1 固定资产系统的基本功能

固定资产管理系统总的功能是完成企业固定资产日常业务的核算和管理,生成固定资产卡片,按月反映固定资产的增加、减少、原值变化及其他变动,并输出相应的增减变动明细账,按月自动计提折旧,生成折旧分配凭证,同时输出一些相关的报表和账簿。固定资产管理系统用于企事业单位进行固定资产核算和管理,以及帮助企业财务部门进行固定资产总值、累计折旧数据的动态管理,为总账系统提供相关凭证。

固定资产管理系统主要功能有以下方面。

1. 初始设置

初始设置是使用者必须首先完成的工作,通过初始化,系统将按照用户的实际情况定义核算与管理,该操作具有非常重要的意义,这些基本设置是使用该系统进行核算和管理的基础,主要包括建立固定资产账套、基础信息设置和原始卡片录入。

2. 卡片管理

固定资产的卡片管理是指固定资产卡片台账管理,系统提供了卡片管理的功能,主要从制作卡片、变动单及评估单三方面来实现卡片管理,主要包括卡片录入、卡片修改、卡片删除、卡片打印及资产变动管理等功能。

3. 日常处理

固定资产日常处理主要是当固定资产发生增加、减少、原值变动、部门转移、使用状况变动、使用年限调整和折旧方法调整时,更新固定资产卡片。

4. 月末处理

固定资产的月末处理主要包括如何计提固定资产减值准备和固定资产折旧、生成固定资产的相关凭证,以及如何进行凭证的修改和删除、怎样进行对账与月末结账。

5. 账表管理

固定资产管理系统提供总账、固定资产登记簿,部门、类别明细账,单个固定资产明细账,以及固定资产分析表、固定资产统计表、固定资产折旧表、固定资产减值准备表等账表。通过"我的账表"对系统所能提供的全部账表进行管理,资产管理部门可随时查询各种账表,提高资产管理效率。

6.2.2 固定资产系统与其他系统的主要关系

固定资产管理系统与系统管理共享基础数据,固定资产管理系统与成本管理系统、总账系统、UFO报表系统、采购系统、设备管理系统等子系统存在接口,实现数据传递,它们相互依存。固定资产管理系统中资产的增加、减少,以及原值和累计折旧的调整、折旧计提都要将有关数据通过记账凭证的形式传输到总账系统,同时通过对账保持固定资产账目与总账的平衡,并可以修改、删除及查询凭证。固定资产管理系统为成本核算系统提供计提折旧有关费用的数据。采购管理的入库单传递到本系统后结转生成采购资产卡片,并与采购资产卡片联查入库单列表、结算单列表;为成本管理系统和UFO提供数据支持,向项目成本系统传递项目的折旧数据，向设备管理系统提供卡片信息，还可以从设备管理导入卡片信息。

6.3 固定资产管理系统业务处理流程

6.3.1 固定资产管理初始化设置流程

1. 建立固定资产账套

建立固定资产账套是根据企业的具体情况，在已经建立的企业会计核算账套的基础上，设置企业进行固定资产核算的必需参数，包括关于固定资产折旧计算的一些约定与说明，启用月份、折假信息、编码方式、账务接口等。

建账完成后，当需要对账套中的某些参数进行修改时，可以在"设置"的"选项"中修改；也有些参数无法通过"选项"修改但又必须改正，那么只能通过"重新初始化"功能实现，重新初始化将清空对该固定资产账套所做的一切操作。

2. 基础信息设置

(1) 资产类别设置。固定资产种类繁多，规格不一。为强化固定资产管理，及时准确地进行固定资产核算，特规定固定资产类别编码最多可以设置4级，编码总长度是6位。参照此标准，企业可以根据自身的特点和要求，设定较为合理的资产分类方法。

(2) 部门对应折旧科目设置。固定资产计提折旧后，需将折旧费用分配到相应的成本或费用中去，根据不同企业的情况可以按照部门或类别进行汇总。固定资产折旧费用的分配去向和其所属部门密切相关，如果给每个部门设定对应折旧科目，则属于该部门的固定资产在计提折旧时，折旧费用将对应分配到其所属的部门。

(3) 增减方式设置。固定资产增减方式设置即资产增加的来源和减少的去向。增减方式包括增加方式和减少方式两大类，增加方式主要包括直接购买、投资者投入、捐赠、盘盈、在建工程转入、融资租入；减少方式主要包括出售、盘亏、投资转出、捐赠转出、报废、毁损、融资租出。增减方式可根据用户的需要自行增加，在增减方式的设置中，还可以定义不同增减方式的对应入账科目；当发生相应的固定资产增减变动时，可以快速生成转账凭证，减少手工输入数据的业务量。

(4) 使用状况设置。固定资产的使用状况一般分为使用中、未使用和不需用三大类，不同的使用状况决定了固定资产计提折旧与否。因此，正确定义固定资产的使用状况是准确计算累计折旧、进行资产数据统计分析、提高固定资产管理水平的重要依据。

(5) 折旧方法设置。固定资产折旧的计算是固定资产管理系统的重要功能，固定资产折旧的计提由系统根据用户选择的折旧方法自动计算得出，因此折旧方法的定义是计算资产折旧的重要基础。根据财务制度的规定，企业固定资产的折旧方法包括平均年限法、工作量法、双倍余额递减法、年限总和法。企业可根据国家规定和自身条件选择采用其中的一种，如果系统中预置的折旧方法不能满足企业管理与核算的需要，用户也可以定义新的折旧方法与相应的计算公式。

由于计算机系统基本不必考虑处理能力的问题，因此在向计算机系统过渡时，只需根据企业细化会计核算的需要在会计制度允许的范围内选择折旧计算方法即可，一般来说选用单台折旧方法核算固定资产折旧更合适。

(6) 卡片项目和卡片样式设置。固定资产卡片是固定资产管理系统中重要的管理工具，固定资产卡片文件是重要的数据文件，固定资产文件中包含的数据项目形成一个卡片项目，卡片项目也是固定资产卡片上用来记录固定资产资料的栏目，固定资产系统提供的卡片上常用的项目称为系统项目，但这些项目不一定能满足所有单位的需求。为了增加固定资产系统的通用性，一般系统都为用户留下足够的增减卡片项目的余地，在初始设置中由用户定义的项目称为自定义项目，系统项目和自定义项目一起构成固定资产卡片的全部内容。

固定资产卡片样式指卡片的外观，即卡片的格式和卡片上包含的项目及项目的位置。不同资产核算管理的内容与重点各不相同，因此，卡片样式也可能不同，系统提供的卡片样式一般能够满足企业日常管理的要求，用户可以在此基础上略做调整，形成新卡片模板，也可以自由定义新卡片式样。

3. 原始卡片录入

固定资产系统的初始数据是指系统投入使用前企业现存固定资产的全部有关数据，主要是固定资产原始卡片的有关数据，固定资产原始卡片是固定资产管理系统处理的起点，因此，准确录入原始卡片内容是保证历史资料的连续性、正确进行固定资产核算的基本要求。为了保证所输入原始卡片数据的准确无误，应该在开始输入前对固定资产进行全面的清查盘点，做到账实相符。

6.3.2 固定资产管理日常业务处理流程

1. 资产增减

资产增加是指购进或通过其他方式增加企业资产，资产增加需要输入一张新的固定资产卡片，与固定资产期初输入相对应。资产减少是指资产在使用过程中，由于各种原因，如毁损、出售、盘亏等退出企业，此时要做资产减少处理，资产减少需输入资产减少卡片并说明减少原因。只有当账套开始计提折旧后，才可以使用资产减少功能，否则，减少资产只有通过删除卡片来完成。对于误减少的资产，可以使用系统提供的纠错功能来恢复，只有当月减少的资产才可以恢复，如果资产减少操作已制作凭证，则必须删除凭证后才能恢复。只要卡片未被删除就可以通过卡片管理中的"已减少资产"来查看减少的资产。

2. 资产变动

资产的变动包括原值变动、部门转移、使用状况变动、使用年限调整、折旧方法调整、净残值(率)调整、工作总量调整、累计折旧调整、资产类别调整、变动单管理。其他项目如名称、编号、自定义等的修改，变动可直接在卡片上进行。资产变动要求输入相应的变动单来记录资产调整结果。

(1) 原值变动。资产在使用过程中，其原值增减有5种情况，即根据国家规定对固定资产重新估价，增加补充设备或改良设备，将固定资产的一部分拆除，根据实际价值调整原来的暂估价值，以及发现原记录固定资产价值是有误的。原值变动包括原值增加和原值减少两部分。

(2) 部门转移。资产在使用过程中因内部调配而发生的部门变动应及时处理，否则将影响部门的折旧计算。

(3) 资产使用状况的调整。资产使用状况分为在用、未使用、不需用、停用、封存5种，资产在使用过程中可能会因为某种原因，使得资产的使用状况发生变化，这种变化会影响设备折旧的计算，因此，应及时调整使用状态。

(4) 资产使用年限的调整。资产在使用过程中可能会由于资产的重估、大修等原因调整其使用年限，进行使用年限调整的资产在调整的当月就按调整后的使用年限计提折旧。

(5) 资产折旧方法的调整。一般来说，资产折旧方法一年之内很少改变，如有特殊情况确需调整改变的也必须遵循一定的原则，一般来说，进行折旧方法调整的资产，调整的当月就按调整后的折旧方法计提折旧，本月录入的卡片和本月增加的资产，不允许进行变动处理。

3. 资产评估

随着市场经济的发展，企业在经营活动中，根据业务需要或国家要求需要对部分资产或全部资产进行评估和重估，而固定资产评估是资产评估很重要的部分。固定资产管理子系统中固定资产评估处理是将评估机构的评估数据手工录入或定义公式录入系统，根据国家要求手工录入评估结果或根据定义的评估公式生成评估结果，以及评估单的管理。进行资产评估处理的主要步骤如下。

(1) 对需要评估的项目进行选择。可以进行评估的内容包括固定资产的原值、累计折旧、使用年限等，每一次进行评估时可以根据评估的要求进行选择。

(2) 对需要进行评估的资产进行选择。资产评估的目的各有不同，因此每次评估涉及的资产也不尽相同，可根据需要进行选择。

(3) 制作评估单。选择评估项目和评估资产后，录入评估结果，系统生成评估单，给出被评估资产评估前与评估后的数据。

(4) 制作转账凭证。当评估后资产原值和累计折旧与评估前数据不等时，需通过转账凭证将变动数据传递到总账系统。

4. 资产盘点

用友U8管理系统提供对固定资产盘点的管理，主要包括如下步骤。

(1) 在卡片管理中打印输出固定资产盘点单。

(2) 在资产盘点中选择按部门或按类别等对固定资产进行盘点，录入盘点数据，与账面上记录的盘点单进行核对，查核资产的完整性。

(3) 对盘点单的管理。

5. 生成凭证

固定资产管理系统和总账管理系统之间存在数据的自动传输，这种传输由固定资产管理系统通过记账凭证向总账管理系统传递有关数据。如资产增加、减少、累计折旧调整，以及折旧分配等记账凭证。制作记账凭证可以采取"立即制单"或"批量制单"的方法实现。

6. 账簿管理

可以通过系统提供的账表管理功能，及时掌握资产的统计、汇总和其他各方面的信息，另外，如果所提供的报表种类不能满足需要，系统还提供了自定义报表功能，可以根据实际要求进行设置。账表包括账簿、折旧表、统计表、分析表和自定义报表。

(1) 账簿。系统自动生成的账簿有(单个)固定资产明细账、(部门、类别)明细账、固定资产登记簿、固定资产总账。这些账簿以不同方式、序时地反映了资产变化情况，在查询过程中可联查某时期(部门、类别)明细及相应原始凭证，从而获得所需财务信息。

(2) 折旧表。系统提供了(部门)折旧计提汇总表、固定资产折旧计算明细表、固定资产及累计折旧表(一)和固定资产及累计折旧表(二)等4种折旧表，通过该类表可以了解并掌握本企业所有资产本期、本年乃至某部门计提折旧及其明细情况。

(3) 统计表。统计表是出于管理资产的需要，按管理目的统计的数据，系统提供固定资产原值一览表、固定资产统计表、评估汇总表、评估变动表、盘盈盘亏报告表、逾龄资产统计表、役龄资产统计表等7种统计表。

(4) 分析表。分析表主要通过对固定资产的综合分析，为管理者提供管理和决策依据，系统提供了价值结构分析表、固定资产使用状况分析表、部门构成分析表、类别构成分析表等4种分析表，管理者可以通过这些表了解本企业资产计提折旧的程度和剩余价值的大小。

(5) 自定义报表。当系统提供的报表不能满足企业要求时，用户也可以自己定义报表。

6.3.3 固定资产管理期末业务处理流程

固定资产管理系统的期末处理工作主要包括计提减值准备、计提折旧、对账、月末结账等内容。

1. 计提减值准备

企业应当在期末或至少在每年年度终止时，对固定资产逐项进行检查，如果由于市价持续下跌，或技术陈旧等原因导致其可回收金额低于账面价值的，应当将可回收金额低于账面价值的差额作为固定资产减值准备，固定资产减值准备必须按单项资产计提。如已计提的固定资产价值又得以恢复，应在原计提的减值准备范围内转回。

2. 计提折旧

自动计提折旧是固定资产管理系统的主要功能之一，可以根据录入系统的资料，利用系统提供的"折旧计提"功能，对各项资产每期计提一次折旧，并自动生成折旧分配表，然后制作记账凭证，将本期的折旧费用自动登账。当开始计提折旧时，系统将自动计提所有资产当期折旧额，并将当期的折旧额自动累加到累计折旧项目中。计提工作完成后，需要进行折旧分配，形成折旧费用。系统除了自动生成折旧清单，还生成折旧分配表，从而完成本期折旧费用登账工作。

系统提供的折旧清单显示了所有应计提折旧资产所计提的折旧数据额。

折旧分配表是制作记账凭证，把计提折旧额分配到有关成本和费用的依据。折旧分配表有两种类型：类别折旧分配表和部门折旧分配表，生成折旧分配表由"折旧汇总分配周期"决定，因此，制作记账凭证要在生成折旧分配表后进行。

计提折旧遵循以下原则。

(1) 在一个期间内可以多次计提折旧，每次计提折旧后，只是将计提的折旧累加到月初的累计折旧上，不会重复累计。

(2) 若上次计提折旧已制单并传递到总账管理系统，则必须删除该凭证才能重新计提折旧。

(3) 计提折旧后，又对账套进行了影响折旧计算或分配的操作，必须重新计提折旧，否则系统不允许结账。

(4) 若自定义的折旧方法月折旧率或月折旧额出现负数，系统自动中止计提。

(5) 资产的使用部门和资产折旧要汇总的部门可能不同，为了加强资产管理，使用部门必须是明细部门，而折旧分配部门不一定要分配到明细部门。不同的单位处理可能不同，因此要在计提折旧后、分配折旧费用时做出选择。

3. 对账

当初次启动固定资产的参数设置或选项中的参数设置选择了"与账务系统对账"参数才可

使用本系统的对账功能，为保证固定资产系统的资产价值与总账系统中固定资产科目的数值相等，可随时使用对账功能对两个系统进行审查，系统在执行月末结账时自动对账一次，并给出对账结果。

4. 月末结账

当固定资产系统完成了本月全部制单业务后，可以进行月末结账。月末结账每月进行一次，结账后当期数据不能修改，如有错必须修改，可通过系统提供的"恢复月末结账前状态"功能反结账，再进行相应修改。由于成本系统每月从本系统提取折旧费数据，因此，一旦成本系统提取了某期的数据，则该期不能反结账。本期不结账将不能处理下期的数据，结账前一定要进行数据备份，否则数据一旦丢失将造成无法挽回的后果。

6.4 固定资产日常业务处理

【实验准备】

(1) 完成总账基础设置及期初余额录入工作。
(2) 引入设置过基础设置和期初余额的账套数据。

【实验内容】

(1) 固定资产管理系统参数设置。
(2) 固定资产原始卡片录入。
(3) 固定资产日常业务处理。
(4) 固定资产月末业务处理。

【实验要求】

以账套主管"张扬"的身份登录企业应用平台，进行固定资产管理的初始化设置、总账管理系统的审核凭证；以会计"王东升"的身份登录企业应用平台，进行固定资产日常业务处理及月末业务处理；以出纳"孙俊梅"的身份登录总账管理系统，进行出纳签字。

【实验资料】

1. 初始化设置

(1) 控制参数设置。

约定与说明：我同意。

启用月份：2022-01。

折旧信息：本账套计提折旧；折旧方法：平均年限法(一)；折旧汇总分配周期：1个月，当(月初已计提月份=可使用月份-1)时，将剩余折旧全部提足。

资产类别编码方式：2-1-1-2；固定资产编码方式：按"类别编码+部门编码+序号"自动编码；卡片序号长度为3。

财务接口：与账务系统进行对账；固定资产对账科目：固定资产(1601)；累计折旧对账科目：累计折旧(1602)。

(2) 补充参数设置：业务发生后立即制单；月末结账前一定要完成制单登账业务；固定资产缺省入账科目1601；累计折旧缺省入账科目1602；减值准备缺省入账科目1603；增值税进项税

额缺省入账科目22210101；固定资产清理缺省入账科目1606。

(3) 资产类别设置。

固定资产类别如表6-1所示。

表6-1 固定资产类别

类别编码	类别名称	使用年限	净残值率%	计提属性	折旧方法	卡片样式
01	生产设备	10	3	正常计提	平均年限法(一)	通用样式
02	交通运输设备	8	3	正常计提	平均年限法(一)	通用样式
03	办公设备	5	3	正常计提	平均年限法(一)	通用样式
04	房屋及建筑物	30	3	正常计提	平均年限法(一)	通用样式

(4) 部门对应折旧科目。

部门对应折旧科目如表6-2所示。

表6-2 部门对应折旧科目

部门名称	对应折旧科目
总经理办公室、财务部、采购部、仓管部	管理费用/折旧费
销售部	销售费用/折旧费
生产部	制造费用/折旧费

(5) 增减方式对应入账科目。

增减方式对应入账科目如表6-3所示。

表6-3 增减方式对应入账科目

增减方式目录	对应入账科目
增加方式	
直接购入	工行存款(100201)
在建工程转入	在建工程(1604)
投资者投入	实收资本(4001)
减少方式	
毁损	固定资产清理(1606)
出售	固定资产清理(1606)

(6) 原始卡片。

原始卡片如表6-4所示。

表6-4 原始卡片

固定资产名称	类别编号	所在部门	增加方式	可使用年限/月	开始使用日期	原值	累计折旧	对应折旧科目
A型机床	01	生产部	直接购入	120	2020-5-1	360000	58200.00	制造费用/折旧费
B型机床	01	生产部	直接购入	120	2020-5-1	280000	45266.67	制造费用/折旧费
江淮轻卡	02	销售一部	直接购入	96	2020-8-1	150000	25765.63	销售费用/折旧费
笔记本电脑	03	总经理办公室	直接购入	60	2020-9-1	7500	1940.00	管理费用/折旧费
台式电脑	03	采购部	直接购入	60	2020-9-1	6200	1603.73	管理费用/折旧费

(续表)

固定资产名称	类别编号	所在部门	增加方式	可使用年限/月	开始使用日期	原值	累计折旧	对应折旧科目
台式电脑	03	财务部	直接购入	60	2020-9-1	6200	1603.73	管理费用/折旧费
打印复印一体机	03	财务部	直接购入	60	2020-9-1	3700	957.07	管理费用/折旧费
生产厂房	04	生产部	在建工程转入	360	2020-5-1	680000	36644.44	制造费用/折旧费

注：使用状况均为"在用"，折旧方法均为"平均年限法(一)"。

2. 固定资产日常业务及期末业务

(1) 1月10日财务部购买保险柜一台，价款4500元，暂不考虑增值税，款项已付。该固定资产由财务部使用，列入办公设备，净残值率3%，预计使用年限5年。

(2) 1月12日，为江淮轻卡添置新配件，价值3000元，款项已付。

(3) 1月16日，A型机床的使用年限由10年调整为9年。

(4) 1月22日，将财务部的打印复印一体机转移到总经理办公室。

(5) 1月26日，对B型机床进行大修，修改固定卡片，将其使用状况由"在用"调整为"大修理停用"。

(6) 1月31日，由于技术进步，对笔记本电脑计提1000元的减值准备。

(7) 1月31日，计提本月折旧费用。

(8) 1月31日，采购部台式电脑发生毁损。

(9) 与总账对账。

(10) 结账。

操作步骤如下。

1. 初始化设置

1) 启用并注册固定资产管理系统

(1) 以账套主管张扬的身份登录"企业应用平台"。

(2) 执行"基础设置"|"基本信息"|"系统启用"命令，打开"系统启用"对话框；选中"FA固定资产"复选框，弹出"日历"对话框，选择固定资产系统启用日期"2022-01-01"；单击【确定】按钮，系统弹出"确实要启用当前系统吗？"信息提示对话框，单击【是】按钮返回。

(3) 执行"业务工作"|"财务会计"|"固定资产"选项，系统弹出"这是第一次打开此账套，还未进行过初始化，是否进行初始化？"信息提示对话框，单击【是】按钮，打开固定资产"初始化账套向导"对话框。

(4) 在"固定资产初始化向导——约定与说明"对话框中，选择"我同意"，单击【下一步】按钮。

打开"固定资产初始化向导——启用月份"对话框，选择启用月份"2022-01"，单击【下一步】按钮；打开"固定资产初始化向导——折旧信息"对话框，选中"本账套计提折旧"复选框，选择折旧方法"平均年限法(一)"，折旧分配周期"1个月"，选中"当(月初已计提月份=可使用月份-1)时，将剩余折旧全部提足"复选框，单击【下一步】按钮，如图6-1所示。

打开"固定资产初始化向导——编码方式"对话框，确定资产类别编码长度为2112，选择

"自动编号"单选按钮,选择固定资产编码方式"类别编号+部门编号+序号",调整序号长度为3,单击【下一步】按钮。

打开"固定资产初始化向导——财务接口"对话框,选中"与账务系统进行对账"复选框,选择固定资产的对账科目"固定资产(1601)",累计折旧的对账科目"累计折旧(1602)",单击【下一步】按钮,如图6-2所示。

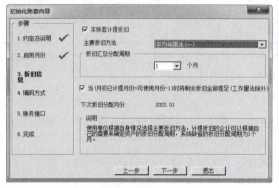
图6-1　折旧信息

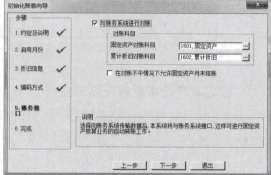
图6-2　财务接口

打开"固定资产初始化向导——完成"对话框。单击"完成"按钮,完成本账套的初始化。

系统弹出"是否确定所设置的信息完全正确并保存对新账套的所有设置"信息提示对话框。单击【是】按钮,系统弹出"已成功初始化本固定资产账套"信息提示对话框,单击【确定】按钮。

【提示】

初始化设置完成后,有些参数不能修改,所以要慎重;如果发现参数有错,必须改正,只能通过固定资产管理系统中的"工具"|"重新初始化账套功能"命令实现,该操作将清空对该子账套所做的一切工作。

2) 补充参数设置

(1) 执行"设置"|"选项"命令,进入"选项"窗口,单击【编辑】按钮,打开"与账务系统接口"选项卡,选中"业务发生后立即制单""月末结账前一定要完成制单登账业务"复选框。

(2) 固定资产缺省入账科目1601;累计折旧缺省入账科目:1602;减值准备缺省入账科目1603;增值税进项税额缺省入账科目22210101;固定资产清理缺省入账科目1606,单击【确定】按钮,如图6-3所示。

3) 资产类别设置

执行"设置"|"资产类别"命令,进入"类别编码表"窗口,单击"增加"按钮,输入类别名称"生产设备",使用年限10年,净残值率3%;选择计提属性"正常计提",折旧方法"平均年限法(一)",卡片样式"通用样式",单击【保存】按钮。再按同样的方式完

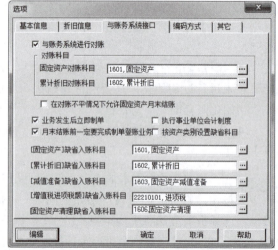
图6-3　固定资产选项设置

成其他资产类别的设置。

【提示】

资产类别编码不能重复，同一级的类别名称不能相同；类别编码、名称、计提属性、卡片样式不能为空；已使用过的类别不能设置新下级。

4) 部门对应折旧科目设置

执行“设置”|“部门对应折旧科目”命令，进入“部门编码表”窗口，选择部门“总经理办公室”，单击【修改】按钮；选择折旧科目“管理费用/折旧费”，单击【保存】按钮。再按照同样的操作，完成其他部门折旧科目的设置，如图6-4所示。

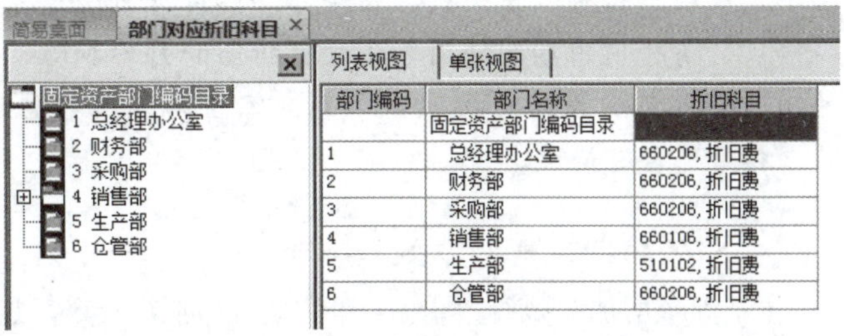

图6-4　部门对应折旧科目

【提示】

销售一部和销售二部都属于销售部下方，这两个部门折旧科目相同时，可以在设置折旧科目时，直接选择销售部，选择折旧科目“销售费用/折旧费”，单击【保存】按钮时，系统弹出“是否将销售部所有下级部门的折旧科目替换为【折旧费】?”信息提示对话框，单击【是】按钮。单击【刷新】按钮，销售一部和销售二部就都对应上了“销售费用/折旧费”科目。

5) 增减方式对应入账科目设置

执行“设置”|“增减方式”命令，进入增减方式窗口，在左侧列表框中，单击“直接购入”增加方式，单击【修改】按钮，在左侧列表框中，单击“直接购入”增加方式，单击输入对应入账科目“工行存款(100201)”，单击【保存】按钮。再按同样的操作，输入其他增减方式对应入账科目。

【提示】

当固定资产发生增减变动、系统生成凭证时，会默认采用这些科目。

6) 原始卡片录入

(1) 执行“卡片”|“录入原始卡片”命令，进入“资产类别参照”窗口，选择固定资产类别“生产设备”单击【确定】按钮，进入“固定资产卡片录入”窗口。

(2) 输入固定资产名称“A型机床”，双击“部门名称”选择“生产部”，双击“增加方式”选择“直接购入”，双击“使用状况”选择“在用”，输入开始使用日期“2020-05-01”，输入原值360000，累计折旧58200，输入可使用年限(月)“120”；其他信息自动算出，单击【保存】按钮，系统弹出“数据成功保存！”信息提示对话框，单击【确定】按钮，如图6-5所示。

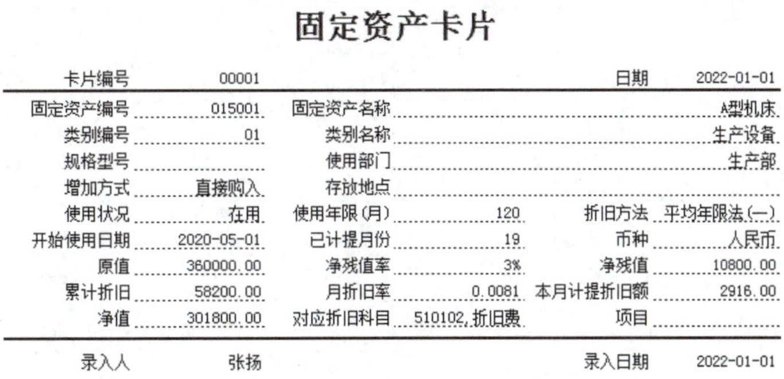

固定资产卡片

卡片编号 00001　　日期 2022-01-01

固定资产编号	015001	固定资产名称	A型机床		
类别编号	01	类别名称	生产设备		
规格型号		使用部门	生产部		
增加方式	直接购入	存放地点			
使用状况	在用	使用年限(月)	120	折旧方法	平均年限法(一)
开始使用日期	2020-05-01	已计提月份	19	币种	人民币
原值	360000.00	净残值率	3%	净残值	10800.00
累计折旧	58200.00	月折旧率	0.0081	本月计提折旧额	2916.00
净值	301800.00	对应折旧科目	510102, 折旧费	项目	

录入人 张扬　　录入日期 2022-01-01

图6-5　录入固定资产原始卡片

(3) 再按同样的操作，完成其他固定资产原始卡片的输入。

(4) 执行"处理"|"对账"命令，系统将固定资产系统录入的明细资料数据汇总并与财务核对，显示与财务对账结果，单击【确定】按钮返回。

【提示】

卡片编号：系统根据初始化时定义的编码方案自动设定，不能修改，如果删除一张卡片，又不是最后一张时，系统将保留空号。已计提月份：系统将根据开始使用日期自动算出，但可以修改，请将使用期间停用等不计提折旧的月份扣除。月折旧率、月折旧额：与计算折旧有关的项目输入后，系统会按照输入的内容自动算出并显示在相应项目内，可与手工计算的值比较，核对是否有错误。

2. 固定资产日常业务及期末业务

(1) 资产增加。执行"卡片"|"资产增加"命令，进入"资产类别参照"窗口，选择资产类别为"办公设备"，单击【确定】按钮。进入"固定资产卡片"窗口，输入固定资产名称"保险柜"，双击部门名称弹出"本资产部门使用方式"信息提示对话框，选择"单部门使用"选项，单击【确定】按钮。打开"部门参照"对话框，选择"财务部"选项，双击"增加方式"选择"直接购入"，双击"使用状况"选择"在用"，输入原值4500，可使用年限(月)"60月"，开始使用日期"2022-01-10"，效果如图6-6所示。

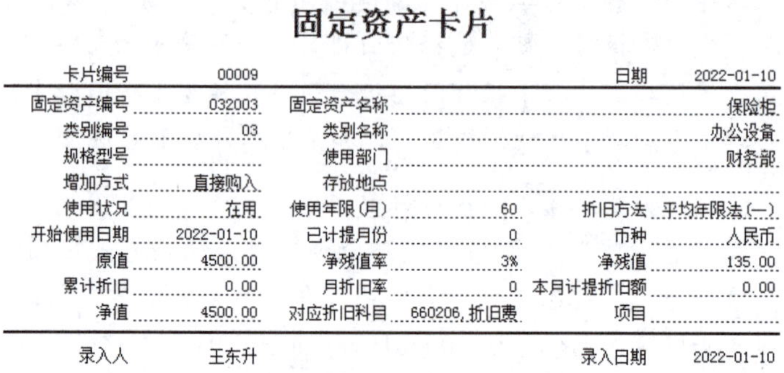

单击【保存】按钮，进入"填制凭证"窗口。选择凭证类别"付款凭证"，修改制单日期、附件数，单击【保存】按钮，效果如图6-7所示。

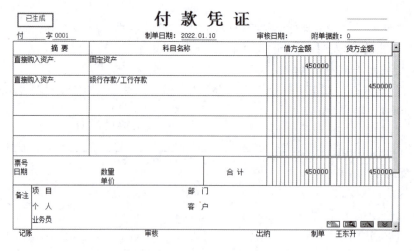

图6-6　固定资产增加卡片录入

图6-7　固定资产增加生成凭证

【提示】

固定资产原值一定要输入卡片录入月初的价值，否则会出现计算错误；新卡片第一个月不提折旧，累计折旧为空或0；卡片输入完后，也可以不立即制单，月末可以批量制单。

(2) 资产原值变动。执行"卡片"|"变动单"|"原值增加"命令，进入"固定资产变动单"窗口，选择"江淮轻卡"卡片，输入增加金额3000，输入变动原因"添置新配件"。

单击【保存】按钮，进入"填制凭证"窗口，选择凭证类型"付款凭证"，完善其他项目，单击【保存】按钮，效果如图6-8所示。

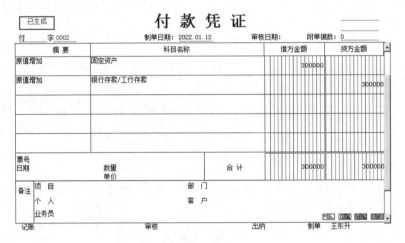

图6-8 固定资产原值变动生成凭证

【提示】资产变动主要包括原值变动、部门转移、使用状况变动、使用年限调整、折旧方法调整、净残值(率)调整、工作总量调整、累计折旧调整、资产类别调整等，系统对已做出变动的资产，要求输入相应的变动单来记录资产调整结果。变动单不能修改，只有当月可删除重做，所以请仔细检查后再保存。必须保证变动后的净值大于变动后的净残值。

(3) 使用年限调整。执行"卡片"|"变动单"|"使用年限调整"命令，进入"固定资产变动单"窗口，选择"A型机床"卡片，系统显示该资产的相关信息。输入变动后使用年限为"108"月，变动原因为"使用年限缩短"，系统弹出提示"数据保存成功"，单击【确定】按钮退出。

(4) 资产部门转移。执行"卡片"|"变动单"|"部门转移"命令，进入"固定资产变动单"窗口，选择"打印复印一体机"卡片，双击"变动后部门"选择"总经理办公室"，输入变动原因"资产部门转移"，单击【保存】按钮。

(5) 修改固定资产卡片。执行"卡片"|"变动单"|"使用状况调整"命令，进入"固定资产变动单"，窗口，选择"B型机床"卡片，系统自动显示资产编号、开始使用日期、资产名称及变动前使用状况。选择变动后使用状态为"大修理停用"，变动原因为"大修理停用"，单击【保存】按钮，系统弹出"数据保存成功！"信息提示对话框，单击【确定】按钮。

(6) 计提减值准备。执行"卡片"|"变动单"|"计提减值准备"命令，进入"固定资产变动单"窗口，选择"笔记本电脑"卡片，输入减值准备金额1000，输入减值原因"技术进步"。

单击【保存】按钮，进入"填制凭证"窗口，选择凭证类别"转账凭证"，完善其他项目，单击【保存】按钮，效果如图6-9所示。

(7) 计提折旧。执行"处理"|"计提本月折旧"命令，系统弹出"是否要查看折旧清单？"

信息提示对话框，单击【否】按钮。系统继续弹出“本操作将计提本月折旧，并花费一定时间，是否要继续？”信息提示对话框，单击【是】按钮。

已生成

转账凭证

转 字 0001 制单日期：2022.01.31 审核日期： 附单据数：0

摘要	科目名称	借方金额	贷方金额
计提减值准备	资产减值损失	100000	
计提减值准备	固定资产减值准备		100000
票号 日期	数量 单价 合计	100000	100000

备注 项目 部门
个人 客户
业务员

记账 审核 出纳 制单 王东升

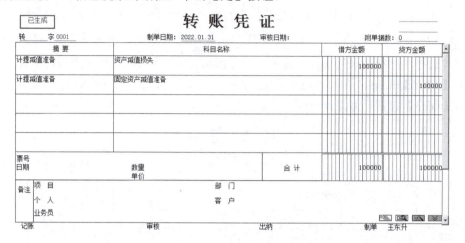

图6-9　固定资产计提减值准备生成凭证

系统计提折旧完成后，进入“折旧分配表”窗口。

单击【凭证】按钮，进入“填制凭证”窗口。选择“转账凭证”类别，修改其他项目，单击【保存】按钮，效果如图6-10所示。

已生成

转账凭证

转 字 0002 - 0001/0002 制单日期：2022.01.31 审核日期： 附单据数：0

摘要	科目名称	借方金额	贷方金额
计提第[1]期间折旧	管理费用/折旧费	18144	
计提第[1]期间折旧	管理费用/折旧费	10044	
计提第[1]期间折旧	管理费用/折旧费	10044	
计提第[1]期间折旧	销售费用/折旧费	151500	
计提第[1]期间折旧	制造费用/折旧费	734400	
票号 日期	数量 单价 合计	924132	924132

备注 项目 部门 总经理办公室
个人 客户
业务员

记账 审核 出纳 制单 王东升

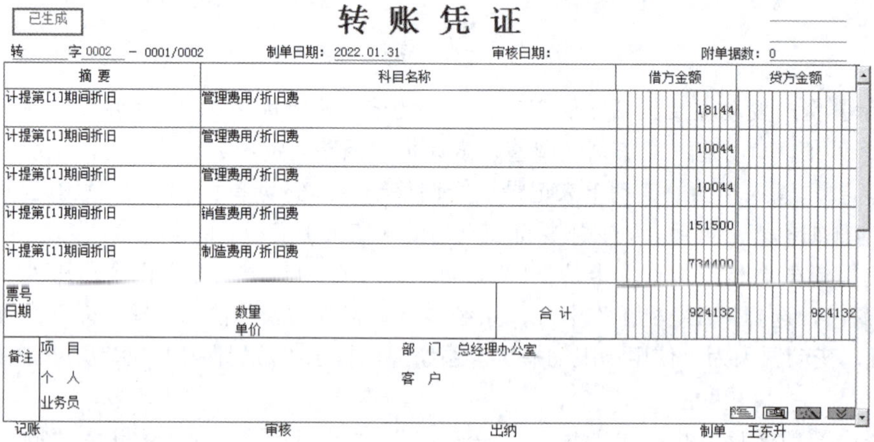

图6-10　固定资产计提折旧生成凭证

【提示】

如果上次计提折旧已通过记账凭证把数据传递到账务系统，则必须删除该凭证才能重新计提折旧；计提折旧后又对账套进行了影响折旧计算或分配的操作，必须重新计提折旧，否则系统不允许结账。

(8) 资产减少。执行“卡片”|“资产减少”命令，进入“资产减少”窗口，选择“033001台式电脑”，单击【增加】按钮，选择减少方式为“毁损”。

单击【确定】按钮，进入“填制凭证”窗口，选择“转账凭证”类别，修改其他项目，单击【保存】按钮，效果如图6-11所示。

图6-11 固定资产减少生成凭证

【提示】

本账套需要进行计提折旧后，才能减少资产。如果要减少的资产较少或没有共同点，则通过输入资产编号或卡片号，单击【增加】按钮，将资产添加到资产减少表中；如果要减少的资产较多并且有共同点，则通过单击【条件】按钮，输入一些查询条件，将符合该条件的资产挑选出来进行批量减少操作。

(9) 与总账对账。

A. 固定资产管理系统生成的凭证自动传递到总账管理系统，在总账管理系统中，对传递过来的凭证进行审核和记账。以出纳"孙俊梅"的身份登录总账管理系统，进行出纳签字。

以账套主管"张扬"的身份登录总账管理系统，进行审核凭证并记账。

【提示】

只有总账管理系统记账完毕，固定资产管理系统期末才能和总账进行对账工作。

B. 执行"处理"|"对账"命令，系统弹出"与财务对账结果"信息提示对话框，单击【确定】按钮。

【提示】

当总账记账完毕，固定资产系统才可以进行对账、对账平衡，才能开始月末结账。如果在初始设置时，选择了"与账务系统对账"功能，对账的操作将不限制执行时间，任何时候都可以进行对账；如果在"财务接口"中选中"在对账不平情况下允许固定资产月末结账"复选框，则可以直接进行月末结账。

(10) 结账。执行"处理"|"月末结账"命令，打开"月末结账"对话框；单击【开始结账】按钮，如图6-12所示。系统弹出"月末结账成功完成！"信息提示对话框，单击【确定】按钮。

【提示】本会计期间做完月末结账工作后，所有数据资料将不能再进行修改；本会计期间不做完月末结账工作，系统将不允许处理下一个会计期间的数据。月末结账前一定要进行数据备份，否则数据一旦丢失，将造

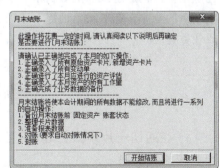

图6-12 固定资产月末结账

成无法挽回的后果。

(11) 取消结账。执行"处理"|"恢复月末结账前状态"命令，系统弹出"此操作将恢复本账套2022年1月末结转前操作状态，并花费一定时间！是否继续？"信息提示对话框，如图6-13所示。单击【是】按钮，系统弹出"成功恢复月末结账前状态！"信息提示对话框，单击【确定】按钮。

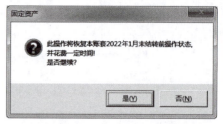

图6-13　固定资产取消月末结账

【提示】

如果在结账后发现结账前操作有误，必须修改结账前的数据，则可以使用"恢复结账前状态"功能，又称"反结账"，即将数据恢复到月末结账前状态，结账时所做的所有工作都被无痕迹删除。在总账管理系统未进行月末结账时，才可以使用"恢复结账前状态"功能，一旦成本系统提取了某期的数据，该期不能反结账。如果当前的账套已经做了年末处理，那么就不允许再执行恢复月初状态功能。

6.5　固定资产拓展任务

1. 多部门分摊

企业中一项固定资产被多个部门使用，为正确核算，折旧费用也应该分摊到不同的成本中心。如企业建一座办公楼，价款500 000元，该办公楼由生产部占40%、财务部占20%、采购部占20%、销售部占20%共同使用。

操作指导如下。在固定资产系统中，执行"卡片"|"资产增加"命令，进入"资产类别参照"窗口。选择资产类别"04房屋及建筑物"，单击【确定】按钮，进入"固定资产卡片新增"窗口。输入固定资产名称"办公楼"，单击【部门使用】按钮，选择"多部门使用"，单击【确定】按钮。打开"使用部门"对话框，单击【增加】按钮，分别按照部门及部门占的比重输入信息。

2. 批量制单

固定资产系统提供两种制单方式，即业务发生后立即制单和批量制单，如采用批量制单生成1月份业务凭证。

操作指导如下。执行"处理"|"批量制单"命令，打开"查询条件选择"对话框，单击【确定】按钮，进入"批量制单"窗口。在"制单选择"选项卡中，单击【全选】按钮，选中要制单的业务。在"制单设置"选项卡中，补充录入缺失的科目信息。单击【凭证】按钮，生成业务凭证。

6.6　自助维护

1. 在期初卡片录入完成后，如何检查数据是否正确？若出现与总账对账不平的情况，应如何解决

可以通过与科目总账对账功能对数据进行检查，录入的所有原始卡片中的原值之和应与总

账中固定资产科目期初余额一致,所有原始卡片中的累计折旧之和应与总账中累计折旧科目期初余额一致。如果对账不平,那么原始卡片中的原值和累计折旧数据录入存在错误,需要修改原始卡片。

2. 设置部门对应折旧科目和固定资产增减方式对应科目有何作用

部门对应折旧科目用于计提折旧时,在生成的折旧凭证中自动填写科目;固定资产增减方式中定义的科目用于当新增或减少固定资产时,在生成的凭证中自动填写科目。

3. 计提折旧后,能否修改本月折旧和累计折旧

计提折旧后在折旧清单中按【Ctrl+Alt+G】组合键恢复隐藏的修改按钮,折旧清单中不能修改累计折旧,只能修改本月折旧金额,修改累计折旧要通过变动单实现。

6.7 思考练习

一、单项选择题

1. 在录入原始卡片时,下列哪项可以不用录入( )。
   A. 固定资产名称　B. 使用部门　　C. 增加方式　　D. 存放地点
2. 以下哪些业务需要在"固定资产——卡片——变动单"下方进行处理( )。
   A. 固定资产原值变化　　　　　B. 计提折旧
   C. 固定资产减少　　　　　　　D. 录入固定资产原始卡片
3. 固定资产原始卡片录入属于( )内容。
   A. 固定资产系统初始化　　　　B. 固定资产卡片管理
   C. 固定资产日常业务　　　　　D. 固定资产月末业务
4. 不属于建立固定资产账套参数的是( )。
   A. 约定与说明　B. 启用月份　　C. 卡片格式　　D. 折旧信息
5. 某项固定资产在使用中,下列不需要通过变动单就可以修改的项目是( )。
   A. 原值调整　B. 累计折旧调整　C. 部门转移　D. 固定资产名称变动

二、多项选择题

1. 在固定资产系统中,下列操作中需要进行资产变动处理的是( )。
   A. 原值变动　B. 部门转移　　C. 使用状况变化　D. 使用年限调整
2. 固定资产管理模块日常处理内容有( )。
   A. 固定资产变动　B. 固定资产减少　C. 生成记账凭证　D. 固定资产增加
3. 下列各项中,不属于固定资产期末业务处理的是( )
   A. 计提折旧　B. 固定资产减少　C. 对账　　　D. 固定资产变动
4. 固定资产系统与总账系统进行对账时,主要通过( )科目来进行的。
   A. 产品生产成本　B. 固定资产　　C. 累计折旧　　D. 在建工程
5. 固定资产系统与总账系统期初对账不平的原因有( )。
   A. 固定资产原始卡片录入不正确
   B. 总账期初余额固定资产、累计折旧科目金额有误
   C. 会计科目设置有误
   D. 固定资产折旧计提有误

三、判断题

1. 固定资产编号既可以选择手工输入，也可以选择自动编码。（   ）
2. 已进行过"资产减少"处理后的固定资产，在系统中将无法查询。（   ）
3. 一项固定资产可以由多个部门共同使用。（   ）
4. 在对账不平的情况下，固定资产系统是一定不能结账的。（   ）
5. 在录入原始卡片时，"存放地点"项目可以不用录入。（   ）

四、简答题

1. 如何设置固定资产的初始化参数？
2. 固定资产有哪些功能模块？
3. 固定资产"卡片"模块下方可以处理哪些业务？
4. 固定资产"变动单"模块下可以处理哪些业务？
5. 固定资产减少后是否可以恢复？如果可以，应如何恢复？

第 7 章

薪资管理

学习目标：
1. 掌握用友U8中薪资管理系统的相关内容；
2. 掌握薪资管理系统中的初始化设置；
3. 掌握薪资管理系统中的日常业务处理；
4. 掌握薪资管理系统中的期末业务处理。

7.1 实训工作情景

用友U8 V10.1软件中薪资管理系统的任务以职工个人的工资原始数据为基础，计算应发工资、扣款合计和实发工资等，编制工资结算单；按部门和人员类别进行汇总，进行个人所得税计算；提供对工资相关数据的多种方式的查询和分析，进行工资费用分配与计提，并实现自动转账处理。河南嘉航紧固装置有限公司在运用用友U8 V10.1软件进行薪资管理之前，需要了解以下三方面的问题。

1. 职工工资核算是企业工作量比较大的一项任务，利用软件管理能减轻核算工作量，目前企业职工包括正式职工、退休职工和临时工三类。临时工采用计件工资，退休职工工资不再代扣个人所得税，薪资管理软件能否处理这些情况

用友U8 V10.1软件中薪资管理系统提供处理多个工资类别的功能，如果单位按周或月多次发放工资，或者单位中有多种不同类别(部门)的人员，工资发放项目不同，计算公式也不同，但需进行统一工资核算管理，只用选择建立多个工资类别分别处理即可。

2. 依法纳税是每个公民的应尽义务，工资薪金所得是个人所得税的征税内容，是否可以在计算职工工资的同时按照适用税率正确计算并扣缴个人所得税

用友U8 V10.1软件的薪资管理系统中设置了是否在工资核算的同时代扣个人所得税选项，选择该项，在工资项目中自动增加"代扣税"；同时允许用户设置个人所得税扣税基数、累进税率、收入额合计项等，为正确计算个人所得税做了铺垫。

3. 前期已经学习了总账，并且在总账中处理过一笔工资费用分配的业务，如果企业使用薪资管理系统管理职工工资相关业务，那它与总账之间怎样进行业务区隔

如果企业同时使用总账和薪资系统，那么与职工薪资有关的业务全部在薪资管理系统处理，并生成业务凭证传递给总账系统，总账中不再手工填制该类凭证。

7.2 薪资管理系统认知

7.2.1 薪资管理系统的主要功能

1. 功能概述

薪资管理系统是用友U8的重要组成部分。它具有功能强大、设计周到、操作方便的特点，适用于各类企业，以及行政、事业与科研单位，并提供了同一企业存在多种工资核算类型的解决方案。薪资管理系统可以根据企业的薪资制度、薪资结构设置企业的薪资标准体系，在发生人事变动或薪资标准调整时执行调资处理，记入员工薪资档案作为工资核算的依据；根据不同企业的需要设计工资项目、计算公式，更加方便地输入、修改各种工资数据和资料；自动计算、汇总工资数据，对形成工资、福利费等各项费用进行月末、年末账务处理，并通过转账方式向总账系统传输会计凭证，向成本管理系统传输工资费用数据。齐全的工资报表形式、简便的工资资料查询方式、健全的核算体系，为企业多层次、多角度的工资管理提供了方便。

2. 功能模块

1) 初始设置

初始设置主要包括对薪资标准体系的设置、调资业务的设置、代发工资银行的设置、自定义工资项目及计算公式的设置、人员附加信息、人员类别、部门选择的设置、人员档案等设置。除此之外，还包括提供多工资类别核算、工资核算币种、扣零处理、个人所得税扣税处理、是否核算计件工资、是否启用工资变动审核等账套参数设置。

2) 业务处理

业务处理主要包括以下几方面。

(1) 调资处理：对人事变动进行处理，应用薪资标准或手工执行薪资调整，记录工资变动的项目、金额、批准时间、起薪日期、截止日期。

(2) 薪资档案：查看工资档案，工资变动档案。

(3) 工资数据变动：进行工资数据的变动，汇总处理，支持多套工资数据的汇总。

(4) 工资分钱清单：提供部门分钱清单、人员分钱清单、工资发放取款单。

(5) 工资分摊：月末自动完成工资分摊，计提、转账业务，并将生成的凭证传递到总账系统。

(6) 银行代发：灵活的银行代发功能，预置银行代发模板，适用于由银行发放工资的企业。可实现在同一工资账中的人员由不同的银行代发工资，以及多种文件格式的输出。

(7) 扣缴所得税：提供个人所得税自动计算与申报功能。

3) 统计分析报表业务处理

(1) 提供按月查询凭证的功能。

(2) 提供工资表：工资发放签名表、工资发放条、工资卡、部门工资汇总表、人员类别汇总表、条件汇总表、条件明细表、条件统计表、多类别工资表等。

(3) 提供工资分析表：工资项目分析表、工资增长分析、员工工资汇总表、按月分类统计表、部门分类统计表、按项目分类统计表、员工工资项目统计表、分部门各月工资构成分析表、部门工资项目构成分析表等。

7.2.2 薪资管理系统的基本概念

1. 工资类别

企业内部的职工归属于不同部门的人员，在不同的岗位上人员工作性质不同，从事的工作内容不同，工资的发放项目和计算方法通常也不同。例如，行政管理人员的薪资一般采用计时制，生产工人的薪资一般采用计件制，退休人员的薪资一般稳定少变。为区别这些不同人员的工资计算与核算，用友U8通过设置工资类别来实现工资的分类管理。所谓工资类别是指对工资计算方法的归类，一种工资计算方法称为一个工资类别，如企业可以将员工分为正式工与临时工，设置正式工工资类别与临时工工资类别。如果企业人员工资计算标准相同，可以设置单个工资类别；如果存在多个不同工资计算标准，则需要设置多个工资类别。用友U8薪资管理系统可为有多种工资核算类型的企业提供解决方案。

(1) 所有人员统一工资核算的企业，使用单工资类别核算。
(2) 分别对在职人员、退休人员、离休人员进行核算的企业，可使用多工资类别核算。
(3) 分别对正式工、临时工进行核算的企业，可使用多工资类别核算。
(4) 每月进行多次工资发放，月末统一核算的企业，可使用多工资类别、多次发放核算。
(5) 企业有多个工厂，可以设置多个工资类别分别核算。
(6) 在不同地区有分支机构，而由总管机构统一进行工资核算的企业，可使用多工资类别核算。
(7) 高层管理人员可设置一个单独的工资类别核算。

2. 人员类别

人员类别是对企业职工属性的分类。可以根据员工所属部门与工作岗位、工作性质的不同设置管理人员、基本生产人员，辅助生产人员等。不同人员工资项目构成不同，计算公式不同，但需要进行工资的统一管理，因此，可以通过建立多个工资类别实现，用友U8软件提供了人员类别设置功能，便于对工资数据的统计与汇总分析。

3. 工资项目

工资总额是指各单位在一定时期内直接支付给本单位全部职工的劳动报酬总额。工资总额由六部分组成：计时工资、计件工资、奖金、津贴和补贴、加班加点工资、特殊情况下支付的工资。工资项目是指组成一个职员工资的各项内容，单位员工的工资一般由多项内容构成，如基本工资、岗位津贴、奖金、病事假扣款、住房公积金扣款、养老保险金扣款、失业保险金扣款、应发工资、个人所得税扣款和实发工资等。

工资项目是企业工资表结构的组成元素，工资项目的管理包括两方面：一是工资项目的设置；二是计算公式的设置。工资项目的设置：工资项目在薪资管理系统初始化中进行设置，不可自行输入，按照数据库管理思想，工资项目具有类型、长度、小数位数和增减项等属性。

(1) 类型。类型有字符型与数值型两种。工资项目中"姓名"的内容一般由汉字构成，是字符型数据。

(2) 长度。长度是工资项目内容存在于存储器中所占的字节数。如"基本工资"的金额小于一万元，即基本工资整数部分最大占4位，小数占2位，小数点占1位，所以总长度为7位。

(3) 小数位数。对于数值型数据，小数位数一般设置为2位。

(4) 增减项。为了便于数据参与运算，用友U8会设置某一项目为增项、减项和其他这三种形式之一。"增项"在公式设置中作为加数计算，"减项"在公式设置中作为减数计算，"其他"则用于字符型项目及其他不直接用于应发工资和扣款合计计算的数值型项目。

4. 扣零

扣零处理是在用现金发放工资的情况下，把某一级货币单位以下的金额，如元以下的角和分暂时扣下，这种处理方式称为扣零处理。因为用现金发放时，找零工作量巨大，扣零处理则解决了这个问题，使用扣零功能把员工工资中的零钱扣零至元，将几角几分暂时扣下来，本月不发放，到下月计算工资时，把上月的零钱加入一起计算，避免了找零的麻烦，提高了工资发放效率。随着信息技术的应用，特别是银行代发工资的普及，发放零钱不再是问题，扣零处理问题基本不再需要。

7.3 薪资管理业务处理流程

7.3.1 薪资管理初始化设置流程

1. 建立工资账套

工资账套与系统管理中的账套不同，系统管理中的账套是针对整个核算系统的，工资账套针对的是薪资管理子系统，是建立一套进行工资核算管理的规则。新建工资账套通过系统提供的建账向导完成，第一次运行薪资管理系统，系统会自动进入建账向导。工资账套分四步进行，分别是进行工资类别个数的确定、币别的选择，以及扣税设置、扣零设置与人员编码设置。

2. 设置工资类别

薪资管理系统是按工资类别来进行管理的，根据企业工资标准实际，确定是否需要多个工资类别。如果是多个工资类别，就需要分别建立工资类别，以核算不同工资类别。工资类别某种意义上相当于数据库文件，其维护包括建立工资类别、打开工资类别、删除工资类别、关闭工资类别和汇总工资类别等内容。

3. 部门设置

部门设置是为不同工资类别设置相应的部门，若在工资类别建立时已经选择了部门，可以根据需要进行部门设置的修改。修改的方法是先打开需要修改部门设置的工资类别，再进行部门的设置。在实际工作中，薪资一般按照部门进行管理。

4. 工资项目设置

用友U8薪资管理系统的工资项目分为两个层次：第一层次是企业工资管理中所用到的所有工资项目，是所有工资类别将使用的工资项目；第二层次是每一个工资类别使用的工资项目。所以工资项目的设置操作也分成两次进行，第一次是设置企业工资管理中所用到的所有工资项目，第二次是区分不同工资类别，从第一次设置的工资项目中选择本工资类别所需要的工资项目。用友U8薪资管理系统中的工资项目设置就是定义工资项目的名称、类型、长度、小数与增减项。其中有些工资项目,如应发合计、扣款合计和实发合计是工资计算与核算中必不可少的,不能删除与重命名。一些项目可以根据工资管理需要进行定义与参照增加,如基本工资、奖励工资等。

5. 银行档案设置

工资由银行代发的企业,需要进行银行档案设置,发放工资可以设置多个代发的银行,这里的银行名称设置是针对所有工资类别的。同一个工资类别中的人员由于不在同一个工作地点,可以在邻近工作地点的不同银行进行代发工资;不同的工资类别也可由不同的银行代发工资,需要由账套主管在"基础设置"中设置银行档案。

7.3.2 薪资管理日常业务处理

1. 人员档案设置

人员档案的设置用于登记工资发放人员的姓名、职工编号、所在部门、人员类别等信息。建立工资账套后,可以用"批量引入"的方法引入"基础设置"中设置的人员档案数据,以减少工作量,对批量引入的人员档案进行增加、修改、删除等信息的完善。人员档案属于不同工资类别,必须区分不同工资类别进行设置。

2. 设置工资项目和计算公式

在系统初始中设置的工资项目包括本单位各种工资类别所需要的全部工资项目。由于不同的工资类别,工资发放项目不同,计算公式也不同,因此应对某个指定工资类别所需的工资项目进行设置,并定义此工资类别的工资数据计算公式。

1) 选择建立本工资类别的工资项目。这里只能选择系统初始中设置的工资项目,不可自行输入。工资项目的类型、长度,以及小数位数、增减项等不可更改。

2) 设置计算公式。设置计算公式是指定义某些工资项目的计算公式及工资项目之间的运算关系。如缺勤扣款=基本工资/月工作日×缺勤天数,运用公式可直观表达工资项目的实际运算过程,灵活地进行工资计算处理。定义公式可通过选择工资项目、运算符、关系符、函数等组合完成。

对于系统固定的工资项目"应发合计""扣款合计""实发合计"等的计算公式,系统会根据工资项目设置的"增减项"自动给出。用户在此只能增加、修改、删除其他工资项目的计算公式。

定义工资项目计算公式要符合逻辑,系统将对公式进行合法性检查,不符合逻辑的系统将给出错误提示,定义公式时要注意先后顺序,先得到的数据应先设置公式。应发合计、扣款合计和实发合计公式应是公式定义框的最后3个公式,并且实发合计的公式要在应发合计和扣款合计公式之后。如出现计算公式超长的情况,可将所用到的工资项目名称缩短或设置过渡项目。定义公式时可使用函数公式向导参照输入。

3. 工资变动

职工的工资数据包括基本不变数据与变动数据:基本不变数据如职工姓名、工号、有些是一段时间内基本不变的,如计时工资中的基本工资、岗位津贴,计件工资中的计件单价等;有些是经常变动的数据,如每天的计件数量,一个月的事假与病假天数等。工资变动就是在每个月计算实发工资时从上个月引入相对不变的数据,然后输入每个月发生变动的工资数据。工资变动的管理还包括:工资项目的增减,人员的调入与调出,基本工资标准或计件单价的调整等。

4. 扣缴个人所得税

企事业单位职工个人所得税的管理一般由所在单位代为扣缴，用友U8提供了个人所得税的自动计算功能。薪资管理人员会事先定义好个人所得税的基数(起征点)和附加费用，系统会自动计算个人所得税额。

5. 工资分钱清单

工资分钱清单适用于用现金发放工资的单位，是指按单位工资发放的工资金额计算分钱票面额清单，会计人员根据工资分钱清单从银行提取现款发给各部门。用友U8系统提供了票面额设置的功能，自动计算出按部门、按人员、按企业的各种面额的张数，这样在发放工资过程中不用找零，提高了发放工资的效率。

6. 银行代发

随着信息技术的应用，无现金业务处理日益普及，许多单位将工资发放委托银行进行。单位每月向银行提供带加密的给定格式文件的软盘，使单位送出的代发文件文本格式和银行计算机工资代发系统所需文件格式相一致，或者通过开通单位网银，向工资发放系统提交规定格式的文件，以保证代发业务的顺利进行。这样可以减轻了财务部门发放工资的繁重工作。

7. 工资分摊

工资费用是成本核算的重要内容，是薪资管理系统的主要工作。单位每到月终，会根据工资费用分配表，把工资费用按用途进行分配，计入有关成本费用。例如，企业管理人员的工资计入管理费用，销售人员工资计入销售费用，生产人员的工资计入相关产品生产成本，车间管理人员工资计入制造费用。另外，根据国家工资与薪金相关法律进行有关费用的计提，如工会经费、职工教育经费的计提，最后编制转账凭证传递到总账系统，工资分摊需按工资类别分别进行，由有权限的薪资管理人员在"工资分摊"模块进行。

8. 工资数据查询统计

工资数据处理结果最终通过工资报表的形式反映，薪资管理系统提供了主要的工资报表，报表的格式由系统提供，也可以通过"修改表"和"新建表"功能自行设计。用友U8薪资管理系统主要提供了"工资表"和"工资分析表"。工资表主要包括：工资发放签名表、工资发放条、工资卡、部门工资汇总表、人员类别工资汇总表、条件汇总表、条件统计表、条件明细表、工资变动明细表、工资变动汇总表等由系统提供的原始表，主要用于本月工资发放和统计，工资表可以进行修改和重建。工资分析表以工资数据为基础，对部门、人员类别的工资数据进行分析和比较，产生各种分析表，供决策人员使用。

9. 期末处理

(1) 月末结转。工资的月末处理就是将当月工资数据经过处理以后结转到下个月，除了12月的工资数据，每月工资数据处理完毕后均可进行月末结转。对于12月的工资数据，其月末结转按年末结转来处理。员工的工资数据中，包括变动数据与基本不变数据。对于变动的工资数据，每个月均不相同，在每个月工资处理时均需要将这些工资项目数据清零后再输入当月工资数据，此类项目也称为清零项目。工资系统的月末处理只有账套主管才能执行。工资的月末处理可以对单个工资类别进行，也可以对多个工资类别进行，若处理多个工资类别，应该打开工资类别，分别进行月末处理。工资的月末结转需要汇总，如果没有汇总则不允许进行月末结转。月末结转后，当月数据不允许再变动。

(2) 年末结转。年末结转是将工资数据经过处理后结转至下年，进行年末结转后，新年度账将自动建立。在处理完所有工资类别的工资数据后，对于多工资类别，应关闭所有工资类别，然后在系统管理中选择"年度账"菜单，进行上年数据结转。年末结转只有在当月工资数据处理完毕后才能进行，若当月工资数据未汇总，系统将不允许进行年末结转，进行年末结转后，本年各月数据将不允许变动。若用户跨月进行年末结转，系统将给予提示。年末处理功能只有主管人员才能进行。

7.4 薪资管理日常业务处理

【实验准备】

(1) 完成总账基础设置及期初余额录入工作。
(2) 引入设置过基础设置和期初余额的账套数据。

【实验内容】

(1) 薪资管理初始化设置。
(2) 薪资管理日常业务处理。
(3) 薪资管理期末业务处理。
(4) 薪资管理数据查询。

【实验要求】

以账套主管"张扬"的身份登录企业应用平台，进行薪资管理的初始化设置、总账系统的审核凭证；以会计"王东升"的身份登录企业应用平台，进行薪资日常业务处理及月末业务处理；以出纳"孙俊梅"的身份登录总账管理系统，进行出纳签字。

【实验资料】

1. 建立工资账套

(1) 参数设置。工资类别个数：多个；核算币种：人民币RMB；不选择"是否核算计件工资"。
(2) 扣税设置。要求代扣个人所得税。
(3) 扣零设置。不进行扣零处理。
(4) 人员编码。与公共平台人员的人员编码保持一致，3位。
(5) 启用日期：2022年1月。

2. 公共工资项目设置

公共工资项目如表7-1所示。

表7-1 公共工资项目明细表

项目名称	类型	长度	小数位数	增减项
基本工资	数字	8	2	增项
岗位工资	数字	8	2	增项
奖金	数字	8	2	增项
交通补贴	数字	8	2	增项

(续表)

项目名称	类型	长度	小数位数	增减项
应发合计	数字	10	2	增项
养老保险金	数字	8	2	减项
事假天数	数字	8	2	其他
事假扣款	数字	8	2	减项
代扣税	数字	10	2	减项
扣款合计	数字	10	2	减项
实发合计	数字	10	2	增项

3. 银行名称设置

(1) 银行编号：01001。

(2) 银行名称：中国工商银行郑州长江路支行。

(3) 默认个人账号长度：11。

(4) 自动带出个人账号长度：7。

4. 工资类别

(1) 工资类别1：正式人员；部门选择：所有部门。

(2) 工资类别2：临时人员；部门选择：生产部。

5. 正式人员档案

(1) 正式人员档案信息。正式人员档案信息如表7-2所示。

表7-2　正式人员档案信息

人员编码	人员姓名	人员类别	行政部门	银行账号	中方人员	是否计税
101	马林	企业管理人员	总经理办公室	20200010001	是	是
102	张扬	企业管理人员	财务部	20200010002	是	是
103	孙俊梅	企业管理人员	财务部	20200010003	是	是
104	王东升	企业管理人员	财务部	20200010004	是	是
105	李晓锋	采购人员	采购部	20200010005	是	是
106	刘智辉	销售人员	销售一部	20200010006	是	是
107	张建军	销售人员	销售二部	20200010007	是	是
108	王冰	车间管理人员	生产部	20200010008	是	是
109	王鸿洋	仓库管理人员	仓管部	20200010010	是	是
110	王怀忠	生产人员	生产部	20200010009	是	是

注：以上所有人员的代发银行均为中国工商银行郑州长江路支行。

(2) 正式人员工资项目。如基本工资、岗位工资、奖金、交通补贴、应发合计、养老保险金、事假天数、事假扣款、代扣税、扣款合计、实发合计。

(3) 正式人员工资项目计算公式如下。

交通补贴=iff(人员类别="企业管理人员" OR 人员类别="车间管理人员"，300，200)。说明：即企业管理人员和车间管理人员为300，其他人员200元，iff(　　)为系统提供的函数。

应发合计=基本工资+岗位工资+奖金+交通补贴。说明：应发合计为系统自动生成。

养老保险=(基本工资+岗位工资+奖金+交通补贴)*0.05。

事假扣款=(基本工资/22)*事假天数。

扣款合计=养老保险金+事假扣款+代扣税。说明：扣款合计系统根据减项自动生成。

实发合计=应发合计-扣款合计。说明：实发合计有系统自动生成。

6. 临时人员档案

(1) 临时人员档案信息。临时人员档案信息如表7-3所示。

表7-3 临时人员档案信息

人员编码	人员姓名	人员类别	行政部门	银行账号	中方人员	是否计税
201	李晓	生产人员	生产部	20200020001	是	是
202	赵明	生产人员	生产部	20200020002	是	是
203	王梅	生产人员	生产部	20200020003	是	是
204	张旭	生产人员	生产部	20200020004	是	是

注：以上所有人员的代发银行均为中国工商银行郑州长江路支行。

(2) 临时人员工资项目。如基本工资、岗位工资、应发合计、养老保险金、事假天数、事假扣款、代扣税、扣款合计、实发合计。

(3) 临时人员工资项目计算公式如下。

应发合计=基本工资+岗位工资。说明：应发合计为系统自动生成。

养老保险=(基本工资+岗位工资)*0.05。

事假扣款=(基本工资/22)*事假天数。

扣款合计=养老保险金+事假扣款+代扣税。说明：扣款合计系统根据减项自动生成。

实发合计=应发合计-扣款合计。说明：实发合计由系统自动生成。

7. 代扣个人所得税

正式人员和临时人员计算个人所得税的扣税项目均设置为"应发合计"(实际工作中要按照政策确定)，每个职员需选择"从工资中代扣个人所得税"，扣税标准：扣税起点每月3500元。个人所得税的征收会随着国家个人所得税法的改变而改变，具体请参照当时的法规确定。个人所得税计算方法举例如表7-4所示。

表7-4 薪资所得适用个人所得税七级超额累进税率表

级数	全月应纳税所得额	税率/%	速算扣除数/元
1	不超过1500元	3	0
2	超过1500元至4500元	10	105
3	超过4500元至9000元	20	555
4	超过9000元至35 000元	25	1005
5	超过35 000元至55 000元	30	2755
6	超过55 000元至80 000元	35	5505
7	超过80 000元	45	13505

8. 工资数据

(1) 正式人员工资情况如表7-5所示。

表7-5　正式人员工资情况表

人员编码	人员姓名	人员类别	行政部门	基本工资	岗位工资	奖金
101	马林	企业管理人员	总经理办公室	6000	2000	2000
102	张扬	企业管理人员	财务部	5000	1500	1500
103	孙俊梅	企业管理人员	财务部	4000	1200	1200
104	王东升	企业管理人员	财务部	4000	1200	1200
105	李晓锋	采购人员	采购部	4000	1200	1200
106	刘智辉	销售人员	销售一部	3500	1000	1500
107	张建军	销售人员	销售二部	3500	1000	1500
108	王冰	车间管理人员	生产部	4000	1500	1200
109	王鸿洋	仓库管理人员	仓储部	3500	1200	1000
110	王怀忠	生产人员	生产部	3500	1200	1000

注：在考勤上，王东升请事假2天，王怀忠请事假1天。

(2) 正式人员发放奖金。由于上年度销售部推广产品业绩较好，因此给予销售部所有人员每人600元的奖励。

(3) 正式人员扣缴个人所得税。

(4) 正式人员银行代发。

(5) 临时人员工资情况如表7-6所示。

表7-6　临时人员工资情况表

人员编码	人员姓名	人员类别	行政部门	基本工资	岗位工资
201	李晓	生产人员	生产部	4000	1300
202	赵明	生产人员	生产部	4000	1300
203	王梅	生产人员	生产部	4000	1300
204	张旭	生产人员	生产部	4000	1300

注：在考勤上，赵明请事假2天。

(6) 临时人员扣缴个人所得税。

(7) 临时人员银行代发。

9. 工资分摊

应付工资总额等于工资项目"应付工资"，养老保险、工会经费、职工教育经费也此为计提基数。薪资费用分配的转账分录如表7-7所示。

表7-7　薪资费用分配转账分录统计表

行政部门	人员类别	应付工资	
		借方科目	贷方科目
总经理办公室	企业管理人员	660201	221101
财务部	企业管理人员	660201	221101
采购部	采购人员	660201	221101
销售部	销售人员	660101	221101
生产部	车间管理人员	510101	221101

(续表)

行政部门	人员类别	应付工资	
		借方科目	贷方科目
生产部	生产人员	500102	221101
仓管部	仓库管理人员	660201	221101

10. 汇总工资类别

11. 账表查询：查看"工资发放条"

12. 月末处理

13. 对薪资管理系统生成的凭证进行审核、记账

【操作步骤】

1. 建立工资账套

（1）以账套主管"张扬"的身份，在2022年1月1日登录企业应用平台，执行"基础设置"|"基本信息"|"系统启用"命令，打开"系统启用"对话框。选中"WA薪资管理"复选框，弹出"日历"对话框，选择薪资管理系统启用日期"2022年1月1日"。单击【确定】按钮，系统弹出"确实要启用当前系统吗？"信息提示对话框，单击【是】按钮返回。

（2）进入企业应用平台，打开"业务工作"选项卡，选择"人力资源"中的"薪资管理"选项，打开"建立工资套"对话框。在建账第一步"参数设置"中，选择本账套所需处理的工资类别个数为"多个"，默认货币名称为"人民币"，单击【下一步】按钮。

【提示】

本例中对正式人员和临时人员分别进行核算，所以工资类别应选择"多个"。计件工资是按计件单价支付劳动报酬的一种形式。由于对计时工资和计件工资的核算方法不同，因此，在薪资管理系统中，对企业是否存在计件工资特别设置了确认选项。选中该项，系统自动在工资项目设置中显示"计件工资"项目；在人员档案中，"核算计件工资"项目可选，本案例不涉及此项。

（3）在建账第二步"扣税设置"中，选中"是否从工资中代扣个人所得税"复选框，单击【下一步】按钮。

【提示】

扣税设置是指是否需要在工资计算中自动进行扣税处理，选择代扣个人所得税后，系统将自动生成工资项目"代扣税"，并自动进行代扣税金的计算。

（4）在建账第三步"扣零设置"中，不做选择，直接单击【下一步】按钮。

【提示】

扣零处理是指每次发放工资时将零头扣下，积累取整，于下次工资发放时补上，系统在计算工资时将依据扣零类型(扣零至元、扣零至角、扣零至分)进行扣零计算。用户一旦选择了"扣零处理"，系统将自动在固定工资项目中增加"本月扣零"和"上月扣零"两个项目，扣零的计算公式将由系统自动定义，无须设置。

(5) 在建账第四步"人员编码"中，系统要求和公共平台中的人员编码保持一致。单击【完成】按钮，工资账套建账完毕。

【提示】

建账完毕后，部分建账参数可以在"设置"|"选项"中进行修改。

2. 公共工资项目设置

(1) 在薪资管理系统中，执行"设置"|"工资项目设置"命令，打开"工资项目设置"对话框。

(2) 单击【增加】按钮，工资项目列表中增加一空行，单击"名称参照"下拉列表框，从下拉列表中选择"基本工资"选项，双击"类型"栏，单击下拉列表框，从下拉列表中选择"数字"选项，"长度"采用系统默认值8。双击"小数"栏，单击微调框的上三角按钮，将小数设置为2，双击"增减项"栏，单击下拉列表框，从下拉列表中选择"增项"选项，效果如图7-1所示。

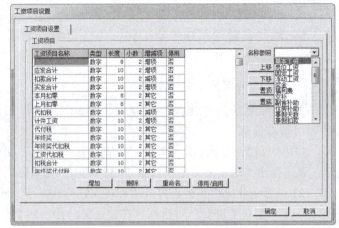

图7-1 薪资管理增加公共工资项目

(3) 单击【增加】按钮，按以上步骤增加其他工资项目，并依据增减项利用"上移""下移"来进行排序。

(4) 单击【确认】按钮，系统弹出"工资项目已经改变，请确认各工资类别的公式是否正确？"信息提示对话框，单击【确定】按钮。

【提示】

系统提供若干常用工资项目供参考，可选择输入。对于参照中未提供的工资项目，可以双击"工资项目名称"一栏直接输入，或先从"名称参照"中选择一个项目，然后单击"重命名"按钮修改为需要的项目。多类别工资管理时，关闭工资类别后，才能新增工资项目。新增工资项目时，增减项是依据该项目是对所发工资额的影响是增加、扣减，还是没有影响来确定的。

3. 银行设置

(1) 在企业应用平台的"基础设置"中，执行"基础档案"|"收付结算"|"银行档案"命令，打开"银行档案"对话框。

(2) 单击【增加】按钮，增加"中国工商银行郑州长江路支行(01001)"，默认个人账号为"定长"，账号长度11，自动带出个人账号长度7。

(3) 单击【保存】按钮，然后单击【退出】按钮。

【提示】

系统默认银行账号定长为选中，长度为11位，在此界面还可定义录入时需自动带出的账号长度，手工录入一个小于等于"账号长度"的整数，不允许为空。录入"人员档案"的银行账号时，从第二个人开始，系统根据用户在此定义的长度自动带出银行账号的前几位，以方便用户录入。

4. 建立工资类别

(1) 建立正式人员工资类别。在薪资管理系统中，执行"工资类别"|"新建工资类别"命令，打开"新建工资类别"对话框。在文本框中输入第一个工资类别"正式人员"，单击【下一步】按钮。

选中"选定全部部门"复选框，单击【完成】按钮，效果如图7-2所示。

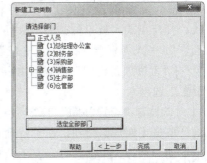

图7-2 选定正式人员所在部门

系统弹出"是否以2022-01-01为当前工资类别的启用日期？"信息提示对话框，单击【是】按钮，返回薪资管理系统。执行"工资类别"|"关闭工资类别"命令，关闭"正式人员"工资类别。

(2) 建立临时人员工资类别。执行"工资类别"|"新建工资类别"命令，打开"新建工资类别"对话框。在文本框中输入第二个工资类别"临时人员"，单击【下一步】按钮。

选取"生产部"，单击【完成】按钮。

系统弹出"是否以2022-01-01为当前工资类别的启用日期？"信息提示对话框，单击【是】按钮，返回薪资管理系统。执行"工资类别"|"关闭工资类别"命令，关闭"临时人员"工资类别。

5. 正式人员档案

(1) 完善正式人员档案信息。打开工资类别，执行"工资类别"|"打开工资类别"命令，打开"打开工资类别"对话框。选择"001正式人员"工资类别，单击【确定】按钮。

执行"业务工作"|"人力资源"|"薪资管理"|"设置"|"人员档案"命令，进入"人员档案"窗口。单击工具栏上的【批增】按钮，打开"人员批量增加"对话框。在左侧的"正式人员"列表框中，选中"总经理办公室""财务部""采购部""销售部""生产部""仓管部"，然后单击右上角"查询"，所选人员类别下的人员档案出现在右侧列表框中。

单击【确定】按钮返回，选中需要完善档案信息的人员，单击工具栏中的"修改"，补充银行名称、银行账号等信息。

【提示】

薪资管理系统各工资类别中的人员档案一定是来自在企业应用平台基础档案设置中设置的人员档案。企业应用平台中设置的人员档案是企业全部职工信息，薪资管理系统中的人员档案是需要进行工资发放和管理的人员，它们之间是包含关系。

(2) 设置正式人员工资项目。执行"业务工作"|"人力资源"|"薪资管理"|"设置"|"工资项目设置"命令，打开"工资项目设置"对话框。打开"工资项目设置"选项卡，单击【增加】按钮，工资项目列表中增加一空行。单击"名称参照"下拉列表框，从下拉列表中选择"基本工资"选项，工资项目名称、类型、长度、小数、增减项都自动带出，不能修改，同样，单击【增加】按钮，增加"岗位工资""奖金""交通补贴""养老保险金""事假天数""事假扣款"等其他工资项目。所有项目增加完成后，单击"工资项目设置"对话框上的上下箭头按钮，按照实验资料所给顺序调整工资项目的排列位置，效果如图7-3所示。

【提示】

工资项目不能重复选择，没有选择的工资项目不允许在计算公式中出现。不能删除已输入数据的工资项目和已设置计算公式的工资项目。

(3)设置正式人员工资项目计算公式。打开正式人员工资类别,执行"业务工作"|"人力资源"|"薪资管理"|"设置"|"工资项目设置"命令,单击"公式设置"选项卡。

① 设置"交通补助"工资项目计算公式。单击【增加】按钮,在工资项目列表中增加一空行,单击该行,在下拉列表中选择"交通补贴"选项。

对公式的输入有两种方式,第一种是单击"函数公式向导输入"按钮,由系统引导输入公式,第二种是手工直接输入。

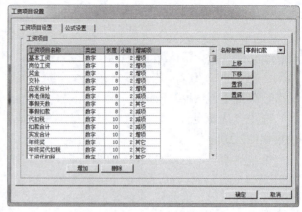

图7-3 正式人员工资项目设置

A. 利用函数公式向导输入。单击"公式定义"文本框再单击"函数公式向导输入"按钮,打开"函数向导——步骤之1"对话框,从"函数名"列表中选择"iff"。

单击【下一步】按钮,打开"函数向导——步骤之2"对话框。单击"逻辑表达式"后面的参照图标按钮,打开"参照"对话框,从"参照"下拉列表中选择"人员类别"选项,从下面的列表中选择"企业管理人员",单击【确定】按钮。

在逻辑表达式文本框中的公式后单击鼠标,输入"OR"后,再次单击"逻辑表达式"参照按钮,出现"参照"对话框,从"参照"下拉列表中选择"人员类别"选项。从下面的列表中选择"车间管理人员",单击【确定】按钮,返回"函数向导——步骤之2"。在"算术表达式1"后的文本框中输入300,在"算术表达式2"后的文本框中输入200,单击【完成】按钮,返回"公式设置"窗口,再单击【公式确认】按钮,效果如图7-4所示。

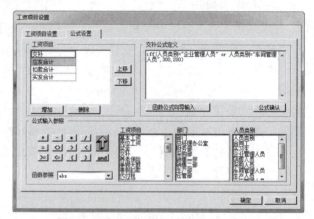

图7-4 正式人员交通补助计算公式设置结果

B. 手工直接输入。在右侧"交通补贴公式定义"窗口输入公式"iff(人员类别="企业管理人员" OR 人员类别="车间管理人员",300,200)",单击【公式确认】按钮。

【提示】

公式中字段变量一定要在"工资项目"列表中出现,公式中的括号、引号、等号、数字等全部为英文半角格式。若需继续定义其他工资项目的计算公式,可从工资项目中选择相应项目,操作方法同上,设置完毕后单击【确认】按钮返回系统主界面。公式中录入"OR"时,其前后应有空格。

② 设置"养老保险"工资项目计算公式。单击"公式定义"文本框,再单击下方"公式输入参照"中左边的"(";再分别单击"工资项目"中的"基本工资""岗位工资""奖金""交通补贴",并进行相加;再单击输入")";最后单击运算符"*",在"*"后单击,输入数字"0.05",单击【公式确认】按钮。

【提示】

各地经济发达程度不同,养老保险金、医疗保险金、失业保险金与住房公积金的缴费比例存在差异,本实验以实验资料假设数据为例。

③ 设置"事假扣款"工资项目计算公式。单击"公式定义"文本框,单击下方"公式输入参照"中左边的"(";单击"工资项目"中的"基本工资";单击"/",输入"22",再单击输入")";最后单击运算符"*",在"*"后单击,选择"工资项目"中的"事假天数",单击【公式确认】按钮。单击【确定】按钮,退出公式设置。

6. 临时人员档案

(1) 新增临时人员档案信息。执行"企业应用平台"|"基础档案"|"机构人员"|"人员档案"命令,增加"李晓""赵明""王梅""张旭"几位职工的个人档案。

打开工资类别,执行"工资类别"|"打开工资类别"命令,打开"打开工资类别"对话框。选择"002临时人员"工资类别,单击【确定】按钮。

执行"业务工作"|"人力资源"|"薪资管理"|"设置"|"人员档案"命令,进入"人员档案"窗口。单击工具栏上的【批增】按钮,打开"人员批量增加"对话框。在左侧的"临时人员类别"列表框中,选中"生产部",然后单击右上角的"查询",所选人员类别下的人员档案出现在右侧列表框中,只选中"李晓""赵明""王梅""张旭"四位员工,单击【确定】按钮返回。

(2) 设置临时人员工资项目。打开临时人员工资类别,执行"业务工作"|"人力资源"|"薪资管理"|"设置"|"工资项目设置"命令,打开"工资项目设置"对话框。打开"工资项目设置"选项卡,单击【增加】按钮,工资项目列表中增加一空行。单击"名称参照"下拉列表框,从下拉列表中选择"基本工资"选项,工资项目名称、类型、长度、小数、增减项都自动带出,不能修改。同样,单击【增加】按钮,增加"岗位工资""养老保险金""事假天数""事假扣款"等其他工资项目。所有项目增加完成后,单击"工资项目设置"对话框上的上下箭头按钮,按照实验资料所给顺序调整工资项目的排列位置。

(3) 临时人员工资项目计算公式。打开临时人员工资类别,执行"业务工作"|"人力资源"|"薪资管理"|"设置"|"工资项目设置"命令,单击"公式设置"选项卡。

① 设置"养老保险"工资项目计算公式。单击"公式定义"文本框,再单击下方"公式输入参照"中左边的"(";再分别单击"工资项目"中的"基本工资""岗位工资",并进行相加;再单击输入")";最后单击运算符"*",在"*"后单击,输入数字"0.05",单击【公式确认】按钮,效果如图7-5所示。

② 设置"事假扣款"工资项目计算公式。单击"公式定义"文本框,再单击下方"公式输入参照"中左边的"(";再单击"工资项目"中的"基本工资";再单击"/",输入"22",再单击输入")";最后单击运算符"*",在"*"后单击,选择"工资项目"中的"事假天数",单击【公式确认】按钮。单击【确定】按钮,退出公式设置。

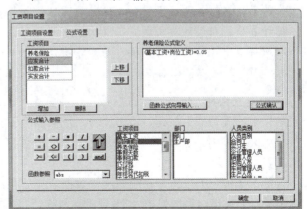

图7-5 临时人员养老保险公式设置

【提示】

各类人员工资项目中的应发合计、扣款合计、实发合计等合计类的工资项目，由系统自动生成，无须手工设置。

7. 个人所得税纳税基数设置

(1) 执行"业务工作"|"人力资源"|"薪资管理"|"设置"|"选项"命令，进入"选项"对话框，单击【编辑】按钮，选择"扣税设置"选项卡，勾选"从工资中代扣个人所得税"，收入额合计选择"应发合计"。

(2) 单击"税率设置"按钮，打开"个人所得税申报表——税率表"对话框。设置所得税纳税基数为"3500"，附加费用为"0"，然后按照实验资料中表7-4所给的税率表逐行修改应纳税所得额上限、税率和速算扣除数，单击【确定】按钮，完成所得税基数设置，如图7-6所示。

(3) 依据上述操作，完成临时人员个人所得税纳税基数设置。

图7-6 个人所得税税率设置表

8. 正式人员工资设置及查询

(1) 基本工资数据录入。执行"工资类别"|"打开工资类别"命令。选择"001正式人员"工资类别，单击【确定】按钮。执行"薪资管理"|"业务处理"|"工资变动"命令，进入"工资变动"窗口。单击"过滤器"下拉列表框，从中选择"过滤设置"选项，打开"项目过滤"对话框。选择"工资项目"列表框中的"基本工资""岗位工资"和"奖金"选项，单击">"按钮，将这三项选入"已选项目"列表框中。单击【确认】按钮，返回"工资变动"窗口，此时每个人的工资项目只显示三项。输入"正式人员"工资类别的工资数据。单击"过滤器"下拉列表框，从中选择"所有项目"选项，屏幕上显示所有工资项目，依据表7-5录入正式人员的"基本工资""岗位工资"和"奖金"这三个选项的工资数据，输入考勤情况"干东升请假2天，王怀忠请假1天"，单击工具栏上的"计算"按钮，计算工资数据，单击工具栏上的"汇总"按钮，汇总工资数据，生成工资变动表，单击工具栏上的【退出】按钮，退出"工资变动"窗口。

【提示】

这里只需输入没有进行公式设定的项目，如基本工资、岗位工资和奖金，其余各项由系统根据计算公式自动计算生成。在修改了某些数据，重新设置了计算公式，进行了数据替换或在个人所得税中执行了自动扣税、筹划等操作时，必须调用"计算"和"汇总"功能对个人工资数据重新计算，以保证数据正确。

(2) 发放奖金。单击"全选"按钮，所有人员前面的"选择"栏出现选中标记"Y"，单击工具栏上的【替换】按钮，单击"将工资项目"下拉列表框，从中选择"奖金"选项；在"替换成"文本框中，输入"奖金+600"；在"替换条件"文本框中分别选择"部门""=""销售部"。

单击【确定】按钮，系统弹出"数据替换后将不可恢复，是否继续？"信息提示对话框；单击【是】按钮，系统弹出"2条记录被替换，是否重新计算？"信息提示对话框；单击【是】

按钮，系统自动完成工资计算。

【提示】第一次使用薪资系统必须将所有人员的基本工资数据录入系统，工资数据可以在录入人员档案时直接录入，当工资数据发生变动时应在此录入。如果工资数据变动的变化具有规律性，可以使用“替换”功能进行成批数据替换。

(3) 扣缴个人所得税。执行“业务处理”|“扣缴所得税”命令，打开“个人所得税申报模板”对话框，选择所在地区名(本案例选择“系统”)，报表类型选择“扣缴个人所得税报表”，单击【打开】按钮，打开“所得税申报”对话框，单击【确定】按钮，进入系统扣缴个人所得税报表。

(4) 银行代发。执行“业务处理”|“银行代发”命令，打开“请选择部门范围”对话框，选中所有部门，单击【确定】按钮，系统弹出“银行文件格式设置”对话框，在银行模板右侧的三角下拉菜单中选择“中国工商银行郑州长江路支行”。

单击【确定】按钮，弹出“确认设置的银行文件格式?”信息提示框，单击【是】按钮，进入“银行代发”窗口，单击【退出】按钮，效果如图7-7所示。

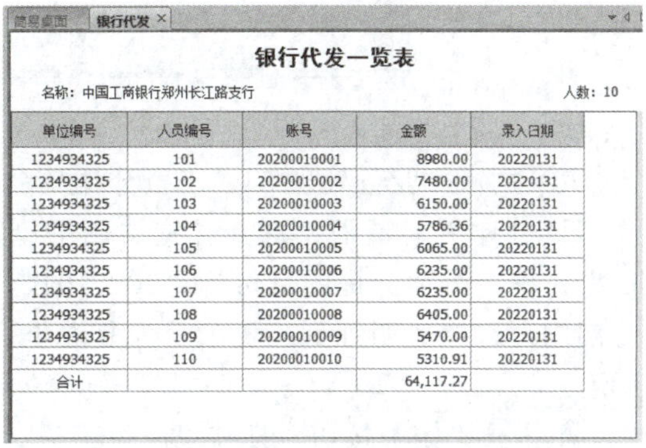

单位编号	人员编号	账号	金额	录入日期
1234934325	101	20200010001	8980.00	20220131
1234934325	102	20200010002	7480.00	20220131
1234934325	103	20200010003	6150.00	20220131
1234934325	104	20200010004	5786.36	20220131
1234934325	105	20200010005	6065.00	20220131
1234934325	106	20200010006	6235.00	20220131
1234934325	107	20200010007	6235.00	20220131
1234934325	108	20200010008	6405.00	20220131
1234934325	109	20200010009	5470.00	20220131
1234934325	110	20200010010	5310.91	20220131
合计			64,117.27	

图7-7 正式人员银行代发一览表

9. 临时人员工资设置及查询

(1) 基本工资数据录入。执行“工资类别”|“打开工资类别”命令。选择“002临时人员”工资类别，单击【确定】按钮。执行“薪资管理”|“业务处理”|“工资变动”命令，进入“工资变动”窗口。录入“基本工资”“岗位工资”，输入考勤情况“赵明请假2天”。在“工资变动”窗口中，单击工具栏上的【计算】按钮，计算工资数据，单击工具栏上的【汇总】按钮，汇总工资数据，生成工资变动表。单击工具栏上的【退出】按钮，退出“工资变动”窗口。

(2) 扣缴个人所得税。执行“业务处理”|“扣缴所得税”命令，打开“个人所得税申报模板”对话框，选择所在地区名(本案例选择“系统”)，报表类型选择“扣缴个人所得税报表”，单击【打开】按钮，打开“所得税申报”对话框，单击【确定】按钮，进入系统扣缴个人所得税报表。

(3) 银行代发。执行“业务处理”|“银行代发”命令，打开“请选择部门范围”对话框，选择“生产部”，单击【确定】按钮，系统弹出“银行文件格式设置”对话框，在银行模板右侧的三角下拉菜单中选择“中国工商银行郑州长江路支行”，单击【确定】按钮，弹出“确认设置的银行文件格式?”信息提示框，单击【是】按钮，进入“银行代发”窗口，单击【退出】按钮。

10. 正式人员工资分摊

(1) 执行“工资类别”|“打开工资类别”命令。选择“001正式人员”工资类别，单击【确定】按钮。

(2) 执行“业务处理”|“工资分摊”命令，打开“工资分摊”对话框；单击【工资分摊设置】按钮，打开“分摊类型设置”对话框，单击【增加】按钮，打开“分摊计提比例设置”对话框，输入计提类型名称为“应付工资”，分摊计提比例为“100%”，单击【下一步】按钮，打开“分摊构成设置”对话框。按实验资料内容设置“部门名称”“人员类别”“工资项

目""借方科目""贷方科目"等信息,单击【完成】按钮,返回"分摊类型设置"对话框,如图7-8所示。

图7-8 正式人员工资分摊构成设置

(3) 执行"业务处理"|"工资分摊"命令,打开"工资分摊"对话框,选择计提费用类型"应付工资",确定分摊计提的月份为"2022-01",选择所有部门,选中"明细到工资项目"复选框,如图7-9所示。

单击【确定】按钮,打开"应付工资一览表"对话框,选中"合并科目相同、辅助项相同的分录"复选框。

单击工具栏上的【制单】按钮,即生成记账凭证。单击凭证左上角的"字"位置,选择"转账凭证",输入附单据数;单击【保存】按钮,凭证左上角出现"已生成"字样,代表该凭证已传递到总账,如图7-10所示。

图7-10 正式人员工资分摊生成凭证

【提示】

工资分摊为薪资管理的日常业务,一般由会计人员操作,但在用友U8 V10.1中,系统默认的会计人员没有直接进行分摊工资的权限,因此需要账套主管对其进行进一步设置。在本案例中,由账套主管"张扬"执行"系统服务"|"权限"|"数据权限分配"命令,选中"003王东升",在"业务对象"处选择"工资权限",单击上方的"授权",将"禁用"处的所有部门,通过单击"》"符号转移至"可用"处,再勾选上方的"工资类别主管"复选框,单击

上方的【保存】按钮,弹出"保存成功,重新登录门户,此配置才能生效"信息提示框,单击【确定】按钮。以此流程分别对"正式人员""临时人员"进行授权。

11. 临时人员工资分摊

(1) 执行"工资类别"|"打开工资类别"命令。选择"002临时人员"工资类别,单击【确定】按钮。

(2) 执行"业务处理"|"工资分摊"命令,打开"工资分摊"对话框。单击"工资分摊设置"按钮,打开"分摊类型设置"对话框,单击【增加】按钮,打开"分摊计提比例设置"对话框,输入计提类型名称为"应付工资",分摊计提比例为"100%",单击【下一步】按钮,打开"分摊构成设置"对话框。按实验资料内容设置"部门名称""人员类别""工资项目""借方科目""贷方科目"等信息,单击【完成】按钮,返回"分摊类型设置"对话框。

(3) 执行"业务处理"|"工资分摊"命令,打开"工资分摊"对话框,选择计提费用类型"应付工资",确定分摊计提的月份为"2022-01",选择"生产部",选中"明细到工资项目"复选框。

单击【确定】按钮,打开"应付工资一览表"对话框,选中"合并科目相同、辅助项相同的分录"复选框。

单击工具栏上的"制单"按钮,即生成记账凭证。单击凭证左上角的"字"位置,选择"转账凭证",输入附单据数;单击【保存】按钮,凭证左上角出现"已生成"字样,代表该凭证已传递到总账,效果如图7-11所示。

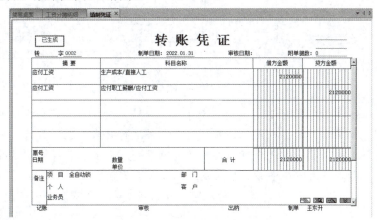

图7-11 临时人员工资分摊生成凭证

12. 汇总工资类别

(1) 执行"工资类别"|"关闭工资类别"命令,执行"维护"|"工资类别汇总"命令,打开"选择工资类别"对话框,选择要汇总的工资类别。单击【确定】按钮,完成工资类别汇总。

(2) 执行"工资类别"|"打开工资类别"命令,打开"选择工资类别"对话框,选择"998汇总工资类别",单击【确认】按钮,查看工资类别汇总后的各项数据。

【提示】

该功能必须在关闭所有工资类别时才可以使用,所选工资类别中必须有汇总月份的工资数据。如果是第一次进行工资类别汇总,需在汇总工资类别中设置工资项目计算公式;如果每次汇总的工资类别一致，则公式无须重新设置；如果与上一次所选择的工资类别不一致，则须重新设置计算公式。汇总工资类别不能进行月末结算和年末结算。

13. 账表查询

(1) 执行"统计分析"|"账表"|"工资表"命令，打开"工资表"对话框，单击选中"工资发放条"，单击"查看"，打开"选择分析部门"对话框，单击选中各个部门，选中"选定下级部门"复选框，单击【确定】按钮，即可查看"工资发放条"。

(2) 同样可查询其他部门工资汇总表、工资项目分析表等账表。

14. 月末处理

(1) 执行"业务处理"|"月末处理"命令，打开"月末处理"对话框，单击【全选】按钮，单击【确定】按钮，系统弹出"月末处理之后，本月工资将不许变动，继续月末处理吗？"信息提示对话框；单击【是】按钮，系统继续弹出"是否选择清零项？"信息提示对话框；单击【是】按钮，打开"选择清零项目"对话框。在"请选择清零项目"列表框中，单击选择"事假天数""事假扣款"和"奖金"项目，单击【>】按钮，将所选项目移动到右侧的列表框中，效果如图7-12所示。

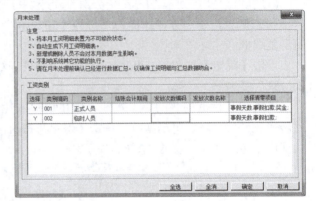

图7-12 薪资管理月末处理

(2) 单击【确定】按钮，系统弹出"月末处理完毕！"信息提示对话框，单击【确定】按钮返回。

【提示】

月末处理只在会计年度的1至11月进行。如果处理多个工资类别，应分别打开工资类别，分别进行月末处理；如果本月数据未汇总，系统将不允许进行月末处理。月末处理只有账套主管才能执行。进行月末处理后，发现还有一些业务没有没处理或要在已经处理过的月末的月份修改，可以由账套主管以下月日期登录，使用反结账功能，取消已记账标记。总账已结账或者汇总工资类别的会计月份与反结账的会计月份相同，包括反结账的工资类别则不能反结账操作。

15. 对薪资管理系统生成的凭证进行审核记账。

以账套主管"张扬"的身份登录总账，进行审核凭证并记账。

7.5 薪资管理拓展业务

薪资管理系统可以生成与职工薪资相关的业务凭证，如应付工资分摊、计提福利费、与工资相关的五险一金等凭证传递给总账。但对总账来说，这些凭证属于外部凭证，因此只有在工资管理系统中，才可以对这些凭证进行修改、冲销、删除等操作。

例如，删除临时人员工资类别中计提工资的凭证。

操作指导如下。在薪资管理系统中，执行"统计分析"|"凭证查询"命令，打开"凭证查询"对话框，选中要删除的凭证，单击【删除】按钮，弹出"是否要删除当前凭证"对话框，

单击【是】按钮,凭证删除。在总账系统中查看,该凭证已被打上"作废"标记,如需要在总账中彻底删除,则需要在总账中执行"整理凭证"操作。

7.6 自助维护

1. 启用薪资管理系统时,若系统提示"账套级独占任务,申请不成功"等问题,应如何解决

启用系统属于账套级独占任务,执行该任务时不能有其他功能运行。

(1) 如果确定知道正在运行的是哪项功能,如打开了总账的凭证查询,只要右击总账选择退出即可。

(2) 如果不清楚哪项功能正在运行,可以通过查看系统管理界面确认正在运行的任务,然后选择关闭。

(3) 可以先退出企业应用平台,待重新登录后直接进行系统启用设置。

2. 我们公司现在有三种人员,即管理人员、开发人员和采购销售人员,那么我应该不应该设置三个工资类别

不一定。首先应该区分"人员类别"和"工资类别"两个概念。设置"人员类别"是便于按不同人员进行工资的汇总计算,而"工资类别"则是针对企业按不同工资项目来核算而设定的。也就是说,如果这三种人员所发的工资项目是一样的,那就只用选择"单个"工资类别;如果这三种人员的工资项目不一样,则应该选择"多个"工资类别。

3. "工资变动"中的各工资项目数据,在这个月录入之后,以后每个月是否都需要录入

不需要。在工资变动单中,本月的工资内容是下月的参考,所以下月的工资数据只要在本月的基础上进行变动即可,即少部分的工资变动,无须全部清空数据再次录入。

4. 在公式设置中,我已按课本给出的相关公式输入完毕,单击【公式确认】按钮,为什么总是出现"公式输入错误"

用友系统输入公式时,除汉字外的其他字符默认在英文状态下输入,所以请注意字符的录入应切换至英文状态。或者采用公式向导输入,则不会出现上述问题。

7.7 思考练习

一、单项选择题

1. 打开工资类别时,工资类别下显示"打开工资类别"和( )。
   A. 修改工资类别　B. 新建工资类别　C. 关闭工资类别　D. 删除工资类别
2. 工资的内容包括很多项目,其中( )是必须项目。
   A. 应发合计、扣款合计、实发合计　　B. 岗津贴、扣款合计、实发合计
   C. 岗位津贴、应发合计、实发合计　　D. 岗位津贴、应发合计、扣款合计

3. (　　)工作不能由薪资系统完成。
   A. 职工工资的计算　　　　　　　　B. 工资费用汇总和分配
   C. 计算个人所得税　　　　　　　　D. 根据单位业务情况建立科目核算体系
4. 系统以(　　)作为新建工资类别的启用日期。
   A. 登录日期　　　　　　　　　　　B. 系统日期
   C. 工资账套的启用日期　　　　　　D. 用户自行录入的日期
5. 如果企业需要核算计件工资，则需要(　　)。
   A. 工资系统建账时选择"是否核算计件工资"
   B. 在工资项目中增加"计件工资项目"
   C. 设置多个工资类别
   D. 在公式设置中增加"计件工资"计算公式

二、多项选择题

1. 下列属于工资建账内容的有(　　)。
   A. 工资参数设置　　　　　　　　　B. 扣税设置与扣零设置
   C. 汇率设置　　　　　　　　　　　D. 工资类别设置
2. 薪资管理模块日常处理的事项有(　　)。
   A. 工资计算　　　　　　　　　　　B. 个人所得税计算
   C. 工资分摊　　　　　　　　　　　D. 生成记账凭证
3. 在工资系统预先设置的必备工资项目包括(　　)等。
   A. 基本工资　　B. 应发工资　　C. 扣款合计　　D. 实发工资
4. 下列工资项目中，(　　)可以不设置计算公式，系统会自动生成数据。
   A. 应发合计　　B. 请假扣款　　C. 扣款合计　　D. 实发合计
5. 工资项目计算公式输入的方法有(　　)。
   A. 直接输入公式　　　　　　　　　B. 复制输入公式
   C. 参照输入公司　　　　　　　　　D. 函数向导输入公式

三、判断题

1. 薪资管理系统只能按单个工资类别进行核算。　　　　　　　　　　　　(　　)
2. 在对薪资日常业务进行操作前，必须先打开相应的工资类别。　　　　　(　　)
3. 不同类别的人员编码可以重复。　　　　　　　　　　　　　　　　　　(　　)
4. 工资项目计算的先后顺序不能调整。　　　　　　　　　　　　　　　　(　　)
5. 薪资管理系统进行月末结账时，需要将所有工资项目的数据进行清零处理。(　　)

四、简答题

1. 薪资管理有哪些功能模块？
2. 薪资核算账套初始化设置的内容有哪些？
3. 简述进行银行代发的处理过程。
4. 如何处理工资的分摊？简述其处理过程。
5. 薪资管理系统月末处理需要完成哪些工作，为何需要进行清零处理？

第8章

供应链系统初始化

学习目标：

1. 了解供应链初始化设置的基本功能，掌握供应链管理初始化的具体内容与操作方法；
2. 了解应收、应付、供应链系统参数含义，完成财务与供应链系统初始设置；
3. 掌握单据设置方法，完成相应单据的格式及编号设置；熟悉应用"取数"功能，完成库存期初"取数"；
4. 了解期初往来明细"引用"功能，学会往来明细"期初数据"引入操作；
5. 了解期初与本期的界限划分，完成采购管理、存货核算系统期初记账。

8.1 实训工作情景

1. 什么是供应链？供应链管理是属于企业内部的购销业务管理，还是企业与外部客户、供应商、分销机构等组成的供应链管理

供应链管理有广义和狭义之分，广义供应链是指围绕核心企业，通过对信息流、物流、资金流的控制，从采购原材料开始，制成中间产品及最终产品，最后由销售网络把产品送到消费者手中，将供应链、制造商、分销商、零售商、最终用户连成一个整体的功能网络结构。供应链管理的理念是从消费者的角度，通过企业间的协作，谋求供应链整体最佳化。成功的供应链管理能够协调并整合供应链中所有的活动，最终成为无缝链接的一体化过程。

狭义的供应链即企业内容的供应链。内部供应链是指企业内部产品生产和流通过程中所涉及的采购部门、生产部门、仓储部门、销售部门等组成的供需网络。其目的是通过计划、协调、控制、优化，使供应链成本最低。本书所指供应链是指企业内部的供应链。

2. 供应链管理是一个独立的子系统，还是由多个系统构成的功能组

供应链管理在U8系统中是一个功能组，其中主要包括合同管理、采购管理、委外管理、销售管理、库存管理、存货核算、售前分析、质量管理等子系统。在财务信息化的基础上应用供应链管理系统，可以实现企业财务业务一体化全面管理。本书将重点介绍供应链管理中的采购管理、销售管理、库存管理、存货核算4个子系统。

3. 供应链管理与总账管理对于"购销存"业务的处理有什么不同

总账日常业务处理的内容主要包括凭证管理、出纳管理、账簿管理,其主要工作流程是对日常发生的经济业务进行凭证的填制、出纳签字(收、付凭证)、凭证审核、记账、账簿查询等。总账管理是对企业日常经济业务的事后控制,无法对企业经营活动中产生的业务单据进行处理。

供应链管理的全部管理活动均在供应链系统中记录并处理,其业务单据是在业务流程经过的各系统之间自动生成的,同时业务单据可以自动生成对应的记账凭证,并传递到总账系统。因此,供应链管理不仅实现了企业财务的信息化,还实现了企业业务活动的信息化,即财务业务一体化。供应链管理不仅可以对日常发生的经济业务进行事后核算,还可以进行事中控制,而且当业务事件发生时,可以利用事件驱动来记录业务,业务事件处理器按业务和信息处理规则,将企业的财务、业务和管理信息集中于一个数据库。当需要信息时,经过授权的各个用户通过报告工具自动输出所需要的信息,实现了物流、资金流管理的统一。

8.2 供应链管理系统基本认识

8.2.1 供应链管理系统知识构成

用友U8供应链管理以企业购销存业务环节中的各项活动为对象,记录各项业务的发生,有效跟踪其发展过程,为财务核算、业务分析、管理决策提供依据,并实现财务业务一体化全面管理,实现物流、资金流、信息流管理的统一。

用友U8供应链管理系统主要包括合同管理、采购管理、委外管理、销售管理、库存管理、存货核算、售前分析、质量管理几个模块。其主要功能在于增加预测的准确性,较少库存,提高发货供货能力;较少工作流程周期,提高生产效率,降低供应链成本;较少总体采购成本,缩短生产周期,加快市场响应速度。同时,这些模块还提供了对采购、销售等业务环节的控制,以及对库存资金占用的控制,从而完成对存货出入库成本的核算。

考虑教学学时限制及企业实际应用的需求后,本书将重点介绍供应链管理中的采购管理、销售管理、库存管理、存货核算4个子系统。由于应付与付款是采购完整流程的构成部分、应收与收款是销售完整流程的构成部分,同时业务处理的结果是经由存货核算系统生成财务凭证传递到总账的,因此我们把财务会计中的应收款管理、应付款管理和总账也作为企业财务业务一体化应用的必要组成部分。总账已经学习过,其他各子系统的主要功能简述如下。

1. 采购管理

采购管理帮助企业对采购业务的全部流程进行管理,提供请购、订货、到货、检验、入库、开票、采购结算的完整采购流程,支持普通采购、受托代销、直运等多种类型的采购业务,支持按询价、比价方式选择供应商,支持以订单为核心的业务模式。企业还可以根据实际情况进行采购流程的定制,既可选择按规范的标准流程操作,又可按最简约的流程来处理实际业务,便于企业构建自己的采购业务管理平台。

2. 销售管理

销售管理帮助企业对销售业务的全部流程进行管理,提供报价、订货、发货、开票的完整销售流程,支持普通销售、委托代销、分期收款、直运、零售、销售调拨等多种类型的销售业务,支持以订单为核心的业务模式,并可对销售价格和信用进行实时监控。企业可以根据实际情况进行销售流程的定制，构建自己的销售业务管理平台。

3. 库存管理

库存管理主要从数量的角度管理存货的出入库业务，能够满足采购入库、销售出库、产成品入库、材料出库、其他出入库、盘点管理等业务需要，提供多计量单位使用、仓库货位管理、批次管理、保质期管理、出库跟踪、入库管理、可用量管理等全面的业务应用。企业可通过对存货的收、发、存业务处理，及时、动态地掌握各种库存存货信息，对库存安全性进行控制，提供各种储备分析，从而避免库存积压占用资金，或材料短缺影响生产。

4. 存货核算

存货核算是从资金的角度管理存货的出入库业务，掌握存货耗用情况，及时准确地把各类存货成本归集到各成本项目和成本对象上。存货核算主要用于核算企业的入库成本、出库成本、结余成本；反映和监督存货的收发、领退和保管情况；反映和监督存货资金的占用情况，动态反映存货资金的增减变动，提供存货资金周转和占用分析，以降低库存减少资金积压。

5. 应收款管理

应收款管理主要用于核算和管理客户往来款项，记录审核企业在日常采购活动中所形成的各项应收信息，及时收回欠款。应收款核算和管理可以明细到产品、地区、部分和业务员，可以从多个维度对应收款进行统计分析。

6. 应付款管理

应付款管理主要用于核算和管理供应商往来款项，记录审核企业在日常采购活动中所形成的各项应付信息，及时付清货款。应付款核算和管理可以明细到产品、地区、部分和业务员，可以从多个维度对应付款进行统计分析。

8.2.2 供应链系统应用方案

财务业务一体化管理系统的每个子系统既可以单独应用，也可与其他子系统联合应用。单独应用及与其他系统集成使用在业务处理范围和业务处理流程上是不同的，归纳如表8-1所示。

表8-1 系统应用方案

应用方案	应用方案要点
总账独立应用	所有业务均在总账中填制凭证
总账+应收应付	应收款、应付款形成，以及收付款处理等在应收、应付系统管理
采购独立应用	所有的采购发票、入库业务均在采购系统处理，在总账中制单
销售独立应用	所有的发货、出库管理均在销售系统处理，在总账中制单
采购+应付+总账	采购中管理发票及入库业务；应付中审核发票，进行付款处理及制单，传递给总账
销售+应收+总账	销售中管理发票及出库业务；应收中审核发票，进行收款处理及制单，传递给总账
库存单独应用	所有的出入库办理均在库存管理系统完成，制单在总账中完成
存货单独应用	所有的出入库办理均在存货核算系统完成，制单传递给总账
库存+存货	所有的出入库办理均在库存管理系统完成，在存货核算中进行记账、制单，传递给总账
采购、销售、库存、存货、应收、应付、总账集成使用	采购中处理订货、到货、开票和结算；销售中处理报价、订货、发货、开票；库存中办理存货出入库；存货中核算存货的出入库成本，记存货明细账，生成出入库凭证；应收、应付款形成、收付款处理等在应收、应付系统管理，生成凭证传给总账

8.2.3 工业企业供应链管理应用流程

工业企业供应链管理应用流程主要描述各个子系统之间的关联关系，以及主要的信息流程。本部分主要描述采购、销售、库存、存货、应收、应付、总账7个子系统集成使用的工作流程，如图8-1所示。

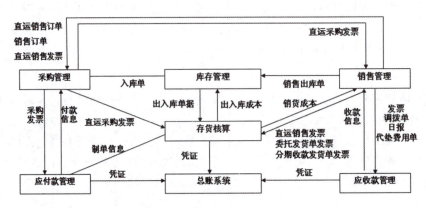

图8-1 供应链管理应用流程图

8.3 供应链管理系统初始设置

供应链管理系统初始设置是对已经启用的各个子系统进行系统参数和业务规则设置，以及期初数据的录入与记账，以保证手工业务与软件处理的衔接，以及各个子系统之间数据的连贯性。

系统参数即业务处理控制参数，是指在企业业务处理过程中所使用的各种控制参数。系统参数的设置将决定用户使用系统的业务流程、业务模式和数据流向，所以各用户在进行系统参数设置之前，首先要详细了解选项开关对业务处理流程的影响，并结合企业实际业务需要进行设置。由于有些选项在日常业务开始后不能随意更改，所以企业最好在业务开始前进行全面考虑，尤其是对其他系统有相应的选项设置。

为体现各会计期间账簿数据的连贯性，在本期业务开始前，要先进行账户期初余额的录入。在初次使用时，应先输入采购、销售、库存、存货、应收、应付和总账的期初数据。采购和存货核算系统还需要进行期初记账操作。期初记账之后的业务和数据，系统才会将其作为本期业务处理。

8.3.1 采购与应付款初始设置

采购管理初始设置主要是对采购管理系统的参数、供应商存货调价单、单据编号进行设置，以及期初数据的录入与记账。应付款管理初始设置的作用是建立应付款管理的基础数据，确定使用哪些单据处理应付业务，确定需要进行账龄管理的账龄区间。有了这些功能，用户可以选择使用自己定义的单据类型，使应付业务管理更符合用户的需要。本章节内容将对应付款管理系统的参数、科目、账龄区间等进行设置，以及该系统期初数据的录入与对账。

1. 采购管理系统选项设置

采购管理系统的选项设置，将对采购管理的所有操作员和客户端的操作生效，故要慎重设

定或修改。本案例企业的采购管理系统选项,除系统默认的设置外,还需设置业务及权限控制,即将"订单|到货单|发票单价录入方式"设置为"取自供应商存货价格表价格",勾选"允许超订单到货及入库",设置公共及参照控制中的单据默认税率为"13%"。

操作步骤如下:

(1) 打开"采购系统选项设置"对话框。在"企业应用平台"的"业务工作"页签下,执行"供应链|采购管理|设置|采购选项"命令,打开"采购系统选项设置"对话框。

(2) 业务与权限控制设置。在"业务与权限控制设置"选项卡中,选中"订单|到货单|发货单价录入方式"中的"取自供应商存货价格表价格"单选按钮,其他选项按系统默认设置,结果如图8-2所示。

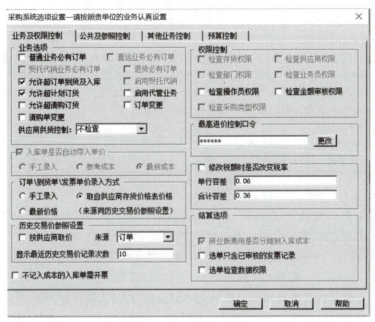

图8-2 采购系统选项设置

(3) 公共及参照控制设置。在"公共及参照控制"选项卡中,设置单据默认税率为"13%"。

(4) 确定并退出。单击【确定】按钮,保存系统参数设置并关闭"采购系统选项设置"对话框。

【栏目说明】

浮动换算率的计算规则:供应链所有模块的公共选项,任何一个模块该选项发生变化,其他模块的该选项将会同步发生变化。单选,选择内容为以数量为主、以件数为主。公式为:数量=件数×换算率。

以数量为主:浮动换算率存货,数量、件数、换算率三项都有值时,用户修改件数,数量不变,反算换算率;用户修改换算率,数量不变,反算件数;用户修改数量,换算率不变,反算件数。

以件数为主:浮动换算率存货,数量、件数、换算率三项都有值时,用户修改件数,换算率不变,反算数量;用户修改换算率,件数不变,反算数量;用户修改数量,件数不变,反算换算率。

【提示】

在进行采购选项修改前,应确定系统相关功能没有使用,否则系统提示警告信息。

在相关业务已开始后,不要随意修改采购选项。

2. 应付款管理系统选项设置

应付款管理系统主要提供设置、日常处理、单据查询、账表管理、其他处理等功能。在运行该系统前,应先设置运行所需要的账套参数,以便系统按设定的选项进行相应的处理。本案例企业的应付款系统,除系统默认的参数设置外,需要设置的参数如表8-2所示。

表8-2 应付款系统选项设置

选项卡	选项设置
常规	单据审核日期依据:单据日期 释义:"单据审核日期依据"选择"单据日期",即在单据处理功能中进行单据审核时,自动将单据的审核日期(即入账日期)记为该单据的单据日期。其默认值为"业务日期",即在单据处理功能中进行单据审核时,自动将单据的审核日期(即入账日期)记为当前业务日期(即登录日期) 勾选"自动计算现金折扣" 勾选"登记支票"
凭证	受控科目制单方式:明细到单据 采购科目依据:按存货分类

操作步骤如下。

(1) 打开"账套参数设置"对话框。在"企业应用平台"的"业务工作"页签下,执行"财务会计|应付款管理|设置|选项"命令,系统打开"账套参数设置"对话框。

(2) 常规参数设置。在"常规"选项卡中,单击【编辑】按钮,使所有参数处于可修改状态,"单据审核日期依据"选择"单据日期""自动计算现金折扣""登记支票",其他选项依默认设置(其中"应付账款核算模型"默认为"详细核算"),结果如图8-3所示。

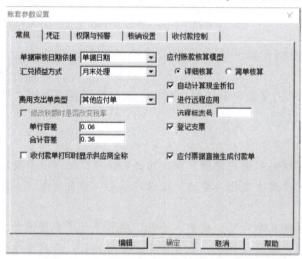

图8-3 应付款管理系统账套参数设置——常规

【提示】

单据审核记账后,单据审核日期依据单据日期还是业务日期,决定了业务总账、业务明细账、余额表等的查询期间取值。

在账套使用过程中,可以随时将选项从按单据日期改成按业务日期。

在账套使用过程中,若需要将选项从按业务日期改成按单据日期,则需要判断当前未审核单据中是否有单据日期在已结账月份的单据。若有,则不允许修改。

如果您的采购业务及应付款核算与管理业务比较复杂,或者需要追踪每一笔业务的应付款、付款等情况,或者需要将应付款核算到产品一级,则需要选择详细核算;如果采购业务及应付账款业务不复杂,或者现结业务很多,则可以选择简单核算。

只有在系统启用时或者还没有进行任何业务(包括期初数据录入)的情况下,才允许从简单核算改为详细核算;从详细核算改为简单核算随时可以进行,但要慎重,一旦有数据,简单核算就改不回详细核算。

(3) 凭证参数设置。在"凭证凭证"选项卡中,"受控科目制单方式"选择"明细到单据",采购科目依据选择"按存货分类",其他选项依系统默认设置,结果如图8-4所示。

(4) 单击【确定】按钮退出,保存系统参数的设置,同时关闭"账套参数设置"对话框。

3. 应付款管理系统初始设置

(1) 应付款管理系统制单业务规则。

由于应付款管理系统的业务类型较固

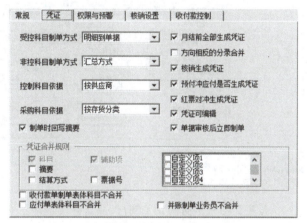

图8-4 应付款管理系统账套参数设置——凭证

定,生成的凭证类型也较固定,因此为了简化凭证生成操作,可以在此处将各业务类型凭证中的常用科目预先设置好。系统依据制单业务规则将设置的科目自动带出。制单业务规则规定如下。

对采购发票制单时,系统先判断控制科目依据,根据单据上的控制科目依据取"控制科目设置"中对应的科目;然后系统判断采购科目依据,根据单据上的采购科目依据取"产品科目设置"中对应的科目;若没有设置,则取"基本科目设置"中设置的应付科目和采购科目;若无,则手工录入。

对应付单制单时,贷方取应付单表头科目,借方取应付单表体科目,若应付单上的表体没有科目,则需要手工输入科目;若表头没有科目,则取"控制科目设置"中的应付科目。

应付系统中的付款单制单,结算单表体款项类型为应付款,借方科目为应付科目,款项类型为"预付款",借方科目为预付科目;款型类型为其他费用,则借方科目为费用科目;贷方科目为结算科目,则取表头金额。

应付系统中的收款单制单,即结算单表体款项类型为应付款,借方科目为应付科目,金额为红字;款型类型为预付款,借方科目为预付科目,金额为红字;款项类型为其他费用,借方科目为费用科目,金额为红字;贷方科目为结算科目,则取表头金额,金额为红字。

对现结|部分现结的采购发票制单时,借方取"产品科目设置"中的对应的采购科目和应交增值税科目,贷方取"结算方式科目"设置中的结算方式对应的科目。

(2) 应付款管理相关科目设置。

基本科目设置:应付科目(220201);预付科目(1123);采购科目(1401);税金科目(22210101);商业承兑科目、银行承兑科目(2201);票据利息科目(660301)。

产品科目：商品、生产、劳务对应的采购科目为1401，产品采购税金科目为22210101。

结算方式科目设置：现金结算对应科目为1001；现金支票、转账支票、电汇对应结算科目为100201；商业承兑汇票结算科目为100201；银行承兑汇票结算科目为100201。

操作步骤如下。

01 打开应付款管理系统初始设置窗口。执行"财务会计|应付款管理系统|设置|初始设置"命令，系统打开"初始设置"对话框。

02 基本科目设置。单击"设置科目"|"基本科目设置"，系统打开基本科目设置窗口，然后单击【增加】按钮，在第1行的"基础科目种类"中选择"应付科目"，科目录入或参照生成"220201"(应付往来账款)，"币种"为"人民币"。同理设置其他基本科目，如图8-5所示。

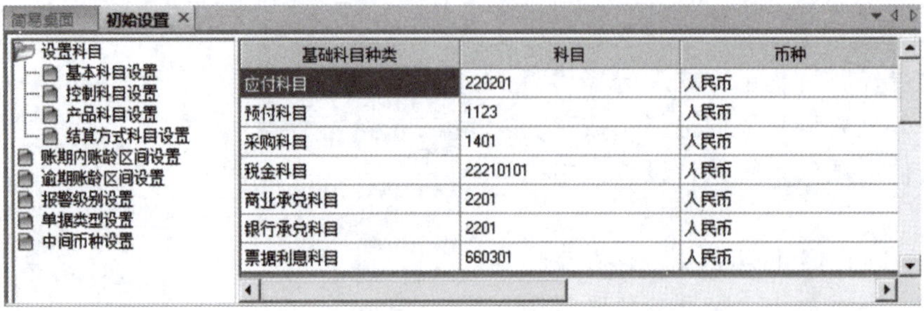

基础科目种类	科目	币种
应付科目	220201	人民币
预付科目	1123	人民币
采购科目	1401	人民币
税金科目	22210101	人民币
商业承兑科目	2201	人民币
银行承兑科目	2201	人民币
票据利息科目	660301	人民币

图8-5 初始设置——基本科目设置

【提示】

如果需要为不同的供应商(供应商分类、地区分类)分别设置应付款核算科目和预付款核算科目，则在"控制科目设置"中设置。

应付和预付科目必须是已经在科目档案中指定为应付系统的受控科目。

产品科目设置。单击左侧的"产品科目设置"，设置1商品的采购科目为"1401 材料采购"，采购税金科目为"22210101 应交税费——应交增值税——进项税额"，同理设置2生产科目和3劳务科目(本章节应税劳务为"运输劳务")，如图8-6所示。

类别编码	类别名称	采购科目	产品采购税金科目	税率
1	商品	1401	22210101	13
101	锁类产品	1401	22210101	13
102	锥类产品	1401	22210101	13
103	绑扎类产品	1401	22210101	13
2	生产	1401	22210101	13
201	原材料	1401	22210101	13
202	半成品	1401	22210101	13
3	劳务	1401	22210101	13
301	应税劳务	1401	22210101	13

图8-6 产品科目设置

结算方式科目设置。单击左侧的"结算方式科目设置"，"结算方式"选择"现金结算"，"币种"选择"人民币"，"科目"选择"1001 库存现金"。然后根据资料完成其他结算科目的设置操作，如图8-7所示。单击"初始设置"窗口右上角的【关闭】按钮，关闭并退出该窗口。

【提示】

科目所核算的币种必须与所输入的币种一致。

科目必须是最明细科目。

结算科目不能是已经在科目档案中指定为应收系统或者应付系统的受控科目。

图8-7 结算方式科目设置

(3) 应付账龄区间和逾期账龄区间设置。

为了对应付账款进行账龄内和逾期的账龄分析，应首先设置账期内账龄区间和逾期账龄区间。表8-3列示的是本案例企业的应付款账龄区间与逾期账龄区间。本任务是按照表8-3，完成案例企业应付款管理的账龄区间与逾期账龄区间的设置。

表8-3 账龄区间与逾期账龄区间设置

账龄区间			逾期账龄区间		
序号	起止天数	总天数	序号	起止天数	总天数
01	0~30	30	01	1~30	30
02	31~60	60	02	31~60	60
03	61~90	90	03	61~90	90
04	91~120	120	04	91~120	120
05	121以上		05	121以上	

操作步骤如下。

01 打开应付系统的"初始设置"窗口。

02 账期内账龄区间设置。单击"账期内账龄区间设置"选项，然后根据表8-3右侧中的内容，在"总天数"栏中录入相应的天数，完成对应付款管理账龄区间的设置，如图8-8所示。

03 逾期账龄区间设置。单击"逾期账龄区间设置"选项，然后根据表8-3右侧中的内容，在"总天数"栏中录入相应的天数，完成对应付款管理逾期账龄区间的设置。

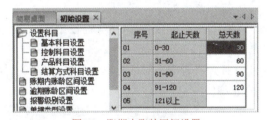

图8-8 账期内账龄区间设置

04 退出。单击"初始设置"窗口的【关闭】按钮，关闭并退出该窗口。

【栏目说明】

序号：序号由系统自动生成，从01开始修改、删除。

总天数：该区间的截至天数。

起止天数：系统自动生成(如果起止天数未生成，可用鼠标单击起止天数单元外侧)。

(4) 单据设置。

单据编号设置：将采购专用发票、采购普通发票、采购运费发票、采购订单设置为"手工改动，重号时自动重取"。

操作步骤如下(以采购专用发票编号设置为例)。

01 打开"单据编号设置"对话框。在"企业应用平台"的"基础设置"页签下，依次单

击"单据设置"|"单据编号设置"菜单项,系统弹出"单据编号设置"对话框。

02 选择"采购专用发票"。依次单击"单据类型"|"采购管理"|"采购专用发票",再单击【修改】按钮,勾选"手工改动,重号时自动重取(I)"复选框,如图8-9所示。

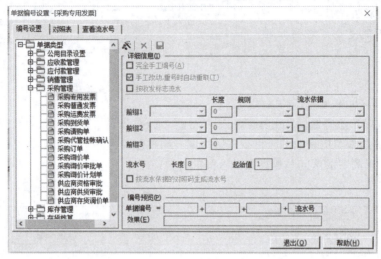

图8-9 单据编号设置

03 保存设置。单击【保存】按钮完成单据编号设置操作。

04 重复上述步骤2和步骤3的操作,可以完成采购普通发票、采购专用发票等业务单据编号设置。

05 退出"单据编号设置"。单击【退出】按钮,退出"单据编号设置"窗口。

单据格式设置:在采购入库单表体中增加"件数"和"换算率"。

操作步骤如下。

01 在企业应用平台基础设置页签中,依次单击"其他"|"单据设置"|"单据格式设置"|"库存管理|采购入库单"|"显示"打开采购入库单模板,单击工具栏上的【表体项目】按钮,打开"表体"对话框,勾选"件数""换算率"复选框,如图8-10所示,然后单击【确定】按钮。

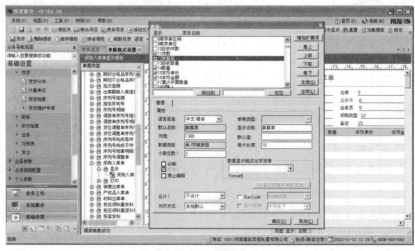

图8-10 单据格式设置

| 02 | 单击【保存】按钮，完成采购入库单"表体格式"设置。
| 03 | 单击【关闭】按钮，退出"单据格式设置"窗口

【提示】

若增加的表头字段被掩藏，可以通过双击单据名称字段或拖动表体框或单击"自动布局"按钮查看。

在单据格式设置中，若增加"表头项目"或"表体项目"后需要调整项目字段顺序，可以通过"表头"或"表体"对话框中的【上移】和【下移】按钮进行顺序调整。

若删除单据头或单据体项目，可以在"表头"或"表体"对话框中取消勾选。

8.3.2 销售与应收款初始设置

在开始销售日常业务处理之前，首先要根据企业业务情况设置销售系统的参数，还可以进行"允销限"设置、信用审批人设置，以及录入期初单据。本节将对销售管理系统的参数、存货调价单和单据编号与格式进行设置。同理，应收系统在应用之前，也需要对该系统进行初始化设置。初始设置的作用是建立应收款管理的基础数据，确定使用哪些单据处理应收业务，确定需要进行账龄管理的账龄区间。有了这功能，用户可以选择使用自己定义的单据类型，使应收业务管理更符合用户的需要。本节主要对应收款系统管理系统的参数、科目、账龄区间、报警级别、坏账准备等进行设置，以及期初数据的录入与对账。

1. 销售管理系统初始设置

系统选项决定系统的业务数据输出模式，因此，在进行销售日常业务处理前，需要根据企业业务情况设置销售的系统选项。基于本案例企业销售业务实际情况，除销售系统默认选项外，还需要设置的选项如表8-4所示。

表8-4　销售系统选项设置

选项卡	选项设置
业务控制	勾选"有零售日报业务" 勾选"有销售调拨业务"(是否有该类业务？) 勾选"有委托代销业务" 勾选"有分期收款业务" 勾选"有直运销售业务" 勾选"委托代销必有订单" 勾选"允许超订量发货" 勾选"销售生成出库单" 勾选"允许超发货量开票" 取消选择"报价含税"
其他控制	新增发货单参照订单生成 新增退货单、新增发票参照发货单生成
可用量控制	发货单|发票非追踪型存货预计库存量查询公式 勾选"做预计库存量查询""预计入库(全选)""预计出库(全选)"

操作步骤如下。

| 01 | 打开"销售选项"设置对话框。在"企业应用平台"的"业务工作"页签下，依次单击"供应链"|"销售管理"|"设置"|"销售选项"菜单项，打开"销售选项"设置对话框。

02 设置业务控制参数。在"业务控制"选项卡中,勾选"有零售日报业务""有销售调拨业务""有委托代销业务""分期收款业务""有直运销售业务""委托代销必有订单""销售生成出库单""允许超订量发货""允许超发货量开票",取消勾选"报价含税",如图8-11所示。

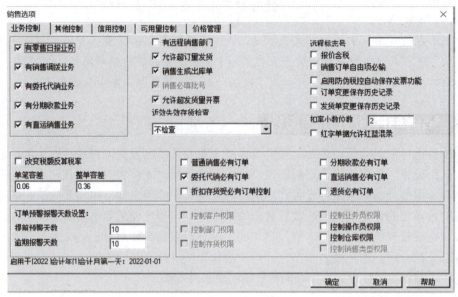

图8-11　销售选项设置

03 设置其他控制参数。业务控制参数设置完毕,单击"其他控制"选项卡,选择"新增发货单默认"为"参照订单","新增退货单默认"及"新增发票默认"均选择为"参照发货单"。

04 设置可用量控制参数。单击"可用量控制"选项卡,在"发货单|发票非追踪型存货预计库存量查询公式"选择区中勾选"做预计库存量查询""预计入库""预计出库"。

05 确定退出。单击【确定】按钮,退出"销售选项",完成销售管理系统参数设置。

说明:

上述系统参数遵照案例企业业务情况设置,其他销售选项按系统默认设置。

2. 应收款管理系统初始设置

(1) 应收款管理系统选项设置。

应收款管理系统在运行之前,除保留部分系统默认参数外,还需要进行常规参数、凭证参数的设置,具体选项设置如表8-5所示。

表8-5　应收款管理系统选项

选项卡	选项设置
常规	单据审核日期依据:单据日期 坏账处理方式:应收余额百分比法 勾选"自动计算现金折扣" 勾选"登记支票"
凭证	受控科目制单方式:明细到单据 销售科目依据:按存货分类

操作步骤如下。

01 打开应收款管理系统"账套参数设置"。

在企业应用平台的"业务工作"页签下，依次单击"财务会计"|"应收款管理"|"设置"|"选项"菜单项，打开"账套参数设置"对话框。

02 单击【编辑】按钮。单击"账套参数设置"对话框中的【编辑】按钮，将"账套参数"变为可编辑状态。

03 常规参数设置。在"常规"选项卡中，单击"单据审核日期依据"编辑框中的下拉菜单，选择"单据日期"，坏账处理方式选择"应收余额百分比法"，同时勾选"自动计算现金折扣"和"登记支票"，其他常规参数按系统默认设置，如图8-12所示。

04 凭证参数设置。单击"凭证"选项卡，单击"受控科目制单方式"编辑框中的下拉菜单，选择"详细到单据"，选择销售科目依据"按存货分类"，其他参数均按系统默认设置。

05 确认退出。单击【确认】按钮，保存并退出账套参数设置。

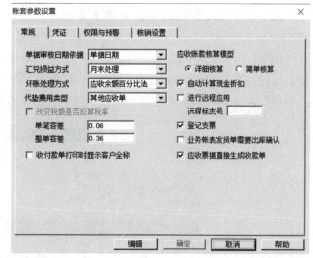

图8-12　应收款管理系统常规参数设置

(2) 应收款管理系统科目设置。

由于应收款管理系统的业务类型较固定，生成的凭证类型也较固定，因此为了简化凭证生成操作，可以在此处将各业务类型凭证中的常用科目预先设置好。系统依据制单业务规则将设置的科目自动带出。制单业务规则规定如下。

对销售发票制单时，系统先判断控制科目依据，根据单据上的控制科目依据取"控制科目设置"中对应的科目；然后系统判断销售科目依据，根据单据上的销售科目依据取"产品科目设置"中对应的科目；若没有设置，则取"基本科目设置"中设置的应收科目和采购科目；若无，则手工录入。

对应收单制单时，贷方取应付单表头科目，借方取应收单表体科目，若应收单上的表体没有科目，则需要手工输入科目；若表头没有科目，则取"控制科目设置"中的应收科目。

应收系统中的收款单制单，结算单表体款项类型为应收款，借方科目为应收科目，款项类型为"预收款"，借方科目为预收科目；款型类型为其他费用，则借方科目为费用科目；贷方科目为结算科目，则取表头金额。

应收系统中的收款单制单，即结算单表体款项类型为应收款，借方科目为应收科目，金额为红字；款型类型为预收款，借方科目为预收科目，金额为红字；款项类型为其他费用，借方科目为费用科目，金额为红字；贷方科目为结算科目，则取表头金额，金额为红字。

对现结|部分现结的销售发票制单时，借方取"产品科目设置"中的对应的销售科目和应交增值税科目，贷方取"结算方式科目"设置中的结算方式对应的科目。

3. 应收款管理相关科目设置

基本科目设置：应收科目(1122)；预收科目(2203)；代垫费用科目(1001)；现金折扣科目(660303)；票据利息科目(660301)；税金科目(22210103)；坏账入账科目(6701)。

结算方式科目设置：现金结算科目为1001；现金支票、转账支票、电汇结算科目均为1001；商业承兑科目(112101)；银行承兑科目(112102)。

操作步骤如下。

01 打开应收款管理系统初始设置窗口。执行“财务会计”|“应收款管理系统”|“设置”|“初始设置”命令，系统打开“初始设置”对话框。

02 单击“设置科目”|“基本科目设置”，系统打开基本科目设置窗口，然后单击【增加】按钮，在第1行的“基础科目种类”中选择“应收科目”，科目录入或参照生成“1122”，“币种”为“人民币”。同理设置其他基本科目，效果如图8-13所示。

基础科目种类	科目	币种
应收科目	112201	人民币
预收科目	2203	人民币
代垫费用科目	1001	人民币
现金折扣科目	660303	人民币
票据利息科目	660301	人民币
税金科目	22210103	人民币
坏账入账科目	6701	人民币

图8-13　基本科目设置

03 单击左侧的“结算方式科目设置”，“结算方式”选择“现金结算”，“币种”选择“人民币”，“科目”选择“1001 库存现金”，然后根据资料完成其他结算科目的设置操作，如图8-14所示。

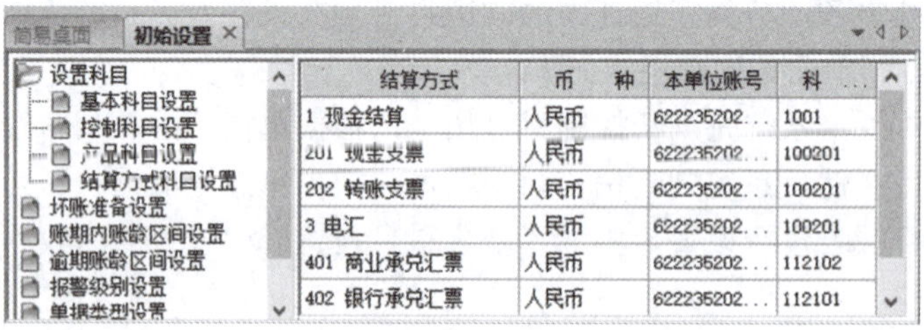

图8-14　结算方式科目设置

04 退出。单击“初始设置”窗口右上角的【关闭】按钮，关闭并退出该窗口。

【提示】

如果需要为不同的客户(客户分类)分别设置应收款核算科目和预收款核算科目，则在“控制科目设置”中设置。

应收和预收科目必须是已经在科目档案中指定为应收系统的受控科目。

结算科目不能是已经在科目档案中指定为应付系统或者应收系统的受控科目，而且必须是末级科目。

(3) 账龄区间与逾期账龄区间设置。

为加强企业应收账款管理，需要做好应收账款账龄和逾期账龄分析。有关本案例企业的应收账款账龄区间和逾期账龄区间设置信息如表8-6所示。

表8-6 账龄区间与逾期账龄区间设置

	账龄区间			逾期账龄区间	
序号	起止天数	总天数	序号	起止天数	总天数
01	0~30	30	01	1~30	30
02	31~60	60	02	31~60	60
03	61~90	90	03	61~90	90
04	91~120	120	04	91~120	120
05	121以上		05	121以上	

操作步骤如下。

01 打开应收系统的"初始设置"窗口。

02 账龄区间设置。单击"账期内账龄区间设置"选项，然后根据表8-6右侧中的内容，在"总天数"栏中录入相应的天数，完成对应收款管理账龄区间的设置。

03 逾期账龄区间设置。单击"逾期账龄区间设置"选项，然后根据表8-6右侧中的内容，在"总天数"栏中录入相应的天数，完成对应收款管理逾期账龄区间的设置。

04 退出。单击"初始设置"窗口的【关闭】按钮，关闭并退出该窗口。

【栏目说明】

序号：序号由系统自动生成，从01开始修改、删除。

总天数：该区间的截至天数。

起止天数：系统自动生成(如果起止天数未生成，可用鼠标单击起止天数单元外侧)。

(4) 单据设置。

单据编号设置：将销售专用发票、销售普通发票、销售订单设置为"手工改动，重号时自动重取"。

操作步骤如下(以销售专用发票编号设置为例)。

01 打开"单据编号设置"对话框。在"企业应用平台"的"基础设置"页签下，依次单击"单据设置"|"单据编号设置"菜单项，系统弹出"单据编号设置"对话框，如图8-15所示。

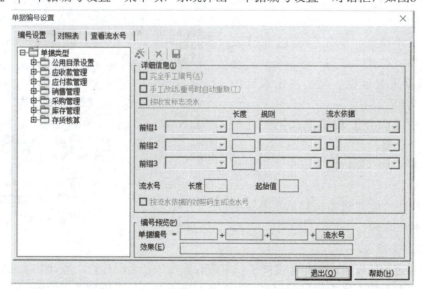

图8-15 单据编号设置

02 选择"销售专用发票"。依次单击"单据类型|销售管理|销售专用发票",再单击【修改】按钮,勾选"手工改动,重号时自动重取(I)"复选框。

03 保存设置。单击【保存】按钮完成单据编号设置操作,结果如图8-16所示。

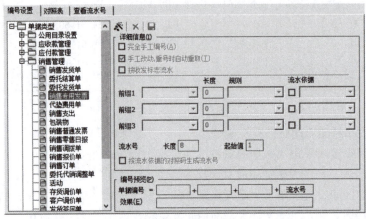

图8-16 保存"单据编号设置"

04 重复上述步骤2和步骤4的操作,可以完成销售普通发票、销售专用发票等业务单据编号设置。

05 退出"单据编号设置"。单击【退出】按钮,退出"单据编号设置"窗口。

单据格式设置如下。

设置"销售订单"的单据格式,在该单据表头中增加一个"预完工日期"字段。

设置"委托代销结算单"的单据格式,在表头中增加一个"发票号"字段。

操作步骤如下。

01 在企业应用平台基础设置页签中,依次单击"其他"|"单据设置"|"单据格式设置"|"销售管理"|"销售订单"|"显示"打开发货单模板,单击工具栏上的【表头项目】按钮,打开"表头"对话框,勾选"预完工日期"复选框,然后单击确定按钮,如图8-17所示。

02 单击【保存】按钮完成销售订单"表头格式"设置。

03 单击【关闭】按钮,退出"单据格式设置"窗口。

04 同理在"委托代销结算单"表头中增加"发票号"字段。

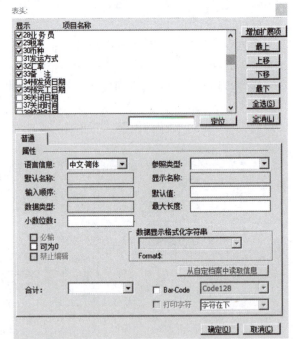

图8-17 单据格式设置——表头项目

(5) 坏账准备设置。

企业应当定期或者至少每年年度终了,对应收款项进行全面检查,预计各项应收款项可能发生的坏账,对于没有把握收回的应收款项,企业应当对不包含应收票据的应收款项计提坏账准备。但在坏账准备开始计提前,需要先进行坏账初始化设置,即将确定的坏账准备计提比例和坏账准备期初余额录入应收款管理系统，待期末便于系统根据应收账款余额计提坏账准备。坏账准备计提方法主要包括销售收入百分比法、应收余额百分比法、账龄分析法、直接转销法。

在应收款系统进行"账套参数设置"时，本案例坏账处理方式设置选择"应收余额百分比法"，具体坏账初始化设置信息如表8-7所示。

表8-7 坏账准备设置

提取比例	坏账准备期初余额	坏账准备科目	对方科目
0.5%	33691.60	1231	6702

操作步骤如下。

01 在企业应用平台，执行"财务会计"|"应收款管理"|"初始设置"|"坏账准备设置"命令。

02 依据表8-7的坏账准备初始化资料，依次录入提取比例"0.5%"，坏账准备期初余额"33691.60"，坏账准备科目为"1231坏账准备"，对方科目为"6701信用减值损失"如图8-18所示。

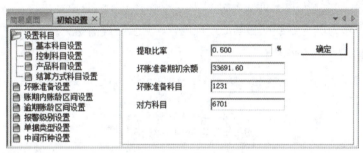

图8-18 坏账准备设置

03 单击【确定】按钮，系统提出"储备完毕"，然后单击【确定】按钮退出。

【提示】

坏账处理发生后(坏账计提、坏账发生、坏账收回)，坏账准备设置不能修改，只能查询。

坏账准备期初余额只需在坏账初始化设置时录入一次，其他会计期间由系统自动生成，不能修改。

(6) 报警级别设置。

设置应收账款报警级别的目的是将客户按照客户欠款余额与其授信额度的比例分为不同类型，以便于企业及时掌握各个客户的信用情况。本案例企业应收账款报警级别设置信息如表8-8所示。

表8-8 报警级别设置

报警级别	A	B	C	D	E	F
总比率(客户欠款余额占其信用额度的例)	10%	20%	30%	40%	50%	
起止比率	0~10%	10%~20%	20%~30%	30%~40%	40%~50%	50%以上

操作步骤如下。

01 在企业应用平台，执行"财务会计|应收款管理|初始设置|报警级别设置"命令。

02 依据表8-8的报警级别设置资料，对应录入总比率和级别名称，如图8-19所示。

图8-19 报警级别设置

03 单击【关闭】按钮退出报警级别设置窗口。

8.3.3 库存与存货核算初始设置

系统选项也称系统参数、业务处理控制参数，是指在企业业务处理过程中所使用的各种控制参数，系统参数的设置将决定用户使用系统的业务模式、业务流程、数据流向。用户在进行选项设置之前，一定要详细了解选项开关对业务处理流程的影响，并结合企业的实际业务需要进行设置。由于有些选项在日常业务开始后不能随意更改，因此用户最好在业务开始前进行全盘考虑，尤其是一些对其他系统有影响的选项设置，更要考虑清楚。

1. 库存管理系统初始设置

根据本企业库存管理业务情况，除了系统默认设置，还需要设置的库存管理选项参数如表8-9所示。

表8-9 库存管理系统选项设置

选项卡	选项设置
通用设置	有组装拆卸业务 有委托代销业务 采购入库审核时改现存量 销售出库审核时改现存量 其他出入库审核时改现存量 取消勾选"业务校验"区中的"审核时检查货位"
专用设置	"业务开关"区中勾选"允许超发货单出库" "自动带出单价的单据"区中勾选"采购入库单""采购入库取价按采购管理选项""销售出库单""其他入库单""其他出库单""调拨单"
预计可用量控制	不允许超可用量出库
预计可用量设置	预计可用量检查公式：出入库检查预计可用量 预计入库量：已请购量、生产订单量、采购在途量、到货|在检量、委外订单量 预计出库量：销售订单量、待发货量、生产未领量、委外未领量

操作步骤如下。

01 在"企业应用平台"的"业务工作"页签下，依次单击"供应链"|"库存管理"|"初始设置"|"选项"菜单项，系统打开"库存选项设置"对话框。

02 在"通用设置"选项卡中，确认选中"业务设置"区的"有无委托代销业务"复选框，"修改现存量时点"区的"采购入库审核时改现存量""销售出库审核时改现存量"和"其他出入库审核时改现存量"复选框，取消"业务校验"区中"审核时检查货位"复选框的默认选中状态，其他选项按系统默认设置，结果如图8-20所示。

03 在"专用设置"选项卡中,在"业务开关"区中勾选"允许超发货单出库"复选框,选中"自动带出单价的单据"区的"采购入库单"及其子项"采购入库取价按采购管理选项""销售出库单""其他入库单""其他出库单"和"调拨单"复选框,其他选项按系统默认设置。

04 在"预计可用量设置"选项卡中,设置"预计可用量检查公式"为"出入库检查预计可用量","预计入库量"包括"已请购量""生产订单量""采购在途量""到货|在检量""委托订单量"。"预计出库量"包括"销售订单量""待发货量""生产未领量"和"委外未领量"。

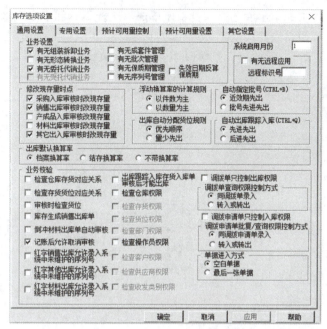

图8-20 库存选项设置

05 单击【确定】按钮,保存系统参数的设置,关闭"库存选项设置"对话框。

【注意事项】

在相关业务已开始后,最好不要随意修改业务控制参数。

在进行库存选项修改前,应确定系统相关功能没有使用,否则系统会提示警告信息。

2. 存货核算系统初始设置

(1) 存货核算系统选项设置。

根据本企业存货核算情况,除了系统默认设置,还需要设置的存货核算系统选项如表8-10所示。

表8-10 存货核算系统选项设置

选项卡	选项设置
核算方式	核算方式:按仓库核算 暂估方式:单到回冲 销售成本核算方式:销售发票 委托代销成本核算方式:按发出商品 零成本出库选择:参考成本 入库单成本选择:参考成本 红字出库单成本:参考成本
控制方式	勾选"结算单价与暂估单价不一致是否调整出库成本"

操作步骤如下。

01 在"企业应用平台"的"业务工作"页签下,执行"供应链"|"存货核算"|"初始设置"|"选项"|"选项录入",系统打开"选项录入"对话框。

02 在"核算方式"选项卡中,核算方式选择"按仓库核算",销售成本核算方式选择"销售出库单",委托代销核算方式选择"按发出商品核算",暂估方式选择"单到回冲",

"零成本出库选择""入库单成本选择""红字出库单成本"均选择"参考成本",其他选项依照系统默认设置,如图8-21所示。

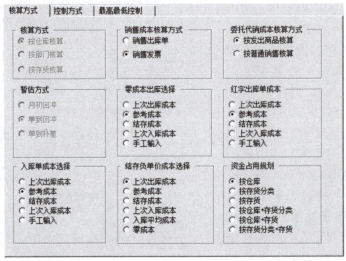

图8-21 存货核算"选项录入"

03 在"控制方式"选项卡中,选择"结算单价与暂估单价不一致是否调整出库成本",其他选项依照系统默认设置。

04 单击【确定】按钮,系统保存参数设置并退出。

【选项说明】(售成本核算方式)

销售成本确认标准:普通销售与出口管理共同使用该选项,为单选项。

当普通销售系统启动、出口管理系统未启用时,用户可以选择销售发票或销售出库单记账,系统默认销售成本核算方式为"销售出库单"。

当出口管理系统启用时,无论普通销售系统是否启用,销售成本核算方式均选择"销售出库单"。

(2) 存货科目设置。

存货科目是存货核算系统生成记账凭证时所需要的各种存货科目、差异科目、分期收款发出商品科目、委托代销科目,因此,用户在制单前应先在系统中将存货科目设置正确、完整,否则系统生成凭证时无法自动带出科目。表8-11列示的是本案例公司所需设置的存货科目。

表8-11 存货科目

仓库编号	仓库名称	存货编码及名称	存货科目编码及名称
1	原材料库	20101 板钢	板钢(14030101)
1	原材料库	20102 圆钢	圆钢(14030102)
1	原材料库	20103 管钢	管钢(14030103)
201	外购半成品库	20201 壳体	壳体(14030201)
203	自制半成品库	20202 锁轴	锁轴(14030202)
201	外购半成品库	20203 自锁螺母	自锁螺母(14030203)
202	委托加工半成品库	20204 内六角螺栓	内六角螺栓(14030204)
202	委托加工半成品库	20205 钢球	钢球(14030205)
202	委托加工半成品库	20206 弹簧	弹簧(14030206)
201	外购半成品库	20207 定位器	定位器(14030207)

(续表)

仓库编号	仓库名称	存货编码及名称		存货科目编码及名称
202	委托加工半成品库	20208	不锈钢压簧	不锈钢压簧(14030208)
202	委托加工半成品库	20209	钢丝手把	钢丝手把(14030209)
203	自制半成品库	20210	锁体	锁体(14030210)
203	自制半成品库	20211	定位座	定位座(14030211)
202	委托加工半成品库	20212	扭簧	扭簧(14030212)
203	自制半成品库	20213	销钉	销钉(14030213)
203	自制半成品库	20214	全自动机件	全自动机件(14030214)
203	自制半成品库	20215	面板	面板(14030215)
3	产成品库	10101	全自动燕尾底锁	库存商品(140501)
3	产成品库	10102	半自动燕尾底锁	库存商品(140502)
3	产成品库	10103	集装箱中间扭锁	库存商品(140503)
3	产成品库	10104	全自动锥	库存商品(140504)
3	产成品库	10105	绑扎眼板	库存商品(140505)

操作步骤如下。

01 在企业应用平台的"业务工作"页签下,执行"供应链"|"存货核算"|"初始设置"|"存货科目"菜单项,系统打开"存货科目"窗口。

02 单击【增加】按钮,按照表8-11的内容,依次填写"存货分类编码""存货编码""存货科目编码",然后单击【保存】按钮,完成存货科目设置操作。

03 单击【退出】按钮,退出"存货科目"窗口。

【业务规则】

"采购入库单"制单时,借方取存货科目,贷方取对方科目中收发类别对应的科目。

"产成品入库单"制单时,借方取存货科目,贷方取对方科目中收发类别对应的科目。

"销售出库单"制单时,借方取对方科目中收发类别对应的科目,贷方取存货科目。

"发出商品发货单"制单时,借方取发出商品对应的科目,贷方取存货科目。

"材料出库单"制单时,借方取对方科目中收发类别对应的科目,贷方取存货对应的科目。

调拨业务制单时,借方取存货科目,贷方取存货科目。

盘盈业务制单时,借方取存货科目,贷方取对方科目;盘亏业务制单时,借方取对方科目,贷方取存货科目。

组装、拆卸、形态转换业务制单时,借方取存货科目,贷方取存货科目。

"入库调整单"制单时,借方取存货科目,贷方取对方科目;"出库调整单"制单时,借方取对方科目,贷方取存货科目。

直运采购发票制单时,借方科目取用户在存货科目中设置的直运科目;直运销售发票制单时,贷方科目取用户在存货科目中设置的直运科目。

(3) 存货对方科目设置。

存货核算系统的存货对方科目功能,用于设置本系统中生成凭证所需要的存货对方科目(即收发类别)所对应的会计科目,因此用户在制单前,应先将本系统中存货对方科目设置正确、完整,否则无法生成科目完整的凭证。存货核算系统需要设置的存货对方科目如表8-12所示。

表8-12　存货对方科目

收发类别	存货对方科目	暂估科目
101采购入库	材料采购(1401)	暂估应付账款(220202)
103产成品入库	直接材料(500101)	
104委托加工入库	委托加工物资(1408)	暂估应付账款(220202)
201盘盈入库	待处理财产损溢(190101)	
301销售出库	主营业务成本(640101、640102、640103、640104、640105)	
303材料领用出库	直接材料(500101)	
304边角废料出库	其他业务成本(6402)	
309委托加工出库	委托加工物资(1408)	
401盘亏出库	待处理财产损溢(190101)	
402其他出库	待处理财产损溢(190101)	

操作步骤如下。

01 在"企业应用平台"的"业务工作"页签下,执行"供应链"|"存货核算"|"初始设置"|"科目设置"|"对方科目"命令,打开"对方科目"窗口。

02 单击【增加】按钮,按照表8-12给定的存货对方科目,依次录入"收发类别""对方科目名称""暂估对方科目名称"。

03 单击【保存】按钮,保存存货对方科目信息设置,然后单击【退出】按钮,退出"对方科目"窗口。

【知识链接】

存货科目与存货对方科目

企业销售出库时,用友U8系统根据记账后的销售出库单自动生成结转销售成本的凭证如下。

　　借：主营业务成本
　　　　贷：库存商品

之所以自动生成上述凭证,是因为借方科目根据销售出库单上填写的出库类别为"销售出库",而根据事先设定的存货对方科目,收发类别"销售出库"对应的存货对方科目为"主营业务成本";贷方科目根据销售出库单上选择的仓库,找到仓库对应的存货科目为"库存商品"。

8.3.4　供应链管理期初数据

在供应链管理中,期数数据录入是一个非常关键的环节,期初数据录入内容和顺序如表8-13所示。

表8-13　供应链系统期初数据

系统名称	操作	内容	说明
采购管理	期初数据录入	期初暂估入库 期初在途存货	暂估入库是指货到票未到 在途存货是指票到货未到
	期初记账	采购期初数据	没有期初数据也要执行期初记账,否则不能开始日常业务
销售管理	录入并审核	期初发货单 期初委托代销发货单 期初分期收款发货单	已发货、出库,但未开票 已发货未结算的数量 已发货未结算的数量

(续表)

系统名称	操作	内容	说明
库存管理	录入(取数) 审核	库存期初余额 不合格品期初	库存和存货核算共用期初数据 未处理的不合格品结存量
存货核算	录入(取数) 记账	存货期初余额 期初分期收款发出商品余额	
应付款管理	期初数据录入	期初采购发票 期初应付单 期初预付款	已开票未付款的销售业务 其他应付未付的业务 预付供应商货款业务
应收款管理	期初数据录入	期初销售发票 期初应收单 期初预收单	已开票未收款的销售业务 其他应收未收的业务 预收客户货款业务
总账管理	期初数据录入	基本科目及辅助账科目余额	

1. 采购管理期初数据

初次使用采购管理系统时，除需要根据企业业务需要进行采购管理系统参数设置外，还需要将采购期初数据录入系统。如果采购管理系统已有上年数据，则不允许取消期初记账。通常，采购期初数据有两种类型，即期初暂估入库和期初在途存货。

期初暂估入库：将启用采购管理系统时，因没有取得供货单位的采购发票，而不能进行采购结算的入库单输入系统中，以便取得发票后进行采购结算。

2021年12月26日，收到向宁波隆泰铸件有限公司购买的定位器200件，商品已验收外购半成品仓库。截至月底尚未收到采购发票，定位器暂估价格为20元/件。

操作步骤如下。

01 打开"期初采购入库单"窗口。在"企业应用平台"的"业务工作"页签下，依次单击"供应链"|"采购管理"|"采购入库"|"采购入库单"菜单项，系统打开"期初采购入库单"窗口。

02 单击工具栏【增加】按钮，修改新增入库单表头的"入库日期"为"2021年12月26日"，"仓库"为"外购半成品仓库"，"供货单位"为"宁波隆泰"，"入库类别"为"采购入库"，其他项按系统默认设置。

03 双击期初采购入库单表体首行的"存货编码"栏对应单元格，然后单击该单元格中的存货参照按钮，在打开的存货档案(具有外购属性的存货)中选择"定位器"，系统自动返回期初采购入库单窗口，完成存货的参照生成。

04 单击期初采购入库单表体首行的"数量"栏对应单元格，输入数量为"200"，再单击"本币单价"栏，输入"本币单价"为"20"，然后单击【保存】按钮，完成"期初暂估入库"操作，如图8-22所示。

图8-22 期初采购入库单——期初暂估入库

05 单击【退出】按钮，退出"期初采购入库"窗口。

【提示】

采购管理系统下的"采购入库"，只能录入"期初暂估入库单"，不能录入本期"采购入库单"，相反，库存管理系统中的"入库业务|采购入库单"只能录入本期"采购入库单"，不能录入"期初暂估入库单"。采购期初记账后，采购管理系统将由"期初处理"状态转换为"本期处理"状态，因此，对于本期新发生的采购入库单，则只能在库存管理系统的"入库业务|采购入库单"中录入或生成。

采购期初记账前，"期初暂估入库单"可以随时修改或删除，但在期初记账后，"期初暂估入库单"不允许修改或删除。

期初在途存货：将启用采购管理系统时，已取得供货单位的采购发票，但因货物没有入库而不能进行采购结算的采购发票输入系统中，以便货物入库填制采购入库单后进行采购结算。

2021年12月31日，收到宁波恒泰铸造有限公司开来的采购专用发票一张，发票号为CGZY001，发票上注明自锁螺母2 000件，原币单价1.25元/件，增值税税率为13%，经查看物流信息，货物还在运输途中。

操作步骤如下。

01 打开"期初采购发票"窗口。在"企业应用平台"的"业务工作"页签下，依次单击"供应链"|"采购管理"|"采购发票"|"采购专用发票"，系统打开"期初采购专用发票"窗口。

02 单击【增加】按钮，在期初采购专用发票表头中输入业务类型为"普通采购"，发票号为"CGZY001"，开票日期修改为"2021-12-31"，供应商选择"宁波恒泰"，税率修改为"13%"，其他选项按系统自动带出信息。

03 双击期初采购专用发票表体首行的"存货编码"栏对应单元格，然后单击该单元格中的存货参照按钮，在打开的存货档案(具有外购属性的存货)中选择"自锁螺母"，系统自动返回期初采购专用发票窗口，完成存货的参照生成。

04 单击期初采购专用发票表体首行的"数量"栏对应单元格，输入数量为"2000"，再单击"原币单价"栏，输入"原币单价"为"1.25"，然后单击【保存】按钮，完成"期初采购专用发票"录入操作，如图8-23所示。

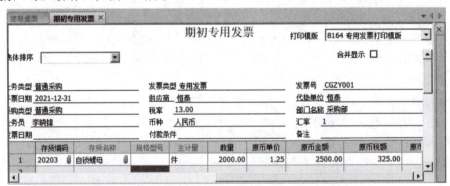

图8-23　期初采购专用发票——期初"在途物资"

05 单击【退出】按钮，退出"期初采购专用发票"窗口。

采购管理系统期初记账。

采购期初记账时将采购期初数据记入有关采购账簿。期初记账后，期初数据不能再增加、修改，若要增加或修改，可以执行"取消期初记账"。

操作步骤如下。

01 打开"期初记账"窗口。依次单击"供应链"|"采购管理"|"设置"|"采购期初记账"菜单项,打开"期初记账"对话框。

02 记账。单击【记账】按钮,系统弹出"期初记账完毕"信息提示框,如图8-24所示。

图8-24　采购管理系统"期初记账"

03 单击【确定】按钮,完成采购管理系统期初记账操作。

04 若取消采购期初记账,可以单击"采购管理"|"设置"|"采购期初记账"|"取消期初记账"。

【提示】

采购期初记账表明采购管理业务的"往期数据"录入工作已完成,之后进行的业务操作属于当期业务。

如果没有期初数据,可以不输入期初数据,但必须执行"期初记账"操作。

在采购期初记账后,本期业务开始前,可以取消采购期初记账。若本期业务已开始,但确需取消采购期初记账,则只能通过删除本期已录入的业务数据才能完成。

2. 应付款管理期初数据

通过应付款期初余额功能,用户可将正式启用账套前的所有应付业务数据录入系统中,作为期初建账的数据,这样既保证了数据的连续性,又保证了数据的完整性。当初次使用本系统时,要将上期末处理完全的单据都录入本系统,以便以后的处理。但在下一年度的第一个会计期间里,可以进行期初余额的调整。2022年初,采购部转来的期初采购发票如表8-14和表8-15所示。

表8-14　期初采购专用发票资料

单据日期	发票编号	供应商名称	存货名称	数量	无税单价	增值率税率	价税合计	部门
2021-12-29	01901601	宁波隆泰	定位器	1000	15	13%	16950	采购部

表8-15　期初其他应付单资料

单据日期	单据类型	单据编号	客户名称	摘要	金额	部门
2021-12-29	其他应付单	00000021	宁波隆泰	代垫运费	260	采购部

操作步骤如下。

01 打开"期初余额——查询"对话框。在"应付款管理"子系统中,依次单击"设置"|"期初余额"菜单项,系统打开"期初余额——查询"对话框。

02 打开"期初余额"和"采购发票"窗口。单击【确定】按钮,进入"期初余额"窗口,单击工具栏中【增加】按钮,打开单据类型对话框。

03 新增一张采购专用发票。在单据类型对话框中,选择单据名称为"采购发票",单据类型为"采购专用发票",方向为"正向",然后单击【确定】按钮,进入"采购专用发票"

窗口。

04 填制采购专用发票。单击采购专用发票工具栏中的【增加】按钮，根据表8-14输入发票号为"CG03001"、开票日期为"2021-12-29"，选择供应商为"宁波隆泰"、部门为"采购部"，在表体中双击首行"存货编码"对应单元格，单击该单元格中的存货档案参照按钮，选择存货为"00001(定位器)"，输入数量为"1000"，无税单价为"15"，然后单击【保存】按钮，如图8-25所示。

图8-25　新增期初采购专用发票

05 重复上述步骤1和步骤2，在单据类型对话框中，选择单据名称为"应付单"，单据类型为"其他应付单"，方向为"正向"，单击【确定】按钮进入"其他应付单"窗口。

06 单击【增加】按钮，根据表8-15录入期初其他应付单信息。

07 单击【保存】按钮完成期初其他应付单的录入操作，并关闭退出。系统返回"期初余额"窗口，单击该窗口工具栏中的"刷新"按钮，查看期初单据记录，如图8-26所示。

图8-26　应付账款期初余额明细表

08 单击"对账"按钮，查看总账期初与应付款期初对账情况。

【提示】

输入期初采购发票时，要确定表头科目，以便与总账系统的应付账款对账。

应付款管理系统与总账系统的期初余额的差额为零，即两个系统的供应商往来科目的期初余额应完全一致。

3. 销售管理期初数据

初次使用销售管理系统时，要将上期末未处理完的单据录入本系统，这样既保证了系统数据的连续性、完整性，也更便于以后的销售业务处理。本案例企业上期末处理业务单据如下。

期初发货单

2021年12月16日，北方船运有限公司购买集装箱中间扭锁100个，无税单价75元/个，货物已经从产成品仓库发出。

操作步骤如下。

01 在销售管理系统中,执行"设置"|"期初录入"|"期初发货单"命令。

02 单击【增加】按钮,发货单号为默认,发货日期修改为"2021-12-16",业务类型默认为"普通销售",客户简称选择"北方船运",单据表体中的仓库名称参照选择"产成品仓库",存货编码选择"10103",数量输入"100",无税单价输入"75"。

03 单击【保存】按钮,然后单击"审核"按钮,确认并保存期初发货单信息,结果如图8-27所示。

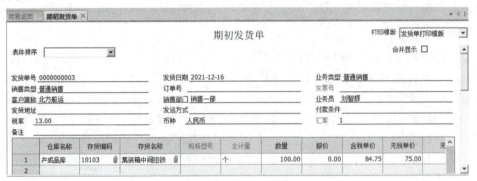

图8-27 期初发货单

【提示】

期初发货单只有"审核"后才生效,才能被下游单据所参照。

期初分期收款发货单

2021年12月31日,给南方船运有限公司发出"全自动燕尾底锁"250个,无税单价130元/个,货物已经从产成品仓库发出。经双方协商,客户分两期付清款项,付款日分别为2022年1月28日和2022年2月28日。

操作步骤如下。

01 在销售管理系统中,执行"设置"|"期初录入"|"期初发货单"命令。

02 单击【增加】按钮,发货日期修改为"2021-12-31",单击"业务类型"参照按钮,选择业务类型为"分期收款",发货单号为默认,客户简称选择"南方船运",单据表体中的仓库名称参照选择"产成品仓库",存货编码选择"10101",数量输入"250",无税单价输入"130"。

03 单击【保存】按钮,确认并保存期初分期收款发货单信息,结果如图8-28所示,然后单击【审核】按钮。

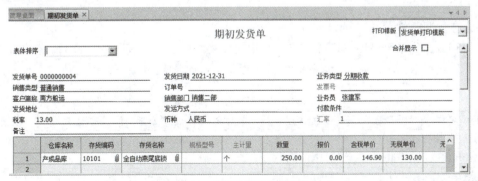

图8-28 期初分期收款发货单

【业务规则】

期初发货单按照正常发货单录入，发货日期小于系统启用日期。

期初发货单不影响现存量、可用量、待出库数等数据。

期初发货单在《销售管理》的开票处理同正常发货单，但加期初标记。

期初分期收款发货单被《存货核算》取数后就不允许再弃审。

【提示】

在录入"期初分期收款发货单"时，单据的"业务类型"必须选择"分期收款"。

期初委托代销发货单

2021年12月28日，销售部与上海船运商贸公司签订委托代销合同，以视同买断方式委托上海船运有限公司代销半自动燕尾底锁，每月28日结算。合同签订当天，向上海船运商贸公司发出半自动燕尾底锁200个，无税单价100元/个。

01 在销售管理系统中，执行"设置"|"期初录入"|"期初委托代销发货单"命令。

02 单击【增加】按钮，按照上述实验案例说明输入期初委托代销发货单信息。

03 单击【保存】按钮，确认并保存期初委托代销发货单信息，结果如图8-29所示，然后单击"审核"按钮。

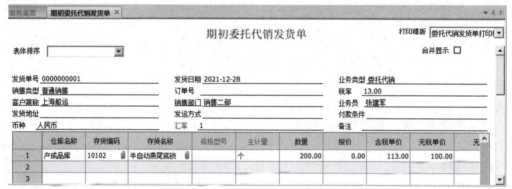

图8-29　期初委托代销发货单

【注意事项】

期初委托代销发货单被《存货核算》取数后就不允许再弃审。

期初委托代销发货单只需录入未完全结算的数据。例如，某期初委托代销发货单A货物原始发货数量为10，在日常业务开始之前已结算数量3，那么在录入这张期初单据时，A货物的发货数量录入7。

销售存货调价单

销售存货调价单可以用来设置、修改存货的价格。销售存货调价单审核后，存货价格表信息更新并生效。本案例企业现阶段执行的销售存货价格如表8-16所示。

表8-16　销售存货价格表

存货名称	数量下限	批发价1	零售价1	生效日期	是否促销价	增值税率
全自动燕尾底锁	0	135		2022-1-1	否	13%
全自动燕尾底锁	100	130				
半自动燕尾底锁	0	80		2022-1-1	否	13%

(续表)

存货名称	数量下限	批发价1	零售价1	生效日期	是否促销价	增值税率
半自动燕尾底锁	100	75				
集装箱中间扭锁	0	95		2022-1-1	否	13%
集装箱中间扭锁	100	90				
全自动锥	0	75				
全自动锥	100	70		2022-1-1	否	13%
绑扎眼板	0	130				
绑扎眼板	100	125		2022-1-1	否	13%

操作步骤如下。

01 在销售管理系统，执行"价格管理"|"存货价格"|"存货调价单"命令，打开"存货调价单"窗口。

02 单击工具栏中的【增加】按钮，单击"存货编码"，参照选择"10101全自动燕尾底锁"，数量下限输入"0"，"批发价1"输入"135"。

03 按照步骤2，完成表8-16剩余存货调价信息录入。

04 信息录入完毕，单击【保存】按钮，保存存货调价信息，如图8-30所示，再单击【审核】按钮确保存货调价信息生效。

图8-30 存货调价单

05 单击【关闭】按钮退出"存货调价单"窗口。

4. 应收款管理期初数据

本部分实验内容主要是录入应收款管理期初数据，该系统期初数据资料如表8-17和表8-18所示。

表8-17 期初销售发票列表资料

单据日期	发票编号	客户名称	存货名称	数量	无税单价	含税单价	价税合计	部门
2021-12-27	14033301 普通发票	东方锚链	绑扎眼板	100	130	146.9	14690	销售一部
2021-12-29	01801501 专用发票	南方船运	全自动燕尾底锁	120	135		18306	销售二部

表8-18 期初其他应收单资料

单据日期	单据类型	单据编号	客户名称	摘要	金额	部门
2021-12-31	其他应收单	00000001	上海船运	代垫运费	560	销售二部

操作步骤如下。

01 在"应收款管理"子系统中，执行"设置"|"期初余额"命令，打开"期初余额——查询"对话框。

02 在"期初余额——查询"对话框中单击【确定】按钮，系统打开"期初余额"窗口。

03 单击【增加】按钮，系统弹出"单据类别"对话框，选择"单据名称"为"销售发票"，"单据类型"为"销售普通发票"，"方向"为"正向"，然后单击【确定】按钮，系统打开"期初销售发票"窗口。

04 单击【增加】按钮，修改"发票号"为"14033301"，"开票日期"为"2021-12-27"，选择"客户名称"为"东方锚链"，表体中的"货物编号"参照选择"0005"，数量输入"100"，无税单价输入"130"，单击【保存】按钮，完成第1张销售普通发票的录入，如图8-31所示。

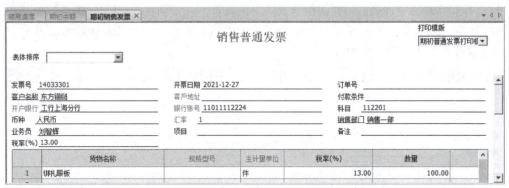

图8-31 期初销售发票——销售普通发票

05 重复上述步骤1至步骤4，并依照表8-17和表8-18的资料信息相应修改单据类型、单据名称等信息，完成其他期初应收业务数据的录入。

06 单击"期初销售发票"窗口的【关闭】按钮，系统返回"期初余额"窗口，单击该窗口工具栏中的"刷新"按钮，查看期初应收单据记录。

07 单击工具栏中的"对账"按钮，查看总账期初应收数据与应收款管理系统的期初应收数据是否对账平衡，如图8-32所示。

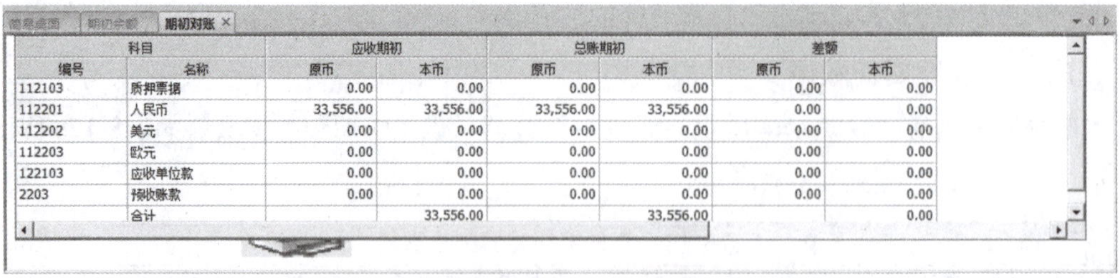

图8-32 应收款管理系统"期初对账"

08 在"期初对账"窗口单击【关闭】按钮，系统退回至"期初余额"窗口，再单击【关闭】按钮，完成期初应收单据录入操作(总账引入作为本节课的拓展任务)。

5. 库存管理期初结存

库存管理的"期初结存"用于录入使用库存管理前各仓库各存货的期初结存情况。重新初始化时，可将上年度12月份的库存结存结转到下年度的期初余额中。2021年12月31日，本案例公司对各仓库进行了期末盘点，具体盘点结果如表8-19所示。

表8-19 库存盘点结果

仓库名称	存货编码	存货名称	数量	结存单价/元	结存金额/元
原材料库	20101	板钢	10 000kg	4.25元/kg	42 500
	20102	圆钢	10 000kg	4.90元/kg	49 000
	20103	管钢	10 000kg	4.00元/kg	40 000
外购半成品库	20201	壳体	2 600个	18.00元/个	46 800
自制半成品库	20202	锁轴	1 650件	10.00元/件	16 500
外购半成品库	20203	自锁螺母	2 700件	1.00元/件	2 700
委托加工半成品库	20204	内六角螺栓	2 700件	1.50元/件	4 050
委托加工半成品库	20205	钢球	2 600件	0.50元/件	1 300
委托加工半成品库	20206	弹簧	2 600件	10.500元/件	27 300
外购半成品库	20207	定位器	1 580件	15.00元/件	23 700
委托加工半成品库	20208	不锈钢压簧	1 600件	10.00元/件	16 000
委托加工半成品库	20209	钢丝手把	1 600件	13.00元/件	20 800
自制半成品库	20210	锁体	1 600个	20.00元/个	32 000
自制半成品库	20211	定位座	1 600个	8.00元/个	12 800
委托加工半成品库	20212	扭簧	1 600件	2.50元/件	4 000
自制半成品库	20213	销钉	1 600件	1.35元/件	2 160
自制半成品库	20214	全自动机件	1 600件	9.50元/件	15 200
自制半成品库	20215	面板	1 600件	15.00元/件	24 000
产成品库	10101	全自动燕尾底锁	300个	135元/个	40 500
	10102	半自动燕尾底锁	450个	80元/个	36 000
	10103	集装箱中间扭锁	380个	95元/个	36 100
	10201	全自动锥	460个	75元/个	34 500
	10301	绑扎眼板	500件	130元/件	65 000

操作步骤如下。

01 在"企业应用平台"的"业务工作"页签下，执行"供应链"|"库存管理"|"初始设置"|"期初结存"命令，打开"库存期初数据录入"窗口。

02 在"库存期初数据录入"窗口右上角选择"仓库"为"原材料库"，然后单击工具栏【修改】按钮。

03 依照表8-19中的"原材料库"盘点信息，重复步骤3，完成"原材料库"中其他各存货的"数量""单价""入库类别"等存货信息。

04 单击【保存】按钮，保存"原材料库"各存货信息，再单击"批审"按钮，完成该仓库"期初数据"的成批审核操作，如图8-33所示。

05 重复步骤2至步骤4，完成半成品库和产成品库期初库存数据录入、保存与审核。

06 单击【关闭】按钮，退出"库存期初数据录入"窗口。

图8-33 库存期初数据录入

【提示】

不进行批次、保质期管理的存货，只需要录入各存货期初结存数量。

进行批次管理、保质期管理、出入跟踪入库管理、货位管理的存货，需录入各存货期初结存的详细数据，如批号、生产日期、失效日期、入库单号、货位等。

只有在库存管理系统启用第一年或重新初始化年度可以录入，其他年度均不可录入。

库存管理启用第一年或重新初始化年度第一个会计月份结账后不允许再新增、修改或删除期初数据，也不可以审核和弃审，因此用户应在"期初数据"全部录入完毕并审核后，再进行第一个会计月份的结账操作。

不计入成本的仓库(指仓库档案中记入成本属性为"否")不进行"库存管理"与"存货核算"的对账。

库存管理与存货核算的"期初数据"分别录入处理，因此库存管理与存货核算可分别先后启用，且没有先后顺序之分。

库存期初结存数据必须按照仓库分别录入，且录入完成后必须审核。期初结存数据的审核实际是期初记账的过程，表明该仓库期初数据录入工作的完成。

库存期初数据的审核是分仓库、分存货进行的，即"审核"功能只针对当前仓库的一条存货记录进行审核；"批审"功能是对当前仓库的所有存货记录执行审核，而不是审核所有仓库的存货。

审核后的库存期初数据不能修改、删除，如要修改或删除，需要单击"弃审"按钮。

库存期初结存数据录入时，若默认存货在库存系统的计量单位不是主计量单位，则需要录入该存货的单价和金额，由系统计算该存货的数量。

如果有期初不合格品数据，可以执行"初始设置"|"期初数据"|"期初不合格品"命令，单击【增加】按钮录入"不合格品期初数据"，再单击"审核"按钮数据生效关闭退出。

6. 存货核算期初数据

初次使用存货核算系统时，应先输入全部末级存货的期初余额。存货核算的期初数据录入有两种方式：一是直接手工录入，录入方法同库存管理系统"期初结存"；二是运用存货核算系统"存货期初余额"窗口中的"取数"和"对账"功能。一般存货核算与库存管理的"期初数据"相对应，若库存管理系统已经录入"期初结存"，在存货核算系统可以单击"取数"按钮，从库存管理系统取数并对账。库存管理系统也设置有"取数"和"对账"功能，若存货核算系统已录入"期初数据"，也可以单击"取数"按钮，从存货核算系统取数并完成二者的对账。为便于与总账进行对账，在库存管理期初结存与存货核算系统"期初数据"完全一致的情况下，建议先录入存货核算期初数据，库存管理系统期初结存直接"取数"。

【取数说明】

库存管理与存货核算期初数相对应，为便于与总账系统对账，建议先录入存货核算期初数据，库存管理可以利用“取数”功能从存货核算系统读取期初数据，取数时只能取出当前仓库数据，即一次只能取出一个仓库的期初数据。

如果当前仓库已经存在期初数据，系统将提示“是否覆盖原有数据”，一般应选择覆盖，否则，会发生期初“取数”重复。

只有第一年启用时，才能使用取数功能，以后年度结转上年后，“取数”功能不能使用，系统自动结转期初数据。

取数成功后，必须对所有仓库的所有存货进行审核，以完成期初记账工作，期初记账后，用户才能进行日常业务、账簿查询、统计分析等操作。

如果期初记账后，发现存货核算系统“期初数据”有误，可以在取消期初记账后修改期初数据，然后重新执行“期初记账”。

存货核算系统期初数据录入与库存期初结存录入方法相似，这里仅以存货核算系统期初“取数”进行操作指导，具体操作步骤如下。

01 在企业应用平台的“业务工作”页签下，执行“供应链”|“存货核算”|“初始设置”|“期初数据”|“期初余额”命令，系统打开“期初余额”窗口。

02 单击“期初余额”右上角的“仓库”下拉列表，选择“原材料库”，然后单击工具栏中的【取数】按钮，系统自动读取仓库存货并显示于期初余额，如图8-34所示。

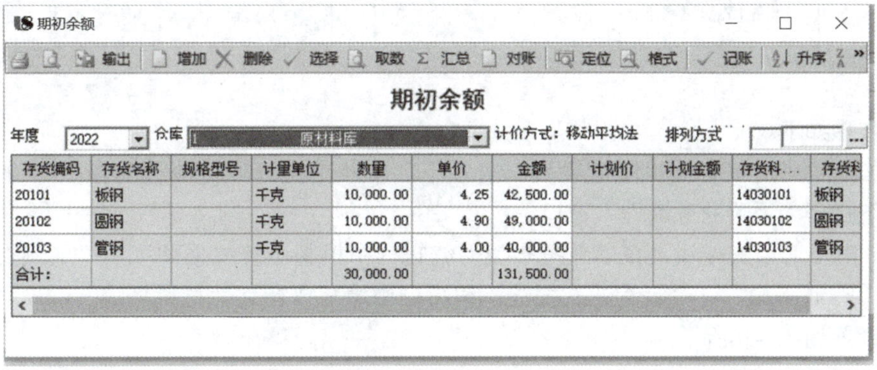

存货编码	存货名称	规格型号	计量单位	数量	单价	金额	计划价	计划金额	存货科...	存货科
20101	板钢		千克	10,000.00	4.25	42,500.00			14030101	板钢
20102	圆钢		千克	10,000.00	4.90	49,000.00			14030102	圆钢
20103	管钢		千克	10,000.00	4.00	40,000.00			14030103	管钢
合计：				30,000.00		131,500.00				

图8-34 存货核算系统期初“取数”

03 重复步骤2，完成半成品库和产成品库的存货“期初数据”读取操作。

04 执行 “期初数据”|“期初分期收款发出商品”命令，系统打开“期初分期收款发出商品”窗口，单击【取数】按钮，系统自动读取销售管理系统的期初分期收款发出商品数据。同理完成期初委托代销发出商品取数。

05 单击【对账】按钮，系统弹出“库存与存货期初对账查询条件”对话框，单击【确定】按钮，系统显示“对账成功”，再单击【确定】按钮，完成存货核算与库存管理的期初对账操作。

06 单击【记账】按钮，系统弹出“记账成功”提示，单击【确定】按钮，完成存货核算系统期初记账操作。

07 单击【汇总】按钮，系统弹出“期初汇总条件选择”提示，选择“存货级次”为“1”到“明细”，再单击【确定】按钮，完成存货核算系统的期初数汇总操作。

08 单击【退出】按钮，退出期初余额窗口。

【提示】

期初记账前可修改存货的计价方式和核算方式,可修改存货的期初数据,但记账后不修改。

期初数据录入完毕,必须在期初记账后才能开始日常业务核算,未记账时,允许进行单据录入、账表查询。

若没有期初数据,用户则不用录入期初数据,但必须执行"期初记账"。

执行"恢复期初记账",若是第一个会计年度,在未开始当期业务核算前,可直接恢复期初记账;若不是第一会计年度,则系统弹出信息提示框"只有调整存货的核算方式和计价方式、核算自由项,修改期初数据时才可以恢复期初记账"。

"汇总"功能是指对存货期初余额按照存货进行逐级汇总。

8.4 实训拓展

【拓展任务1】业务流程配置

企业对某种采购业务有规定的业务流程时(如业务类型是普通采购时,计划性材料采购根据采购计划发起采购流程;非计划性采购根据请购发起采购流程),可以按"业务类型+采购类型"将规定的业务流程固化在系统中,以便日常操作时可按规定的流程执行。本案例企业计划性采购的采购业务流程如图8-35所示。

图8-35 计划性采购业务流程图

操作步骤如下。

01 在企业应用平台的"基础设置"页签下,依次单击"业务流程配置"|"采购业务流程",系统打开"采购业务流程"窗口。

02 单击【增加】按钮,在"业务类型"编辑框中填制"普通采购","采购类型"编辑框中选择"普通采购","流程模式描述"编辑框中填写"计划性材料采购",采购业务流程"选项"设置如图8-36所示。

图8-36 采购业务流程"选项"设置

【项目说明】

请购:选择"必有请购",请购来源选择"按MPS"|"MRP计划请购"。

订货：选择"必有订单""允许超计划订货"，不允许超请购订货，订货来源选择"按请购单订货"。

收货：不选择"必有到货"，选择"允许超订单到货及入库"，到货来源选择"按订单到货"(以便质检存货可以根据订单录入到货单)。

退货：退货来源选择"手工输入退货单""按订单退货"(假如企业退货可以不必有订单)。

入库：入库来源选择"按订单入库"。

开票：开票来源选择"按入库单开票"。

供应商存货控制选择"严格控制"。

取价方式选择"取自供应商存货价格表价格"。

03 单击【保存】按钮，按照计划性材料采购业务流程配置。

【拓展任务2】必有订单业务模式设置

必有订单业务模式是一种标准化、规范化的采购管理模式，其主要特征是以订单为中心，订单是整个采购业务的核心，整个业务流程的执行都会写到采购订单中。针对一些特殊行业或特殊商品，如军工企业按国家要求生产不同的军需物资，或者某些紧俏物资，需要提前订货，到期才能发货，因此需要在"采购系统选项设置"中选择"普通业务必有订单"复选框，通过采购订单跟踪采购的整个业务流程。

操作步骤如下(以设置采购模式"必有订单"为例)。

01 在企业应用平台"业务工作"页签下，执行"供应链"|"采购管理"|"设置"命令，系统打开"采购选项"对话框。

02 勾选"普通业务必有订单"复选框，单击【确定】按钮完成采购模式必有订单设置。

【提示】

在必有订单业务模式下，除请购单、订单外，到货单、入库单、发票不可手工填制，只能参照生成。

【拓展任务3】总账期初余额引入与汇总

当总账管理系统与应收应付管理系统集成使用时，应收账款和应付账款的期初余额可以在总账管理系统和应收应付管理系统分别录入，或先在应收应付系统录入期初余额，然后应用总账管理中往来明细窗口的"引入"功能，将往来科目的期初余额引入总账管理系统对应科目余额中。应付应收期初余额录入资料及录入方法已在本章节8.3.2和8.3.4中做过介绍，这里仅介绍总账管理系统中应收应付科目期初余额的引入和汇总。

操作步骤如下。

01 在企业应用平台"业务工作"页签下，依次单击"财务会计"|"总账"|"设置"|"期初余额"，系统打开"期初余额"窗口。

02 在"期初余额"窗口，双击"应收账款"科目行，系统打开"辅助期初余额"窗口，然后单击该窗口工具栏中的"往来明细"按钮，系统打开"期初往来明细"窗口。

03 在"期初往来明细"窗口，单击该窗口工具栏中的"引入"按钮，系统弹出"确定要引入期初吗？"提示，如图3-37所示。单击"是"按钮，系统将应收款管理系统应收账款期初余额引入到总账管理系统对应科目中，引入数据记录显示于"期初往来明细"窗口，如图8-38所示。

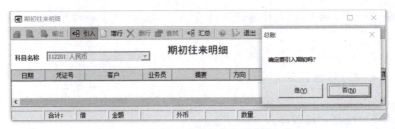

图8-37 总账引入"应收账款"往来明细提示

图8-38 期初往来明细

04 应收期初余额引入成功后,在"期初往来明细"窗口工具栏中单击【汇总】按钮,依据系统弹出的提示信息,单击【是】或者【确定】按钮,完成"客户往来明细辅助期初"汇总。然后单击【退出】按钮,系统返回至"辅助期初余额"窗口,再单击【退出】按钮,返回至总账"期初余额"窗口。

05 双击"应付账款"科目行,重复步骤2至步骤4,完成应付账款期初余额的引入和汇总。

06 在总账"期初余额"窗口,单击工具栏中的【退出】按钮退出。

【提示】

如果总账的期初数据不可修改(即存在当月已记账凭证),则不可使用"引入"功能。

如果应收|应付系统在总账前启用,则引入的期初余额为到总账启用日期为止的应收|应付期末余额,将其作为总账往来辅助明细的期初余额。

如果应收|应付系统在总账之后启用,则不能引入应收|应付系统的期初余额,只能在总账中录入。

如果科目辅助核算属性在使用中发生变更,如在年中变更为有辅助往来核算科目,因应收|应付系统中无期初余额,这时则只能在总账中补充录入期初余额。

【拓展任务4】存货核算与总账期初对账

购销存业务单据在存货核算系统记入存货明细并生成记账凭证传递给总账系统,总账系统通过原材料、库存商品等科目总括反映存货的结存情况,两者存在数据关联。可以利用存货核算系统中的"与总账对账"功能核对存货核算系统与总账系统的存货科目和差异科目在各会计月份的借方、贷方发生金额、数量,以及期末结存的金额、数量信息。同时,这也是在库存管理与存货核算期初数据录入时,建议先录入存货核算期初,库存管理期初从存货核算"取数"的缘由所在。

操作步骤如下。

01 在企业应用平台"业务工作"页签下,执行"供应链"|"存货核算"|"财务核算"|"与总账对账"命令,系统打开"与总账对账"对话框。

02 单击【格式】按钮,系统打开"列表项设定"对话框,会计年度调整为"2022",会计月份调整为"1月份",同时取消存货核算和总账中关于"数量"的选中标记。

03 单击【确定】按钮返回。

8.5 常见问题与自助维护

1. 启用采购管理系统时,系统弹出提示信息"站点正在运行功能申请不成功",如图8-39所示,该如何解决

图8-39 "站点正在运行功能申请不成功"提示

系统启用属于独占任务,当有系统正在运行时(以总账系统为例),若此时要启用其他系统,应退出正在运行的系统后才能再启用其他系统,否则系统容易发生任务冲突。当启用系统时,若系统弹出提示信息"站点正在运行功能申请不成功",可以单击【确定】按钮,然后退出"系统启用"窗口,并在业务工作中,右击"总账"选项,选择【退出】按钮,最后重新启用采购管理系统。

2. 在总账系统录入应付账款科目期初余额时,为什么应付账款科目的期初余额会翻倍

出现录入科目的期初余额翻倍的原因是在录入应付账款科目期初余额后,又对该科目进行了"供应商往来"辅助核算设置,并且在应付账款"往来明细"录入了供应商往来明细信息,因此造成该科目期初余额重复录入而导致翻倍。其解决办法:一是先删除应付账款"往来明细"数据;二是在会计科目表中单击应付账款科目,取消选择"供应商往来"辅助核算;三是回到总账期初余额窗口,删除应付账款科目的期初余额;四是将应付账款科目设置为"供应商往来"辅助核算后,再回到总账期初余额窗口,双击应付账款科目,系统打开应付账款"辅助期初余额"窗口,单击"往来明细"按钮,输入应付往来明细数据并"汇总"生成应付账款期初余额。

3. 在设置应收应付账龄区间时,设置好第一个账龄区间后,为何下个账龄区间弹不出

在设置好第一个账龄区间后,若下个账龄区间不能弹出,可以将光标移至已输入账龄区间以外的区域,单击弹出下个账龄区间。

4. 存货核算系统期初记账时系统弹出"采购系统期初尚未记账,不能确定期初暂估余额,无法记账"提示信息,该如何解决

供应链管理子系统之间存在数据关联,只有在采购管理系统期初记账后,才能对存货核算系统执行"期初记账"。因此在供应链期初数据录入时,应注意期初数据录入的先后顺序。具体操作顺序如下。

01 先录入采购管理和销售管理的期初数据,然后执行采购期初记账。

02 按仓库录入存货核算系统期初数据,执行存货核算系统的"记账",然后在库存管理系统期初结存窗口中按仓库执行"取数"和"批审"。或先在库存管理系统期初结存中按仓库录入存货期初数据,然后在存货核算期初余额窗口按仓库分别取数后,最后单击【记账】按钮。

单元测试

一、单项选择题

1. 存货计价方式可以按( )设置。
   A. 部门　　　　　B. 存货分类　　　C. 存货　　　　　D. 收发类别
2. 采购系统选项中如果选中了"受托代销业务必有订单",那么下列有关单据生成原则正确的是( )。
   A. 受托代销到货单不能手工录入,但是表体中允许进行增行操作
   B. 受托代销入库单不能手工录入,表体中也不允许增行操作
   C. 受托代销请购单不能手工录入
   D. 受托代销采购订单不能手工录入
3. 在存货档案设置中,存货的属性设置与单据中的存货属性相关,在填制以下哪种单据时无法参照外购属性的存货?( )
   A. 采购发票——除运费发票　　　B. 采购发票——运费发票
   C. 采购入库单　　　　　　　　　D. 产成品入库单
4. 存货暂估的三种方式中,不生成蓝字、红字回冲单的是( )。
   A. 月初回冲　　　B. 单到回冲　　　C. 单到补差　　　D. 自动回冲
5. 在采购管理系统期初记账前,采购管理系统的采购入库,只能录入( )。
   A. 期初入库单　　　　　　　　　B. 月末入库单
   C. 日常业务入库单　　　　　　　D. 红字入库单
6. 产成品入库单上可以参照的存货,必须具有的属性是( )。
   A. 外购　　　　　B. 内销　　　　　C. 生产耗用　　　D. 自制

二、多项选择题

1. 以下与总账存在凭证传递关系的子系统是( )。
   A. 存货核算　　　B. 库存管理　　　C. 销售管理　　　D. 采购管理
2. 应收款管理系统录入的期初数据与总账中有对账关系的科目是( )。
   A. 应收票据　　　B. 应收账款　　　C. 预收账款　　　D. 差额数据
3. 在发票上开具的运输费,必须具有的属性是( )。
   A. 外购　　　　　B. 内销　　　　　C. 生产耗用
   D. 自制　　　　　E. 应税劳务
4. 销售管理设置中,可以处理的特殊业务选项包括( )。
   A. 有零售日报业务　　　　　　　B. 有销售调拨业务
   C. 有销售调拨业务　　　　　　　D. 有分期收款业务
   E. 有直运销售业务
5. 存货核算系统与采购系统或委外系统集成使用时,用户可以进行暂估业务,系统提供的暂估方式包括( )。
   A. 月初回冲　　　B. 单到回冲　　　C. 单到补差　　　D. 红字回冲

三、判断题

1. 供应链每个子系统既可以单独应用，也可以与供应链其他子系统集成应用。（ ）
2. 即使没有期初数据，也要执行采购管理系统期初记账，否则无法开始日常业务处理。（ ）
3. 采购管理系统如果不执行期初记账，库存管理系统和存货核算系统则不能记账。（ ）
4. 输入期初销售发票时，要确定科目，以便与总账系统的应收账款对账。（ ）
5. 应收款管理系统应与总账系统的期初余额的差额应为零。（ ）
6. 存货核算系统和库存管理系统的期初数据相等，可以从两者中的任何一个系统录入，再从另外一个系统取数。（ ）

四、思考题

1. 供应链管理系统包括哪些子系统，各系统有哪些主要功能？
2. 供应链管理初始化的主要工作内容是什么？
3. 执行库存管理期初数据分仓库"批审"的意义是什么？
4. 采购管理系统中的"采购入库单"与库存管理系统中的"采购入库单"有何不同？
5. 设置存货科目和对方科目的意义是什么？

第 9 章

采购管理

学习目标:
1. 掌握用友ERP-U8管理软件中采购管理系统的相关内容;
2. 掌握企业日常采购业务处理流程的方法;
3. 了解如何删除和修改单货同行的日常采购业务流程;
4. 理解并掌握采购退货业务的处理流程。

9.1 采购管理概述

9.1.1 采购管理系统概述

用友U8是综合了企业业务实践开发的通用管理软件。目前,系统中的采购业务类型都是一般企业所共有的。采购管理系统提供了对普通采购、委托代销、直运业务等多种类型采购业务的处理方法。采购管理是用友U8软件供应链管理中的一个重要部分,采购管理系统对企业采购业务的全部流程进行管理,包括请购、采购订货、采购到货、采购入库、采购发票、采购结算的完整采购流程,企业可根据自身实际情况进行灵活设置。采购管理系统既可以单独使用,又能与用友U8其他系统集成使用,完整、全面地完成业务和财务流程处理。采购管理子系统能为企业的日常采购业务提供编制计划、询价、供应商管理、采购订货、入库、采购发票及付款的全过程管理。企业也可以根据自身的实际情况,灵活配置系统。采购管理子系统没有结算的入库单,在存货核算子系统中做暂估入账处理。本系统填制的采购发票,在采购结算处理后,自动在供应商往来中记载应付账款信息。

第一次使用采购管理模块时,应建立系统账套参数等基础数据,然后输入在使用本系统前未执行完的采购订单、采购入库单(暂估入库)和采购发票(在途数据),并进行期初记账处理。期初记账后,期初数据不能增加、修改,除非取消期初记账。第二年及以后各年再使用本模块,应首先完成上年度各项工作,做好数据备份,再建立新年度的账套。如果需要调整基础数据和基本参数,可以进行调整,之后利用结转上年功能将上年未执行完的采购订单、未结算的采购入库单、采购发票和采购台账余额数据转入新一年的账套。

9.1.2　用友U8采购管理系统认知

企业一般通过采购材料或商品而开始生产经营活动。企业的采购一般是从订单开始的,订单是企业根据产品的市场销售状况或客户的需求和库存存量情况而产生的。企业一方面要减少资金的占用,另一方面要降低经营的风险和存储的成本,把库存减少到最低可接受程度,即所谓的"经济库存量",需要设计科学的采购计划,即设计经济采购批量与订购点(早期的)。20世纪60年代后采用MRP(物料需求计划)管理。

1. 采购管理的内容

(1) 实际采购量的控制。为减少资金占用和库存的存储成本,又不影响企业的生产和销售,应合理安排采购数量和批次,要根据市场的需求情况进行生产,根据生产和库存的情况进行采购,决不能盲目地进行采购,因此,对订单的管理是采购管理的重要环节。

(2) 采购成本的控制。采购成本的控制对企业也是非常重要的。许多中大型工业企业采用按计划成本核算方法对采购环节的成本加以控制,一些企业还利用电子商务作为工具在网上进行大批量的集中采购。若采购量大,可以降低采购价格,从而降低采购成本,同时避免了下级单位的黑箱操作,订货成本也大大降低。不同的企业对采购成本的控制有不同的方法。

(3) 货款结算的控制。采购完成时,供应商必然要进行货款结算。首先,应注意结算方式、结算时间的选择与安排。结算的相关安排对企业非常重要,它一方面体现了企业信用,以及企业与供应商的良好关系;另一方面,企业还可以争取到供应商对所售商品的折扣(指现金折扣),从而降低成本。其次,应正确确定结算金额和对象。当企业的采购活动频繁时,尤其是在手工方式下,与供应商的结算稍有疏忽便可能出错,而一旦货款多付或错付给对象,将给企业带来巨大损失。因此,当企业采购用订单进行采购时,货款的结算应该与采购订单上的金额和对象保持一致。此外,企业还应注意应付账款与预付账款的管理,定期与供应商对账。

(4) 入库的管理。入库材料的品种、数量等应该与订单相一致。当供应商发送的物品运抵后,必须由验收部人员核点验收,检查运抵物品的数量和性能状态,发现物品存在质量问题,应立即提醒采购部门与供应商进行联系,对需要退货的物品应填写退货单,并通知财务部门在货款结算中扣除相应的金额。

2. 采购交易的会计核算

采购环节的会计核算方法因企业类型、规模及管理方式的不同而不同。如工业企业的采购核算可以采用实际成本核算或计划成本核算,采用计划成本核算的,应使用"材料成本差异"科目,核算采购的实际成本和计划成本的差异,以达到反映与控制采购成本的目的。商品流通企业可以采用进价核算和售价核算。一般对批发商品采用进价核算,而对零售商品多采用售价核算。采用售价核算的企业应设置"商品进销差价"科目,核算商品售价与进价的差额,以反映商品毛利。对于采购环节运杂费的处理,工业企业与商品流通企业核算也有所不同,工业企业运杂费(除小额市内运输费外)一般直接或分配计入采购成本,作为材料成本的一部分;而商品流通企业的运杂费,一般直接计入营业费用。

3. 采购与应付子系统的特点

采购与应付子系统是会计信息系统中一个较为复杂的子系统,它具有如下特点。

(1) 数据处理量大。一般工业企业中材料、辅助原料的品种规格繁多,对每个具体的品种都要进行详细、全面的反映,不仅要反映其数量指标,而且要反映价值指标,同时还要反映与不同供应商之间的结算关系。因此,采购与应付子系统涉及面广,数据处理量大。

(2) 数据变化频繁。采购活动是企业生产顺利进行的必要前提，生产过程中的耗用要通过采购环节补偿，订货品种、供应商、结算价格、结算方式变化频繁，必然使数据输入与处理的频率相当高。

(3) 核算方法较复杂。采购环节中由于材料核算可以采用实际成本核算或计划成本核算、进价核算或售价核算，结算与实际入库过程存在货到票未到、票到货未到等情况，因此，核算方法较为多样。

(4) 与存货子系统和账务处理子系统存在频繁的数据传递关系。采购与应付子系统不是一个独立的系统，材料采购后的入库和货款的实际结算等数据要传递到存货子系统和账务处理子系统，同时它在订单管理控制和供应商结算情况方面也接收存货子系统和账务处理子系统的数据。

(5) 管理要求高。采购与应付子系统的业务处理既涉及钱也涉及物，还涉及税的合理计算，因此数据的输入与处理可靠性要求高，容不得任何错误。

4. 采购与应付子系统的目标

根据采购与应付子系统的上述特点，一个完善的采购与应付子系统的目标应包括以下方面。

(1) 采购核算与管理。进行采购订单处理，及时、准确地完成订货和采购的数据处理与管理，反映和监督采购合同的制定和执行情况，合理选择供应商，正确计算存货采购成本和税金，与存货子系统一起使用可以动态掌握存货的现存量信息。

(2) 应付账款的核算与管理。完成从收到供应商的发票到处理付款为止的数据处理过程，反映和监督存货采购交易过程中资金的支出和应付情况，及时提供债务总额和现金需求量，随时掌握采购业务的付款情况，并能对应付账款进行账龄分析，处理采购入库单并生成各种机制凭证数据，且自动传递到账务处理子系统和存货子系统。

9.1.3 采购管理系统与用友U8其他子系统的关系

1. 采购系统初始设置

包括设置采购管理系统业务处理所需要的采购参数、基础信息及采购期初数据。

2. 采购业务处理

采购业务处理主要包括请购、订货、到货、入库、采购发票、采购结算等采购业务全过程的管理。可以处理普通采购业务、受托代销业务、直运业务等采购类型。企业可根据实际业务情况，对采购业务流程进行可选配置。

3. 采购管理系统与其他系统的数据关系(见图9-1)

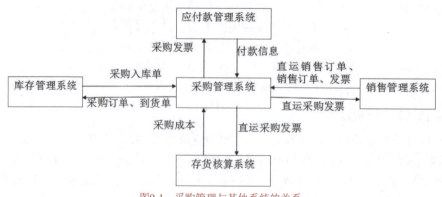

图9-1 采购管理与其他系统的关系

9.1.4　采购管理系统日常业务概述

在采购入库业务上应按货物和发票到达的先后,将采购入库业务划分为单货同行、货到票未到(暂估入库)、票到货未到(在途存货)三种类型,不同的业务类型相应的处理方式有所不同。

1. 单货同行

单货同行就是当期货到和当期发票也到的情况,也就是当期采购入库,并且财务部门已收到供应商开出的发票的情况。这也是最简单的一种情况。

采购入库单可以通过相关的采购订单、收货通知单或采购发票关联生成,也可以不通过关联手工录入。

采购发票可以通过相关的采购订单、采购合同或采购入库单关联生成,也可以不通过关联手工录入。

费用发票是采购过程中发生的费用,费用发票和采购发票属于连属单据,可以通过关联相关的发票生成,但发票必须是未审核的才可以关联,也可以通过手工录入。

首先要审核外购入库单,费用发票不能单独审核,必须与相应的票据连属审核,采购发票的审核比较复杂,在采购发票的审核界面,上半部分会分页面提供采购发票和费用发票筛选的界面,下半部分提供外购入库单的筛选界面,三种单据都可以双击鼠标查看,右击鼠标重现筛选等功能,选择相应的外购入库单和费用发票即可审核该张发票,系统不允许一次审核多张采购发票,如果采购发票上的数量和外购入库单上的数量不一致,审核时会有提示是否继续审核,这往往会被用户忽视,但无论数量是否一致,审核后相关的报表都会正确反映发票的数量和金额,以及外购入库的数量和金额。

采购发票审核成功后,在存货核算模块中对其进行入库成本核算。首先进行费用发票上的金额分配,费用分配有按数量分配和按金额分配两种方式,在核算菜单中可以选择。费用核算完成后,再进行金额核算,即在发票上的不含税金额中更新外购入库单上的金额。核算完成后对此采购业务生成相关的凭证,处理完毕。

上述情况还包括票到货部分到,这种情况在采购发票审核之前,需要对采购发票进行拆分处理,与外购入库对应部分进行审核、核算、生成凭证处理。余下的部分,待以后期间货到再做相应处理,处理方法同第二种情况。另外,还包括货到票部分到的情况。这种情况可以对已审核且未与发票钩稽的外购入库单做拆单处理,对应部分与发票进行钩稽审核、核算、生成凭证处理。余下部分做暂估入库处理,方法同第三种情况。如图9-2所示。

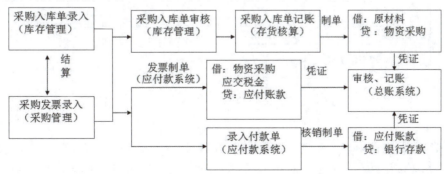

图9-2　采购入库业务单货同行流程图

2. 货到票未到(暂估入库)

当期采购入库,以后期间收到采购发票的情况,也是一种比较常见的采购模式,业务上称为暂估入库处理。这种情况可以先将采购入库单录入，当期进行审核。因为采购发票没有到，入库金额无法确定，所以只能估计一个单价和金额录入外购入库单记账，在存货核算系统中生成凭证。等以后期间财务部门收到供应商的发票后，再做审核钩稽核销处理。

在存货核算系统中，外购入库核算和存货估价入账核算主要区分是：本期的外购入库单是否有对应的采购发票相钩稽，如果有对应的发票则是外购入库核算，如果没有对应的发票，则是存货估价入账。暂估方式有两种，一种是手工在单据上录入。另一种方式是以计划价或最新入库价或最新出库价更新。

3. 票到货未到(在途存货)

企业对于当期采购发票先到，货当期末到的情况一般是不做任何处理，等货到了以后再处理。可以先将采购发票录入，当期不进行审核钩稽处理，等以后期间货到入库后再做审核钩稽核销处理。处理方法同第一种情况，只是生成凭证时，凭证的会计期间根据采购发票审核的期间确定。

9.1.5 日常采购业务处理流程解析

普通采购业务适合于大多数企业的日常采购业务，提供对采购请购、采购订货、采购入库、采购发票、采购成本核算、采购付款全过程管理。

1. 普通采购业务处理流程(见图9-3)

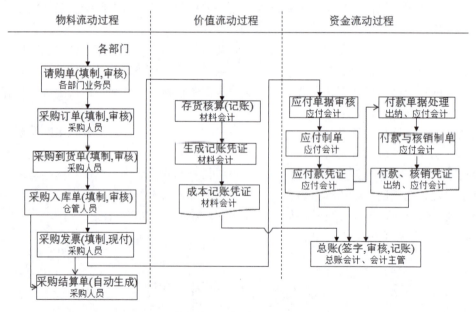

图9-3 普通采购业务处理流程图

1) 请购单

采购请购是指企业内部各部门向采购部门提出采购申请，或采购部门汇总企业内部采购需求列出采购清单。请购是采购业务的起点，可以依据审核后的采购请购单生成采购订单。在采购业务流程中，请购环节是可省略的。采购请购是指企业内部向采购部门提出采购申请或采购部门汇总企业内部采购需求提出采购清单。请购是采购业务处理的起点，用于描述和生成采购的需求。

请购单可手工增加,也可以根据销售订单、出口订单、标准BOM进行齐套生单。请购单可以修改、删除、审核、弃审、关闭、打开、锁定、解锁,录入时支持行复制。

2) 采购订货

采购订货主要是填制采购订单。采购订单反映业务部门与供应商签订的采购和受托代销合同,它是统计采购合同执行情况的依据。经供货单位审核确认后的订单,可以生成入库单和采购发票。

采购订单执行完毕,也就是说某采购订单已入库,取得采购发票并且已付款,该订单将会自动关闭。对于确实不能执行的某些采购订单,经采购主管批准,也可以人工关闭该订单。关闭的订单如果需要继续执行,可以手工打开订单。

3) 采购到货

采购到货是采购订货和采购入库的中间环节,一般由采购业务员根据供方通知或送货单填写,确定对方所送货物、数量、价格等信息,以到货单的形式传递到仓库作为保管员收货的依据。在采购业务流程中,到货处理可选可不选。

采购到货是采购订货和采购入库的中间环节,一般由采购业务员根据供货方通知或送货单填写,确认对方所送货物、数量、价格等信息,以入库通知单的形式传递到仓库作为保管员收货的依据。

4) 采购入库

采购入库是指将供应商提供的物料检验(也可以免检)确定合格后,放入指定仓库的业务。当采购管理系统与库存管理系统集成使用时,入库业务在库存管理系统中进行处理。当采购管理系统不与库存管理系统集成使用时,入库业务在采购管理系统中进行处理。在采购业务流程中,入库处理是必须的。采购入库单是仓库管理员根据采购到货签收的实收数量填制的入库单据。采购入库单既可以直接填制,也可以拷贝采购订单或采购到货单生成,一般是拷贝采购到货单。

采购入库是通过采购到货、质量检验环节,对合格到达的存货进行验收入库。根据采购订单、实际到货数量及采购发票填制入库单。可以暂估入库,支持退货负入库和冲单负入库,可以处理采购退货。

库存管理系统未启用前,可在采购管理系统录入入库单据;库存管理系统启用后,必须在库存管理系统录入入库单据,在采购管理系统可查询入库单据,可根据入库单据生成采购发票。

5) 采购发票

采购发票是供应商开出的销售货物的凭证,系统根据采购发票确定采购成本,并据以登记应付账款。采购发票按业务性质分为蓝字发票和红字发票;按发票类型分为增值税专用发票、普通发票和运费发票。

采购发票既可以直接填制,也可以从"采购订单""采购入库单"或其他的"采购发票"拷贝生成。

6) 采购结算

采购结算也称采购报账。在手工业务中,采购业务员拿着经主管领导审批过的采购发票和仓库确定的入库单到财务部门,由财务人员确定采购成本。在本系统中采购结算是针对采购入库单,根据发票确定其采购成本。采购结算的结果是生成采购结算单,它是记载采购入库单与采购发票对应关系的结算对照表。采购结算分为自动结算和手工结算两种方式。

自动结算是由计算机系统自动将相同供货单位的、存货相同且数量相等的采购入库单和采购发票进行结算。

使用"手工结算"功能可以进行正数入库单与负数入库单结算、正数发票与负数发票结算、正数入库单与正数发票结算，费用发票单独结算。手工结算时可以结算入库单中的部分货物，未结算的货物可以在今后取得发票后再结算。可以同时对多张入库单和多张发票进行报账结算。手工结算还支持到下级单位采购，付款给其上级主管单位的结算，支持三角债结算，即支持甲单位的发票可以结算乙单位的货物。

如果费用发票在货物发票已经结算后才收到，为了将该笔费用计入对应存货的采购成本，需要采用费用发票单独结算的方式。

7) 存货凭证

存货核算系统的生成凭证功能，用于对本会计月已记账单据的凭证生成，并可对已生成的所有凭证进行查询显示。所生成的凭证可在账务系统中显示及生成科目总账。

记账即把未记账的单据记入存货明细账。单据记账是存货核算系统按实际成本进行的入库和出库成本核算。当以移动平均法核算时，如果出库单记账时为零出库，系统自动按用户设置的零成本出库方式计算出库成本。如果选择手工输入，需要自己输入出库单价，否则将不能记账。生成凭证必须按整单制单，即一张单据必须所有记录全部记账，而且有成本(即单据金额数据不能为空或零)，方能生成凭证。

8) 应付凭证

收到供应商提供的购货发票后，经应付会计审核确认形成企业的应付账款。应付制单即生成应付凭证时，将凭证传递至总账系统，常用的制单类型包括发票制单、收付款单制单、核销制单、票据处理制单、现结制单和转账制单。

2. 采购现结业务处理流程

现结业务即收到货物和发票时，本公司立即付款的行为。采购现结业务是在普通日常采购业务基础上变化而来的，其业务处理不同之处主要是在采购发票上进行现付操作，审核发票时需要勾选"包含现结发票"复选框，以及根据现结制单生成应付凭证。其处理流程如图9-4所示。

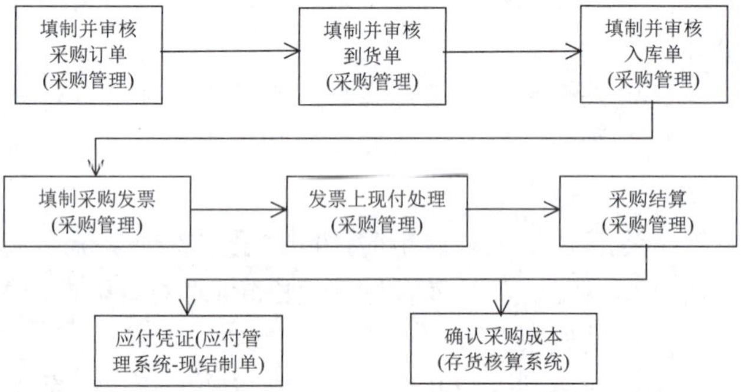

图9-4 现结业务处理流程图

3. 采购运费处理

1) 采购系统中的发票类别

用友U8系统中的采购发票按业务性质分为蓝字发票和红字发票，按发票类型分为增值税专用发票、普通发票和运费发票。

(1) 增值税专用发票：增值税专用发票扣税类别默认为应税外加，不可修改。

(2) 普通发票：普通发票包括普通发票、废旧物资收购凭证、农副产品收购凭证、其他收据，其扣税类别默认为应税内含，不可修改。普通发票的默认税率为0，可修改。

(3) 运费发票：运费主要是指向供货单位或提供劳务单位支付的代垫款项、运输装卸费、手续违约金(延期付款利息)、包装费、包装物租金、储备费、进口关税等。

2) 采购运费如何计入存货成本

如果运费发票和货物发票同期到达，可以通过手工结算将货物发票、运费发票与采购入库单一起结算,从而将采购运费计入采购成本。如果在货物发票与采购入库单已经结算完成后才收到运费发票,可以采用运费发票单独结算的方式将运费计入采购入库成本。

3) 采购运费业务处理流程

采购运费业务是在普通日常采购业务的基础上变化而来,其业务处理不同之处主要是在采购发票上再单独填制一张运费专用发票,审核发票时需要审核两张单据。含有采购运费业务的处理流程如图9-5所示。

4. 暂估入库报销处理

采购暂估业务是指本月存货已经入库,但采购发票尚未收到,不能确定存货的入库成本。

月底时为了正确核算企业的库存成本,需要将这部分存货暂估入账,形成暂估凭证。对于暂估业务,系统提供了三种不同的处理方法,即月初回冲、单到回冲和单到补差。

1) 月初回冲

本月月底,填写暂估单价,记存货明细账,生成暂估凭证。进入下月后,存货核算系统自动生成与暂估入库单完全相同的"红字回冲单",同时登录相

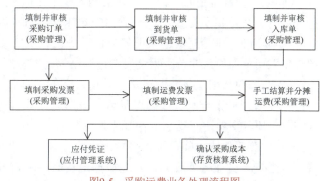

图9-5 采购运费业务处理流程图

应的存货明细账,冲回存货明细账中上月的暂估入库。对"红字回冲单"制单,冲回上月的暂估凭证。

收到采购发票后,录入采购发票,对采购入库单和采购发票进行采购结算。结算完毕后,进入存货核算系统,执行"暂估处理"功能,进行暂估处理后,系统根据发票自动生成一张"蓝字回冲单",其单据上的金额为发票上的报销金额。同时登记存货明细账,使库存增加。对"蓝字回冲单"制单,生成采购入库凭证。

2) 单到回冲

下个月月初不做处理,收到采购发票后,先在采购管理中录入并进行采购结算,再到存货核算中进行"结算成本处理",系统自动生成"红字回冲单"和"蓝字回冲单",同时据以登记存货明细账。"红字回冲单"的入库金额为上月暂估金额,"蓝字回冲单"的入库金额为发票上的金额。在存货核算系统中,执行"财务核算——生成凭证"命令,选择"红字回冲单""蓝字回冲单"制单,生成凭证,并传递到总账。

3) 单到补差

下月月初不做处理,采购发票收到后,先在采购管理中录入并进行采购结算,再到存货核算中进行"结算成本处理"。如果报销金额与暂估金额的差额不为零,则产生调整单,一张采购入库单生成一张调整单,用户确定后,自动记入存货明细账;如果差额为零,则不生成调整单。最后对"调整单"制单,生成凭证,并传递到总账。

5. 采购中的溢缺处理

在企业的采购业务中,出于运输、装卸等原因,采购的货物会发生短缺毁损,企业应根据不同情况,进行相应的账务处理。采购入库单与采购发票结算时,如果采购入库单上的存货数量与采购发票上的存货数量不一致,则发生了存货的溢余或短缺。若入库数量大于发票数,则需要在采购发票的附加栏"合理损耗数量""非合理损耗数量""非合理损耗金额"中输入溢

余数量、溢余金额，且数量、金额均为负数。用友系统把多余货物按赠品处理，结果将会降低入库货物的单价。若入库数量小于发票数量，则还要分析是合理损耗还是非合理损耗。经分析，如果确定其为合理损耗，则直接记入采购成本，即相应提高入库货物的单位成本。如果确定为非合理损耗，则根据事先定义的非合理损耗类型进行核算及处理。

总之，采购结算时，入库货物的发票数量=结算数量＋合理损耗数量＋非合理损耗数量。

6. 采购退货业务

采购退货单表示入库后的退货，由采购业务员填制退货通知单，仓库人员负责退库。采购退货的结算，可以分为3种情况。结算前的部分退货和全部退货，以及结算后退货。

(1) 结算前部分退货，即已录入采购入库单，但未进行采购结算，并且部分退货。其业务流程为：首先根据退货数量填制一张退货单(即红字到货单)，填制一张部分数量的红字采购入库单；然后填制一张相对应的采购发票，其中发票上的数量=原入库单数量-红字入库单数量；再把红字入库单与原入库单、采购发票进行结算，冲抵原入库数据。

(2) 结算前全部退货，即已录入采购入库单，但未进行采购结算，并且全部退货。业务流程为：首先填制一张全额数量的退货单，根据退货单填制一张红字采购入库单，然后把红字采购入库单与原入库单进行结算，冲抵原入库数据。

(3) 结算后退货，即已录入采购入库单、采购发票，并且已进行了采购结算，现在需要全部或部分退货。其业务流程为：首先根据退货数量填制一张退货单，根据退货单填制一张红字采购入库单；然后根据红字采购入库单填制红字发票，之后对红字采购入库单与红字发票进行结算；最后冲减应付系统和存货核算系统生成的凭证，以及核销。

9.2 采购管理实务

9.2.1 基本任务

1. 日常采购业务

(1) 1月1日，业务员李晓锋向宁波隆泰铸件有限公司询问板钢的价格(不含税4.25元/千克)，经过评估后确认价格合理，随即向主管领导提出请购要求，请购数量为800千克。

(2) 领导同意向宁波隆泰铸件有限公司订购板钢800千克，单价为4.25元，双方签订合同，要求到货日期为1月3日。

(3) 1月3日，收到所订购的板钢800千克。填制到货单。

将所收到的货物验收入原材料库。填制采购入库单。

当天收到该笔货物的专用发票一张，发票号为CZ1201，发票上载明板钢800千克，单价为4.25元，增值税税率13%。

业务部门将采购发票交给财务部门，财务部门确定此业务所涉及的应付账款及采购成本。

(4) 1月4日，财务部门开出工行转账支票一张，支票号ZZ123，付清采购货税款。

2. 采购现结业务

1月4日，向宁波隆泰铸件有限公司购买圆钢400千克，单价为4.90元/千克(无税单价)，合同规定1月6日到货。

1月6日，收到宁波隆泰发来的圆钢，直接验收入原材料库。同时收到专用发票(发票号CZ1203)一张，发票上注明圆钢400千克，单价为4.90元/千克，增值税税率13%。本公司立即以工行转账支票(支票号ZZ011)支付其货款。确定采购成本，进行付款处理。

3. 采购运费处理

1月7日，向江苏华盛特钢铸锻有限公司购买管钢600千克，单价为4.00元/千克，同时还购买圆钢200千克，单价为4.90元/千克，合同规定1月9日到货。

1月9日，收到江苏华盛发来的管钢和圆钢，分别验收入原材料库。同时收到专用发票一张，发票号CZ1204，发票上注明管钢600千克，单价为4.00元/千克，增值税税率13%；圆钢200千克，单价为4.90元/千克，增值税税率13%。

另外，在采购的过程中，还发生了一笔运输费900元，税率为9%，收到相应的运费发票一张，发票号YF0101，费用按照金额分配。财务部门据此确定采购成本及应付账款，货款未付。

4. 暂估入库报销处理

1月9日，收到宁波隆泰提供的上月已验收入库的200件定位器的专用发票一张，发票号为CZ1206，发票单价为15元，增值税税率13%。进行暂估报销处理，确定采购成本及应付账款。

5. 非合理损耗业务

1月9日，向江苏华盛订购壳体650个，单价18元，要求本月13日到货。

1月13日，收到江苏华盛发来的壳体和专用发票，发票号为CZ1212。专用发票上载明壳体650个，单价为18元，增值税税率13%。在验收入半成品库时发现只有645个，短缺的5个已查明属于运输部门责任，属于非合理损耗。

6. 采购入库前退货

1月13日，向宁波恒泰铸造有限公司订购自锁螺母，数量5 200件，单价为1元。合同上要求本月15日到货。验收入半成品库。

1月15日，收到宁波恒泰铸造有限公司发来的自锁螺母，数量5 200件，验收入半成品库时，仓库反映有100件自锁螺母有质量问题，经与对方协商，退回100件，办理相关出库手续。

收到宁波恒泰铸造有限公司开具的5 100件自锁螺母的专用发票一张，发票号CZ1207，单价为1元。据此财务部门确认应付账款凭证和采购成本。

7. 采购结算后退货

1月15日，前期从宁波隆泰铸件有限公司购入的板钢质量有问题，从原材料库退回10千克给供货方，单价为4.25元/千克，同时收到红字专用发票一张，发票号CZH0101。

8. 暂估入库处理

1月15日，收到宁波隆泰提供的定位器500件，入外购半成品库。由于到了月底发票仍未收到，因此进行暂估记账处理，每件的暂估价为18元。

9.2.2 基本任务实验操作指导

1. 日常采购业务

业务解析：本笔采购业务是一笔完整的全流程的采购业务，涵盖了请购、采购订货、采购到货、采购入库、采购发票、采购结算、确认应付凭证和采购成本，以及付款等全过程。

1) 在采购管理系统中填制并审核请购单

01 在采购管理系统中，依次双击"业务工作"页签中的"供应链——采购管理——请购——请购单"，进入"采购请购单"窗口。

02 在"采购请购单"界面，单击工具栏上的【增加】按钮，根据业务信息填写表头，输入日期"2022年1月1日"，选择请购部门"采购部"；继而填写表体信息，选择存货编码"20101 板钢"，输入数量、单价、供应商、需求日期等相关内容。

03 单击【保存】按钮，之后单击【审核】按钮，对"采购请购单"进行审核，如图9-6所示。最后单击【退出】按钮。

图9-6 采购请购单

2) 在采购管理系统中填制并审核采购订单

01 在采购管理系统中，依次执行"采购订货——采购订单"命令，进入"采购订单"窗口。

02 在"采购订单"界面，执行"增加——生单"命令，在【生单】按钮旁的下三角按钮中选择"请购单"，打开"查询条件选择"对话框，单击【确定】按钮。出现"拷贝并执行"窗口，依次选择要拷贝的请购单，单击【OK确定】按钮，将采购请购单的相关信息带入采购订单。

03 确认订单日期为"2022年1月1日"，单击【保存】按钮；之后单击【审核】按钮，最后关闭"采购订单"窗口，如图9-7所示。

图9-7 采购订单

注：① 在填制采购订单时，在表体中右击可查询存货现存量等信息；

② 若存货档案中设置了最高进价，则高于最高价会报警；

③ 订单审核后可在采购订单执行统计表中查询。

3) 在采购管理系统中填制并审核到货单

01 在采购管理系统中，执行"采购到货——到货单"命令，进入"到货单"窗口。

02 在"到货单"界面，单击【增加】按钮，继而单击【生单】按钮旁的下三角按钮，打开可选列表，选择"采购订单"，打开"查询条件选择"对话框。

03 单击【确定】按钮，进入"拷贝并执行"窗口，选择需要参照的采购订单，单击【OK确定】按钮，将采购订单相关信息带入货单。

04 补充输入采购部门，单击【保存】按钮，如图9-8所示。单击【审核】按钮，关闭"采购到货单"窗口。

4) 在库存管理系统中填制并审核采购入库单

图9-8　采购到货单

01 在库存管理系统中，执行"入库业务——采购入库单"命令，进入"采购入库单"窗口。

02 在"采购入库单"界面，直接单击【生单】按钮旁的下三角按钮，打开可选列表，选择"采购到货单(蓝字或批量)"，打开"查询条件选择"对话框。

03 单击【确定】按钮，进入"拷贝并执行"窗口，选择需要参照的采购到货单，单击【OK确定】按钮，将采购到货单相关信息带入采购入库单。

04 选择仓库名称，单击【保存】按钮，如图9-9所示。单击【审核】按钮，关闭"采购入库单"窗口。

图9-9　采购入库单

注：① 只有采购管理、库存管理联用方可用"生单"功能；

② 单时参照的是采购管理系统中已审核未关闭的采购订单或到货单。

5) 在采购管理系统中填制采购发票

01 在采购管理系统中，执行"采购发票——专用采购发票"命令，进入"专用发票"窗口。

02 在"专用发票"界面，单击【增加】按钮，继而单击【生单】按钮旁的下三角按钮，打开可选列表，选择"入库单"，打开"查询条件选择"对话框。

03 单击【确定】按钮，进入"拷贝并执行"窗口，选择需要参照的采购入库单，单击【OK确定】按钮，将采购入库单相关信息带入采购专用发票。

04 补充输入发票号等信息，单击【保存】按钮，如图9-10所示。关闭"专用发票"窗口。

图9-10　采购专用发票

6) 在采购管理系统中执行采购结算(以手工结算为例)

01 在采购管理系统中，执行"采购结算——手工结算"命令，进入"手工结算"窗口。

02 在"手工结算"界面，单击【选单】按钮，进入"结算选单"窗口，单击【查询】按钮，出现"查询条件选择"对话框，单击【确定】，出现待选择的发票列表和入库单列表。

03 选择"采购发票"，单击【匹配】按钮，系统弹出"匹配成功[1]条数据"的信息框，单击【确定】，如图9-11所示。单击【OK确定】按钮。

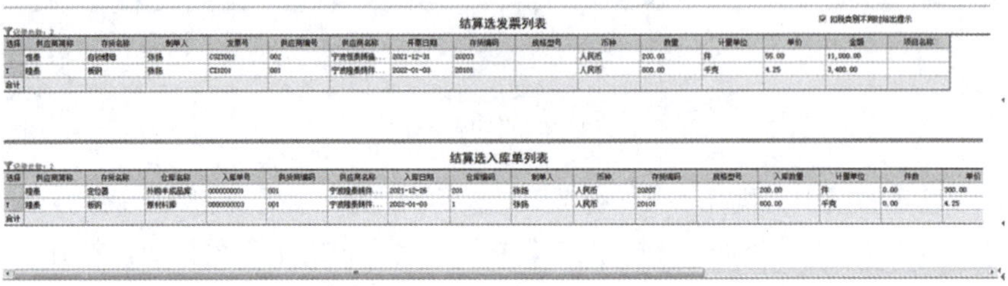

图9-11　结算选单

04 系统回到"手工结算"窗口，结算汇总部分将会显示采购发票和入库单相关信息，单击【结算】按钮，如图9-12所示。系统显示"完成结算！"提示框。

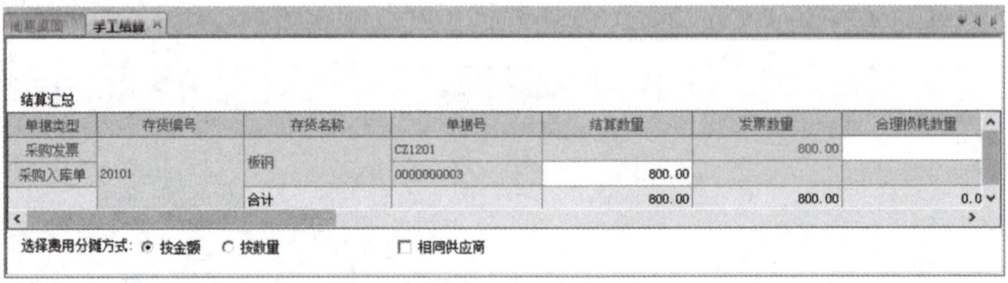

图9-12　采购结算单

注：自动结算操作方法。在采购管理系统，执行"采购结算——自动结算"命令，打开"采购自动结算"对话框，选择结算模式"入库单和发票"，单击"过滤"按钮，系统提示"结算成功"信息框，单击【确定】按钮，并退出窗口。

7) 在应付款管理系统中审核采购专用发票并生成应付凭证

01 在"财务会计——应付款管理系统"中，选择"应付单据处理——应付单据审核"，打开"应付单查询条件"对话框，单击【确定】按钮，进入"单据处理"窗口。

02 选择要审核的采购专用发票，单击【审核】按钮，系统弹出审核成功的相关提示信息，单击【确定】按钮返回。如图9-13所示。

03 在应付款管理系统中，执行"制单处理"命令，打开"制单查询"对话框，选择"发票制单",单击【确定】按钮,进入"制单"窗口,单击【全选】按钮或在"选择标志"栏输入某数字作为选择标志。

图9-13 采购专用发票审核

04 单击【制单】按钮,进入"填制凭证"窗口,确认凭证类别及其他相关信息,之后单击【保存】按钮,凭证左上角出现"已生成"标志,表示凭证已传递到总账,效果如图9-14所示。

图9-14 应付凭证

8) 在存货核算管理系统中确认采购成本

01 在存货核算系统中,执行"业务核算——正常单据记账"命令,打开"查询条件选择"对话框,选择仓库名称为"原材料库"。

02 单击【确定】按钮,进入"未记账单据一览表"窗口,选择相应的列表信息。

03 单击【记账】按钮,系统弹出"记账成功"提示框,单击【确定】按钮,此时记账完成的单据不再显示,如图9-15所示。完成采购入库单单据记账,关闭当前窗口。

图9-15 存货记账

04 在存货核算系统中,依次执行"财务核算——生成凭证"命令,进入"生成凭证"窗口;单击工具栏中的【选择】按钮,系统弹出"查询条件"对话框,选中"(01)采购入库单(报销记账)"复选框。

05 单击【确定】按钮,进入"未生成凭证单据一览表"窗口,选中已记账的采购入库单,单击【确定】按钮,进入"生成凭证"窗口。

06 单击【生成】按钮,进入填制凭证窗口,注意修改凭证类别。单击工具栏的【保存】按钮,凭证左上角出现"已生成"标志,关闭并退出窗口,效果如图9-16所示。

图9-16 采购入库凭证

9) 在应付款管理系统中付款处理并生成付款凭证

01 在应付款管理系统中,执行选择"付款单据处理——付款单据录入",进入"付款单录入"窗口。

02 单击【增加】按钮,填写供应商、结算方式、结算科目、金额等表头信息,继而单击表体的第一行信息,则表头信息将会调用到表体中。单击【保存】按钮,效果如图9-17所示。

图9-17 采购付款单

03 在已保存的"付款单录入"窗口,单击菜单栏的【审核】按钮,系统弹出"是否立即制单?"的提示信息,单击【是】按钮,进入"填制凭证"窗口。

04 确认凭证类别及其他相关信息,之后单击【保存】按钮,凭证左上角出现"已生成"标志,表示凭证已传递到总账,效果如图9-18所示。

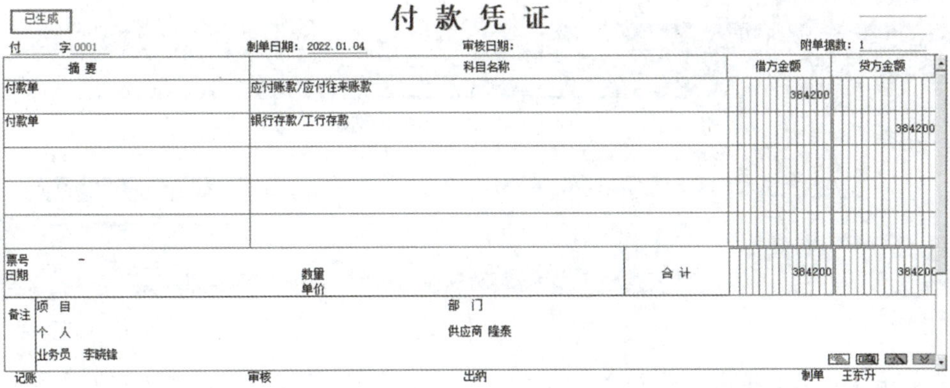

图9-18 付款凭证

注：① 若付款凭证没有在“付款单录入”窗口直接审核生成，则可以依次执行“应付款管理——付款单据处理——付款单据审核”命令，审核付款单之后，再执行“制单处理”命令，打开“制单查询”对话框，选择“收付款单制单”复选框，最后生成付款凭证；

② 相关单据查询：在采购管理系统中查询到货明细、入库明细、采购明细，在库存管理系统中查询库存台账，在存货核算管理系统中查询收发存汇总表。

10) 核销并制单(以手工核销为例)

01 在应付款管理系统中，执行“核销处理——手工核销”命令，打开“核销条件窗口”，选择相对应的供应商，如图9-19所示。

02 单击【确定】按钮，进入“单据核销”窗口，按照付款单的“本次结算”金额，填写相对应的采购专用发票中的“本次结算”金额，如图9-20所示。

03 单击【保存】按钮，相应的已结算金额将会消失，退出当前窗口。

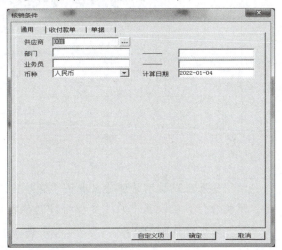

图9-19 核销条件

单据日期	单据类型	单据编号	供应商	款项...	结算方式	币种	汇率	原币金额	原币余额	本次结算	订单号
2022-01-04	付款单	0000000001	隆泰	应付款	转账支票	人民币	1.00000000	3,842.00	3,842.00	3,842.00	
合计								3,842.00	3,842.00	3,842.00	

单据日期	单据类型	单据编号	到期日	供应商	币种	原币金额	原币余额	可享受折扣	本次折扣	本次结
2021-12-29	采购专...	01901601	2021-12-29	隆泰	人民币	16,950.00	16,950.00	0.00		
2022-01-03	采购专...	CZ1201	2022-01-03	隆泰	人民币	3,842.00	3,842.00	0.00		
2021-12-29	其他应付单	00000021	2021-12-29	隆泰	人民币	260.00	260.00	0.00		
合计						21,052.00	21,052.00	0.00		

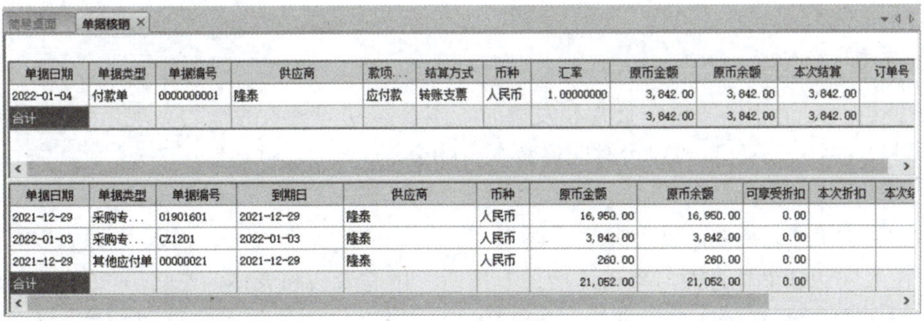

图9-20 单据核销

04 在应付款管理系统中，执行“制单处理”命令，打开“制单查询”对话框，选择“核销制单”，单击【确定】按钮，进入“制单”窗口，单击【全选】按钮或在“选择标志”栏输入某数字作为选择标志，如图9-21所示。

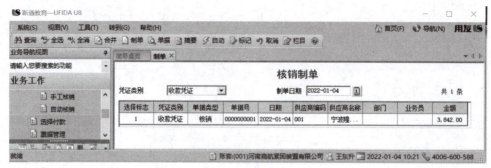

图9-21 核销制单

05 单击【制单】按钮,进入"填制凭证"窗口,确认凭证类别及其他相关信息,之后单击【保存】按钮,凭证左上角出现"已生成"标志,效果如图9-22所示。

图9-22 核销凭证

注:如果生成核销凭证时出现了"有效凭证分录数为0,不能生成凭证"问题,如图9-23所示,说明应付系统设置中的"受控科目制单方式"存在问题,可依次执行"设置——选项——凭证——受控科目制单方式——明细到单据"命令。

图9-23 核销凭证问题

2. 采购现结业务

业务解析:现结业务即收到货物和发票时,本公司立即付款的行为。现结业务需要在采购专用发票上方进行"现付",现付时应注意支付的金额。

1)在采购管理系统中填制并审核采购订单

01 在采购管理系统中,依次执行"采购订货——采购订单"命令,进入"采购订单"窗口。

02 在"采购订单"界面,单击【增加】按钮,填写表头和表体信息。

03 表头中正确填写订单日期为"2022年1月4日",选择相对应的供应商名称等必填信息;表体中依次选择存货编码、填写数量及到货日期,如图9-24所示。

04 单击【保存】按钮,然后单击【审核】按钮,最后关闭"采购订单"窗口。

图9-24 采购订单

2) 在采购管理系统中填制并审核到货单

① 在采购管理系统中，执行"采购到货——到货单"命令，进入"到货单"窗口。

② 在"到货单"界面，单击【增加】按钮，继而单击【生单】按钮旁的下三角按钮，打开可选列表，选择"采购订单"，打开"查询条件选择"对话框。

③ 单击【确定】按钮，进入"拷贝并执行"窗口，选择需要参照的采购订单，单击【OK确定】按钮，将采购订单相关信息带入货单。

④ 补充输入采购部门，单击【保存】按钮，结果如图9-25所示。单击【审核】按钮，关闭"采购到货单"窗口。

图9-25 采购到货单

3) 在库存管理系统中生单并审核采购入库单

① 在库存管理系统中，执行"入库业务——采购入库单"命令，进入"采购入库单"窗口。

② 在"采购入库单"界面，直接单击【生单】按钮旁的下三角按钮，打开可选列表，选择"采购到货单(蓝字)"，打开"查询条件选择"对话框。

③ 单击【确定】按钮，进入"拷贝并执行"窗口，选择需要参照的采购到货单，单击【OK确定】按钮，将采购到货单相关信息带入采购入库单。

④ 选择仓库名称，单击【保存】按钮，结果如图9-26所示。单击【审核】按钮，关闭"采购入库单"窗口。

图9-26 采购入库单

4）在采购管理系统中填制采购发票并进行现结处理

01 在采购管理系统中，执行"采购发票——专用采购发票"命令，进入"专用发票"窗口。

02 在"专用发票"界面，单击【增加】按钮，继而单击【生单】按钮旁的下三角按钮，打开可选列表，选择"入库单"，打开"查询条件选择"对话框。

03 单击【确定】按钮，进入"拷贝并执行"窗口，选择需要参照的采购入库单，单击【OK确定】按钮，将采购入库单相关信息带入采购专用发票。

04 补充输入发票号等信息，单击【保存】按钮，结果如图9-27所示。

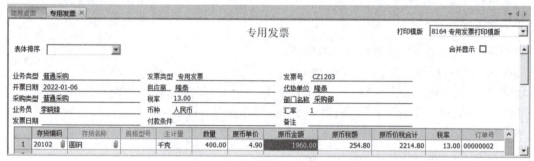

图9-27　采购专用发票

05 单击【现付】按钮，系统弹出"采购现付"对话框，填写相关信息，如图9-28所示。

06 单击【确定】按钮，发票左上角显示"已现付"标志，关闭"专用发票"窗口。

注：在"采购现付"对话框中，需要注意"原币金额"并不一定等于左上角的"应付金额"，应根据公司支付金额据实填写。若"原币金额"小于"应付金额"，则差额形成应付款。

图9-28　采购现付发票

5）在采购管理系统中执行采购结算

01 在采购管理系统中，执行"采购结算——自动结算"命令，进入"查询条件选择——采购自动结算"窗口，选择结算模式"入库单和发票"，如图9-29所示。

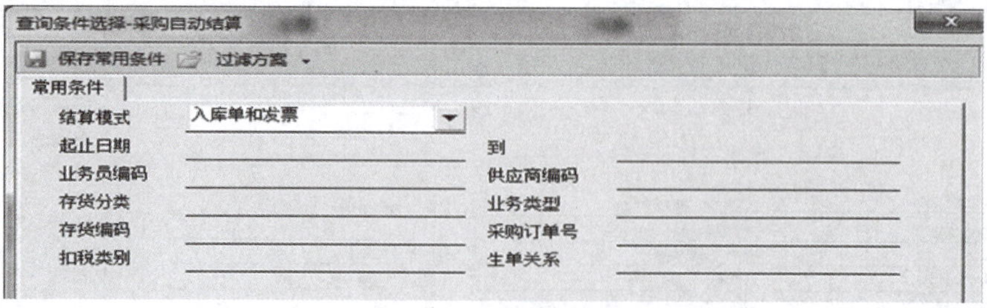

图9-29　采购自动结算

02 单击【确定】按钮，系统自动进行结算，结算完成后系统弹出结算成功与否的提示信息，单击【确定】按钮返回，如图9-30所示。

图9-30 采购结算成功截图

03 如果想查看结算结果，可以执行"采购结算——结算单列表"命令，系统弹出"查询条件选择"对话框，注意结算日期范围，单击【确定】按钮，结果如图9-31所示。

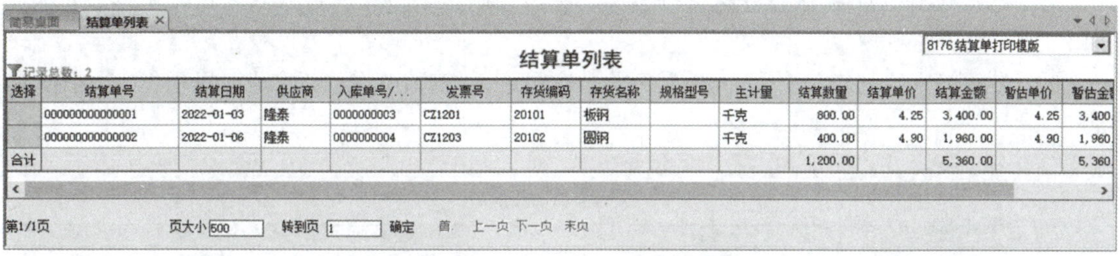

图9-31 采购结算单列表

6) 在应付款管理系统中审核采购专用发票并进行现结制单

01 在"财务会计——应付款管理系统"中，选择"应付单据处理——应付单据审核"，打开"应付单查询条件"对话框，注意勾选"包含已现结发票"复选框，单击【确定】按钮，进入"单据处理"窗口。

02 选择要审核的采购专用发票，单击【审核】按钮，系统弹出审核成功的相关提示信息，单击【确定】按钮返回，如图9-32所示。

图9-32 审核采购专用发票

03 在应付款管理系统中，执行"制单处理"命令，打开"制单查询"对话框，选择"现结制单"复选框，单击【确定】按钮，进入"制单"窗口。

04 单击【全选】按钮或在"选择标志"栏输入某数字作为选择标志。

05 单击【制单】按钮,进入"填制凭证"窗口,确认凭证类别及其他相关信息,之后单击【保存】按钮,凭证左上角出现"已生成"标志,结果如图9-33所示。

图9-33 应付凭证

7) 在存货核算管理系统中确认采购成本

01 在存货核算系统中,执行"业务核算——正常单据记账"命令,打开"查询条件选择"对话框,选择仓库名称为"原材料库",单击【确定】按钮,进入"未记账单据一览表"窗口。

02 选择相应的列表信息,单击【记账】按钮,系统弹出"记账成功"提示框,如图9-34所示。

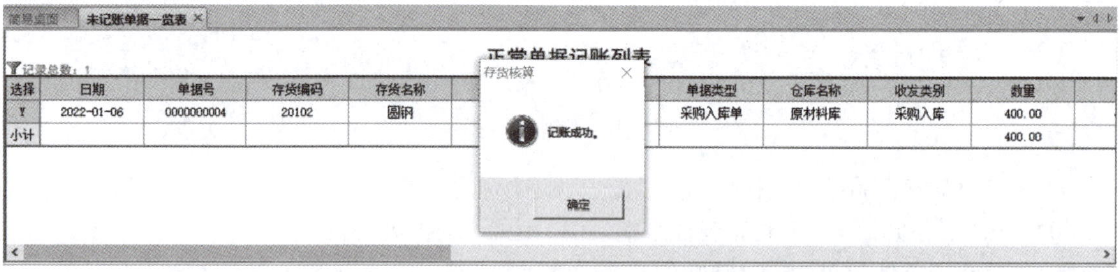

图9-34 存货记账

03 单击【确定】按钮,此时记账完成的单据不再显示。完成采购入库单单据记账,关闭当前窗口。

04 在存货核算系统中,依次执行"财务核算——生成凭证"命令,进入"生成凭证"窗口;单击工具栏中的【选择】按钮,系统弹出"查询条件"对话框,选中"(01)采购入库单(报销记账)"复选框。

05 单击【确定】按钮,进入"未生成凭证单据一览表"窗口,选中已记账的采购入库单,单击【确定】按钮,进入"生成凭证"窗口。

06 单击【生成】按钮,进入填制凭证窗口,注意修改凭证类别。单击工具栏的【保存】按钮,凭证左上角出现"已生成"标志,效果如图9-35所示,关闭并退出窗口。

图9-35　采购入库凭证

注：① 此笔业务是全部付款的现结业务，填制专用发票时已经付清货款，故不需要进行付款单的填制，否则将会出现"赤字"；

② 此笔现结业务由于不存在"应付账款"金额，故不需要进行核销处理。

3.采购运费处理

业务解析：企业在采购过程中发生的市内运费需要计入采购成本。如果运费发票和货物发票一起到达，可以选择货物发票、运费发票同入库单进行手工结算；如果运费发票后到，可以采用费用发票单独结算的方式。

1) 在采购管理系统中填制并审核采购订单

01 在采购管理系统中，依次执行"采购订货——采购订单"命令，进入"采购订单"窗口。

02 在"采购订单"界面，单击【增加】按钮，填写表头和表体信息。

03 表头中正确填写订单日期为"2022年1月7日"，选择相对应的供应商名称等必填信息；表体中依次选择存货编码、填写数量及到货日期，如图9-36所示。

图9-36　采购订单

04 单击【保存】按钮；之后单击【审核】按钮，最后关闭"采购订单"窗口。

2) 在采购管理系统中填制并审核到货单

01 在采购管理系统中，执行"采购到货——到货单"命令，进入"到货单"窗口。

02 在"到货单"界面，单击【增加】按钮，继而单击【生单】按钮旁的下三角按钮，打开可选列表，选择"采购订单"，打开"查询条件选择"对话框。

03 单击【确定】按钮,进入"拷贝并执行"窗口,选择需要参照的采购订单,单击【OK确定】按钮,将采购订单相关信息带入货单。

04 补充输入采购部门,单击【保存】按钮,结果如图9-37所示。单击【审核】按钮,关闭"采购到货单"窗口。

图9-37　采购到货单

3) 在库存管理系统中填制并审核采购入库单

01 在库存管理系统中,执行"入库业务——采购入库单"命令,进入"采购入库单"窗口。

02 在"采购入库单"界面,直接单击【生单】按钮旁的下三角按钮,打开可选列表,选择"采购到货单(蓝字)",打开"查询条件选择"对话框。

03 单击【确定】按钮,进入"拷贝并执行"窗口,选择需要参照的采购到货单,单击【OK确定】按钮,将采购到货单相关信息带入采购入库单。

04 选择仓库名称,单击【保存】按钮,结果如图9-38所示。单击【审核】按钮,关闭"采购入库单"窗口。

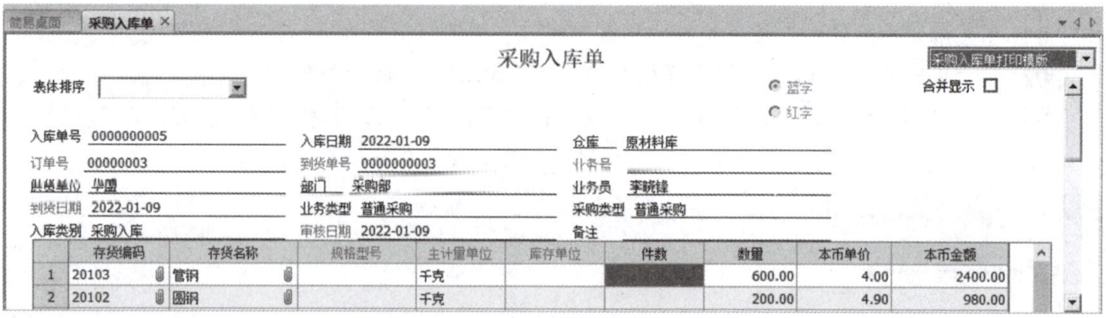

图9-38　采购入库单

4) 在采购管理系统中填制采购专用发票和运费专用发票

01 在采购管理系统中,执行"采购发票——专用采购发票"命令,进入"专用发票"窗口。

02 在"专用发票"界面,单击【增加】按钮,继而单击【生单】按钮旁的下三角按钮,打开可选列表,选择"入库单",打开"查询条件选择"对话框。

03 单击【确定】按钮,进入"拷贝并执行"窗口,选择需要参照的采购入库单,单击【OK确定】按钮,将采购入库单相关信息带入采购专用发票。

04 修改发票号为CZ1204,单击【保存】按钮,结果如图9-39所示,关闭"专用发票"窗口。

05 重复上述步骤1,打开"专用发票"窗口。

图9-39 采购专用发票

06 在"专用发票"界面,单击【增加】按钮,填写表头中的发票号为YF0101,选择相对应的供应商名称;表体中正确选择存货编码"0401运输费用",金额及表头表体的税率均为9%,单击【保存】按钮,结果如图9-40所示,关闭当前窗口。

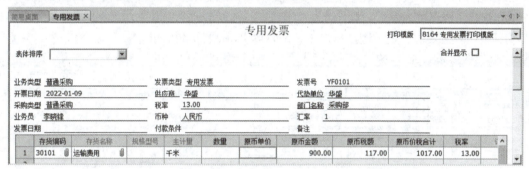

图9-40 运费发票

5) 在采购管理系统中执行采购结算(需要手工结算)

01 在采购管理系统中,执行"采购结算——手工结算"命令,进入"手工结算"窗口。

02 在"手工结算"界面,单击【选单】按钮,进入"结算选单"窗口,出现待选择的发票列表和入库单列表。手动选择要结算的专用发票、运费发票和入库单,效果如图9-41所示。单击【OK确定】按钮。

图9-41 结算选单

03 系统回到"手工结算"窗口,选择费用分摊方式"按金额"的单选按钮,单击【分摊】按钮,系统弹出"选择按金额分摊,是否开始计算?"信息提示框,如图9-42所示。单击

【是】按钮，系统弹出"费用分摊完毕，请检查"信息提示框，单击【确定】按钮返回。

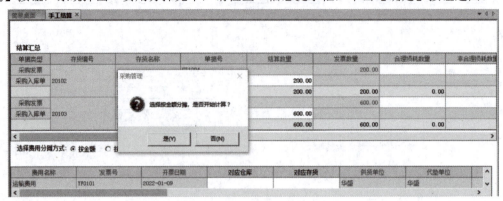

图9-42　运输费用分摊

04 单击【结算】按钮，系统弹出"完成结算"信息提示框，单击【确定】按钮返回。

05 查看"结算单列表"，执行"采购结算——结算单列表"命令，系统弹出"查询条件选择"对话框，注意结算日期范围，单击【确定】按钮，如图9-43所示。

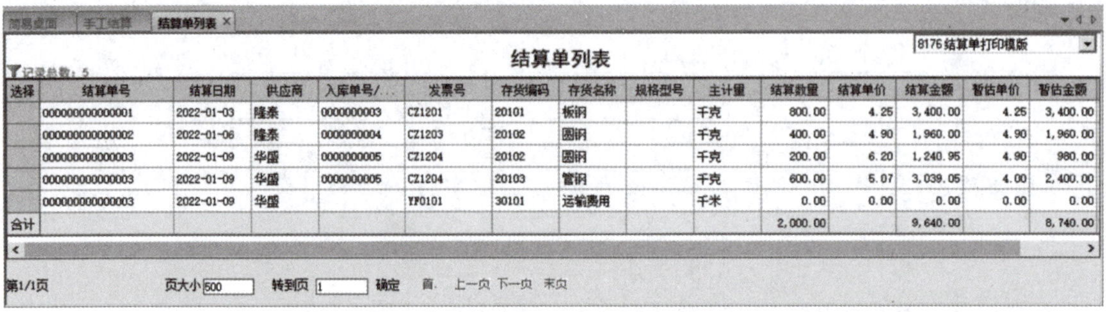

选择	结算单号	结算日期	供应商	入库单号	发票号	存货编号	存货名称	规格型号	主计量	结算数量	结算单价	结算金额	暂估单价	暂估金额
	000000000000001	2022-01-03	隆泰	0000000003	CZ1201	20101	板钢		千克	800.00	4.25	3,400.00	4.25	3,400.00
	000000000000002	2022-01-06	隆泰	0000000004	CZ1203	20102	圆钢		千克	400.00	4.90	1,960.00	4.90	1,960.00
	000000000000003	2022-01-09	华盛	0000000005	CZ1204	20102	圆钢		千克	200.00	6.20	1,240.95	4.90	980.00
	000000000000003	2022-01-09	华盛	0000000005	CZ1204	20103	管钢		千克	600.00	5.07	3,039.05	4.00	2,400.00
	000000000000003	2022-01-09	华盛		YF0101	30101	运输费用		千米	0.00	0.00	0.00	0.00	0.00
合计										2,000.00		9,640.00		8,740.00

图9-43　结算单列表

06 从图9-43中可以看到华盛圆钢的结算单价为6.2，暂估单价为4.9；管钢的结算单价为5.07，暂估单价为4，运费金额为0，此即为分摊运费后的单价。

注：① 运费发票只能手工录入；
　　② 采购运费可以按金额分摊，也可以按数量分摊，视情况而定；
　　③ 当发票和入库单的数量、金额等信息不一致时，采购结算方式只能采用手工结算；
　　④ 采购结算后，系统自动计算入库存货的单位成本。

6）在应付款管理系统中审核采购专用发票并生成应付凭证

01 在"财务会计——应付款管理系统"中，选择"应付单据处理——应付单据审核"，打开"应付单查询条件"对话框，单击【确定】按钮，进入"单据处理"窗口。

02 选择要审核的采购专用发票，单击【审核】按钮，系统弹出审核成功的相关提示信息，单击【确定】按钮返回，结果如图9-44所示。

03 在应付款管理系统中，执行"制单处理"命令，打开"制单查询"对话框，选择"发票制单"，单击【确定】按钮，进入"制单"窗口，出现两行信息。

04 单击【全选】按钮，选择标志处出现"1,2"，之后制单时将会生成两张凭证；若单击【合并】按钮，选择标志处出现均为"1"，之后制单时将会生成一张综合凭证。

应付单据列表

记录总数：2

选择	审核人	单据日期	单据类型	单据号	供应商名称	部门	业务员	制单人	币种	汇率	原币金额	本币金额
	王东升	2022-01-09	采购专...	CZ1204	江苏华盛特钢铸锻有限公司	采购部	李晓锋	李晓锋	人民币	1.00000000	3,819.40	3,819.40
	王东升	2022-01-09	采购专...	YF0101	江苏华盛特钢铸锻有限公司	采购部	李晓锋	李晓锋	人民币	1.00000000	1,017.00	1,017.00
合计											4,836.40	4,836.40

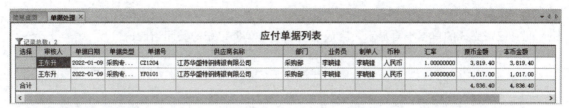

图9-44　审核发票

05 单击【制单】按钮，进入“填制凭证”窗口，确认凭证类别及其他相关信息，之后单击【保存】按钮，凭证左上角出现“已生成”标志，表示凭证已传递到总账，如图9-45和图9-46所示。

注：含有运费的业务在生成应付凭证时可以生成1张凭证，也可以生成2张凭证。

生成1张凭证时，需要在“制单”时选择“合并”按钮，此时“选择标志”的“1,2”将变成“1,1”。

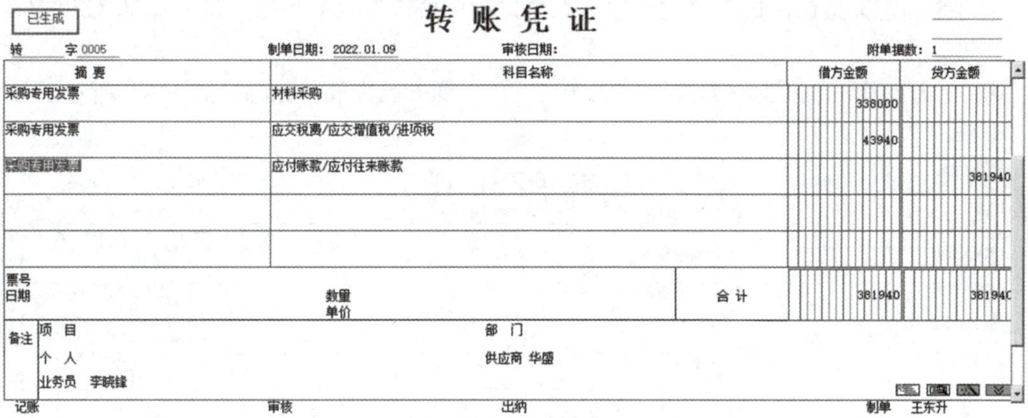

已生成

转账凭证

转 字 0005　制单日期：2022.01.09　审核日期：　附单据数：1

摘要	科目名称	借方金额	贷方金额
采购专用发票	材料采购	338000	
采购专用发票	应交税费/应交增值税/进项税	43940	
采购专用发票	应付账款/应付往来账款		381940
票号 日期　数量 单价	合计	381940	381940

备注　项目　部门　个人　供应商 华盛　业务员 李晓锋

记账　审核　出纳　制单 王东升

图9-45　采购应付凭证

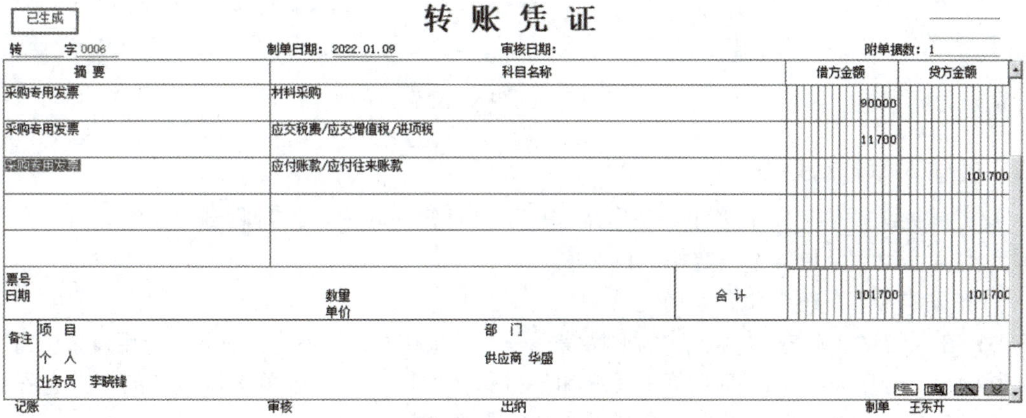

已生成

转账凭证

转 字 0006　制单日期：2022.01.09　审核日期：　附单据数：1

摘要	科目名称	借方金额	贷方金额
采购专用发票	材料采购	90000	
采购专用发票	应交税费/应交增值税/进项税	11700	
采购专用发票	应付账款/应付往来账款		101700
票号 日期　数量 单价	合计	101700	101700

备注　项目　部门　个人　供应商 华盛　业务员 李晓锋

记账　审核　出纳　制单 王东升

图9-46　采购运费应付凭证

7) 在存货核算管理系统中确认采购成本

01 在存货核算系统中，执行“业务核算——正常单据记账”命令，打开“查询条件选择”对话框，选择仓库名称为“原材料库”，单击【确定】按钮，进入“未记账单据一览表”窗口，选择相应的列表信息。

02 单击【记账】按钮，系统弹出"记账成功"提示框，如图9-47所示。单击【确定】按钮，此时记账完成的单据不再显示。完成采购入库单单据记账，关闭当前窗口。

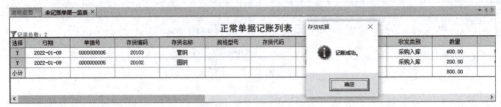

图9-47 存货记账

03 在存货核算系统中，依次执行"财务核算——生成凭证"命令，进入"生成凭证"窗口；单击工具栏中的【选择】按钮，系统弹出"查询条件"对话框，选中"(01)采购入库单(报销记账)"复选框。

04 单击【确定】按钮，进入"未生成凭证单据一览表"窗口，选中已记账的采购入库单，单击【确定】按钮，进入"生成凭证"窗口；单击【生成】按钮，进入填制凭证窗口，注意修改凭证类别。

05 单击工具栏的【保存】按钮，凭证左上角出现"已生成"标志，如图9-48所示，关闭并退出窗口。

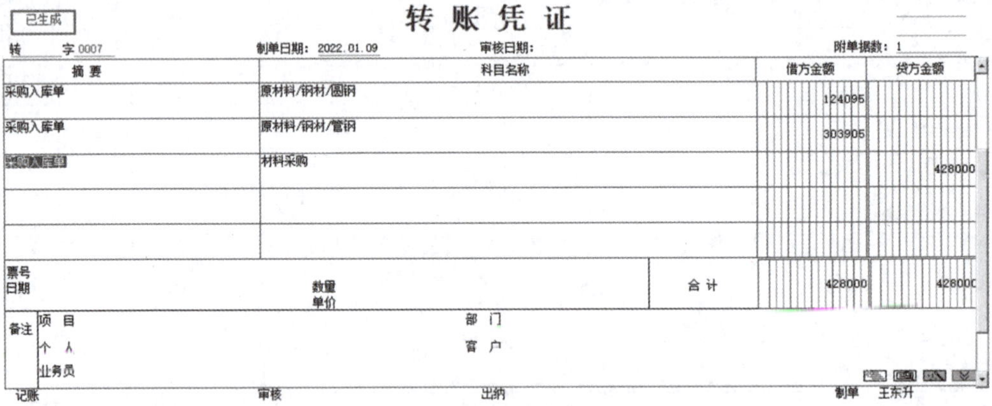

图9-48 采购入库凭证

4.暂估入库报销处理

业务解析：暂估入库报销业务是指货物已于上月暂估入库，本月收到发票的业务。发票数量单价与入库时数量单价不一定相同。

1) 在采购管理系统中填制采购发票

01 在采购管理系统中，执行"采购发票——专用采购发票"命令，进入"专用发票"窗口。

02 在"专用发票"界面，单击【增加】按钮，继而单击【生单】按钮旁的下三角按钮，打开可选列表，选择"入库单"，打开"查询条件选择"对话框。

03 单击【确定】按钮，进入"拷贝并执行"窗口，选择需要参照的采购入库单，单击【OK确定】按钮，将采购入库单相关信息带入采购专用发票。

04 补充输入发票号等信息，修改发票上的数量和单价，单击【保存】按钮，结果如图9-49所示，关闭"专用发票"窗口。

图9-49 采购专用发票

2) 在采购管理系统中执行采购结算

01 在采购管理系统中，执行"采购结算——手工结算"命令，进入"手工结算"窗口。

02 在"手工结算"界面，单击【选单】按钮，进入"结算选单"窗口，单击【查询】按钮，出现"查询条件选择"对话框，单击【确定】，出现待选择的发票列表和入库单列表。

03 选择"采购发票"，单击【匹配】按钮，系统弹出"匹配成功[1]条数据"的信息框，单击【确定】按钮，然后单击【OK确定】按钮。

04 系统回到"手工结算"窗口，结算汇总部分将显示采购发票和入库单相关信息，单击【结算】按钮，结果如图9-50所示。系统显示"完成结算！"提示框。

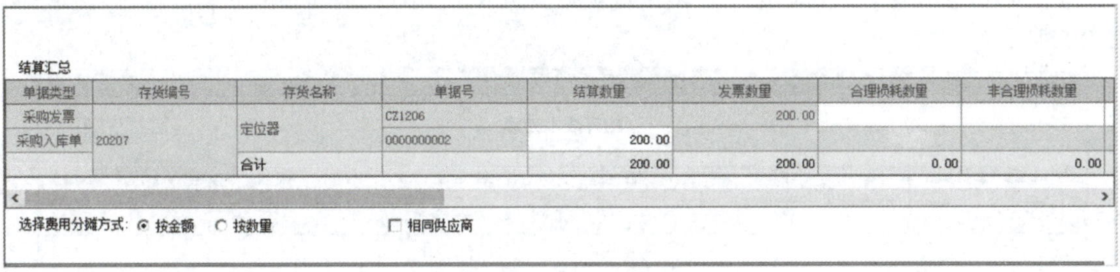

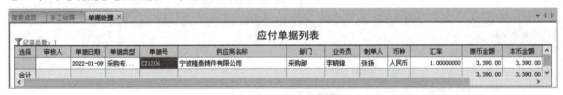

图9-50 采购结算

3) 在应付款管理系统中审核采购专用发票并生成应付凭证

01 在"财务会计——应付款管理系统"中，选择"应付单据处理——应付单据审核"，打开"应付单查询条件"对话框，单击【确定】按钮，进入"单据处理"窗口。

02 选择要审核的采购专用发票，单击【审核】按钮，系统弹出审核成功的相关提示信息，单击【确定】按钮返回，如图9-51所示。

图9-51 审核专用发票

03 在应付款管理系统中，执行"制单处理"命令，打开"制单查询"对话框，选择"发票制单"，单击【确定】按钮，进入"制单"窗口，选择相关单据信息。

04 单击【制单】按钮，进入"填制凭证"窗口，确认凭证类别及其他相关信息，之后单击【保存】按钮，凭证左上角出现"已生成"标志，表示凭证已传递到总账，如图9-52所示。

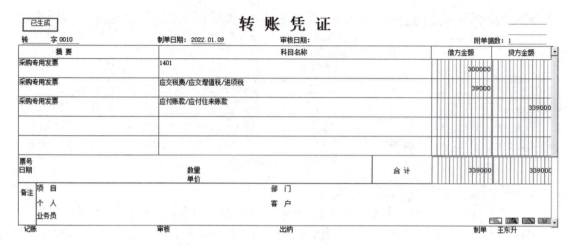

图9-52　应付凭证

4) 在存货核算管理系统中确认采购成本

01 在存货核算系统中，执行“业务核算——结算成本处理”命令，打开“暂估处理查询”对话框，选择仓库名称为“半成品库”。

02 单击【确定】按钮，进入“未记账单据一览表”窗口，选择相应的列表信息，效果如图9-53所示。

选择	结算单号	仓库编码	仓库名称	入库单号	入库日期	存货编码	存货名称	计量单位	数量	暂估单价	暂估金额	结算数量	结算单价	结算金额
Y	000000000...	201	外购半成品库	0000000001	2021-12-26	20207	定位器	件	200.00	20.00	4,000.00	200.00	15.00	3,000.00
合计									200.00		4,000.00	200.00		3,000.00

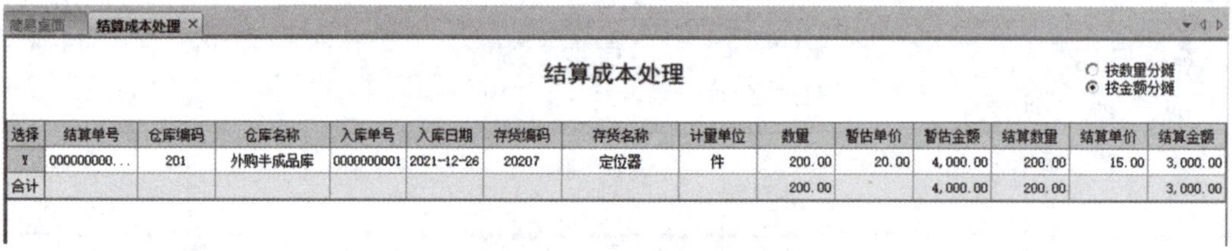

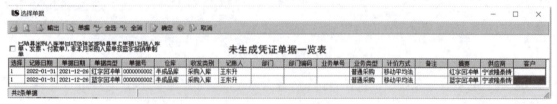

图9-53　结算成本处理

03 单击【暂估】按钮，系统弹出“暂估处理完成”提示框，单击【确定】按钮，此时记账完成的单据不再显示。完成采购入库单单据记账，关闭当前窗口。

04 在存货核算系统中，依次执行“财务核算——生成凭证”命令，进入“生成凭证”窗口；单击工具栏中的【选择】按钮，系统弹出“查询条件”对话框，选中“(24)红字回冲单、(30)蓝字回冲单(报销)”复选框。

05 单击【确定】按钮，进入“未生成凭证单据一览表”窗口，选中已记账的采购入库单，效果如图9-54所示。

选择	记账日期	单据日期	单据类型	单据号	仓库	收发类别	记账人	部门	部门编码	业务单号	业务类型	计价方式	备注	摘要	供应商	客户
1	2022-01-31	2021-12-26	红字回冲单	0000000002	半成品库	采购入库	王东升				普通采购	移动平均法		红字回冲单	宁波隆泰铸	
1	2022-01-31	2021-12-26	蓝字回冲单	0000000002	半成品库	采购入库	王东升				普通采购	移动平均法		蓝字回冲单	宁波隆泰铸	

图9-54　选择单据

06 单击【确定】按钮，进入“生成凭证”窗口，单击【生成】按钮，进入填制凭证窗口，注意修改凭证类别。

07 单击工具栏的【保存】按钮，保存红字回冲单生成的凭证；依次单击【下张】和【保存】按钮，保存蓝字回冲单生成的凭证，如图9-55和图9-56所示，关闭并退出窗口。

注：在采购管理系统中查询暂估入库余额表。

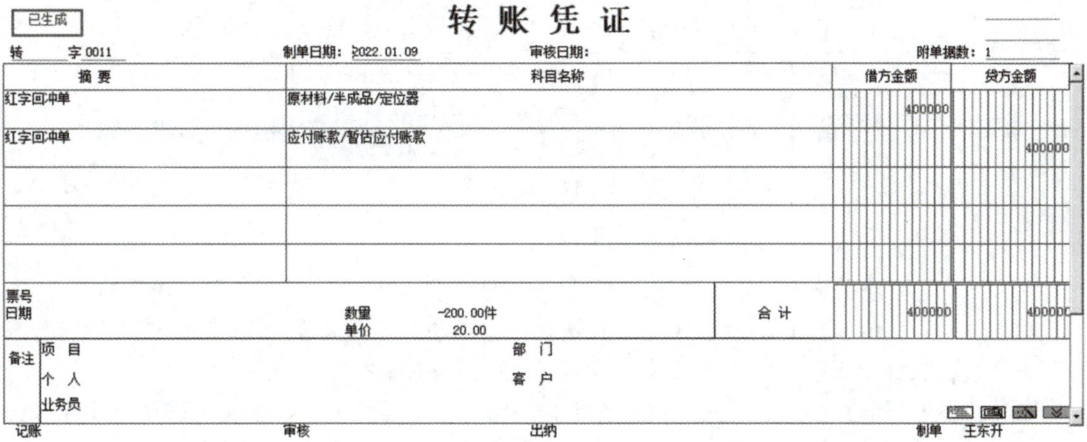
已生成

转账凭证

转 字 0011　制单日期：2022.01.09　审核日期：　附单据数：1

摘要	科目名称	借方金额	贷方金额
红字回冲单	原材料/半成品/定位器	400000	
红字回冲单	应付账款/暂估应付账款		400000
票号 日期　数量 -200.00件 单价 20.00	合计	400000	400000

备注　项目　部门　个人　客户　业务员

记账　审核　出纳　制单 王东升

图9-55　红字回冲单凭证

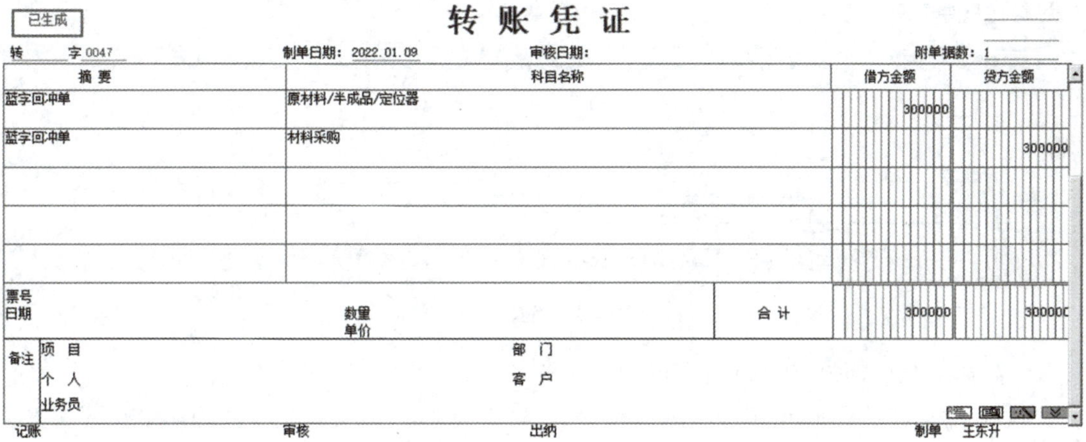
已生成

转账凭证

转 字 0047　制单日期：2022.01.09　审核日期：　附单据数：1

摘要	科目名称	借方金额	贷方金额
蓝字回冲单	原材料/半成品/定位器	300000	
蓝字回冲单	材料采购		300000
票号 日期　数量 单价	合计	300000	300000

备注　项目　部门　个人　客户　业务员

记账　审核　出纳　制单 王东升

图9-56　蓝字回冲单凭证

在采购管理系统，依次执行“报表——采购账簿——采购结算余额表”命令，打开“过滤条件选择”对话框，单击“过滤”按钮，进入“采购结算余额表”窗口，可以查看相关数据，最后关闭退出。

5.非合理损耗业务

业务解析：运输过程中发生的短缺和毁损，不能全部直接计入外购存货的成本，应根据造成短缺和毁损的原因分别处理。

1) 在采购管理系统中填制并审核采购订单

01 在采购管理系统中，依次执行“采购订货——采购订单”命令，进入“采购订单”窗口。

02 在“采购订单”界面，单击【增加】按钮，填写表头和表体信息。

03 表头中正确填写订单日期为“2022年1月9日”，选择相对应的供应商名称等必填信息；表体中依次选择存货编码、填写数量及到货日期。

04 单击【保存】按钮；之后单击【审核】按钮，最后关闭“采购订单”窗口，结果如图9-57所示。

图9-57 采购订单

2) 在采购管理系统中填制并审核到货单

`01` 在采购管理系统中,执行"采购到货——到货单"的命令,进入"到货单"窗口。

`02` 在"到货单"界面,单击【增加】按钮,继而单击【生单】按钮旁的下三角按钮,打开可选列表,选择"采购订单",打开"查询条件选择"对话框。

`03` 单击【确定】按钮,进入"拷贝并执行"窗口,选择需要参照的采购订单,单击【OK确定】按钮,将采购订单相关信息带入货单。

`04` 补充输入采购部门,单击【保存】按钮,结果如图9-58所示。单击【审核】按钮,关闭"采购到货单"窗口。

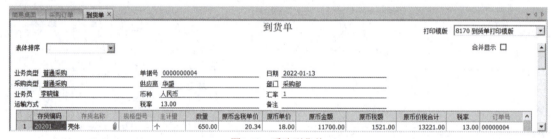

图9-58 采购到货单

3) 在库存管理系统中填制并审核采购入库单

`01` 在库存管理系统中,执行"入库业务——采购入库单"命令,进入"采购入库单"窗口。

`02` 在"采购入库单"界面,直接单击【生单】按钮旁的下三角按钮,打开可选列表,选择"采购到货单(蓝字)",打开"查询条件选择"对话框。

`03` 单击【确定】按钮,进入"拷贝并执行"窗口,选择需要参照的采购到货单,单击【OK确定】按钮,将采购到货单相关信息带入采购入库单。

`04` 选择仓库名称,单击【保存】按钮,结果如图9-59所示。单击【审核】按钮,关闭"采购入库单"窗口。

图9-59 采购入库单

4) 在采购管理系统中填制采购专用发票

01 在采购管理系统中，执行"采购发票——专用采购发票"命令，进入"专用发票"窗口。

02 在"专用发票"界面，单击【增加】按钮，继而单击【生单】按钮旁的下三角按钮，打开可选列表，选择"采购订单"，打开"查询条件选择"对话框。

03 单击【确定】按钮，进入"拷贝并执行"窗口，选择需要参照的采购订单，单击【OK确定】按钮，将采购订单相关信息带入采购专用发票。

04 修改发票号为CZ1212，单击【保存】按钮，结果如图9-60所示，关闭"专用发票"窗口。

注：非合理损耗业务中的采购发票和入库单的数量不一致，但其与采购订单数量一致。若发票生单调用入库单信息，修改发票数量系统提示"无法保存"，故建议发票生单调用采购订单。

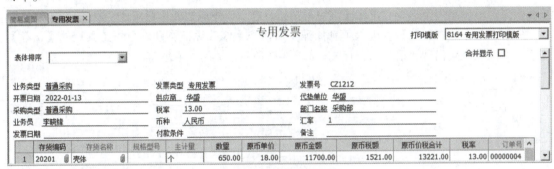

图9-60　采购专用发票

5) 在采购管理系统中执行采购结算(采用手工结算，且考虑非合理损耗)

01 在采购管理系统中，执行"采购结算——手工结算"命令，进入"手工结算"窗口。

02 在"手工结算"界面，单击【选单】按钮，进入"结算选单"窗口，出现待选择的发票列表和入库单列表。手动选择要结算的专用发票和入库单，单击【OK确定】按钮。

03 系统回到"手工结算"窗口。在采购发票"非合理损耗数量"一栏中输入"5"，"非合理损耗金额"一栏输入"90"，"非合理损耗类型"选择运输部门责任，"进项税转出金额"一栏系统自动显示金额($5 \times 18 \times 0.13$)，如图9-61所示。

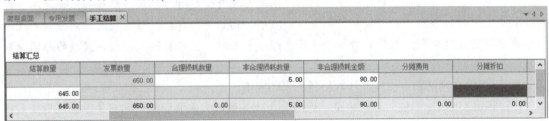

图9-61　结算汇总

04 单击【结算】按钮，系统提示"完成结算"。

6) 在应付款管理系统中审核采购专用发票

01 在"财务会计——应付款管理系统"中，选择"应付单据处理——应付单据审核"，打开"应付单查询条件"对话框，单击【确定】按钮，进入"单据处理"窗口。

02 选择要审核的采购专用发票，单击【审核】按钮，系统弹出审核成功的相关提示信息，单击【确定】按钮返回。

7) 在存货核算管理系统中确认采购成本

01 在存货核算系统中，执行“业务核算——正常单据记账”命令，打开“查询条件选择”对话框，选择仓库名称为“原材料库”，单击【确定】按钮，进入“未记账单据一览表”窗口，选择相应的列表信息。

02 单击【记账】按钮，系统弹出“记账成功”提示框，单击【确定】按钮，完成采购入库单单据记账，关闭当前窗口。

03 在存货核算系统中，依次执行“财务核算——生成凭证”命令，进入“生成凭证”窗口；单击工具栏中的【选择】按钮，系统弹出“查询条件”对话框，选中“(01)采购入库单(报销记账)”复选框。

04 单击【确定】按钮，进入“未生成凭证单据一览表”窗口，选中已记账的采购入库单，同时勾选单据窗口左上角的“已结算单据自动选择全部结算单上单据，非本月采购入库单按蓝字报销单制单”复选框，单击【确定】按钮，进入“生成凭证”窗口。

05 单击【生成】按钮，进入填制凭证窗口，注意修改凭证类别。单击工具栏的【保存】按钮，凭证左上角出现“已生成”标志，如图9-62所示，关闭并退出窗口。

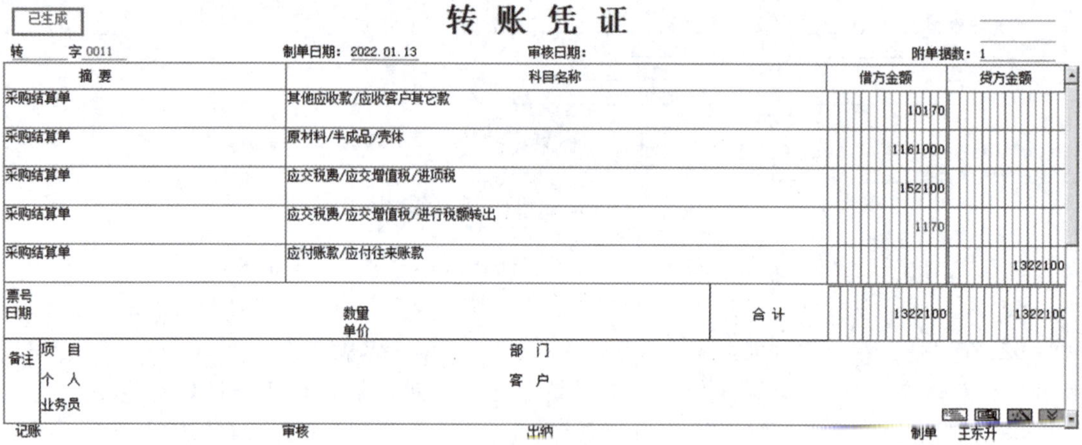

已生成

转账凭证

转 字 0011　　制单日期：2022.01.13　　审核日期：　　附单据数：1

摘要	科目名称	借方金额	贷方金额
采购结算单	其他应收款/应收客户其它款	10170	
采购结算单	原材料/半成品/壳体	1161000	
采购结算单	应交税费/应交增值税/进项税	152100	
采购结算单	应交税费/应交增值税/进行税额转出	1170	
采购结算单	应付账款/应付往来账款		1322100
票号 日期　数量 单价	合计	1322100	1322100

备注　项目　部门
个人　客户
业务员

记账　审核　出纳　制单　王东升

图9-62　采购凭证

注：企业购进货物在运输途中发生的短缺或溢余要分情况进行处理。发生的溢余按不含税的价款记入“待处理财产损溢”科目的贷方，查明原因后进行转销，待处理财产溢余的处理一般不考虑增值税的问题。采购存货在途中发生短缺和毁损，应根据造成短缺或毁损的原因分别处理，不能全部计入存货成本。

(1) 定额内合理的途中损耗，计入材料的采购成本。

(2) 能确定由供应单位、运输单位、保险公司或其他过失人赔偿的，向有关单位或责任人索赔，自“在途物资”科目转入“应付账款”或“其他应收款”科目。

(3) 凡尚待查明原因和需要报经批准才能转销处理的损失，应将其损失从“在途物资”科目转入“待处理财产损溢”科目，查明原因后再分别处理，具体如下。

① 属于应由供货单位、运输单位、保险公司或其他过失人负债赔偿的，将其损失从“待处理财产损溢”科目转入“应付账款”或“其他应收款”科目。

② 属于自然灾害造成的损失，应按扣除残料价值和保险公司赔偿后的净损失，从“待处理财产损溢”科目转入“营业外支出—非常损失”科目。

③ 属于无法收回的其他损失，报经审批后，将其从"待处理财产损溢"科目转入"管理费用"科目。

④ 在上述2和3两种情况下，短缺和毁损的材料所负担的增值税额自"应交税费——应交增值税(进项税额)"科目随同"在途物资"科目转入相对应科目。

6. 采购入库前退货

业务解析：该笔业务属于入库前部分退货业务。顾名思义，入库前部分退货即入库数量和订单、到货单数量不一致，需要录入采购订单、采购到货单和退货单，并根据实际入库情况确认入库单数量，最后对方开具的专业发票数量与实际入库数量一致。

1) 在采购管理系统中填制并审核采购订单

01 在采购管理系统中，依次执行"采购订货——采购订单"命令，进入"采购订单"窗口。

02 在"采购订单"界面，单击【增加】按钮，填写表头和表体信息。

03 表头中正确填写订单日期为"2022年1月13日"，选择相对应的供应商名称等必填信息；表体中依次选择存货编码、填写数量及到货日期，如图9-63所示。

04 单击【保存】按钮，然后单击【审核】按钮，最后关闭"采购订单"窗口。

图9-63　采购订单

2) 在采购管理系统中填制并审核到货单

01 在采购管理系统中，单击"采购到货"|"到货单"选项，进入"到货单"窗口。

02 在"到货单"界面，单击【增加】按钮，继而单击【生单】按钮旁的下三角按钮，打开可选列表，选择"采购订单"，打开"查询条件选择"对话框。

03 单击【确定】按钮，进入"拷贝并执行"窗口，选择需要参照的采购订单，单击【OK确定】按钮，将采购订单相关信息带入到货单。

04 补充输入采购部门，单击【保存】按钮，结果如图9-64所示。单击【审核】按钮，关闭"采购到货单"窗口。

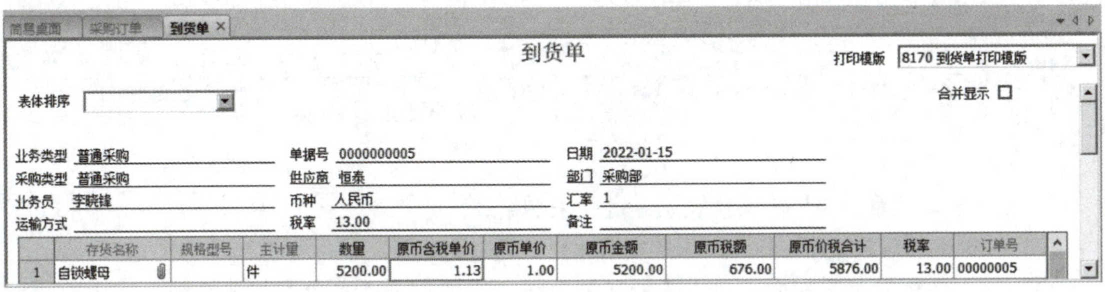

图9-64　采购到货单

3) 在采购管理系统中填制并审核采购退货单

01 在采购管理系统中，执行"采购到货——采购退货单"命令，进入"采购退货单"窗口。

02 在"采购退货单"界面，单击【增加】按钮，继而单击【生单】按钮旁的下三角按钮，打开可选列表，选择"采购订单"，打开"查询条件选择"对话框。

03 单击【确定】按钮，进入"拷贝并执行"窗口，选择需要参照的采购订单，单击【OK确定】按钮，将订单相关信息带入采购退货单。

04 修改采购退货单"数量"为"-100"，单击【保存】按钮，结果如图9-65所示。单击【审核】按钮，关闭"采购退货单"窗口。

图9-65 采购退货单

注：采购退货单可以不进行生单调用，单击"增加"按钮后可以手动输入信息，但要注意"数量"的数字为负数。

4) 在库存管理系统中填制并审核采购入库单

01 在库存管理系统中，执行"入库业务——采购入库单"命令，进入"采购入库单"窗口。

02 在"采购入库单"界面，直接单击【生单】按钮旁的下三角按钮，打开可选列表，选择"采购到货单(蓝字)"，打开"查询条件选择"对话框。

03 单击【确定】按钮，进入"拷贝并执行"窗口，选择需要参照的采购到货单，单击【OK确定】按钮，将采购到货单相关信息带入采购入库单。

04 修改入库单的数量为"5100"，选择仓库名称，单击【保存】按钮，结果如图9-66所示。单击【审核】按钮，关闭"采购入库单"窗口。

图9-66 采购入库单

5) 在采购管理系统中填制采购发票并进行采购结算

01 在采购管理系统中，执行"采购发票——专用采购发票"命令，进入"专用发票"窗口。

02 在"专用发票"界面，单击【增加】按钮，继而单击【生单】按钮旁的下三角按钮，打开可选列表，选择"入库单"，打开"查询条件选择"对话框。

[03] 单击【确定】按钮，进入"拷贝并执行"窗口，选择需要参照的采购入库单，单击【OK确定】按钮，将采购入库单相关信息带入采购专用发票。

[04] 补充输入发票号等信息，单击【保存】按钮。

[05] 在"专用发票"界面，单击左上角【结算】按钮，完成结算，结果如图9-67所示，关闭"专用发票"窗口。

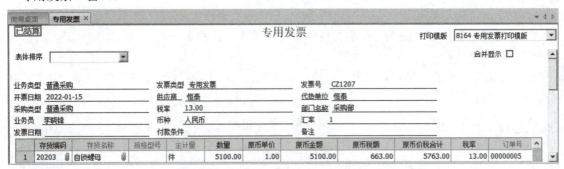

图9-67　已结算的采购专用发票

6) 在应付款管理系统中审核采购专用发票并生成应付凭证

[01] 在"财务会计——应付款管理系统"中，选择"应付单据处理——应付单据审核"，打开"应付单查询条件"对话框，单击【确定】按钮，进入"单据处理"窗口。

[02] 选择要审核的采购专用发票，单击【审核】按钮，系统弹出审核成功的相关提示信息，单击【确定】按钮返回。

[03] 在应付款管理系统中，执行"制单处理"命令，打开"制单查询"对话框，选择"发票制单"，单击【确定】按钮，进入"制单"窗口，单击【全选】按钮，选择标志处出现"1"。

[04] 单击【制单】按钮，进入"填制凭证"窗口，确认凭证类别及其他相关信息，之后单击【保存】按钮，凭证左上角出现"已生成"标志，如图9-68所示。

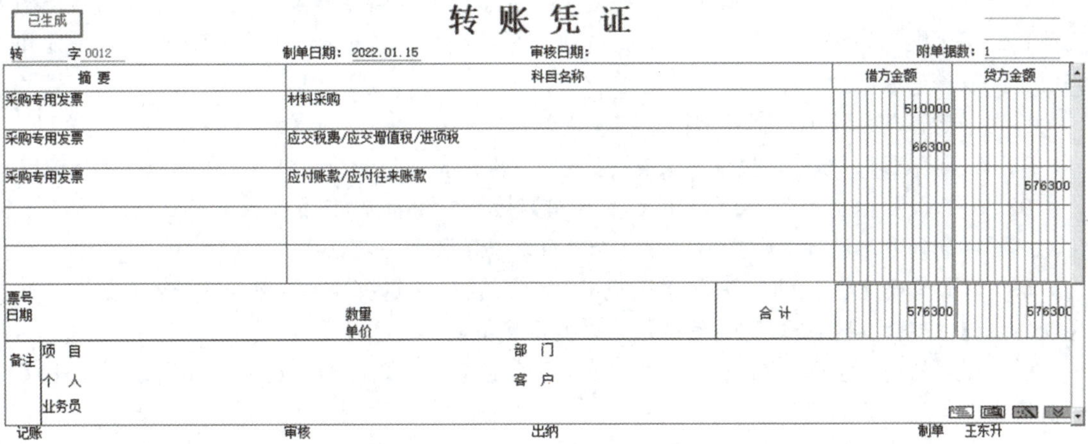

图9-68　应付凭证

7) 在存货核算管理系统中确认采购成本

[01] 在存货核算系统中，执行"业务核算——正常单据记账"命令，打开"查询条件选择"对话框，选择仓库名称为"半成品库"，单击【确定】按钮，进入"未记账单据一览表"窗口，选择相应的列表信息。

02 单击【记账】按钮,系统弹出"记账成功"提示框,单击【确定】按钮,完成采购入库单单据记账,关闭当前窗口。

03 在存货核算系统中,依次执行"财务核算——生成凭证"命令,进入"生成凭证"窗口;单击工具栏中的【选择】按钮,系统弹出"查询条件"对话框,选中"(01)采购入库单(报销记账)"复选框。

04 单击【确定】按钮,进入"未生成凭证单据一览表"窗口,选中已记账的采购入库单,单击【确定】按钮,进入"生成凭证"窗口;单击【生成】按钮,进入填制凭证窗口,注意修改凭证类别。

05 单击工具栏的【保存】按钮,凭证左上角出现"已生成"标志,如图9-69所示,关闭并退出窗口。

图9-69 存货入库凭证

7. 采购结算后退货

业务解析:采购结算后退货是指已经办理结算手续的采购业务发生退货,需要输入采购退货单、红字采购入库单、红字采购发票,并进行采购结算。该笔业务已经确认过应付凭证和采购成本,故该笔退货业务还需要冲减凭证。

1) 在采购管理系统中填制并审核采购退货单

01 在采购管理系统中,执行"采购到货——采购退货单"命令,进入"采购退货单"窗口。

02 在"采购退货单"界面,单击【增加】按钮,继而单击【生单】按钮旁的下三角按钮,打开可选列表,选择"到货单",打开"查询条件选择"对话框。

03 单击【确定】按钮,进入"拷贝并执行"窗口,选择需要参照的采购到货单,单击【OK确定】按钮,将到货单相关信息带入采购退货单。

04 修改采购退货单"数量"为"-10",单击【保存】按钮,如图9-70所示。单击【审核】按钮,关闭"采购退货单"窗口。

2) 在库存管理系统中填制并审核红字入库单

01 在库存管理系统中,执行"入库业务——采购入库单"命令,进入"采购入库单"窗口。

02 在"采购入库单"界面,直接单击【生单】按钮旁的下三角按钮,打开可选列表,选择"采购到货单(红字)",打开"查询条件选择"对话框。单击【确定】按钮,进入"拷贝并执行"窗口。

图9-70 采购退货单

03 选择需要参照的采购到货单，单击【OK确定】按钮，将采购到货单相关信息带入红字采购入库单，窗口右上角的蓝字和红字单选按钮自动选择"红字"。

04 修改红字入库单相关信息，单击【保存】按钮，结果如图9-71所示。单击【审核】按钮，关闭"采购入库单"窗口。

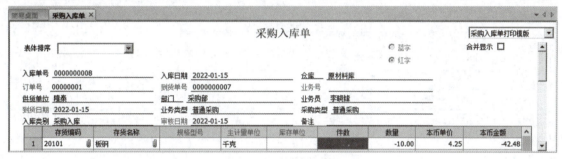

图9-71 红字采购入库单

3) 在采购管理系统中填制红字专用发票并进行采购结算

01 在采购管理系统中，执行"采购发票——红字专用采购发票"命令，进入"专用发票"窗口。

02 在"专用发票"界面，单击【增加】按钮，继而单击【生单】按钮旁的下三角按钮，打开可选列表，选择"入库单"，参照红字采购入库单生成红字专用发票。

03 补充输入发票号等信息，单击【保存】按钮。

04 在"专用发票"界面，单击左上角【结算】按钮，完成结算，结果如图9-72所示，关闭"专用发票"窗口。

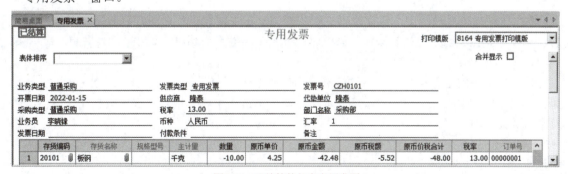

图9-72 已结算的红字专用发票

4) 在应付款管理系统中对红字专用发票进行审核并制单

01 在"财务会计——应付款管理系统"中,选择"应付单据处理——应付单据审核",打开"应付单查询条件"对话框,单击【确定】按钮,进入"单据处理"窗口。

02 选择要审核的红字专用发票,单击【审核】按钮,系统弹出审核成功的相关提示信息,单击【确定】按钮返回。

03 在应付款管理系统中,执行"制单处理"命令,打开"制单查询"对话框,选择"发票制单",单击【确定】按钮,进入"制单"窗口,单击【全选】按钮,选择标志处出现"1"。

04 单击【制单】按钮,进入"填制凭证"窗口,确认凭证类别及其他相关信息,之后单击【保存】按钮,凭证左上角出现"已生成"标志,如图9-73所示。

图9-73　红字应付凭证

5) 在存货核算管理系统中对红字入库单记账并生成凭证

01 在存货核算系统中,执行"业务核算——正常单据记账"命令,打开"查询条件选择"对话框,选择仓库名称为"半成品库",单击【确定】按钮,进入"未记账单据一览表"窗口,选择相应的红字入库单列表信息。

02 单击【记账】按钮,系统弹出"记账成功"提示框,单击【确定】按钮,完成采购入库单单据记账,关闭当前窗口。

03 在存货核算系统中,依次执行"财务核算——生成凭证"命令,进入"生成凭证"窗口;单击工具栏中的【选择】按钮,系统弹出"查询条件"对话框,选中"(01)采购入库单(报销记账)"复选框。

04 单击【确定】按钮,进入"未生成凭证单据一览表"窗口,选中已记账的红字入库单,单击【确定】按钮,进入"生成凭证"窗口;单击【生成】按钮,进入填制凭证窗口,注意修改凭证类别。

05 单击工具栏的【保存】按钮,凭证左上角出现"已生成"标志,如图9-74所示,关闭并退出窗口。

图9-74　红字入库凭证

8.暂估入库处理

业务解析：暂估入库业务是指货物到了，但发票未到，若此时办理入库，入库单上不填写单价。

1) 填制并审核入库单

01 在库存管理系统中，执行"入库业务是指采购入库单"命令，进入"采购入库单"窗口。

02 在"采购入库单"界面，单击工具栏上的【增加】按钮，根据业务信息填写表头，选择仓库"半成品库"，选择供货单位等信息；继而填写表体信息，选择存货编码"20207 定位器"，输入数量"500"，注意不填写"单价"。

03 单击【保存】按钮，之后单击【审核】按钮，对"采购请购单"进行审核，结果如图9-75所示，最后单击【退出】按钮。

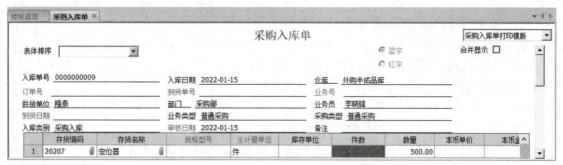

图9-75　采购入库单

2) 数据备份到"采购管理"文件夹

在采购管理月末结账之前，进行账套数据备份。

9.2.3　拓展任务

【拓展1】含有现金折扣的采购业务

业务解析：含有现金折扣的采购业务，需要在采购订单中填写付款条件，且在付款条件期限内享受现金折扣。本业务在付款环节可以在应付系统的"选择付款"功能中实现系统自动计算可享受折扣额、付款单自动生成且审核，以及完成自动核销。

1月7日，向江苏华盛特钢铸锻有限公司购买管钢600千克，单价为4.00元/千克，要求1月9日到货。合同约定，10天之内付清余款优惠4%，10～20天内付款优惠2%。

1月9日，收到江苏华盛发来的管钢，经检验，质量合格验收入原材料库。同时收到专用发票一张，发票号CZ1205，发票上注明管钢600千克，单价为4.00元/千克，增值税税率13%。财务部门据此确定采购成本及应付账款。

1月13日，根据合同约定的付款条件，在收货后10日内付款可以享有4%的折扣，财务部门开具转账支票一张，票号ZZ125，付清采购货税款。

业务操作如下。

(1) 引入"供应链"初始化账套，完成含有现金折扣的采购业务。

(2) 在采购管理系统中填制并审核采购订单。

01 在采购管理系统中，依次执行"采购订货——采购订单"命令，进入"采购订单"窗口。

02 在"采购订单"界面，单击【增加】按钮，填写表头和表体信息。

03 表头中正确填写订单日期为"2022年1月7日"，正确选择"付款条件"，选择相对应的供应商名称等必填信息；表体中依次选择存货编码、填写数量及到货日期。

04 单击【保存】按钮，结果如图9-76所示。单击【审核】按钮，最后关闭"采购订单"窗口。

图9-76 采购订单

(3) 在采购管理系统中填制并审核到货单。

01 在采购管理系统中，执行"采购到货——到货单"命令，进入"到货单"窗口。

02 在"到货单"界面，单击【增加】按钮，继而单击【生单】按钮旁的下三角按钮，打开可选列表，选择"采购订单"，打开"查询条件选择"对话框。

03 单击【确定】按钮，进入"拷贝并执行"窗口，选择需要参照的采购订单，单击【OK确定】按钮，将采购订单相关信息带入到货单。

04 补充输入采购部门，单击【保存】按钮，结果如图9-77所示。单击【审核】按钮，关闭"采购到货单"窗口。

图9-77 采购到货单

(4) 在库存管理系统中填制并审核采购入库单。

01 在库存管理系统中，执行"入库业务——采购入库单"命令，进入"采购入库单"窗口。

02 在"采购入库单"界面，直接单击【生单】按钮旁的下三角按钮，打开可选列表，选择"采购到货单(蓝字或批量)"，打开"查询条件选择"对话框。

03 单击【确定】按钮，进入"拷贝并执行"窗口，选择需要参照的采购到货单，单击【OK确定】按钮，将采购到货单相关信息带入采购入库单。

04 选择仓库名称，单击【保存】按钮，结果如图9-78所示。单击【审核】按钮，关闭"采购入库单"窗口。

图9-78 采购入库单

(5) 在采购管理系统中填制采购发票。

01 在采购管理系统中，执行"采购发票——专用采购发票"命令，进入"专用发票"窗口。

02 在"专用发票"界面，单击【增加】按钮，继而单击【生单】按钮旁的下三角按钮，打开可选列表，选择"入库单"，打开"查询条件选择"对话框。

03 单击【确定】按钮，进入"拷贝并执行"窗口，选择需要参照的采购入库单，单击【OK确定】按钮，将采购入库单相关信息带入采购专用发票。

04 补充输入发票号等信息，单击【保存】按钮，结果如图9-79所示。

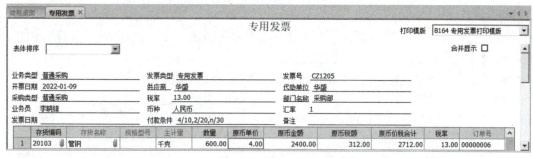

图9-79 采购专用发票

(6) 在采购管理系统中执行采购结算。

01 在采购管理系统中，执行"采购结算——自动结算"命令，进入"查询条件选择——采购自动结算"窗口，选择结算模式"入库单和发票"。

02 单击【确定】按钮，系统自动进行结算，结算完成后系统弹出结算成功与否的提示信息，单击【确定】按钮返回。

(7) 在应付款管理系统中审核采购专用发票并生成应付凭证。

01 在"财务会计——应付款管理系统"中，选择"应付单据处理——应付单据审核"，打开"应付单查询条件"对话框，单击【确定】按钮，进入"单据处理"窗口。

02 选择要审核的采购专用发票，单击【审核】按钮，系统弹出审核成功的相关提示信息，单击【确定】按钮返回。

03 在应付款管理系统中，执行"制单处理"命令，打开"制单查询"对话框，选择"发票制单"，单击【确定】按钮，进入"制单"窗口，单击【全选】按钮或在"选择标志"栏输入某数字作为选择标志。

04 单击【制单】按钮，进入"填制凭证"窗口，确认凭证类别及其他相关信息，之后单击【保存】按钮，凭证左上角出现"已生成"标志，如图9-80所示，表示凭证已传递到总账。

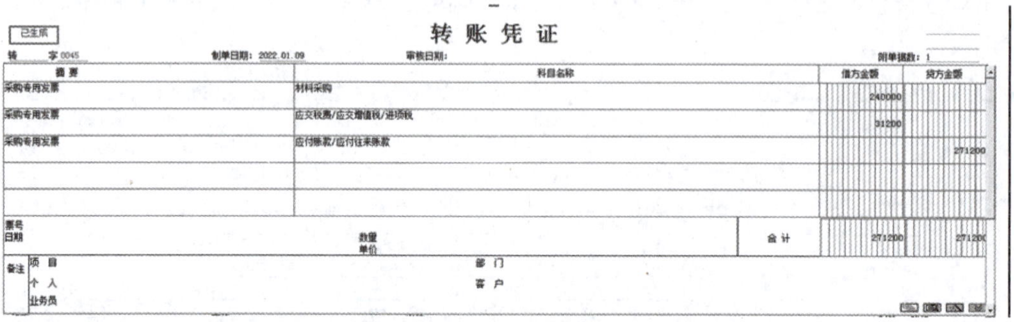

图9-80 应付凭证

(8) 在存货核算管理系统中确认采购成本。

01 在存货核算系统中，执行"业务核算——正常单据记账"命令，打开"查询条件选择"对话框，选择仓库名称为"原材料库"，单击【确定】按钮，进入"未记账单据一览表"窗口，选择相应的列表信息。

02 单击【记账】按钮，系统弹出"记账成功"提示框，单击【确定】按钮，此时记账完成的单据不再显示。完成采购入库单单据记账，关闭当前窗口。

03 在存货核算系统中，依次执行"财务核算——生成凭证"命令，进入"生成凭证"窗口；单击工具栏中的【选择】按钮，系统弹出"查询条件"对话框，选中"(01)采购入库单(报销记账)"复选框。

04 单击【确定】按钮，进入"未生成凭证单据一览表"窗口，选中已记账的采购入库单，单击【确定】按钮，进入"生成凭证"窗口。

05 单击【生成】按钮，进入填制凭证窗口，注意修改凭证类别。单击工具栏的【保存】按钮，凭证左上角出现"已生成"标志，如图9-81所示，关闭并退出窗口。

图9-81 采购入库凭证

(9) 在应付款管理系统中完成付款并生成付款凭证。

01 在应付款管理系统中，依次执行"设置——选项"命令，打开"账套参数设置"窗口，在"常规"页签中勾选"自动计算现金折扣"复选框。

02 在应付款管理系统中，执行"选择付款"命令，进入"选择付款——条件"窗口，选择供应商"江苏华盛"并勾选"可享受现金折扣"复选框，如图9-82所示。

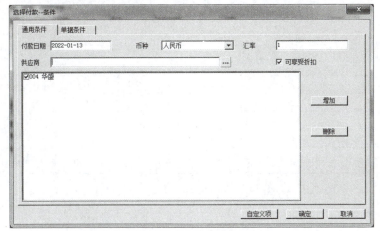

图9-82 选择付款条件

03 单击【确定】按钮，进入"选择付款列表"对话框，双击"原币金额"或"可享受折扣"，"本次折扣和付款金额"将自动显示，效果如图9-83所示。

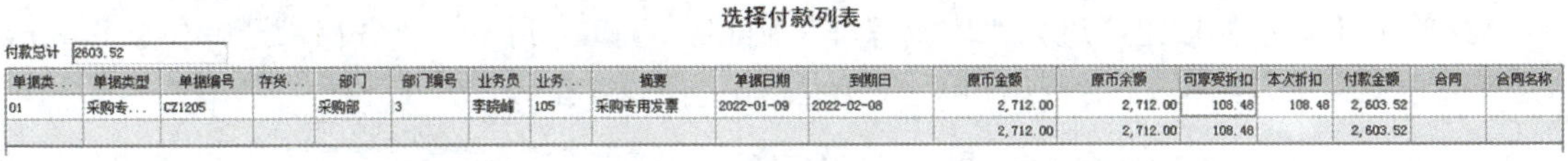

图9-83 选择付款列表

04 单击【OK确认】按钮，系统弹出"选择付款——付款单"对话框，对话框中自动显示具体付款金额。选择结算方式为"202转账支票"，并补充票据号为"ZZ125"，如图9-84所示。

供应商	付款金额	结算方式	票据号	科目	部门	业务员
华盛	2603.52	202 转账支票	ZZ125	100201	采购部	李晓峰

图9-84 选择付款——付款单

05 单击【确定】按钮，完成付款。

06 付款单已自动生成且已审核。执行"付款单据处理——付款单据录入"命令，通过"➡"寻找"付款单"，此时付款单已自动生成且完成审核，效果如图9-85所示。

图9-85 已审核付款单

07 生成付款凭证。在应付款管理系统中，执行“制单处理”命令，打开“制单查询”对话框，选择“收付款单制单”，单击【确定】按钮，进入“制单”窗口，生成并保存付款凭证，如图9-86所示。

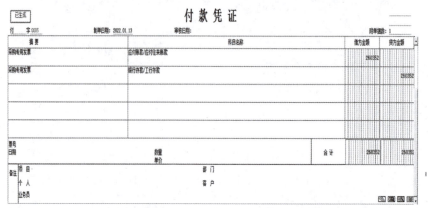

图9-86　付款凭证

(10) 查看核销并制单。

01 在应付款管理系统中，执行“其他处理——取消操作”命令，打开“取消操作条件”窗口，选择供应商“江苏华盛”，操作类型为“核销”。

02 单击【确定】按钮，进入“取消操作”窗口，可查看到该笔业务在“选择付款”完成后，已经自动核销，结果如图9-87所示，关闭并退出当前窗口。

取消操作

操作类型：核销　　　　供应商：全部

选择标志	单据类型	单据号	日期	供应商	金额	部门	业务员
	核销	0000000003	2022-01-13	华盛	2,603.52	采购部	李晓锋

图9-87　查看核销

03 核销制单。在应付款管理系统中，执行“制单处理”命令，打开“制单查询”对话框，选择“核销制单”，单击【确定】按钮，进入“制单”窗口，生成并保存付款凭证，结果如图9-88所示。

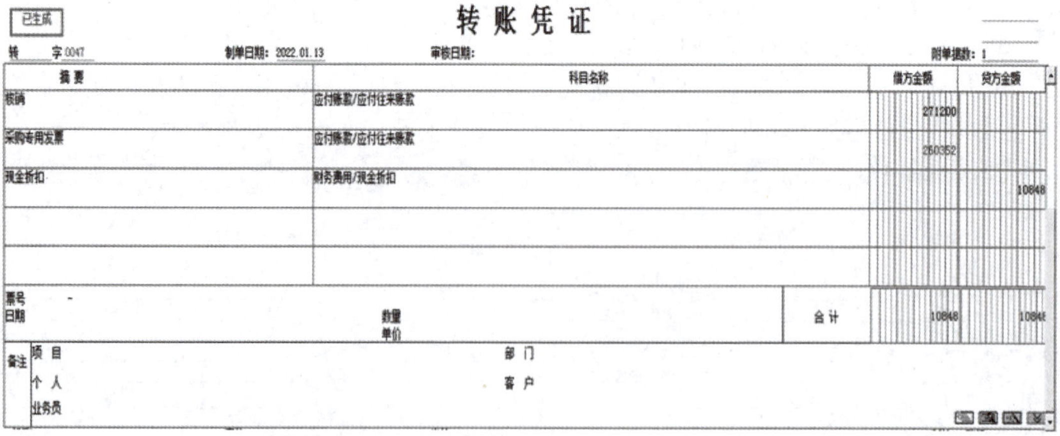

图9-88　核销制单

【拓展2】取消采购结算

具体操作指导如下。

01 在采购管理系统中，执行"采购结算——结算单列表"命令，打开"查询条件选择——采购结算单"对话框，如图9-89所示。单击【确定】按钮，进入"采购结算单"窗口。

02 双击选择栏，选中要删除的结算单单据记录，单击【删除】按钮，系统弹出"确实要删除该张单据吗"提示框，如图9-90所示，单击【是】按钮。

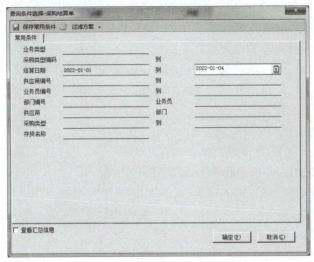

图9-89 采购结算单查询

图9-90 采购结算单列表

注：如果结算单对应的入库单已经在存货核算系统中记账，则不能删除；如果想继续删除结算单，则需要先到存货核算系统中取消记账，才能完成上述操作。

9.3 常见问题与自助维护

1. 在采购管理系统填制采购专用发票时，界面上显示"期初采购专用发票"，这是哪里出了问题

出现这个提示说明录入采购管理期初数据后没有进行期初记账，只需要在采购管理系统中执行"设置——采购期初记账"命令，打开"采购期初记账"窗口，单击【记账】按钮即可去掉采购专用发票上的"期初"二字。

2. 在用友U8中，采购业务进行过核销，是否可以进行反核销

可以。在应付款管理系统中，执行"其他处理——取消操作"命令，打开"取消操作条件"窗口，选择操作类型为"核销"，单击【确定】按钮，选择需要取消核销的列表，单击【OK确认】按钮即可完成。

单元测试

一、单项选择题

1. 采购运费的分摊方法包括( )。
   A. 按费用分摊和按存货分摊　　　　B. 按费用分摊和按数量分摊
   C. 按数量分摊和按金额分摊　　　　D. 按金额分摊和按存货分摊

2. 以下关于运费发票记录的费用结算功能描述错误的是( )。
   A. 运费发票记录可以单独进行结算
   B. 运费发票记录可以与采购入库单记录进行结算
   C. 运费发票记录可以直接分摊到具体的存货上
   D. 以上说法只有AB正确

3. 以下( )不能由采购订单生成。
   A. 采购到货单　　B. 到货退回单　　C. 报检单　　D. 采购发票

4. 采购系统中，采购入库单界面中生成功能的作用是( )。
   A. 参照采购到货单生成采购入库单　　B. 生成采购入库单
   C. 生成采购发票　　　　　　　　　　D. 参照采购发票生成采购入库单

5. 采购请购单在( )情况下可以修改。
   A. 已经审核未关闭　　　　B. 未审核
   C. 关闭　　　　　　　　　D. 已经执行

6. 关于采购流程的描述，以下正确的是( )。
   A. 采购业务流程的各项单据都是可选择的
   B. 采购流程中必须有采购订单、采购入库单和采购发票
   C. 最短的流程是只录入采购入库单
   D. 采购流程中必须有采购入库单和采购发票

7. 关于采购发票的描述，以下正确的是( )。
   A. 采购发票可以在应付管理中审核，也可以在采购管理中审核
   B. 采购发票只能在采购管理中审核
   C. 采购发票只能在应付管理中审核
   D. 采购发票只有审核后才能在应付管理中查到

8. 采购结算是指( )之间的结算。
   A. 采购发票与采购订单　　　　B. 采购发票与采购到货单
   C. 采购发票与采购入库　　　　D. 采购发票与付款单

9. 采购业务的核销是指确定( )之间的对应关系的操作。
   A. 付款单与收款单　　　　　　B. 付款单与采购发票
   C. 付款单与入库单　　　　　　D. 付款单与采购订单

10. ( )不是存货核算的暂估方式。
    A. 月初回冲　　B. 月末回冲　　C. 单到补差　　D. 单到回冲

二、多项选择题

1. 采购管理中的发票主要有( )。
   A. 专用采购发票　　　　　　　　B. 红字专用采购发票
   C. 普通采购发票　　　　　　　　D. 红字普通采购发票
2. 关于暂估冲销方法的业务处理,描述正确的是( )。
   A. 采用月初回冲方式,月末对本月未报销的入库单进行期末处理,生成蓝字回冲单
   B. 采用单到回冲方式,进行结算成本处理时系统自动生成红字回冲单、蓝字报销单
   C. 单到回冲时结算处理生成红字回冲单,为原入库单暂估金额,方向与原单相反
   D. 采用单到补差方式,如报销金额与暂估金额的差额为零,则不生成调整单
3. 存货核算系统提供了( )的暂估处理方式。
   A. 月初回冲　　B. 单到回冲　　C. 单到补差　　D. 月末回冲
4. 关于"货单同到"的采购业务,以下流程错误的是( )。
   A. 采购入库单——采购发票——单据记账——采购结算
   B. 采购入库单——采购发票——采购结算——单据记账
   C. 采购入库单——单据记账——采购发票——采购结算
   D. 采购发票——采购入库单——单据记账——采购结算
5. 自动结算将进行以下( )操作。
   A. 入库单和发票结算　　　　　　B. 红蓝入库单结算
   C. 红蓝发票结算　　　　　　　　D. 盈余短缺结算

三、判断题

1. 采购订单和采购入库单是一对一的关系,是唯一对应的。( )
2. 请购单和采购订单是多对多的关系,即一张请购单可以对应多张采购订单,反之亦然。( )
3. 运费发票只能与采购入库单进行结算,不可单独进行结算。( )
4. 处理采购费用时,可以在手工结算时进行费用分摊,运费发票可以单独进行费用结算。( )
5. 采购订单、到货单和发票的单价既可以手工录入,也可以由系统自动带入。供应商存货对照表中的价格或取自采购订单、到货单和发票的最新价格,当然也可以修改自动带入的价格。( )
6. ERP-U8采购管理中暂估业务不支持发票与入库单部分结算。( )
7. 已经审核的请购单不能修改、删除,如果要修改、删除,需要先弃审。( )
8. 采购入库单、销售出库单只能在存货管理子系统中输入。( )
9. 采购管理中生成的凭证,需要在采购管理中经审核后才能在总账系统中记账。( )
10. 如果收到供货单位的发票后货物未到,有两种处理方法:第一种,对发票做压单处理,待货物到达后,再输入系统做报账结算处理;第二种,先将发票输入系统,便于实时统计在途货物。( )

四、思考题

1. 对于采购中的货到票未到业务,当发票上的商品价格与估价不一致时,应如何处理?
2. 简述票先到货后到时的处理流程及涉及的会计分录。
3. 简述采购订单的作用。

第 10 章 销售管理

学习目标：
1. 掌握用友ERP-U8管理软件中销售管理系统的相关内容；
2. 掌握企业日常销售业务处理流程的方法；
3. 了解并掌握日常采购业务和日常销售业务处理流程上的异同点；
4. 理解并掌握开票直接发货业务的处理流程。

10.1 销售管理概述

10.1.1 销售管理系统概述

销售是企业生产经营成果的实现过程，是企业经营活动的中心。用友ERP-U8的销售管理，提供了报价、订货、发货、开票的完整销售流程管理；支持普通销售、委托代销、分期收款、直运、零售等多种类型的销售业务，以及销售退货等逆向业务；可以进行现结业务、代垫费用、销售支出的业务处理；可以制订销售计划，对价格和信用进行实时监控。

普通销售又可分为先发货后开票业务和开票直接发货业务两种。先发货后开票业务是指根据销售订单或其他销售合同，向客户先发出货物，然后根据发货单开票的业务。发货单可作为仓库出货及填制销售发票的依据。用友ERP-U8的销售管理可实现一次销售全部发货，以及一次销售分批发货。开票直接发货业务是指根据销售订单或其他销售合同，向客户开具销售发票，客户根据发票到指定仓库提货。一般流程是指销售部门根据销售订单生成销售发票，客户或送货人依据销售发票中的某联到仓库提货。在实际业务中，仓库依据销售发票中的某联作为出货依据，但用友 ERP-U8 系统会自动生成销售发货单，并根据参数设置生成销售出库单。

10.1.2 用友U8销售管理系统的认知

1. 销售系统初始设置

销售系统初始设置包括设置销售管理系统业务处理所需要的各种业务选项、基础档案信息及销售期初数据。

2. 销售业务处理

销售业务管理主要处理销售报价、销售订货、销售发货、销售开票、销售调拨、销售退回、发货折扣、委托代销、零售业务等，并根据审核后的发票或发货单自动生成销售出库单，处理随同货物销售所发生的各种代垫费用，以及在货物销售过程中发生的各种销售支出。

3. 销售账簿及销售分析

销售管理系统可以提供各种销售明细账、销售明细表及各种统计表，还可以提供各种销售分析及综合查询统计分析。

10.1.3 销售管理系统与用友U8其他子系统的关系

采购管理系统中的采购订单可参照销售管理系统中的销售订单生成。在直运业务必有订单模式下，直运采购订单必须参照直运销售订单生成；如果直运业务非必有订单，那么直运采购发票和直运销售发票可相互参照。根据选项设置，销售出库单可以在销售管理系统生成，然后被传递到库存管理系统审核，也可以在库存管理系统参照销售管理系统的单据生成；库存管理系统为销售管理系统提供可用于销售的存货可用量。销售发票、销售调拨单、零售日报、代垫费用单在应收款管理中审核登记应收明细账，进行制单生成凭证；应收款管理系统进行收款并核销相应应收单据后回写收款核销信息。直运销售发票、委托代销发货发票、

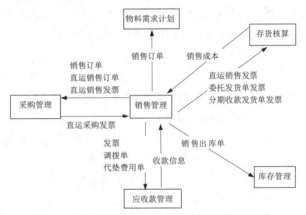

图10-1 销售管理系统与用友U8其他子系统的关系

分期收款发票在存货核算系统登记存货明细账，并制单生成凭证；存货核算系统为销售管理系统提供销售成本。

10.1.4 销售管理系统日常业务概述

销售业务管理主要处理销售报价、销售订货、销售发货、销售开票、销售调拨、销售退回、发货折扣、委托代销、零售业务等，并根据审核后的发票或发货单自动生成销售出库单，处理随同货物销售所发生的各种代垫费用，以及在货物销售过程中发生的各种销售支出。

普通销售业务中包括先发货后开票业务、代垫运费、现收业务和商业折扣业务。

1. 普通销售业务——先发货后开票业务

1) 销售环节——销售报价

销售报价是指企业向客户提供货品、规格、价格、结算方式等信息，双方达成协议后填制销售报价单。销售报价单可以转为有效力的销售合同或销售订单。企业可以针对不同客户、不同存货、不同批量提出不同的报价、扣率。在销售业务流程中，销售报价环节是可省略的。

2) 销售订货

销售订货处理是指企业与客户签订销售合同，在系统中体现为销售订单。若客户经常采购某产品，或客户是企业的经销商，则销售部门无须经过报价环节即可输入销售订单。如果前面已有对客户的报价，也可以参照报价单生成销售订单。

在销售业务流程中，订货环节也是可选的。

3) 销售发货单

销售发货是指企业执行与客户签订的销售合同或销售订单，将货物发往客户的行为，是销售业务的执行阶段。除了根据销售订单发货，销售管理系统也有直接发货的功能，即无须事先录入销售订单，随时可以将产品发给客户。

在销售业务流程中，销售发货处理是必须的。

4) 销售出库单

销售出库是销售业务处理的必要环节。在库存管理系统用于存货出库数量核算，在存货核算系统用于存货出库成本核算(如果存货核算销售成本的核算选择依据销售出库单)。根据参数设置的不同，销售出库单可在销售管理系统生成，也可在库存系统生成。如果由销售管理系统生成出库单，只能一次销售全部出库；而由库存管理系统生成销售出库单，可实现一次销售分次出库。销售出库(开票)之后，要进行出库成本的确定。对于先进先出、后进先出、移动平均、个别计价这四种计价方式的存货，在存货核算系统进行单据记账时进行出库成本核算；而全月平均、计划价/售价法计价的存货，在期末处理时进行出库成本核算。

销售业务中，销售出库环节是必须的。

5) 销售发票

销售开票是指在销售过程中企业给客户开具销售发票及其所附清单，它是销售收入确定、销售成本计算、应交销售税金确定和应收账款确定的依据，是销售业务的必要环节。销售发票既可以直接填制，也可以参照销售订单或销售发货单生成。参照发货单开票时，多张发货单可以汇总开票，一张发货单也可拆单生成多张销售发票。相对采购专用发票，销售发票填写完之后，需要在此环节进行销售发票复核。

销售业务中，销售开票是不可省略的。

6) 应收款管理审核、制单或现结制单

销售收款是对所销货物进行收款的环节。此环节在应收系统中完成。

在销售业务中，销售收款是必须的。

7) 存货核算记账、生成销售成本凭证

在存货核算系统业务核算中对出库单进行记账，然后在财务核算中生成销售成本凭证。先发货后开票业务流程图，如图10-2所示。

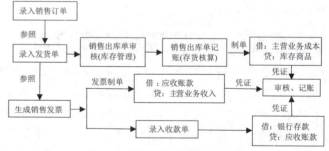

图10-2　先发货后开票业务流程图

2.其他销售业务——现收业务

现收业务是指在销售货物的同时向客户收取货币资金的行为。在销售发票、销售调拨单和零售日报等销售结算单据中可以直接处理现收业务并结算。现收业务操作流程和具体操作环节如图10-3和图10-4所示。

图10-3　现收业务流程图

单据	系统	操作	生成凭证
销售发货单	销售系统	录入审核	

销售发票	销售系统	录入、现收、复核	借：银行存款
			  贷：主营业务收入
			      销项税

	应收系统	审核、制单(现结)	
销售出库单	库存系统	自动生成(参照发货单)、审核	借：主营业务成本 贷：库存商品
	存货系统	记账、制单	

图10-4 现收业务具体操作

3. 其他销售业务——商业折扣

商业折扣(税法中又称"折扣销售")指实际销售商品或提供劳务时，将价目单中的报价打一个折扣后提供给客户，这个折扣就叫商业折扣。商业折扣是企业在销售商品时，先打折再销售，折扣在前、销售在后，是在交易成立及实际付款之前予以扣除，所以对库存现金和主营业务收入不产生影响。商业折扣需要明列出来，通常以百分数，如 5%、10%的形式表示，买方只需按照标明价格的百分比付款即可。

4. 其他销售业务——代垫费用

代垫费用是指在销售业务中，随货物销售所发生的(如运杂费、保险费等暂时代垫)，将来需向对方单位收取的费用项目。代垫费用单一般在销售管理系统中填写，代垫费用实际上形成了用户对客户的应收款，代垫费用的收款核销由应收款管理系统来处理，本系统仅对代垫费用的发生情况进行登记。代垫费用处理流程如图10-5所示。

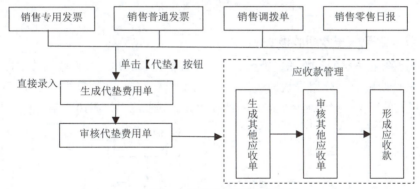

图10-5 代垫费用处理流程

5. 其他销售业务——直运业务

直运业务是指产品无须入库即可完成的购销业务，由供应商直接将商品发给企业的客户。结算时，由购销双方分别与企业结算，企业赚取购销差价。直运业务处理流程如图10-6所示。

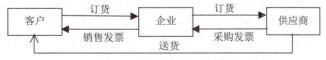

图10-6 直运业务处理流程图

直运业务包括直运销售业务和直运采购业务。直运业务没有实物的出入库，货物流向是直接从供应商到客户，财务结算通过直运销售发票、直运采购发票解决。直运业务适用于大型机器、汽车、设备等产品的销售。

直运销售业务分为两种模式：一种是只开发票，不开订单；另一种是先有订单再开发票。它们分别称为普通直运销售业务(非必有订单)和必有订单直运销售业务。无论采用哪种模式，直运业务选项均在销售管理系统设置。如果是非必有订单直运业务，直运采购发票和直运销售发票可以相互参照。

6. 其他销售业务——开票直接发货业务

开票直接发货业务是指根据销售订单或其他销售合同，向客户开具销售发票，客户根据发票到指定仓库提货的销售方式。一般流程是销售部门根据销售订单生成销售发票，客户或送货人依据销售发票到指定仓库提货。在实际业务中，仓库依据销售发票中某联作为出货依据，但用友ERP-U8系统会自动生成销售发货单，并根据参数设置生成销售出库单。与开票直接发货相关的业务操作流程如图10-7所示。

单据	系统	操作	生成凭证

销售发票	销售系统	录入复核	借：应收账款
			  贷：主营业务收入
			     销项税

	应收系统	审核制单(发票)	
销售发货单	销售系统	自动生成(根据发票)	
销售出库单	库存系统	自动生成(根据发票)	借：主营业务成本 贷：库存商品
	存货系统	记账、制单	
收款单	应收系统	录入审核制单(收款单)	借：银行存款 贷：应收账款

图10-7　开票直接发货业务操作流程

7.其他销售业务——分期收款业务

分期收款销售业务类似于委托代销业务，货物提前发给客户，分期收回货款，收入与成本按照收款情况分期确定。分期收款销售的特点是：一次发货，当时不确定收入，分次确定收入，在确定收入的同时配比性地转成本。分期收款业务处理流程如图10-8所示。

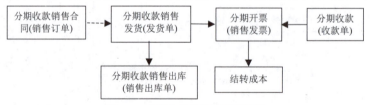

图10-8　分期收款业务处理流程图

8.其他销售业务——委托代销业务

委托代销业务是指企业将商品委托他人进行销售但商品所有权仍归本企业的销售方式。委托代销商品销售后，受托方与企业进行结算，并开具正式的销售发票，形成销售收入，完成商品所有权转移。委托代销业务只能先发货后开票，不能开票直接发货。委托代销相关的业务处理流程如图10-9所示。

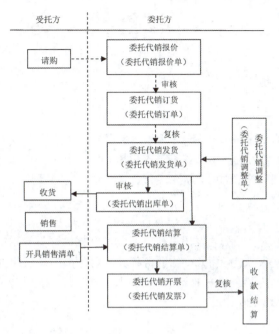

图10-9 委托代销业务处理流程图

9.其他销售业务——销售退货业务

销售退货业务是指客户因货物质量、品种，数量等不符合要求而将已购货物退回本企业的业务。

销售退货与正常销售的流程基本相同，若销售退货时未开票出库，则可直接修改或作废发货单。若销售退货时已开票，则需要先填写退货单，审核退货单时系统自动生成红字销售出库单，到仓库办理出库手续，根据红字销售出库单开具红字销售发票。

销售退货单是红字发货单，可以处理客户的退货业务，退货数量为负数。退货单也可以处理换货业务，货物发出后客户要求换货，则用户先按照客户要求退货的货物开退货单，然后按照客户所换的货物开发货单。

销售退货可分为3种情况：开票前的部分退货和全部退货，以及开票后退货。

(1) 开票前部分退货，即已录入销售发货单，但未开票，并且部分退货。若需要退货的货物未出库，则可直接修改发货单；若货物已出库，则需要填制销售退货单和相应的红字销售出库单。需要退货的货物已出库的业务流程为：首先填制一张销售退货单(其数量为负数)，然后系统自动生成或手工填制一张对应的红字销售出库单，以及一张对应的红字销售发票，其中发票上的数量=蓝字出库单数量-红字出库单数量。

(2) 开票前全部退货，即已录入销售发货单，但未开票，并且全部退货。若需要退货的货物未出库，则可直接删除发货单；若货物已出库，则需要填制销售退货单和相应的红字销售出库单。

(3) 开票后退货，即已录入销售发票，全部出库，且完成收入的确认和成本的结转，现在需要全额或部分退货。此处也有2种业务模式，即先退货后开票和开票直接退货模式。先退货后开票的业务流程应先填制一张销售退货单，然后系统自动生成或手工填制一张对应的红字销售出库单，以及一张对应的红字销售发票，最后红字冲减收入和成本的相关凭证。开票直接退货的业务流程为先填制一张红字销售发票，系统自动生成相应的销售退货单，然后系统自动生成或手工填制一张对应的红字销售出库单，然后红字冲减应收确认和红字成本确认。

10.2 销售管理实务

10.2.1 基本任务

1. 日常销售业务

(1) 1月12日，北方船运有限公司欲购买100个全自动燕尾底锁，向销售部了解价格。销售部报价为220元/个。客户确定购买，填制并审核报价单。

(2) 该客户进一步了解情况后，双方签订合同。合同规定购买数量为120个，要求1月15日发货。填制并审核销售订单。

(3) 1月15日，销售部门向产成品库发出发货通知。

从产成品库向北方船运有限公司发出其所订货物，并据此开具专用销售发票一张，发票号为ZX1601。业务部门将销售发票(留存联)交给财务部门，财务部门确认此业务的收入并结转成本。

(4) 1月16日，财务部收到北方船运有限公司转账支票一张，金额29 832元，支票号为ZP1123。据此填制收款单并制单。

2. 现结业务

1月16日，同南方船运有限公司签订销售合同，销售全自动燕尾底锁50个，每个220元(不含税价)；半自动燕尾底锁50个，每个180元(不含税价)。商品已从产成品库出库。本公司立即开具销售专用发票，发票号为ZX1602。同时，收到南方船运的转账支票一张，支票号为ZP61133。

3. 含有商业折扣的销售业务

1月17日，销售部向北方船运有限公司出售集装箱中间扭锁85个，报价为200元/个(不含税价)。当日，双方签订合同，合同约定商品在原有价格基础上打九五折，并要求当天发货。

1月17日，从产成品库向北方船运有限公司发出其所订货物，并据此开具专用销售发票一张，发票号为ZX1603。财务部门据此确认该业务的收入并结转成本。

4. 含有代垫运费的销售业务

(1) 1月17日，广州船运有限公司欲购买110件绑扎眼板，向销售部了解价格。销售部报价为230元/个。客户确定购买，填制并审核报价单。

(2) 1月17日，该客户进一步了解情况后，订购110件，要求1月19日发货。填制并审核销售订单。

(3) 1月19日，从产成品库向广州船运有限公司发出其所订货物，本公司以现金代垫运费100元。并据此开具专用销售发票一张，发票号为ZX1604。财务部门确认此业务的收入并结转成本。

(4) 1月20日，财务部收到广州船运有限公司转账支票一张，金额28 689元，支票号为ZP1124。据此填制收款单并制单。

5. 直运业务

(1) 直运销售订货。1月20日，东方锚链船运有限公司向本公司订购智能锁300个，双方经过协商，以单价820元/个(不含税)成交，增值税率为13%。

(2) 直运采购订货。1月20日，本公司向宁波隆泰铸件有限公司订购智能锁300个，无税单价为700元/个，要求本月22日将货物直接发给东方锚链船运有限公司。

(3) 直运采购发票。1月22日，本公司收到宁波隆泰铸件有限公司开具的专用发票，发票号为ZC1501，发票载明智能锁300个，无税单价为700元/个，增值税率为13%。货物已经发给东方锚链船运有限公司，本公司确认应付账款。

(4) 直运销售发票。1月22日，本公司给东方锚链开具销售专用发票一张，发票号为ZX1605，发票载明智能锁300个，无税报价为820元/个，增值税率为13%。款项尚未收到。

6. 开票直接发货

1月22日，销售部向大连船运有限公司出售全自动锥230个，无税报价为165元/个。对方同意报价，双方签订合同。当日，我公司是开具销售专用发票一张，发票号为ZX1608，发票上载明全自动锥230个，无税单价为165元/个，增值税率为13%。开具发票时并从产成品库发出所需货物。

7. 分期收款发出商品

1月22日，销售部向大连船运有限公司出售绑扎眼板350件。双方签订合同，合同约定2天后发货，单价为240元/件。客户要求以分期付款形式购买该商品。经协商，客户分2次付款，并据此开具发票。

1月24日，所需货物由产品成品仓库全部发出。

收到转账支票一张，票号为ZP1143，并第一次开具专用发票，数量为175件，无税单价240元/件，增值税率为13%。发票号为ZX1611。业务部门将该业务的出库单及销售发票交给财务部门，财务部门据此确认收入并结转成本。

8. 委托代销业务

1月24日，销售部与上海船运商贸公司签订委托代销合同，委托其代为销售集装箱中间扭锁200个，无税单价为150元/个，从产成品库发出。

1月30日，收到上海船运商贸公司的委托代销清单一张，结算集装箱中间扭锁120个，售价为150元/个。本公司立即向上海船运开具销售专用发票一张，发票号自动编号，发票上载明集装箱中间扭锁120个，无税单价为150元/个，增值税率为13%。财务部门据此确认收入并结转成本。

9. 销售退货业务

1月30日，销售部出售给北方船运有限公司的全自动燕尾底锁，单价为220元/个，从产成品库发出。由于质量问题，北方船运要求退回10个。该货物已确认收入、结转成本(单位成本为135元)，且已完成收款。

本公司同意退货，开具红字销售专用发票一张，发票号为ZX1622，同时办理转账退款。当日收到退回的10个全自动燕尾底锁。

10.2.2 基本任务实验操作指导

1. 日常销售业务

业务解析：本笔销售业务是一笔完整的全流程的先发货后开票的销售业务，涵盖了报价、销售订货、发货、销售出库、销售发票、确认应收凭证和结转销售成本，以及收款等全过程。

(1) 在销售管理系统中填制并审核报价单。

01 在销售管理系统中，执行"业务工作"页签中的"供应链"|"销售管理"|"销售报价"|"销售报价单"命令，进入"销售报价单"窗口。

02 在"销售报价单"界面,单击工具栏上的【增加】按钮,根据业务信息填写表头,输入日期"2022年1月12日",销售类型为"普通销售",客户名称为"北方船运";继而填写表体信息,选择存货编码"10101 全自动燕尾底锁",输入数量、报价等相关内容。

03 单击【保存】按钮,之后单击【审核】按钮,对"销售报价单"进行审核,结果如图10-10所示,最后单击【退出】按钮。

图10-10 销售报价单

(2) 在销售管理系统中填制并审核销售订单。

01 在销售管理系统中,依次执行"销售订货"|"销售订单"命令,进入"销售订单"窗口。

02 在"销售订单"界面,执行"增加生单"命令,在【生单】按钮旁的下三角按钮中选择"报价",打开"查询条件选择"对话框,单击【确定】按钮,出现"参照生单"窗口,依次选择要拷贝的报价单,单击【OK确定】按钮,将销售报价单的相关信息带入销售订单。

03 确认订单日期为"2022年1月15日",单击【保存】按钮,然后单击【审核】按钮,结果如图10-11所示。最后关闭"销售订单"窗口。

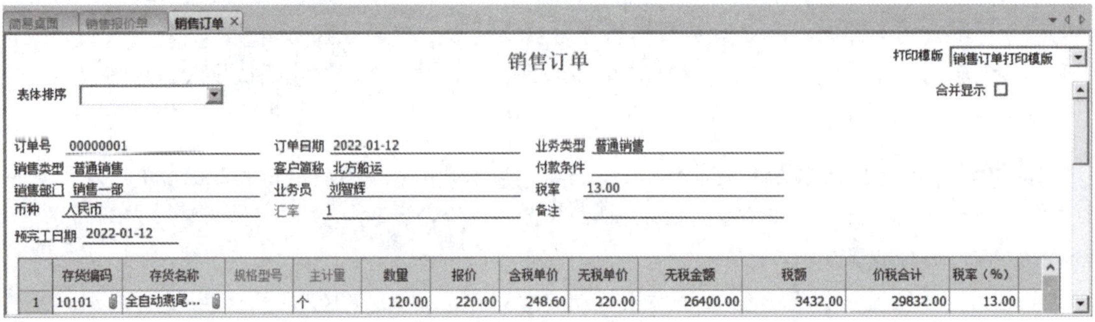

图10-11 销售订单

注:① 填制销售订单时,在表体中右击可查询存货现存量等信息;
② 若存货档案中设置了最高进价,则高于最高价会报警;
③ 订单审核后可在销售订单执行统计表中查询。

04 销售订单编号即为合同编号。若需要修改订单编号,可依次双击"基础设置"页签中的"单据设置"|"单据编号设置"选项,系统弹出"单据编号设置"窗口,在"销售管理"下拉列表中选中"销售订单",单击【修改】按钮,勾选"完全手工编号"或"手工改动,重号时自动重取"选项,然后单击【保存】按钮即可,如图10-12所示。

图10-12　单据编号设置

(3) 在销售管理系统中填制并审核发货单。

① 在销售管理系统中，执行"销售发货"|"发货单"命令，进入"发货单"窗口。

② 在"发货单"界面，单击【增加】按钮，系统弹出"查询条件选择——参照订单"窗口，单击【确定】按钮，进入"参照生单"窗口。

③ 选择需要参照的销售订单，单击【OK确定】按钮，将销售订单相关信息带入发货单。要注意发货日期，选择表体中的"仓库名称"为"产成品库"。

④ 单击【保存】按钮，单击【审核】按钮，结果如图10-13所示，关闭"销售发货单"窗口。

注：①一张订单可以生成多张发货单，即可以多批次发货，但要注意修改每一张发货单上的数量；

②多张销售订单可以生成一张发货单，即可以统一发货，但要注意修改发货单数量。

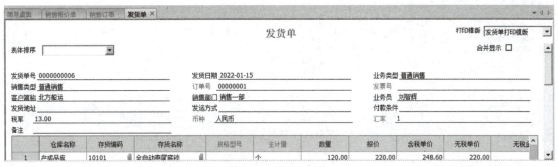

图10-13　销售发货单

(4) 在库存管理系统中审核销售出库单。

① 在库存管理系统中，执行"出库业务|销售出库单"命令，进入"销售出库单"窗口。

② 在"销售出库单"界面，单击 →|【末张】按钮，寻找参照发货单已自动生成的出库单。

③ 单击【审核】按钮，系统弹出"该单据审核成功"的提示框，单击【确定】按钮，结果如图10-14所示，关闭"销售出库单"窗口。

图10-14　销售出库单

注：① 销售出库单一般根据已审核的发货单自动生成；

② 销售出库单能根据已审核的发货单自动生成的前提条件是"销售选项"中勾选了"销售生成出库单"；

③ 已生成的销售出库单无法直接删除。若需要删除未审核的出库单，可对发货单进行"弃审"操作；

④ 若出库单和发货单数量不一致，则出库单不能参照发货单自动生成。

(5) 在销售管理系统中填制并复核销售发票。

01 在销售管理系统中，执行"销售开票"|"销售专用发票"命令进入"销售专用发票"窗口。

02 在"专用发票"界面，单击【增加】按钮，系统弹出"查询条件选择——发票参照发货单"对话框，单击【确定】按钮，进入"参照生单"窗口，选择需要参照的发货单，单击【OK确定】按钮，将发货单相关信息带入销售专用发票。

03 补充输入发票号等信息，单击【保存】按钮。

04 单击【复核】按钮，对销售专用发票进行复核，如图10-15所示。

图10-15　销售专用发票

注：① 在用友系统中，可以把多张发货单开具到一张销售发票中；

② 可以根据一张发货单分次开票，分次开票时需要修改每一张发票上的数量；

③ 此处复核发票并不等于财务人员发票审核。

05 单击新增销售专用发票，系统自动弹出"查询条件选择——发票参照发货单"对话框，是因为在销售选项"其他控制"选项卡中选择了"新增发票默认参照发货单生成"。

06 只有在基础档案中设置了客户开户银行、税号等信息的客户，才能开具销售专用发票，否则只能开具普通发票。

(6) 在应收款管理系统中审核销售专用发票并生成应收凭证。

01 在"财务会计——应收款管理系统"中，选择"应收单据处理|应收单据审核"，打开

"应收单查询条件"对话框,单击【确定】按钮,进入"应收单据列表"窗口。

02 选择要审核的销售专用发票,单击【审核】按钮,系统弹出审核成功的相关提示信息,单击【确定】按钮返回,结果如图10-16所示。

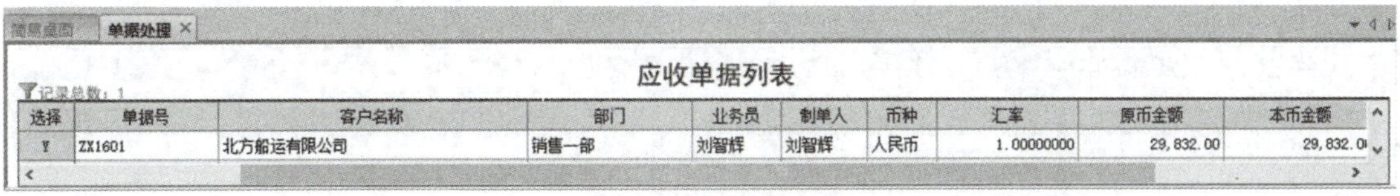

图10-16 审核销售发票

03 在应收款管理系统中,执行"制单处理"命令,打开"制单查询"对话框,选择"发票制单",单击【确定】按钮,进入"销售发票制单"窗口,单击【全选】按钮或在"选择标志"栏输入某数字作为选择标志。

04 单击【制单】按钮,进入"填制凭证"窗口,确认凭证类别及其他相关信息,之后单击【保存】按钮,凭证左上角出现"已生成"标志,表示凭证已传递到总账,如图10-17所示。

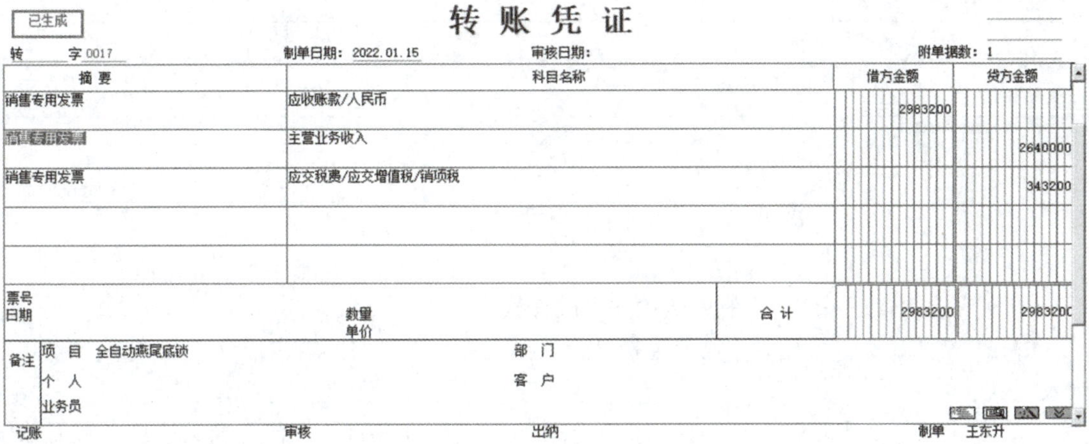

图10-17 应收凭证

(7) 在存货核算管理系统中确认销售成本。

01 在存货核算系统中,执行"业务核算"|"正常单据记账"命令,打开"查询条件选择"对话框,选择仓库名称为"产成品库",单击【确定】按钮,进入"未记账单据一览表"窗口,选择相应的列表信息。

02 单击【记账】按钮,系统弹出"记账成功"提示框,单击【确定】按钮,此时记账完成的单据不再显示。完成销售专用发票记账,如图10-18所示,关闭当前窗口。

03 在存货核算系统中,依次执行"财务核算|生成凭证"命令,进入"生成凭证"窗口。单击【选择】按钮,系统弹出"查询条件"对话框,选中"(26)销售专用发票"复选框。

04 单击【确定】按钮,进入"未生成凭证单据一览表"窗口,选中已记账的销售发票列表或【全选】按钮,单击【确定】按钮,进入"生成凭证"窗口。

05 单击【生成】按钮,进入填制凭证窗口,注意修改凭证类别为转账凭证。单击工具栏的【保存】按钮,凭证左上角出现"已生成"标志,如图10-19所示,关闭并退出窗口。

注:① 此处是对"专用发票"进行记账;
② 销售业务也可以对"销售出库单"进行记账。在存货核算系统中,依次执行"初始

设置""选项""选项录入"命令，选择销售成本核算方式为"销售出库单"即可，之后单击【确定】按钮，最后保存设置。

图10-18 存货记账

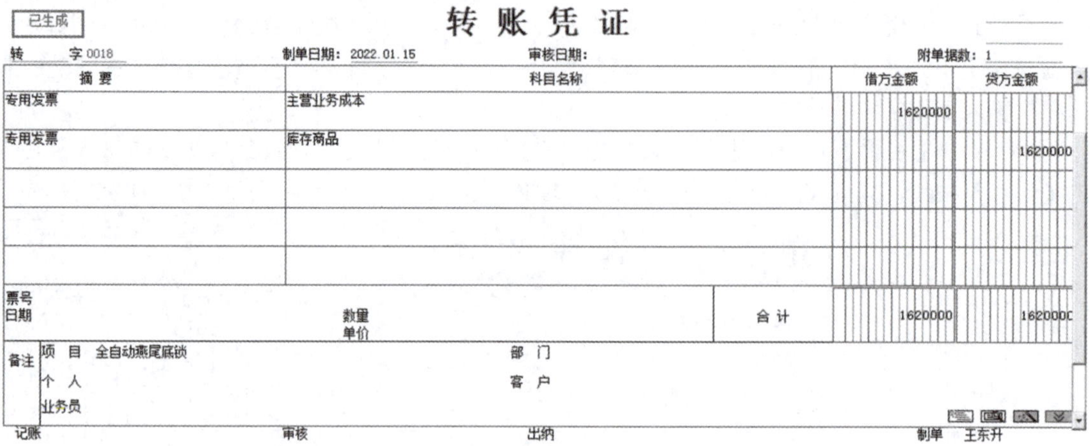

图10-19 销售成本凭证

(8) 在应收款管理系统中填制收款单并生成收款凭证。

01 在应收款管理系统中，执行选择"收款单据处理"|"收款单据录入"，进入"收款单录入"窗口。

02 单击【增加】按钮，填写供应商、结算方式、结算科目、金额等表头信息，继而单击表体的第一行信息，则表头信息将会调用到表体中；单击【保存】按钮，结果如图10-20所示。

图10-20 收款单

03 在已保存的"收款单录入"窗口，单击菜单栏的【审核】按钮，系统弹出"是否立即制单？"的提示信息，单击【是】按钮，进入"填制凭证"窗口。

04 确认凭证类别及其他相关信息，之后单击【保存】按钮，凭证左上角出现"已生成"标志，表示凭证已传递到总账，如图10-21所示。

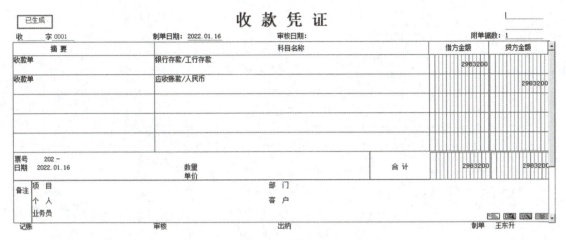

图10-21 收款凭证

注：若收款凭证没有在"收款单录入"窗口直接审核生成，则可以依次执行"应收款管理"|收款单据处理"|"收款单据审核"命令，审核收款单之后，再执行"制单处理"命令，打开"制单查询"对话框，选择"收付款单制单"复选框，最后生成收款凭证。

(9) 核销并制单(以手工核销为例)。

01 在应收款管理系统中，执行"核销处理"|"手工核销"命令，打开"核销条件窗口"，选择相对应的供应商，单击【确定】按钮。

02 进入"单据核销"窗口，按照收款单的"本次结算"金额，填写相对应的销售专用发票中的"本次结算"金额，结果如图10-22所示。

03 单击【保存】按钮，相应的已结算金额将会消失，退出当前窗口。

图10-22 核销结算金额

04 在应收款管理系统中，执行"制单处理"命令，打开"制单查询"对话框，选择"核销制单"，单击【确定】按钮，进入"制单"窗口，单击【全选】按钮或在"选择标志"栏输入某数字作为选择标志。

05 单击【制单】按钮，进入"填制凭证"窗口，确认凭证类别及其他相关信息，之后单击【保存】按钮，凭证左上角出现"已生成"标志，如图10-23所示。

图10-23 核销凭证

注：如果生成核销凭证时出现了"有效凭证分录数为0，不能生成凭证"的问题，如图10-24所示，则说明应收系统设置中的"受控科目制单方式"存在问题，可依次执行"设置"|"选项"|"凭证"|"受控科目制单方式"|"明细到单据"命令。

图10-24 核销无法生成凭证问题截图

2. 销售现结业务

业务解析：本笔销售业务属于公司开具销售专用发票时收到买家全部货款的现结销售业务。

(1) 在销售管理系统中填制并审核销售订单。

01 在销售管理系统中，执行"业务工作"页签中的"供应链"|"销售管理"|"销售订货"|"销售订单"命令，进入"销售订单"窗口。

02 在"销售订单"界面，单击工具栏上的【增加】按钮，根据业务信息填写表头，输入日期"2022年1月16日"，销售类型为"普通销售"，客户名称为"南方船运"；继而填写表体信息，在表体的前两行分别选择存货编码"10101 全自动燕尾底锁"和"10102 半自动燕尾底锁"，输入数量、报价等相关内容。

03 单击【保存】按钮，之后单击【审核】按钮，对"销售订单"进行审核，结果如图10-25所示，最后单击【退出】按钮。

图10-25 销售订单

(2) 在销售管理系统中填制并审核发货单。

[01] 在销售管理系统中，执行"销售发货"|"发货单"命令，进入"发货单"窗口。

[02] 在"发货单"界面，单击【增加】按钮，系统弹出"查询条件选择——参照订单"窗口，单击【确定】按钮，进入"参照生单"窗口，选择需要参照的销售订单，单击【OK确定】按钮，将销售订单相关信息带入发货单。

[03] 注意发货日期，选择表体中的"仓库名称"为"产成品库"。

[04] 单击【保存】按钮，单击【审核】按钮，结果如图10-26所示，关闭"销售发货单"窗口。

图10-26　销售发货单

(3) 在库存管理系统中审核销售出库单。

[01] 在库存管理系统中，执行"出库业务"|"销售出库单"命令，进入"销售出库单"窗口。

[02] 在"销售出库单"界面，单击 【末张】按钮，寻找参照发货单已自动生成的出库单。

[03] 单击【审核】按钮，系统弹出"该单据审核成功"的提示框，单击【确定】按钮，结果如图10-27所示，关闭"销售出库单"窗口。

图10-27　销售出库单

(4) 在销售管理系统中填制并现结销售发票。

[01] 在销售管理系统中，执行"销售开票"|"销售专用发票"命令进入"销售专用发票"窗口。

[02] 在"专用发票"界面，单击【增加】按钮，系统弹出"查询条件选择——发票参照发货单"对话框，单击【确定】按钮，进入"参照生单"窗口，选择需要参照的发货单，单击【OK确定】按钮，将发货单相关信息带入销售专用发票。

[03] 补充输入发票号等信息，单击【保存】按钮，结果如图10-28所示。

图10-28　销售专用发票

04 在"专用发票"界面,单击【现结】按钮,打开"现结"对话框。选择结算方式为"转账支票",输入原币金额、票据号等信息,如图10-29所示。

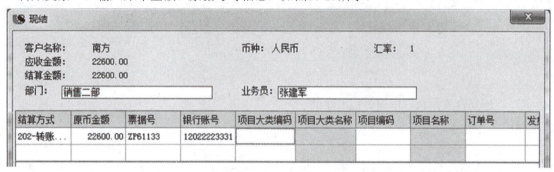

图10-29　销售现结

05 单击【确定】按钮返回,销售发票左上角显示"现结"标志。

06 单击【复核】按钮,对销售专用发票进行复核,结果如图10-30所示。

图10-30　已复核的销售专用发票

注:① "现结"按钮在销售发票保存后才显示;

② 现结处理需要在销售发票复核前进行;

③ 开具销售专用发票现结时,需要输入客户的银行账号,否则只能对普通发票进行现结处理。

(5) 在应收款管理系统中审核销售专用发票并生成应收凭证。

01 在“财务会计——应收款管理系统”中，选择“应收单据处理、应收单据审核”命令，打开“应收单查询条件”对话框。

02 勾选“包含已现结发票”复选框，单击【确定】按钮，进入“应收单据列表”窗口。

03 选择要审核的销售专用发票，单击【审核】按钮，系统弹出审核成功的相关提示信息，单击【确定】按钮返回。

04 在应收款管理系统中，执行“制单处理”命令，打开“制单查询”对话框，选择“现结制单”，单击【确定】按钮，进入“销售发票制单”窗口，单击【全选】按钮或在“选择标志”栏输入某数字作为选择标志。

05 单击【制单】按钮，进入“填制凭证”窗口，确认凭证类别及其他相关信息，之后单击【保存】按钮，凭证左上角出现“已生成”标志，表示凭证已传递到总账，如图10-31所示。

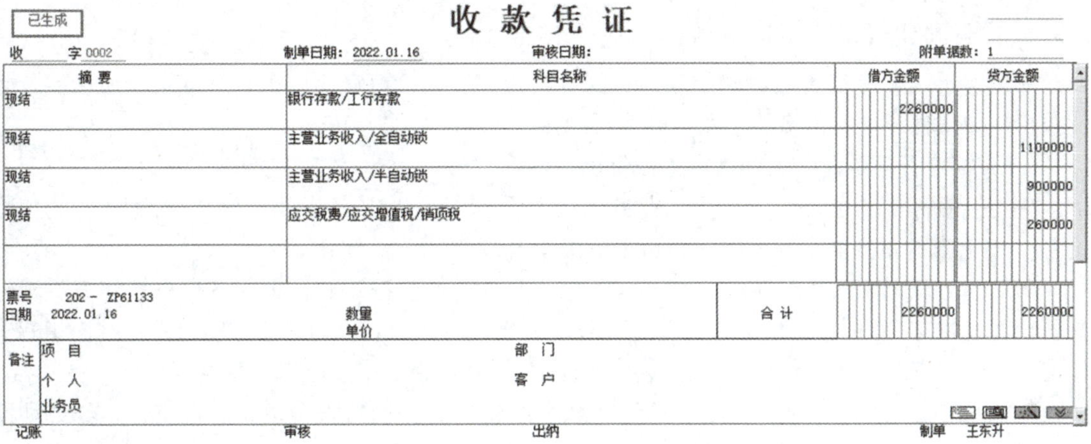
已生成

收 款 凭 证

收 字 0002　　制单日期：2022.01.16　　审核日期：　　附单据数：1

摘要	科目名称	借方金额	贷方金额
现结	银行存款/工行存款	2260000	
现结	主营业务收入/全自动锁		1100000
现结	主营业务收入/半自动锁		900000
现结	应交税费/应交增值税/销项税		260000
票号 202 - ZP61133 日期 2022.01.16	数量 单价 合计	2260000	2260000

备注　项目　　部门
个人　　客户
业务员

记账　审核　出纳　制单 王东升

图10-31　应收凭证

(6) 在存货核算管理系统中确认销售成本。

01 在存货核算系统中，执行“业务核算”|“正常单据记账”命令，打开“查询条件选择”对话框，选择仓库名称为“产成品库”，单击【确定】按钮，进入“未记账单据一览表”窗口，选择相应的列表信息。

02 单击【记账】按钮，系统弹出“记账成功”提示框，单击【确定】按钮，此时记账完成的单据不再显示。完成销售专用发票记账，关闭当前窗口。

03 在存货核算系统中，依次执行“财务核算”|“生成凭证”命令，进入“生成凭证”窗口。单击【选择】按钮，系统弹出“查询条件”对话框，选中“(26)销售专用发票”复选框。

04 单击【确定】按钮，进入“未生成凭证单据一览表”窗口，选中已记账的销售发票列表或【全选】按钮，单击【确定】按钮，进入“生成凭证”窗口。

05 单击【生成】按钮，进入填制凭证窗口，注意修改凭证类别为转账凭证。单击工具栏的【保存】按钮，凭证左上角出现“已生成”标志，关闭并退出窗口，如图10-32所示。

注：① 单据记账且未生成凭证前，可以执行“存货核算系统”|“业务核算”|“恢复记账”命令，恢复到记账前状态；

② 本业务发票金额与客户的支付金额完全一致，故不存在应收账款。

图10-32　销售成本凭证

3. 含有商业折扣的销售业务

业务解析：本笔销售业务属于签订合同时，合同约定价格在原有报价基础上有所调整，致使报价单和销售订单的价格不一致，商业折扣需要在订单中显示出来。

(1) 在销售管理系统中填制并审核报价单。

01 在销售管理系统中，执行"业务工作"页签中的"供应链"|"销售管理"|"销售报价"|"销售报价单"命令，进入"销售报价单"窗口。

02 在"销售报价单"界面，单击工具栏上的【增加】按钮，根据业务信息填写表头，输入日期"2022年1月17日"，销售类型为"普通销售"，客户名称为"北方船运"；继而填写表体信息，选择存货编码"10103 集装箱中间扭锁"，输入数量、报价等相关内容。

03 单击【保存】按钮，之后单击【审核】按钮，对"销售报价单"进行审核，结果如图10-33所示，最后单击【退出】按钮。

图10-33　销售报价单

(2) 在销售管理系统中填制并审核销售订单。

01 在销售管理系统中，执行"销售订货"|"销售订单"命令，进入"销售订单"窗口。

02 在"销售订单"界面，执行"增加|生单"命令，在【生单】按钮旁的下三角按钮中选择"报价"，打开"查询条件选择"对话框，单击【确定】按钮，出现"参照生单"窗口，依次选择要拷贝的报价单，单击【OK确定】按钮，将销售报价单的相关信息带入销售订单。

03 在表体"扣率(%)"处输入商业折扣率95，将发现"无税单价"金额变成"报价"金额的95%，如图10-34所示。

04 单击【保存】按钮，之后单击【审核】按钮，最后关闭"销售订单"窗口。

注：① 商业折扣只需要在销售订单中处理即可；
② 商业折扣业务中，扣率(%)一栏中只需要输入具体折扣率；
③ 商品折上折的业务只需要在"扣率2(%)"一栏继续输入折扣率即可。

图10-34　销售订单

(3) 在销售管理系统中填制并审核发货单。

01 在销售管理系统中，执行"销售发货"|"发货单"命令，进入"发货单"窗口。

02 在"发货单"界面，单击【增加】按钮，系统弹出"查询条件选择——参照订单"窗口，单击【确定】按钮，进入"参照生单"窗口，选择需要参照的销售订单，单击【OK确定】按钮，将销售订单相关信息带入发货单。

03 注意发货日期，选择表体中的"仓库名称"为"产成品库"。

04 单击【保存】按钮，单击【审核】按钮，结果如图10-35所示，关闭"发货单"窗口。

图10-35　发货单

(4) 在库存管理系统中审核销售出库单。

01 在库存管理系统中，执行"出库业务"|"销售出库单"命令，进入"销售出库单"窗口。

02 在"销售出库单"界面，单击➡【末张】按钮，寻找参照发货单已自动生成的出库单。

03 单击【审核】按钮，系统弹出"该单据审核成功"的提示框，单击【确定】按钮，结果如图10-36所示，关闭"销售出库单"窗口。

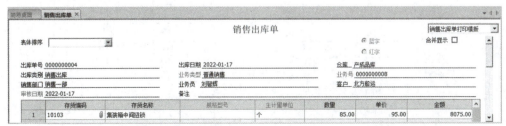

图10-36　销售出库单

(5) 在销售管理系统中填制并复核销售发票。

01 在销售管理系统中，执行"销售开票"|"销售专用发票"命令，进入"销售专用发票"窗口。

02 在"专用发票"界面，单击【增加】按钮，系统弹出"查询条件选择——发票参照发货单"对话框，单击【确定】按钮，进入"参照生单"窗口，选择需要参照的发货单，单击【OK确定】按钮，将发货单相关信息带入销售专用发票。

03 补充输入发票号等信息，单击【保存】按钮。

04 单击【复核】按钮，对销售专用发票进行复核，结果如图10-37所示。

注：开具的销售发票金额是折扣后的金额，且按折扣后的金额计算增值税。

图10-37　销售专用发票

(6) 在应收款管理系统中审核销售专用发票并生成应收凭证。

01 在"财务会计——应收款管理系统"中，选择"应收单据处理"|"应收单据审核"，打开"应收单查询条件"对话框。

02 打开"应收单查询条件"对话框，单击【确定】按钮，进入"应收单据列表"窗口。

03 选择要审核的销售专用发票，单击【审核】按钮，系统弹出审核成功的相关提示信息，单击【确定】按钮返回。

04 在应收款管理系统中，执行"制单处理"命令，打开"制单查询"对话框，选择"发票制单"，单击【确定】按钮，进入"销售发票制单"窗口，单击【全选】按钮或在"选择标志"栏输入某数字作为选择标志。

05 单击【制单】按钮，进入"填制凭证"窗口，确认凭证类别及其他相关信息，然后单击【保存】按钮，凭证左上角出现"已生成"标志，表示凭证已传递到总账，如图10-38所示。

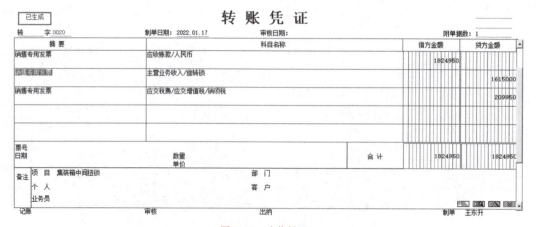

图10-38　应收凭证

(7) 在存货核算管理系统中确认销售成本。

[01] 在存货核算系统中，执行"业务核算"|"正常单据记账"命令，打开"查询条件选择"对话框，选择仓库名称为"产成品库"，单击【确定】按钮，进入"未记账单据一览表"窗口，选择相应的列表信息。

[02] 单击【记账】按钮，系统弹出"记账成功"提示框，单击【确定】按钮，此时记账完成的单据不再显示。完成销售专用发票记账，关闭当前窗口。

[03] 在存货核算系统中，执行"财务核算"|"生成凭证"命令，进入"生成凭证"窗口；单击【选择】按钮，系统弹出"查询条件"对话框，选中"(26)销售专用发票"复选框。

[04] 单击【确定】按钮，进入"未生成凭证单据一览表"窗口，选中已记账的销售发票列表或【全选】按钮，单击【确定】按钮，进入"生成凭证"窗口。

[05] 单击【生成】按钮，进入填制凭证窗口，注意修改凭证类别为转账凭证。单击工具栏的【保存】按钮，凭证左上角出现"已生成"标志，如图10-39所示，关闭并退出窗口。

图10-39　销售成本凭证

4. 含有代垫运费的销售业务

业务解析：本笔业务属于先发货后开票并含有代垫运费的销售业务，需要注意代垫运费发生和收回时的业务处理。

(1) 在销售管理系统中填制并审核报价单。

[01] 在销售管理系统中，执行"业务工作"页签中的"供应链"|"销售管理"|"销售报价"|"销售报价单"，进入"销售报价单"窗口。

[02] 在"销售报价单"界面，单击工具栏上的【增加】按钮，根据业务信息填写表头，输入日期"2022年1月17日"，销售类型为"普通销售"，客户名称为"广州船运"；继而填写表体信息，选择存货编码"10301 绑扎眼板"，输入数量、报价等相关内容。

[03] 单击【保存】按钮，然后单击【审核】按钮，对"销售报价单"进行审核，结果如图10-40所示，最后单击【退出】按钮。

图10-40 销售报价单

(2) 在销售管理系统中填制并审核销售订单。

① 在销售管理系统中，依次执行"销售订货"|"销售订单"命令，进入"销售订单"窗口。

② 在"销售订单"界面，执行"增加"|"生单"命令，在【生单】按钮旁的下三角按钮中选择"报价"，打开"查询条件选择"对话框，单击【确定】按钮，出现"参照生单"窗口，依次选择要拷贝的报价单，单击【OK确定】按钮，将销售报价单的相关信息带入销售订单。

③ 单击【保存】按钮，然后单击【审核】按钮，结果如图10-41所示，最后关闭"销售订单"窗口。

图10-41 销售订单

(3) 在销售管理系统中填制并审核发货单。

① 在销售管理系统中，执行"销售发货"|"发货单"命令，进入"发货单"窗口。

② 在"发货单"界面，单击【增加】按钮，系统弹出"查询条件选择——参照订单"窗口，单击【确定】按钮，进入"参照生单"窗口，选择需要参照的销售订单，单击【OK确定】按钮，将销售订单相关信息带入发货单。

③ 注意发货日期，选择表体中的"仓库名称"为"产成品库"。

④ 单击【保存】按钮，单击【审核】按钮，结果如图10-42所示，关闭"发货单"窗口。

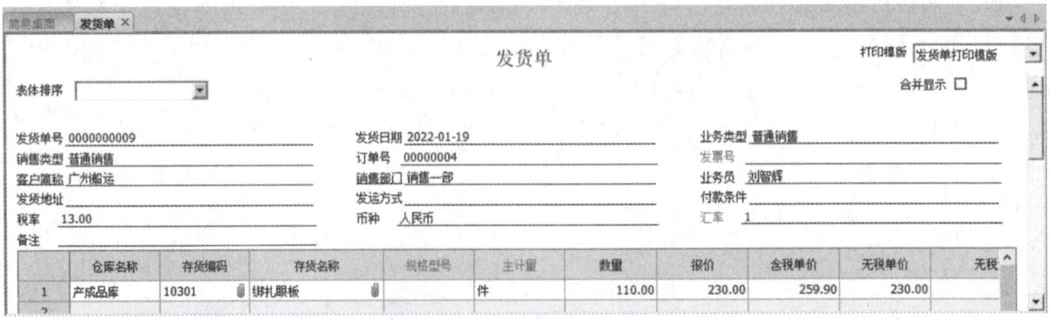

图10-42 发货单

(4) 在库存管理系统中审核销售出库单。

01 在库存管理系统中，执行"出库业务|销售出库单"命令，进入"销售出库单"窗口。

02 在"销售出库单"界面，单击 →| 【末张】按钮，寻找参照发货单已自动生成的出库单。

03 单击【审核】按钮，系统弹出"该单据审核成功"的提示框，单击【确定】按钮，结果如图10-43所示，关闭"销售出库单"窗口。

图10-43　销售出库单

(5) 在销售管理系统中填制并复核销售发票。

01 在销售管理系统中，执行"销售开票"|"销售专用发票"命令，进入"销售专用发票"窗口。

02 在"专用发票"界面，单击【增加】按钮，系统弹出"查询条件选择——发票参照发货单"对话框，单击【确定】按钮，进入"参照生单"窗口，选择需要参照的发货单，单击【OK确定】按钮，将发货单相关信息带入销售专用发票。

03 补充输入发票号等信息，单击【保存】按钮。

04 单击【复核】按钮，对销售专用发票进行复核，如图10-44所示。

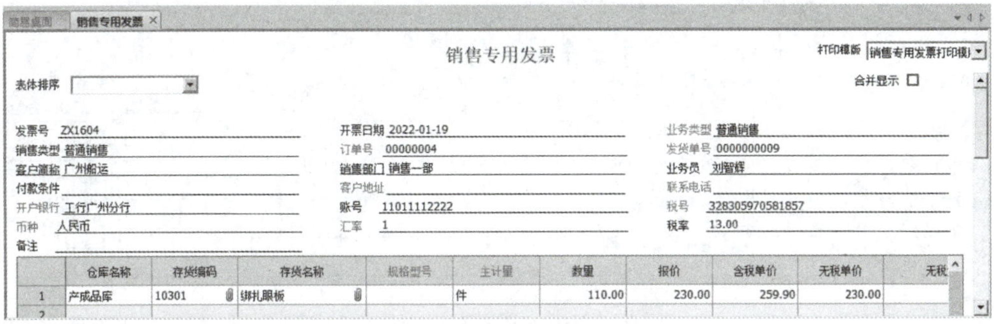

图10-44　销售专用发票

05 单击【代垫】按钮，打开"代垫费用单"窗口，表头信息已自动带出。

06 在表体中选择"费用项目"和填写代垫金额。

07 单击【保存】按钮，之后单击【审核】按钮对代垫费用单进行审核，如图10-45所示。

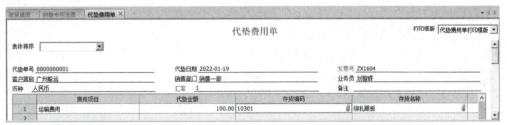

图10-45　代垫费用单

注：① 代垫费用可以在销售专用发票保存后的界面直接单击【代垫】按钮，或者在销售管理系统中执行“代垫费用”|“代垫费用单”命令，打开“代垫费用单”窗口；

② 若通过“代垫费用”|“代垫费用单”命令，打开“代垫费用单”窗口，代垫费用单的表头信息需要自行填写。

(6) 在应收款管理系统中审核销售专用发票和代垫费用并生成应收凭证。

01 在“财务会计——应收款管理系统”中，选择“应收单据处理”|“应收单据审核”，打开“应收单查询条件”对话框。

02 单击【确定】按钮，进入“应收单据列表”窗口。

03 选择要审核的销售专用发票和代垫费用形成的“其他应收单”，单击【审核】按钮，系统弹出审核成功的相关提示信息，单击【确定】按钮返回，结果如图10-46所示。

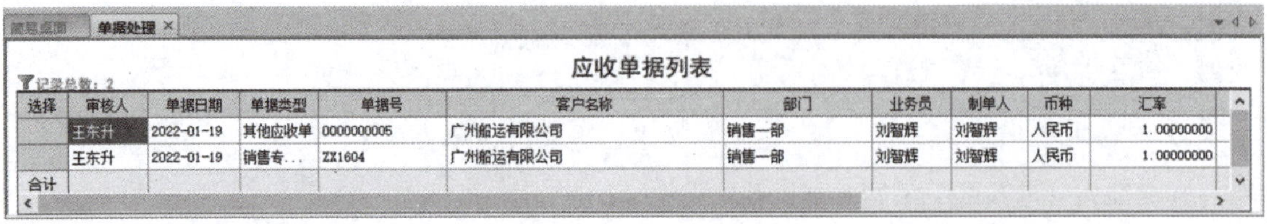
简易桌面 单据处理

应收单据列表

记录总数：2

选择	审核人	单据日期	单据类型	单据号	客户名称	部门	业务员	制单人	币种	汇率
	王东升	2022-01-19	其他应收单	0000000005	广州船运有限公司	销售一部	刘智辉	刘智辉	人民币	1.00000000
	王东升	2022-01-19	销售专...	ZX1604	广州船运有限公司	销售一部	刘智辉	刘智辉	人民币	1.00000000
合计										

图10-46 审核发票和其他应收单

04 在应收款管理系统中，执行“制单处理”命令，打开“制单查询”对话框，选择“发票制单”，单击【确定】按钮，进入“销售发票制单”窗口，单击【全选】按钮或在“选择标志”栏输入某数字作为选择标志。

05 单击【制单】按钮，进入“填制凭证”窗口，既可以生成2张凭证，也可以合并生成1张凭证。确认凭证类别及其他相关信息，然后单击【保存】按钮，凭证左上角出现“已生成”标志，表示凭证已传递到总账，如图10-47所示。

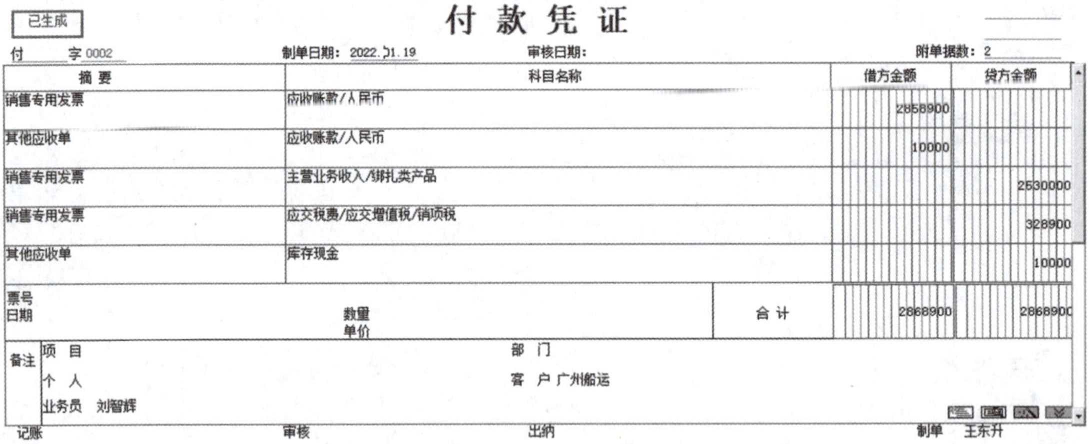
已生成

付款凭证

付 字 0002　制单日期：2022.01.19　审核日期：　附单据数：2

摘要	科目名称	借方金额	贷方金额
销售专用发票	应收账款/人民币	2858900	
其他应收单	应收账款/人民币	10000	
销售专用发票	主营业务收入/绑扎类产品		2530000
销售专用发票	应交税费/应交增值税/销项税		328900
其他应收单	库存现金		10000
票号 日期	数量 单价 合计	2868900	2868900

备注　项目　部门

个人　客户 广州船运

业务员 刘智辉

记账　审核　出纳　制单 王东升

图10-47 销售应收凭证

(7) 在存货核算管理系统中确认销售成本。

01 在存货核算系统中，执行“业务核算”|“正常单据记账”命令，打开“查询条件选择”对话框，选择仓库名称为“产成品库”，单击【确定】按钮，进入“未记账单据一览表”窗口，选择相应的列表信息。

02 单击【记账】按钮,系统弹出"记账成功"提示框,单击【确定】按钮,此时记账完成的单据不再显示。完成销售专用发票记账,关闭当前窗口。

03 在存货核算系统中,依次执行"财务核算"|"生成凭证"命令,进入"生成凭证"窗口。单击【选择】按钮,系统弹出"查询条件"对话框,选中"(26)销售专用发票"复选框。

04 单击【确定】按钮,进入"未生成凭证单据一览表"窗口,选中已记账的销售发票列表或【全选】按钮,单击【确定】按钮,进入"生成凭证"窗口。

05 单击【生成】按钮,进入填制凭证窗口,注意修改凭证类别为转账凭证。单击工具栏的【保存】按钮,凭证左上角出现"已生成"标志,如图10-48所示,关闭并退出窗口。

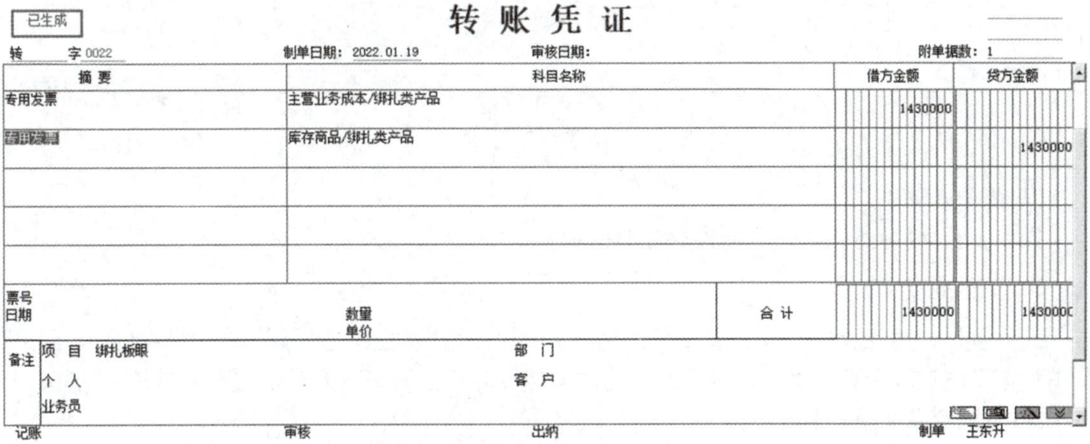

图10-48　销售成本

(8) 在应收款管理系统中填制收款单并生成收款凭证。

01 在应收款管理系统中,执行选择"收款单据处理"|"收款单据录入",进入"收款单录入"窗口。

02 单击【增加】按钮,填写供应商、结算方式、结算科目、金额等表头信息,继而单击表体的第一行信息,则表头信息将会调用到表体中;单击【保存】按钮,结果如图10-49所示。

03 在已保存的"收款单录入"窗口,单击菜单栏的【审核】按钮,系统弹出"是否立即制单?"的提示信息,单击【是】按钮,进入"填制凭证"窗口。

图10-49　收款单

04 确认凭证类别及其他相关信息,然后单击【保存】按钮,凭证左上角出现"已生成"标志,表示凭证已传递到总账,如图10-50所示。

299

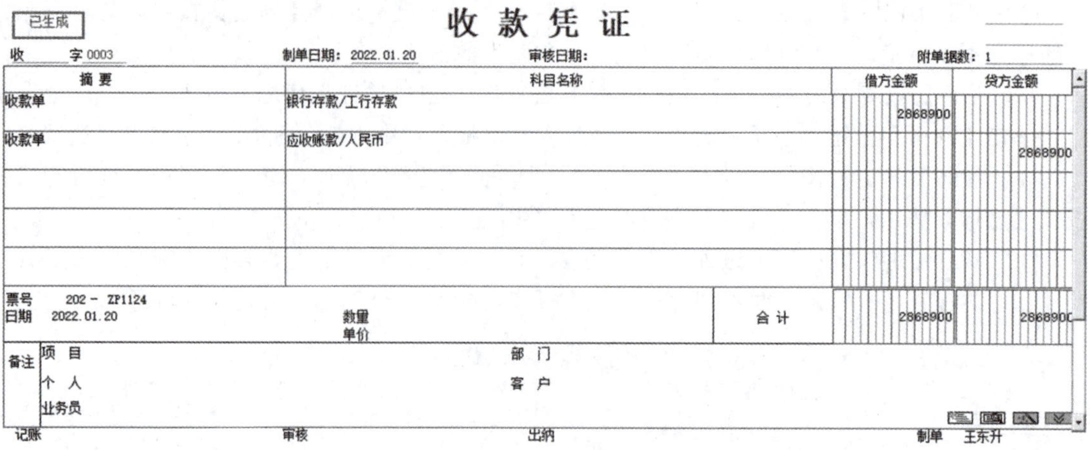

图10-50 收款凭证

(9) 核销并制单。

操作步骤略(可参考第一笔销售业务的核销制单)。

5. 直运业务

业务解析：直运业务一般涉及三家企业，本公司作为中间人，货物直接由供货单位发运给购货单位，不经过本企业仓库的销售业务。需注意结算时，由购销双方分别与本企业进行结算。

(1) 增加存货相关信息。

在企业应用平台"基础设置"选项卡中，执行"基础档案"|"财务"|"会计科目"命令，增加"600106主营业务收入——智能锁"和"640106主营业务成本——智能锁"科目，同时执行"基础档案"|"存货"|"存货档案"命令，增加存货信息。存货属性具有"内销、外购"属性，如图10-51所示。

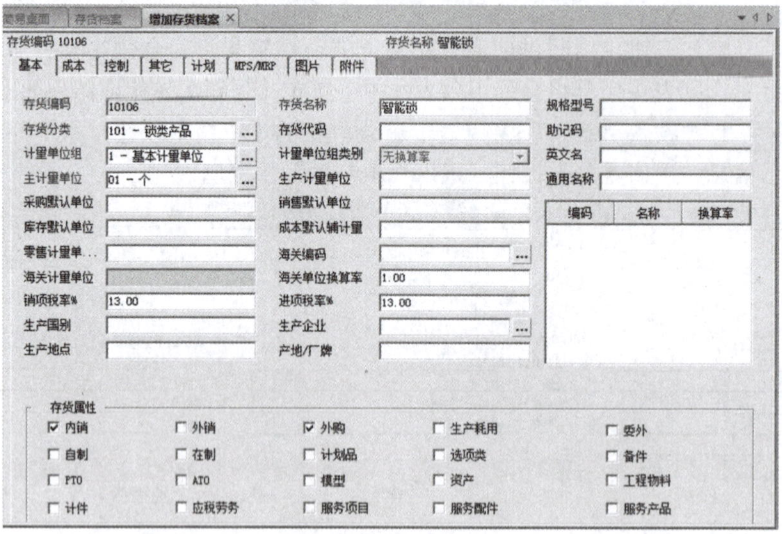

图10-51 智能锁存货信息

(2) 在销售管理系统中填制并审核销售订单。

01 在销售管理系统中，执行"业务工作"页签中的"供应链"|"销售管理"|"销售订货"|"销售订单"命令，进入"销售订单"窗口。

02 在"销售订单"界面，单击工具栏上的【增加】按钮，根据业务信息填写表头，输入日期"2022年1月20日"，业务类型为"直运销售"，客户名称为"东方锚链"；继而填写表体信息，选择存货，输入数量、报价等相关内容。

03 单击【保存】按钮，之后单击【审核】按钮，对"销售订单"进行审核，结果如图10-52所示，最后单击【退出】按钮。

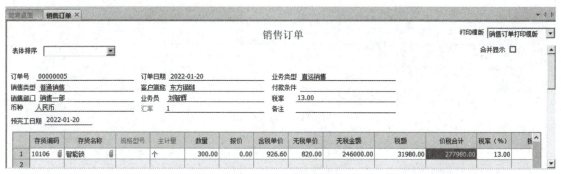

图10-52　直运销售订单

注：① 订单的业务类型是直运销售；
　　② 直运业务先有销售订单，再有采购订单。

(3) 在采购管理系统中填制并审核采购订单。

01 在采购管理系统中，执行"采购订货"|"采购订单"命令，进入"采购订单"窗口。

02 在"采购订单"界面，单击【增加】按钮，选择业务类型"直运采购"，单击【生单】按钮，选择"销售订单"，系统弹出"查询条件选择——销售订单列表过滤"对话框，单击【确定】按钮，将销售订单相关信息带入采购订单。

03 注意修改和补充表头内容，修改表体采购单价。

04 单击【保存】按钮，单击【审核】按钮，结果如图10-53所示，关闭"采购订单"窗口。

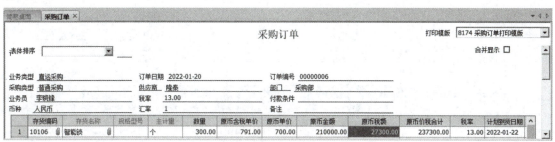

图10-53　直运采购订单

(4) 在采购管理系统中填制采购发票。

01 在采购管理系统中，执行"采购发票"|"专用采购发票"命令进入"专用发票"窗口。

02 在"专用发票"界面，单击【增加】按钮，选择业务类型"直运采购"，继而单击【生单】按钮旁的下三角按钮，打开可选列表，选择"采购订单"，打开"查询条件选择"对话框。

03 单击【确定】按钮，进入"拷贝并执行"窗口，选择需要参照的采购订单，单击【OK确定】按钮，将采购订单相关信息带入采购专用发票。

04 补充输入发票号等信息，单击【保存】按钮，结果如图10-54所示，关闭"专用发票"窗口。

图10-54　直运采购发票

(5) 在销售管理系统中填制并复核销售发票。

01 在销售管理系统中，执行"销售开票"|"销售专用发票"命令，进入"销售专用发票"窗口。

02 在"专用发票"界面，单击【增加】按钮，系统弹出"查询条件选择——发票参照发货单"对话框，单击【取消】按钮，返回"专用发票"界面。

03 选择业务类型"直运销售"，单击【生单】按钮旁的下三角"订单"，进入"参照生单"窗口，默认其"业务类型"为"直运销售"，单击【确定】按钮，将销售订单相关信息带入销售专用发票。

04 补充输入发票号等信息，单击【保存】按钮。

05 单击【复核】按钮，对销售专用发票进行复核，结果如图10-55所示。

图10-55　直运销售发票

(6) 在应收款管理系统中审核销售专用发票并生成应收凭证。

01 在"财务会计——应收款管理系统"中，选择"应收单据处理"|"应收单据审核"，打开"应收单查询条件"对话框，单击【确定】按钮，进入"应收单据列表"窗口。

02 选择要审核的销售专用发票，单击【审核】按钮，系统弹出审核成功的相关提示信息，单击【确定】按钮返回。

03 在应收款管理系统中，执行"制单处理"命令，打开"制单查询"对话框，选择"发票制单"，单击【确定】按钮，进入"销售发票制单"窗口，单击【全选】按钮或在"选择标志"栏输入某数字作为选择标志。

04 单击【制单】按钮,进入"填制凭证"窗口,确认凭证类别及其他相关信息,然后单击【保存】按钮,凭证左上角出现"已生成"标志,表示凭证已传递到总账,如图10-56所示。

转 账 凭 证			
已生成			
转 字 0024	制单日期:2022.01.22 审核日期:		附单据数:1
摘要	科目名称	借方金额	贷方金额
销售专用发票	应收账款/人民币	27798000	
销售专用发票	主营业务收入/智能锁		24600000
销售专用发票	应交税费/应交增值税/销项税		3198000
	合计	27798000	27798000
票号 日期	数量 单价		
备注	项目 个人 业务员	部门 客户	
记账	审核	出纳	制单 王东升

图10-56 应收凭证

(7) 在应付款管理系统中审核采购专用发票并生成应付凭证。

01 在"财务会计——应付款管理系统"中,选择"应付单据处理"|"应付单据审核",打开"应付单查询条件"对话框,单击【确定】按钮,进入"单据处理"窗口。

02 选择要审核的采购专用发票,单击【审核】按钮,系统弹出审核成功的相关提示信息,单击【确定】按钮返回。单击"制单处理",勾选发票制单,单击"全选"按钮,然后单击"制单"生成记账凭证,如图10-57所示。

转 账 凭 证			
转 字 0025	制单日期:2022.01.22 审核日期:		附单据数:1
摘要	科目名称	借方金额	贷方金额
采购专用发票	材料采购	21000000	
采购专用发票	应交税费/应交增值税/进项税	2730000	
采购专用发票	应付账款/应付往来账款		23730000
	合计	23730000	23730000
票号 日期	数量 单价		
备注	项目 个人 业务员	部门 客户	
记账	审核	出纳	制单 王东升

图10-57 直运采购应付确认记账凭证

(8) 在存货核算管理系统中确认销售成本。

01 在存货核算系统中,执行"业务核算"|"直运销售记账"命令,打开"查询条件选择"对话框,单据类型选择"采购发票和销售发票",取消"出口发票",单击【确定】按钮,进入"未记账单据一览表"窗口,选择相应的发票记账列表信息,如图10-58所示。

简易桌面 | 未记账单据一览表

直运销售记账

记录总数：2

选择	日期	单据号	存货编码	存货名称	规格型号	收发类别	单据类型	数量	单价	金额	存
Y	2022-01-22	ZC1501	10106	智能锁		采购入库	采购发票	300.00	700.00	210,000.00	
Y	2022-01-22	ZX1605	10106	智能锁		销售出库	专用发票	300.00			
小计								600.00		210,000.00	

图10-58　直运销售记账

02 单击【记账】按钮，系统弹出“记账成功”提示框，单击【确定】按钮，此时记账完成的单据不再显示。完成采购专用发票和销售专用发票记账，关闭当前窗口。

03 在存货核算系统中，依次执行“财务核算”|“生成凭证”命令，进入“生成凭证”窗口。单击【选择】按钮，系统弹出“查询条件”对话框，选中“(26)直运销售发票”复选框。

04 单击【确定】按钮，进入“未生成凭证单据一览表”窗口，选中已记账的销售发票列表或【全选】按钮，单击【确定】按钮，进入“生成凭证”窗口。

05 单击【生成】按钮，进入填制凭证窗口，注意修改凭证类别为转账凭证。单击工具栏的【保存】按钮，凭证左上角出现“已生成”标志，如图10-59所示，关闭并退出窗口。

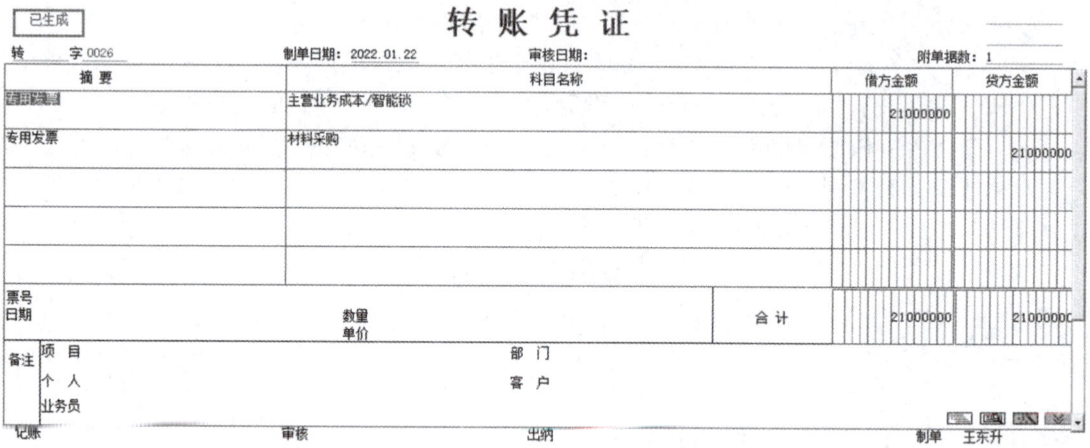

图10-59　销售成本结转记账凭证

注：若直运销售发票已制单，则在确认直运采购成本时，不需要生成凭证。

6. 开票直接发货业务

业务解析：在用友U8供应链管理系统的普通销售业务中，存在两种不同处理流程的业务模式，即先发货后开票模式和开票直接发货模式。本笔业务属于开票直接发货业务，需要注意专用发票和发货单的关系。

(1) 在销售管理系统中填制并审核报价单。

01 在销售管理系统中，执行“业务工作”页签中的“供应链”|“销售管理”|“销售报价”|“销售报价单”命令，进入“销售报价单”窗口。

02 在“销售报价单”界面，单击工具栏上的【增加】按钮，根据业务信息填写表头，输入日期“2022年1月22日”，销售类型为“普通销售”，客户名称为“大连船运”；继而填写表体信息，选择存货编码“10201 中锁全自动锥”，输入数量、报价等相关内容。

03 单击【保存】按钮，然后单击【审核】按钮，对"销售报价单"进行审核，结果如图10-60所示，最后单击【退出】按钮。

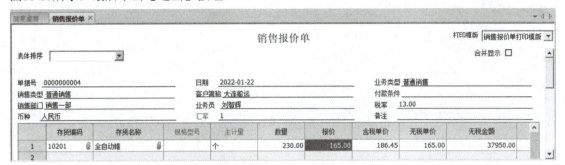

图10-60 销售报价单

(2) 在销售管理系统中填制并审核销售订单。

01 在销售管理系统中，依次执行"销售订货"|"销售订单"命令，进入"销售订单"窗口。

02 在"销售订单"界面，执行"增加|生单"命令，在【生单】按钮旁的下三角按钮中选择"报价"，打开"查询条件选择"对话框，单击【确定】按钮，出现"参照生单"窗口，依次选择要拷贝的报价单，单击【OK确定】按钮，将销售报价单的相关信息带入销售订单。

03 单击【保存】按钮，然后单击【审核】按钮，结果如图10-61所示，最后关闭"销售订单"窗口。

图10-61 销售订单

(3) 在销售管理系统中填制并复核销售发票。

01 在销售管理系统中，执行"销售开票"|"销售专用发票"命令，进入"销售专用发票"窗口。

02 在"专用发票"界面，单击【增加】按钮，系统弹出"查询条件选择——发票参照发货单"对话框，单击【取消】按钮，返回"销售专用发票"窗口。

03 在【生单】按钮旁的下三角按钮中选择"销售订单"，参照销售订单生成销售专用发票。

04 补充输入发票号等信息，单击【保存】按钮。

05 单击【复核】按钮，对销售专用发票进行复核，结果如图10-62所示。

注：① 开票直接发货业务中的销售发票参照订单生成；

② 开票直接发货业务中的一般开票行为先于发货行为。

图10-62　销售专用发票

(4) 在销售管理系统中查看根据发票生成且已审核的发货单。

01 在销售管理系统中，执行"销售发货"|"发货单"命令，进入"发货单"窗口。

02 在"发货单"界面，单击【末张】按钮，寻找参照销售发票已自动生成且已完成审核的发货单，结果如图10-63所示，关闭"销售发货单"窗口。

注：开票直接发货业务中的发货单根据已复核的销售发票自动生成且已审核。

图10-63　发货单

(5) 在库存管理系统中审核销售出库单。

01 在库存管理系统中，执行"出库业务"|"销售出库单"命令，进入"销售出库单"窗口。

02 在"销售出库单"界面，单击【末张】按钮，寻找参照销售专用发票已自动生成的出库单。

03 单击【审核】按钮，系统弹出"该单据审核成功"的提示框，单击【确定】按钮，结果如图10-64所示，关闭"销售出库单"窗口。

注：开票直接发货业务中的出库单根据已复核的销售发票自动生成但未审核。

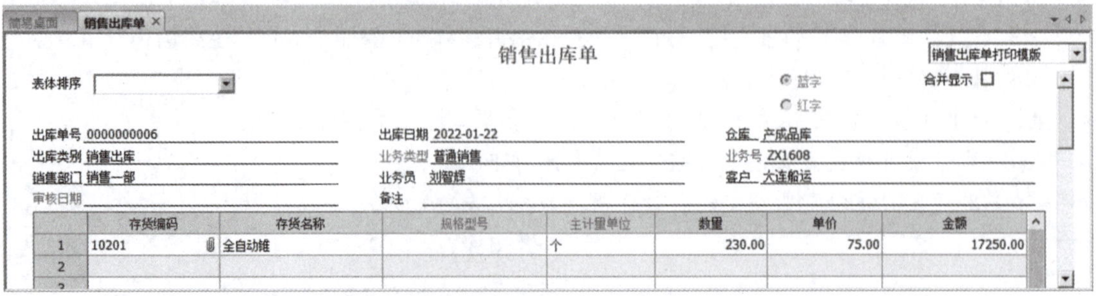

图10-64　销售出库单

(6) 在应收款管理系统中审核销售专用发票并生成应收凭证。

<u>01</u> 在"财务会计——应收款管理系统"中，选择"应收单据处理"|"应收单据审核"，打开"应收单查询条件"对话框，单击【确定】按钮，进入"应收单据列表"窗口。

<u>02</u> 选择要审核的销售专用发票，单击【审核】按钮，系统弹出审核成功的相关提示信息，单击【确定】按钮返回。

<u>03</u> 在应收款管理系统中，执行"制单处理"命令，打开"制单查询"对话框，选择"发票制单"，单击【确定】按钮，进入"销售发票制单"窗口，单击【全选】按钮或在"选择标志"栏输入某数字作为选择标志。

<u>04</u> 单击【制单】按钮，进入"填制凭证"窗口，确认凭证类别及其他相关信息，然后单击【保存】按钮，凭证左上角出现"已生成"标志，表示凭证已传递到总账，如图10-65所示。

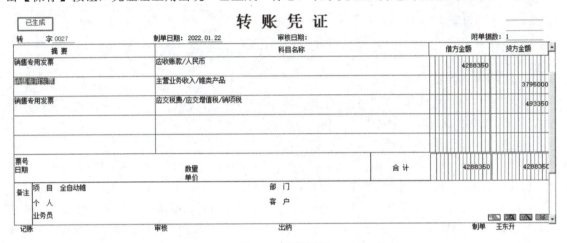

图10-65　应收凭证

(7) 在存货核算管理系统中确认销售成本。

<u>01</u> 在存货核算系统中，执行"业务核算"|"正常单据记账"命令，打开"查询条件选择"对话框，选择仓库名称为"产成品库"，单击【确定】按钮，进入"未记账单据一览表"窗口，选择相应的列表信息。

<u>02</u> 单击【记账】按钮，系统弹出"记账成功"提示框，单击【确定】按钮，此时记账完成的单据不再显示。完成销售专用发票记账，关闭当前窗口。

<u>03</u> 在存货核算系统中，依次执行"财务核算"|"生成凭证"命令，进入"生成凭证"窗口。单击【选择】按钮，系统弹出"查询条件"对话框，选中"(26)销售专用发票"复选框。

<u>04</u> 单击【确定】按钮，进入"未生成凭证单据一览表"窗口，选中已记账的销售发票列表或【全选】按钮，单击【确定】按钮，进入"生成凭证"窗口。

<u>05</u> 单击【生成】按钮，进入填制凭证窗口，注意修改凭证类别为转账凭证。单击工具栏的【保存】按钮，凭证左上角出现"已生成"标志，如图10-66所示，关闭并退出窗口。

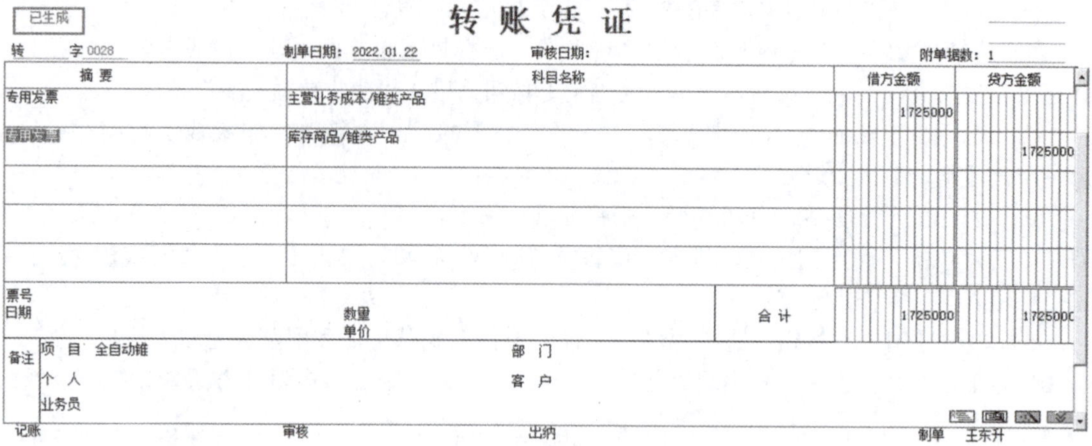

图10-66　销售成本

7. 分期收款发出商品

业务解析：分期收款业务是指货物已经售出，但货款分期收回的一种销售方式。需要注意的是，该笔业务的所有单据的业务类型均为"分期收款"。

(1) 在销售管理系统中填制并审核销售订单。

01 在销售管理系统中，执行"业务工作"页签中的"供应链"|"销售管理"|"销售订货"|"销售订单"命令，进入"销售订单"窗口。

02 在"销售订单"界面，单击工具栏上的【增加】按钮，根据业务信息填写表头，输入日期"2022年1月22日"，业务类型为"分期收款"，客户名称为"大连船运"；继而填写表体信息，选择存货编码，输入数量、报价等相关内容。

03 单击【保存】按钮，然后单击【审核】按钮，对"销售订单"进行审核，结果如图10-67所示，最后单击【退出】按钮。

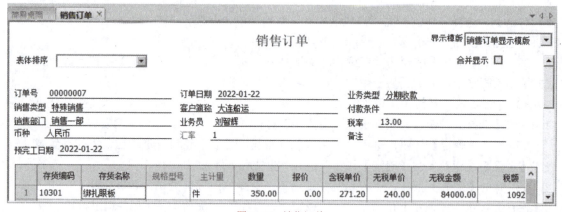

图10-67　销售订单

(2) 在销售管理系统中填制并审核发货单。

01 在销售管理系统中，执行"销售发货"|"发货单"命令，进入"发货单"窗口。

02 在"发货单"界面，单击【增加】按钮，将表头的"业务类型"改为"分期收款"，生单调用销售订单，选择需要参照的销售订单，单击【OK确定】按钮，将销售订单相关信息带入发货单。

03 注意发货日期，选择表体中的"仓库名称"为"产成品库"。

04 单击【保存】按钮，单击【审核】按钮，结果如图10-68所示，关闭"销售发货单"窗口。

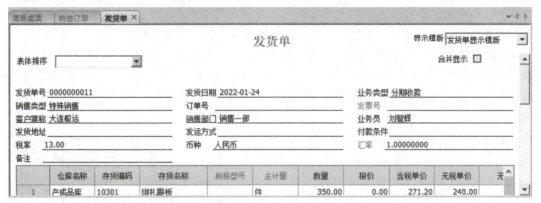

图10-68　发货单

(3) 在库存管理系统中审核销售出库单。

01 在库存管理系统中，执行"出库业务"|"销售出库单"命令，进入"销售出库单"窗口。

02 在"销售出库单"界面，单击【末张】按钮，寻找参照发货单已自动生成的出库单。

03 单击【审核】按钮，系统弹出"该单据审核成功"的提示框，单击【确定】按钮，结果如图10-69所示，关闭"销售出库单"窗口。

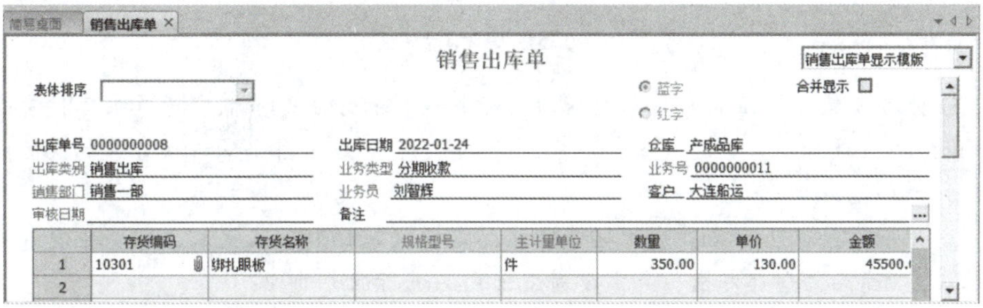

图10-69　销售出库单

(4) 对发出商品进行记账并生成出库凭证。

01 在存货核算系统中，执行"业务核算"|"发出商品记账"命令，打开"查询条件选择"对话框，选择仓库名称为"产成品库"，单击【确定】按钮，进入"未记账单据一览表"窗口，选择相应的列表信息。

02 单击【记账】按钮，系统弹出"记账成功"提示框，单击【确定】按钮，此时记账完成的单据不再显示。完成销售发货单的记账，如图10-70所示，关闭当前窗口。

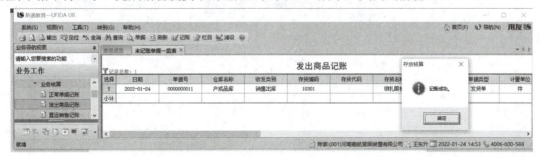

图10-70　发出商品记账

03 在存货核算系统中，执行"财务核算"|"生成凭证"命令，进入"生成凭证"窗口。单击【选择】按钮，系统弹出"查询条件"对话框，选中(05)分期收款发出商品发货单复选框。

04 单击【确定】按钮，进入"未生成凭证单据一览表"窗口，选中已记账的发货单列表或【全选】按钮，单击【确定】按钮，进入"生成凭证"窗口。

05 单击【生成】按钮，进入填制凭证窗口，将借方科目的"科目名称"修改为"1406(发出商品)"，注意修改凭证类别为转账凭证。单击工具栏的【保存】按钮，凭证左上角出现"已生成"标志，如图10-71所示，关闭并退出窗口。

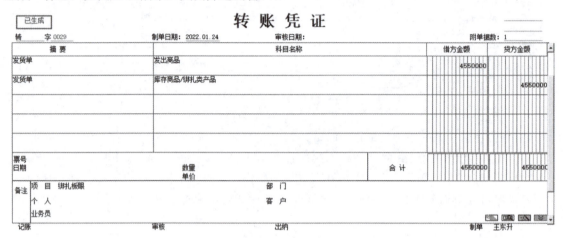

图10-71　发出商品凭证

注：① 分期收款发出商品发货单记账时，核算成本的方法是根据发货单中各存货或仓库、部门的计价方式，计算发货单的成本，其中，计划价(售价)或全月平均计价方式的实际成本，在期末处理时计算；

② 分期收款销售商品，应该按照合同约定的收款日期确认收入，即企业发货时一般不能确定收入，但商品又全部发出，故需要对发出商品进行业务处理；

③ 发出商品记账是对销售发货单进行记账。

(5) 在销售管理系统中填制并复核销售发票。

01 在销售管理系统中，执行"销售开票"|"销售专用发票"命令，进入"销售专用发票"窗口。

02 在"专用发票"界面，单击【增加】按钮，系统弹出"查询条件选择——发票参照发货单"对话框，将"业务类型"修改为"分期收款"，单击【确定】按钮，进入"参照生单"窗口，选择需要参照的发货单，单击【OK确定】按钮，将发货单相关信息带入销售专用发票。

03 补充输入发票号等信息，注意修改发票"数量"为"175"，单击【保存】按钮。

04 单击【复核】按钮，对销售专用发票进行复核，结果如图10-72所示。

图10-72 销售专用发票

注：① 专用发票参照发货单生单时，需要注意修改"业务类型"为"分期收款"；
② 分期收款业务中的销售发票需要注意开票数量。

(6) 在应收款管理系统中审核销售专用发票并生成应收凭证。

01 在"财务会计——应收款管理系统"中，执行"应收单据处理"|"应收单据审核"命令，打开"应收单查询条件"对话框。

02 单击【确定】按钮，进入"应收单据列表"窗口。

03 选择要审核的销售专用发票，单击【审核】按钮，系统弹出审核成功的相关提示信息，单击【确定】按钮返回。

04 在应收款管理系统中，执行"制单处理"命令，打开"制单查询"对话框，选择"发票制单"，单击【确定】按钮，进入"销售发票制单"窗口，单击【全选】按钮或在"选择标志"栏输入某数字作为选择标志。

05 单击【制单】按钮，进入"填制凭证"窗口，确认凭证类别及其他相关信息，然后单击【保存】按钮，凭证左上角出现"已生成"标志，如图10-73所示，表示凭证已传递到总账。

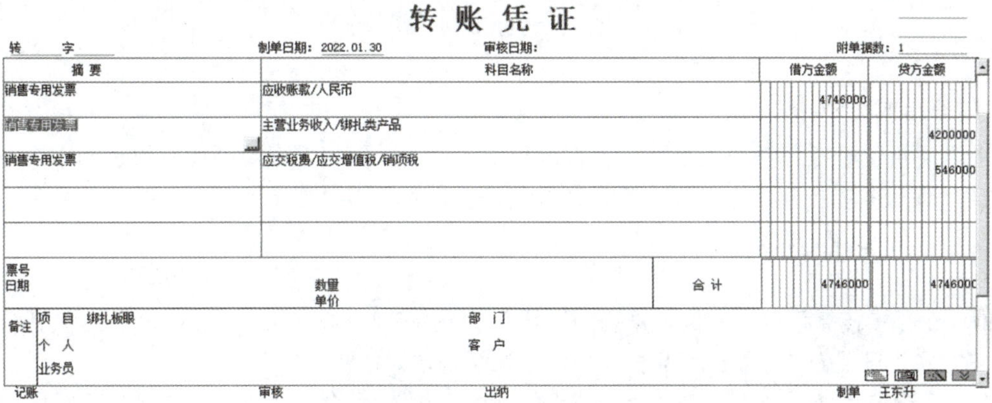

图10-73 应收凭证

(7) 在存货核算管理系统中确认销售成本。

01 在存货核算系统中，执行"业务核算"|"发出商品记账"命令，打开"查询条件选择"对话框，选择仓库名称为"产成品库"，单击【确定】按钮，进入"未记账单据一览表"窗口，选择相应的列表信息。

02 单击【记账】按钮，系统弹出"记账成功"提示框，单击【确定】按钮，此时记账完成的单据不再显示。完成销售专用发票记账，关闭当前窗口。

03 在存货核算系统中，依次执行"财务核算"|"生成凭证"命令，进入"生成凭证"窗口。单击【选择】按钮，系统弹出"查询条件"对话框，选中"(26)分期收款发出商品专用发票"复选框。

04 单击【确定】按钮，进入"未生成凭证单据一览表"窗口，选中已记账的销售发票列表或【全选】按钮，单击【确定】按钮，进入"生成凭证"窗口。

05 单击【生成】按钮，进入填制凭证窗口，将贷方科目的"科目名称"修改为"1406(发出商品)"，注意修改凭证类别为转账凭证。单击工具栏的【保存】按钮，凭证左上角出现"已生成"标志，如图10-74所示，关闭并退出窗口。

注：① 发票记账时，如果发票对应的发货单未记账，则发票不能记账；
② 分期收款发出商品发票记账时，取发票对应的发货单的出库成本单价计算发票的销售成本；
③ 分期收款业务中的销售出库单不能记账。

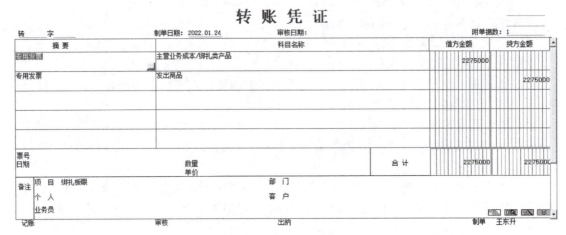

图10-74　销售成本凭证

8. 委托代销业务

业务解析：委托代销业务是指企业将商品委托他人进行销售但商品所有权仍归本企业的销售方式。该业务在收到受托方代销清单时方能确认收入。需要注意的是，委托代销业务只能是先发货后开票的销售模式。

(1) 业务信息设置。

01 在存货核算系统中，执行"初始设置"|"选项"|"选项录入"命令，将"委托代销成本核算方式"设置为"按发出商品核算"，单击【确定】按钮，保存设置。

02 在销售管理系统中，执行"设置"|"销售选项"命令，在"业务控制"选项卡中，选择"有委托代销业务"选项，单击【确定】按钮。

注：委托代销成本核算方式既可以按发出商品核算，也可以按照普通销售进行核算。若使用普通销售进行核算，则在开票后确认销售成本。

(2) 在销售管理系统中填制并审核销售订单。

01 在销售管理系统中，依次双击"业务工作"页签中的"供应链"|"销售管理"|"销售订货"|"销售订单"命令，进入"销售订单"窗口。

02 在"销售订单"界面，单击工具栏上的【增加】按钮，根据业务信息填写表头，输入日期"2022年1月17日"，业务类型为"委托代销"，客户名称为"上海船运"；继而填写表体信息，选择存货编码，输入数量、报价等相关内容。

03 单击【保存】按钮，然后单击【审核】按钮，对"销售订单"进行审核，结果如图10-75所示，最后单击【退出】按钮。

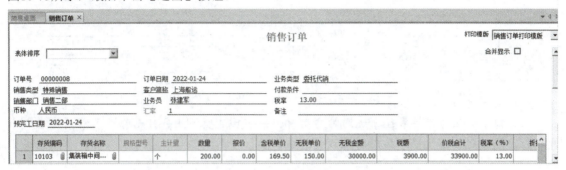

图10-75　销售订单

(3) 在销售管理系统中填制并审核委托代销发货单。

01 在销售管理系统中，执行"委托代销"|"委托代销发货单"命令，进入"委托代销发货单"窗口。

02 在"委托代销发货单"界面，单击【增加】按钮，系统弹出"查询条件选择——参照订单"对话框，生单调用销售订单，选择需要参照的销售订单，单击【OK确定】按钮，将销售订单相关信息带入委托代销发货单。

03 注意发货日期，选择表体中的"仓库名称"为"产成品库"。

04 单击【保存】按钮，单击【审核】按钮，结果如图10-76所示。

注：① 委托代销发货单可以修改、删除、审核、弃审；

② 委托代销发货单可以手工增加，也可以参照订单生成，但必有订单业务模式时不可手工新增，只能参照生单完成；

③ 已审核的未全部结算的委托代销发货单，可参照生成委托代销结算单。

图10-76　委托代销发货单

(4) 在库存管理系统中审核销售出库单。

01 在库存管理系统中，执行"出库业务"|"销售出库单"命令，进入"销售出库单"窗口。

02 在"销售出库单"界面，单击　【末张】按钮，寻找参照发货单已自动生成的出库单。

03 单击【审核】按钮，系统弹出"该单据审核成功"的提示框，单击【确定】按钮，结果如图10-77所示，关闭"销售出库单"窗口。

图10-77 销售出库单

注：销售管理与库存管理系统同时启用时，若销售选项的业务控制勾选了"销售生成出库单"，委托代销发货单审核时将生成销售出库单，否则需要在库存管理系统中参照生成出库单。

(5) 对发出商品进行记账并生成出库凭证。

01 在存货核算系统中，执行"业务核算"|"发出商品记账"命令，打开"查询条件选择"对话框，选择仓库名称为"产成品库"，单击【确定】按钮，进入"未记账单据一览表"窗口，选择相应的列表信息。

02 单击【记账】按钮，系统弹出"记账成功"提示框，单击【确定】按钮，此时记账完成的单据不再显示。完成对委托代销发货单的记账，关闭当前窗口。

03 在存货核算系统中，依次执行"财务核算"|"生成凭证"命令，进入"生成凭证"窗口。单击【选择】按钮，系统弹出"查询条件"对话框，选中"(06)委托代销发出商品发货单"复选框。

04 单击【确定】按钮，进入"未生成凭证单据一览表"窗口，选中已记账的发货单列表或【全选】按钮，单击【确定】按钮，进入"生成凭证"窗口。

05 单击【生成】按钮，进入填制凭证窗口，将借方科目的"科目名称"修改为"1406(发出商品)"，注意修改凭证类别为转账凭证。单击工具栏的【保存】按钮，凭证左上角出现"已生成"标志，如图10-78所示，关闭并退出窗口。

注：委托代销发出商品是对委托代销发货单的记账。

图10-78 发出商品出库凭证

(6) 在销售管理系统中填制并审核委托代销结算单。

01 在销售管理系统中，执行 "委托代销"|"委托代销结算单"命令，进入"委托代销结算单"窗口。

02 在"委托代销结算单"界面，单击【增加】按钮，系统弹出"查询条件选择——委托结算参照发货单"对话框，单击【确定】按钮，进入"参照生单"窗口，选择需要参照的发货单，单击【OK确定】按钮，将委托代销发货单相关信息带入委托代销结算单。

03 编辑并修改委托代销结算单内容，注意修改"数量"为"120"，单击【保存】按钮，结果如图10-79所示。

图10-79　委托代销结算单

04 单击【审核】按钮，对委托代销结算单进行审核。

05 对委托代销结算单进行审核时，系统弹出"请选择发票类型"对话框，如图10-80所示，选择"专用发票"选项，单击【确定】按钮，委托代销结算单填制完成。

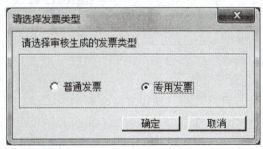

图10-80　发票类型

注：① 注意修改委托代销结算单的数量；
　　② 委托代销结算单审核后，系统自动生成相应的销售发票；
　　③ 委托代销结算单审核后生成的销售发票有专用发票和普通发票两种，可在表头栏目录入发票号。

(7) 在销售管理系统中复核销售发票。

01 在销售管理系统中，执行 "销售开票"|"销售专用发票"命令，进入"销售专用发票"窗口。

02 在"销售专用发票"界面，单击【末张】按钮，寻找根据已审核的委托代销结算单自动生成的专用发票。

03 单击【复核】按钮，对销售专用发票进行复核，结果如图10-81所示。

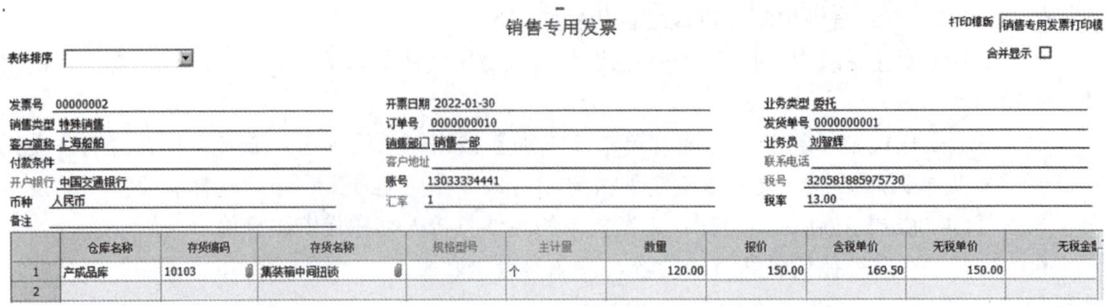

图10-81　销售专用发票

(8) 在应收款管理系统中审核销售专用发票并生成应收凭证。

① 在"财务会计——应收款管理系统"中,执行"应收单据处理|应收单据审核"命令,打开"应收单查询条件"对话框。

② 单击【确定】按钮,进入"应收单据列表"窗口。

③ 选择要审核的销售专用发票,单击【审核】按钮,系统弹出审核成功的相关提示信息,单击【确定】按钮返回。

④ 在应收款管理系统中,执行"制单处理"命令,打开"制单查询"对话框,选择"发票制单",单击【确定】按钮,进入"销售发票制单"窗口,单击【全选】按钮或在"选择标志"栏输入某数字作为选择标志。

⑤ 单击【制单】按钮,进入"填制凭证"窗口,确认凭证类别及其他相关信息,然后单击【保存】按钮,凭证左上角出现"已生成"标志,如图10-82所示,表示凭证已传递到总账。

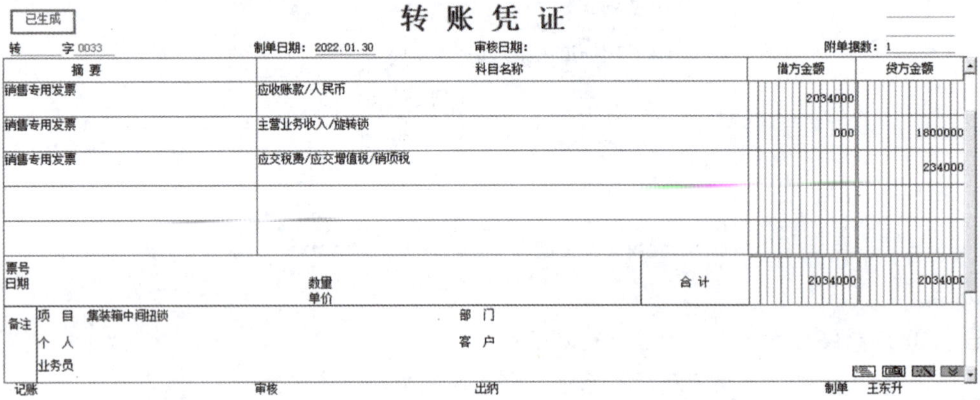

图10-82　委托代销应收凭证

(9) 在存货核算管理系统中确认销售成本。

① 在存货核算系统中,执行"业务核算"|"发出商品记账"命令,打开"查询条件选择"对话框,选择仓库名称为"产成品库",单击【确定】按钮,进入"未记账单据一览表"窗口,选择相应的列表信息。

② 单击【记账】按钮,系统弹出"记账成功"提示框,单击【确定】按钮,此时记账完成的单据不再显示。完成销售专用发票记账,关闭当前窗口。

③ 在存货核算系统中,依次执行"财务核算"|"生成凭证"命令,进入"生成凭证"窗口。单击【选择】按钮,系统弹出"查询条件"对话框,选中"(26)委托代销发出商品专用发票"复选框。

04 单击【确定】按钮,进入"未生成凭证单据一览表"窗口,选中已记账的销售发票列表或【全选】按钮,单击【确定】按钮,进入"生成凭证"窗口。

05 单击【生成】按钮,进入填制凭证窗口,将贷方科目的"科目名称"修改为"1406(发出商品)",注意修改凭证类别为转账凭证。单击工具栏的【保存】按钮,凭证左上角出现"已生成"标志,如图10-83所示,关闭并退出窗口。

图10-83 销售成本

9. 销售退货业务

业务解析:本笔业务属于已经完成全部销售过程的退货业务,需要使用红字单据冲减之前所完成的全部蓝字单据。

(1) 在销售管理系统中填制并审核退货单。

01 在销售管理系统中,执行"业务工作"页签中的"供应链"|"销售管理"|"销售发货"|"退货单"命令,进入"退货单"窗口。

02 在"退货单"界面,单击工具栏上的【增加】按钮,系统弹出"查询条件选择——退货单参照发货单"对话框,可以参照相应业务的发货单直接生成,或者手工填制一张"退货单"。无论采用哪种方法,均要注意修改退货"数量"为"-10",再根据业务完善表头表体信息。

03 单击【保存】按钮,之后单击【审核】按钮,对"退货单"进行审核,结果如图10-84所示,最后单击【退出】按钮。

图10-84 销售退货单

(2) 在库存管理系统中审核红字销售出库单。

[01] 在库存管理系统中，执行"出库业务"|"销售出库单"命令，进入"销售出库单"窗口。

[02] 在"销售出库单"界面，单击 ➡️【末张】按钮，寻找参照发货单已自动生成的出库单。

[03] 单击【审核】按钮，系统弹出"该单据审核成功"的提示框，单击【确定】按钮，结果如图10-85所示，关闭"销售出库单"窗口。

图10-85 红字销售出库单

(3) 在销售管理系统中填制、现结并复核红字专用销售发票。

[01] 在销售管理系统中，执行"销售开票"|"红字专用销售发票"命令，进入"红字专用销售发票"窗口。

[02] 在"红字专用销售发票"界面，单击【增加】按钮，系统弹出"查询条件选择——发票参照发货单"对话框，单击【确定】按钮，进入"参照生单"窗口，选择需要参照的发货单，单击【OK确定】按钮，将发货单相关信息带入红字专用销售发票。

[03] 补充输入发票号等信息，单击【保存】按钮。

[04] 在"专用发票"界面，单击【现结】按钮，打开"现结"对话框。选择结算方式为"转账支票"，输入原币金额，票据号等信息，如图10-86所示。单击【确定】按钮返回，销售发票左上角显示"现结"标志。

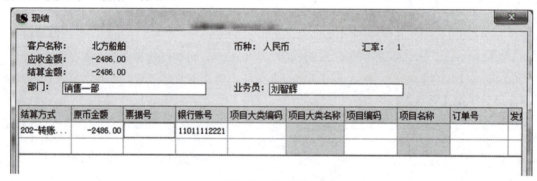

图10-86 现结截图

[05] 单击【复核】按钮，对销售专用发票进行复核，结果如图10-87所示。

图10-87 红字专用发票

(4) 在应收款管理系统中审核红字专用销售发票并生成凭证。

01 在"财务会计——应收款管理系统"中,选择"应收单据处理|应收单据审核",打开"应收单查询条件"对话框。

02 勾选"包含已现结发票"复选框,单击【确定】按钮,进入"应收单列表"窗口。

03 选择要审核的红字专用销售发票,单击【审核】按钮,系统弹出审核成功的相关提示信息,单击【确定】按钮返回。

04 在应收款管理系统中,执行"制单处理"命令,打开"制单查询"对话框,选择"现结制单",单击【确定】按钮,进入"销售发票制单"窗口,单击【全选】按钮或在"选择标志"栏输入某数字作为选择标志。

05 单击【制单】按钮,进入"填制凭证"窗口,确认凭证类别及其他相关信息,然后单击【保存】按钮,凭证左上角出现"已生成"标志,如图10-88所示,表示凭证已传递到总账。

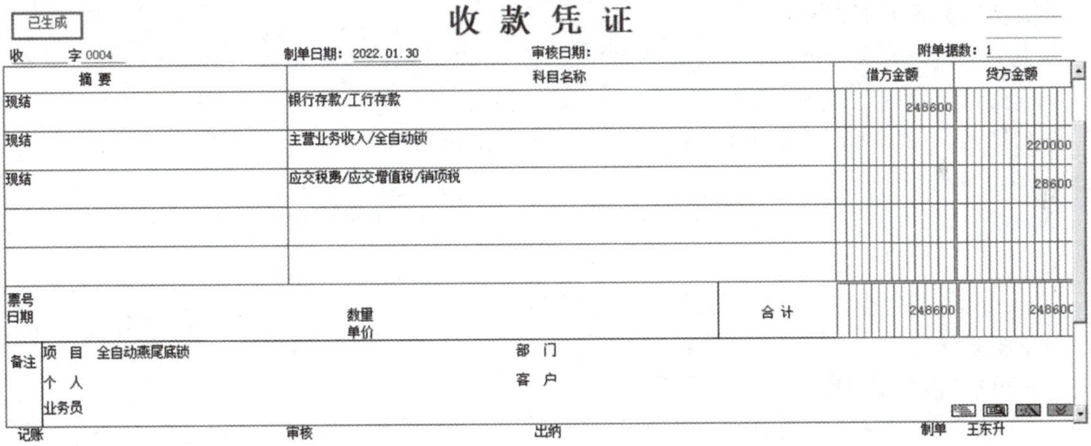

图10-88 红字应收凭证

(5) 在存货核算管理系统中记账并生成冲销结转成本凭证。

01 在存货核算系统中,执行"业务核算"|"正常单据记账"命令,打开"查询条件选择"对话框,选择仓库名称为"产成品库",单击【确定】按钮,进入"未记账单据一览表"窗口,选择相应的列表信息。

02 单击【记账】按钮,系统弹出"记账成功"提示框,单击【确定】按钮,此时记账完成的单据不再显示。完成红字专用销售发票记账,关闭当前窗口。

03 在存货核算系统中，依次执行"财务核算——生成凭证"命令，进入"生成凭证"窗口。单击【选择】按钮，系统弹出"查询条件"对话框，选中"(26)销售专用发票"复选框。

04 单击【确定】按钮，进入"未生成凭证单据一览表"窗口，选中已记账的红字专用销售发票列表或【全选】按钮，单击【确定】按钮，进入"生成凭证"窗口。

05 单击【生成】按钮，进入填制凭证窗口，注意修改凭证类别为转账凭证，如图10-89所示。单击工具栏的【保存】按钮，凭证左上角出现"已生成"标志，关闭并退出窗口。

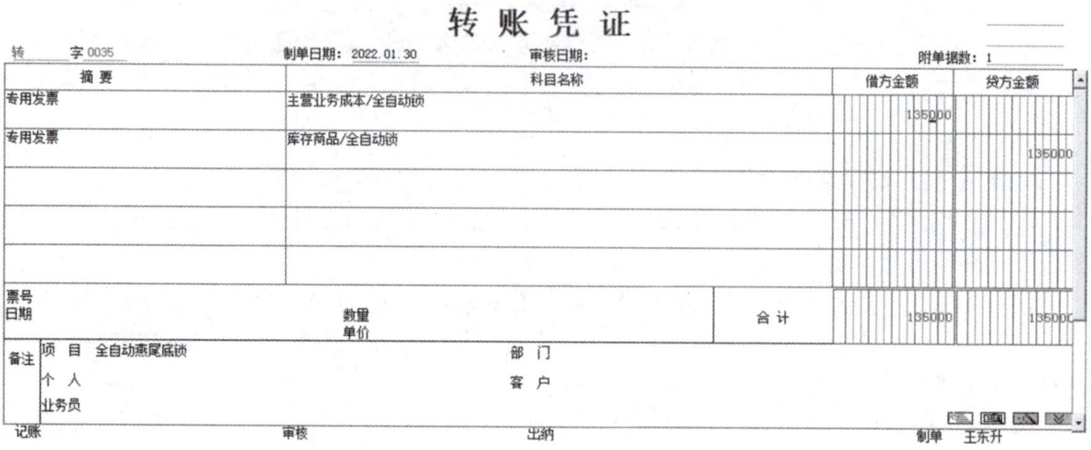

图10-89　红字销售成本凭证

10.2.3　拓展任务

【拓展】超发货单出库业务

业务解析：超发货单出库业务，顾名思义发货单的数量与出库单数量不一致，故需要取消"销售生成出库单"选项，使出库单无法根据发货单自动生成。

1月24日，销售部向大连船运有限公司出售全自动锥200个，报价为165元/个。所需货物由产成品仓库发出。

开具发票时，客户要求再多购买10个全自动锥，根据客户要求开具了210个全自动锥的专用发票一张，发票号为ZX1633。

1月24日，客户从产成品仓库领出全自动锥210个。

业务操作如下。

(1) 设置相关系统参数。

01 修改销售系统参数设置。在销售管理系统中，执行"设置"|"销售选项"命令，打开"销售选项"对话框。打开"业务控制"选项卡，取消"销售生成出库单"复选框，并勾选"允许超发货量开票"复选框，如图10-90所示。

02 修改库存系统参数设置。在库存管理系统中，执行"初始设置"|"选项"命令，打开"库存选项设置"对话框。打开"专用设置"选项卡，勾选"允许超发单出库"复选框，如图10-91所示。

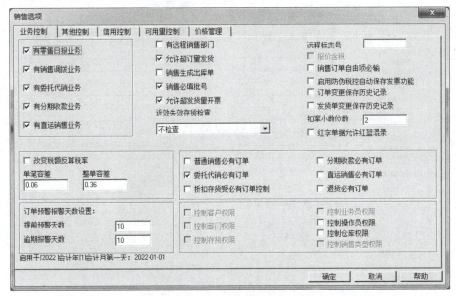

图10-90 销售选项

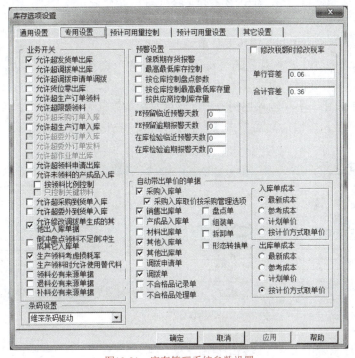

图10-91 库存管理系统参数设置

03 修改存货档案并设置超额出库上限为20%。在企业应用平台"基础设置"中,执行"基础档案"|"存货"|"存货档案"命令,进入"存货档案"窗口。双击并修改"10201全自动锥"记录,打开"控制"选项,在"出库超额上限"一栏中输入0.2,然后进行保存,如图10-92所示。

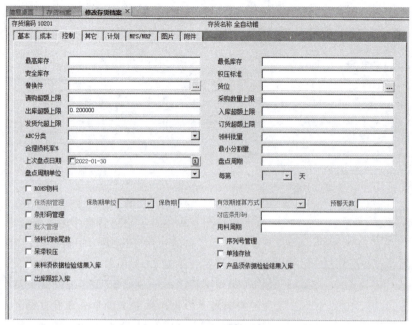

图10-92 存货超额出库上限设置

(2) 在销售管理系统中填制并审核发货单。

①在销售管理系统中，执行"销售发货"|"发货单"命令，进入"发货单"窗口。

②在"发货单"界面，单击【增加】按钮，系统弹出"查询条件选择——参照订单"窗口，单击【取消】按钮，手动输入案例数据，注意发货单数量为"200"个。

③单击【保存】按钮，然后单击【审核】按钮，结果如图10-93所示，关闭"销售发货单"窗口。

图10-93 销售发货单

(3) 在库存管理系统中生成并审核销售出库单。

①在库存管理系统中，执行"出库业务"|"销售出库"命令，进入"销售出库单"窗口。

②在"销售出库单"界面，单击【生单】按钮，进入"参照生单"窗口，选择需要参照的发货单，并勾选"根据累计出库数更新发货单"复选框。

③单击【OK确定】按钮，将发货单相关信息带入销售出库单，然后将销售出库单中的数量更改为"210"。

④单击【保存】按钮，然后单击【审核】按钮，结果如图10-94所示，关闭"销售出库单"窗口。

图10-94 销售出库单

注：销售发货单的数量自动更改为210。如果销售出库单在保存的时候出现"单据保存失败，修改或稍后再试"的提示，则说明前面的超发货比例没有设置好，应检查并重新设置。

(4) 在销售管理系统中填制并复核发销售专用发票。

`01` 在销售管理系统中，执行"销售开票"|"销售专用发票"命令，进入"销售专用发票"窗口。

`02` 在"专用发票"界面，单击【增加】按钮，系统弹出"查询条件选择——发票参照发货单"对话框，单击【确定】按钮，进入"参照生单"窗口，选择需要参照的发货单，单击【OK 确定】按钮，将发货单相关信息带入销售专用发票。

`03` 补充输入发票号等信息，单击【保存】按钮。

`04` 单击【复核】按钮，对销售专用发票进行复核，结果如图10-95所示。

注：如果发票在保存的时候出现"发票上货物累计开票数量已大于发货数量"的提示，则说明销售系统控制参数未设置好，应检查并重新设置。

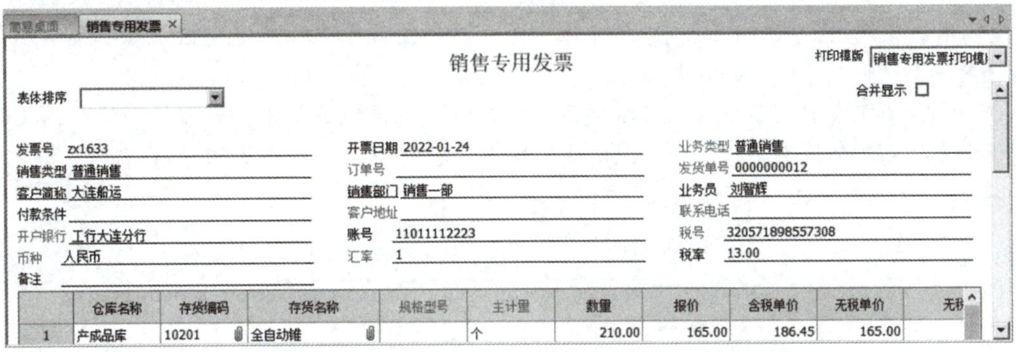

图10-95 销售专用发票

(5) 在应收款管理系统中审核销售专用发票并生成应收凭证。

`01` 在"财务会计——应收款管理系统"中，选择"应收单据处理"|"应收单据审核"，打开"应收单查询条件"对话框，单击【确定】按钮，进入"应收单据列表"窗口。

`02` 选择要审核的销售专用发票，单击【审核】按钮，系统弹出审核成功的相关提示信息，单击【确定】按钮返回。

`03` 在应收款管理系统中，执行"制单处理"命令，打开"制单查询"对话框，选择"发票制单"，单击【确定】按钮，进入"销售发票制单"窗口，单击【全选】按钮或在"选择标志"栏输入某数字作为选择标志。

`04` 单击【制单】按钮，进入"填制凭证"窗口，确认凭证类别及其他相关信息，然后单击【保存】按钮，凭证左上角出现"已生成"标志，如图10-96所示，表示凭证已传递到总账。

已生成

转账凭证

转 字 0036　　制单日期：2022.01.24　　审核日期：　　附单据数：1

摘要	科目名称	借方金额	贷方金额
销售专用发票	应收账款/人民币	3915450	
销售专用发票	主营业务收入/锥类产品		3465000
销售专用发票	应交税费/应交增值税/销项税		450450
票号 日期	数量 单价 合计	3915450	3915450

备注　项目 全自动锥　　部门
　　　个人　　客户
　　　业务员

记账　审核　出纳　制单 王东升

图10-96　应收凭证

(6) 在存货核算系统中对采购发票记账并生成凭证。

01 在存货核算系统中，执行“业务核算”|“正常单据记账”命令，打开“查询条件选择”对话框，选择仓库名称为“产成品库”，单击【确定】按钮，进入“未记账单据一览表”窗口，选择相应的列表信息。

02 单击【记账】按钮，系统弹出“记账成功”提示框，单击【确定】按钮，此时记账完成的单据不再显示。完成销售专用发票记账，关闭当前窗口。

03 在存货核算系统中，依次执行“财务核算”|“生成凭证”命令，进入“生成凭证”窗口。单击【选择】按钮，系统弹出“查询条件”对话框，选中“(26)销售专用发票”复选框。

04 单击【确定】按钮，进入“未生成凭证单据一览表”窗口，选中已记账的销售发票列表或【全选】按钮，单击【确定】按钮，进入“生成凭证”窗口。

05 单击【生成】按钮，进入填制凭证窗口，注意修改凭证类别为转账凭证。单击工具栏的【保存】按钮，凭证左上角出现“已生成”标志，如图10-97所示，关闭并退出窗口。

已生成

转账凭证

转 字 0037　　制单日期：2022.01.24　　审核日期：　　附单据数：1

摘要	科目名称	借方金额	贷方金额
专用发票	主营业务成本/锥类产品	1575000	
专用发票	库存商品/锥类产品		1575000
票号 日期	数量 单价 合计	1575000	1575000

备注　项目 全自动锥　　部门
　　　个人　　客户
　　　业务员

记账　审核　出纳　制单 王东升

图10-97　结转销售成本凭证

10.3　常见问题与自助维护

1. 销售发货单进行保存时，系统弹出"库存现存量控制检查——以下存货可用量不足"的信息提示框，应如何解决

出现这个提示说明该相关存货的库存量不足。此时可以从两方面进行考虑。

(1) 检查该存货的库存期初结余量，且期初结存是否进行了审核。具体操作为：执行"库存管理系统——初始设置——期初结存"命令，打开"库存期初数据录入"窗口，找到相应存货进行检查。

(2) 检查本月入库的相关存货量即采购入库单等，并检查是否进行审核。具体操作为：执行"库存管理系统——入库业务——采购入库单/产成品入库单/其他入库单等"命令，检查是否进行了审核。

2. 在用友U8中，销售出库单如何自动生成

销售出库单可以根据已审核的发货单自动生成，其自动生成的条件如下。
(1) 在销售系统参数设置中勾选"销售生成出库单"。
(2) 对发货单进行审核。

单元测试

一、单项选择题

1. 在开票直接发货业务模式下，销售发货单由销售部门根据(　　)产生，作为货物发出的依据。
　　A. 销售发票　　　B. 销售订单　　　C. 销售出库单　　　D. 收款单
2. 在录入收款单时，若收款金额大于应收金额，则其余部分形成(　　)。
　　A. 应收款　　　B. 应付款　　　C. 预收款　　　D. 预付款
3. 销售业务的核销是指(　　)之间对应关系的操作。
　　A. 收款单与付款单　　　　　　B. 收款单与销售发票
　　C. 收款单与出库单　　　　　　D. 收款单与销售订单
4. 应收系统初始设置中，基本科目设置中的销售税金科目是指(　　)。
　　A. 应交营业税　　　　　　　　B. 应交增值税/进项税额
　　C. 应交增值税/销项税额　　　　D. 应交所得税
5. 销售订单参照报价单生成，报价单必须符合条件(　　)。
　　A. 已保存、未审核、未关闭　　B. 已保存、已审核、未关闭
　　C. 已保存、已审核、已关闭　　D. 任何时候都可以
6. 销售系统新增发票时，默认参照(　　)生成。
　　A. 销售报价单　　B. 销售订单　　C. 销售发票　　D. 手工输入
7. 下面关于分期收款销售特点的描述，正确的是(　　)。
　　A. 一次性将货物发给客户，当时不确认销售收入
　　B. 适用于开票直接发货业务模式

C. 客户交来部分销售款，部分确认收入，按该次收入占总收入的比例结转成本

D. 直至全都收款，全部确认收入，全部结转成本，方可全部核销该笔销售业务

8. 下面关于委托代销业务的描述正确的是(　　)。

　　A. 委托代销可以先结算后销售

　　B. 委托代销只能先销售后结算

　　C. 委托代销商品所有权归受托方

　　D. 委托代销商品发货后，委托代销商品的所有权就发生转移

9. 供应链是围绕核心企业将外部一系列资源直接连成一个整体的功能网络，其中的资源不包括(　　)。

　　A. 银行　　　　　　B. 供应商　　　　　C. 最终客户　　　　D. 分销商和零售商

10. 下列表述中正确的是(　　)。

　　A. 一张发票可以多次收款，多张发票可以一次收款

　　B. 一张发票只能一次收款，多张发票可以多次收款

　　C. 一张发票可以多次收款，多张发票只能多次收款

　　D. 一张发票只能一次收款，多张发票也只能一次收款

11. 应收账款确认的流程是(　　)。

　　A. 已保存销售发票——销售发票记账——生成应收凭证

　　B. 已保存销售发票——销售发票审核——销售发票记账——生成应收凭证

　　C. 已复核销售发票——销售发票审核——销售发票记账——生成应收凭证

　　D. 已复核销售发票——销售发票记账——生成应收凭证

12. 用友ERP-U8供应链管理的销售过程不必经过的环节是(　　)。

　　A. 销售报价　　　　B. 销售订单　　　　C. 销售出库　　　　D. 销售发票

13. 用友ERP-U8系统中，很多模块的接口都通过公共单据传递信息，其中销售管理和库存管理的接口体现为(　　)。

　　A. 销售出库单　　　B. 销售发票　　　　C. 销售计划　　　　D. 销售订单

14. 用友ERP-U8系统对销售的产品确认销售成本，系统默认来源于(　　)。

　　A. 销售出库单　　　B. 销售发票　　　　C. 销售订单　　　　D. 发货单

二、多项选择题

1. 用U8系统中，销售业务模式是指(　　)。

　　A. 先发货后开票　　B. 开票直接发货　　C. 先开票后发货　　D. 发货直接开票

2. 应收系统的转账处理包括(　　)。

　　A. 应收冲应付　　　　　　　　　　　　B. 预收冲应收

　　C. 销售发票冲销售出库　　　　　　　　D. 销售发票冲采购入库

3. 用友U8销售管理系统支持的销售业务包括(　　)。

　　A. 代垫费用　　　　B. 零售　　　　　　C. 分期付款销售　　D. 委托代销

4. (　　)提供了关闭功能。

　　A. 销售发货单　　　B. 销售订单　　　　C. 销售支出单　　　D. 销售发票

5. 在销售业务中，随货物的销售产生运杂费和保险费等暂时的代垫费用，U8系统支持多种单据的费用代垫，其中有(　　)。

　　A. 销售专用发票　　B. 销售普通发票　　C. 销售出库单　　　D. 销售调拨单

6. 因计价方式不同,销售出库成本确认的时点分为单据记账时确认和存货期末处理时确认,下列属于在记账时进行出库成本核算的有(　　)。
　　A. 先进先出/后进先出　　　　　　B. 移动平均
　　C. 个别计价　　　　　　　　　　D. 全月平均

三、判断题

1. 参照销售订单的订货业务,如果已录入销售订单且经过审核,可以通过参照的方式建立采购订单。(　　)
2. 采购入库单、销售出库单只能在存货管理子系统中输入。(　　)
3. 应收系统中不能进行坏账准备处理。(　　)
4. 应收系统中设置的应收和预收科目必须在科目档案中被指定为应收系统的受控科目。(　　)
5. 销售系统中允许委托代销业务。(　　)
6. 直运业务包括直运销售业务和直运采购业务,没有实物的出入库,货物流向是直接从供应商到客户,财务结算通过直运销售发票、直运采购发票实现。(　　)
7. 销售管理中的退货单对应存货的数量为负数,金额也为负数。(　　)
8. 受托代销结算是指企业完成委托代销单位的货物销售后,与供货单位办理付款结算。(　　)
9. 销售管理中,只有复核后的发票才能进行现结处理。(　　)
10. 销售管理中,一张发票可以多次收款,同时多张发票可以一次收款。(　　)
11. 开票直接发货业务中,发货单根据销售发票自动生成,以此作为货物发出的依据。在此情况下,发货单可进行增加、删除、修改、审核操作。(　　)
12. 销售管理中,销售发票进行现结处理时,系统会自动在应收系统中生成相应的收款单。(　　)
13. 若应收款管理、库存管理、存货核算已结账,则销售管理不能取消结账。(　　)
14. 上月未结账,本月单据可以正常操作,不影响日常业务的处理,但本月不能结账。(　　)

四、思考题

1. 简述普通销售业务的处理流程。
2. 销售现结业务与普通日常销售业务在操作中有什么不同之处?

第 11 章

库存与存货核算管理

学习目标：
1. 掌握用友ERP-U8管理软件中库存管理系统和存货核算系统的相关内容；
2. 掌握企业库存调拨业务和盘点业务处理流程的方法；
3. 了解并掌握账簿查询的方法；
4. 了解库存管理系统与存货核算系统的关系。

11.1 库存管理概述

11.1.1 库存管理系统概述

库存管理系统的主要任务是通过对企业存货进行管理，正确计算存货购入成本，促使企业努力降低存货成本；反映和监督存货的收发、领退和保管情况；反映和监督存货资金的占用情况，促使企业提高资金的使用效果。

库存管理系统的主要功能是有效管理库存商品，对存货进行入库及出库管理，并进行有效的库存控制，实时地进行库存账表查询及统计分析，能够满足采购入库、销售入库、产成品入库、材料出库等其他出入库业务需求，并且提供仓库货位管理、批次管理、保质期管理、不合格产品管理、现存量管理、条形码管理等业务的全面功能应用。

1. 库存管理系统的业务内容

库存管理的业务主要包括库存初始设置、库存日常业务处理和库存期末处理。

2. 库存管理系统与其他子系统的联系

库存管理子系统是财务管理软件的组成部分之一，也是其基础部分。它对采购管理子系统提供的采购入库单进行审核确认；对销售管理子系统根据发货单、发票生成的销售出库单进行审核确认；为存货核算子系统提供各种出入库单据；为销售管理子系统提供存货的详细存储信息，可提供各仓库、各存货、各批次的结存情况。

11.1.2 库存管理系统日常业务处理

1. 入库业务

仓库收到采购、生产完成等验收入库的货物,由仓库保管员验收货物的数量、质量、规格型号,确认验收无误后入库,并登记库存台账,这个过程叫入库。

入库是仓库对所收到的货物的确认,反映为库存的现存量增加。

1) 采购入库单

对于工业企业,采购入库单一般是指采购原材料验收入库时所填制的入库单据;对于商业企业,采购入库单一般是指商品进货入库时填制的入库单。

2) 产成品入库单

对于工业企业,产成品入库单一般是指产成品验收入库时所填制的入库单据。只有工业企业才有产成品入库单,商业企业没有此单据。

2. 出库业务

仓库由于销售和生产领料等业务,由仓库保管员检验发货的数量、质量、规格型号,确认无误后办理出库手续,并登记库存台账,这个过程叫出库。

出库是仓库发出的货物的确认,反映为库存的现存量减少。出库主要包括销售出库、生产资料出库及其他出库。出库时必须有相应的出库单据,出库单可以手工增加,也可以由其他业务自动生成。

1) 销售出库单

对于工业企业,销售出库单一般是指产成品销售出库时所填制的出库单据;对于商业企业,销售出库单一般是指商品销售(包括受托代销商品)出库时填制的出库单。

2) 材料出库单

材料出库单是工业企业领用材料时所填制的出库单据,也是进行日常业务处理和记账的主要原始单据之一。只有工业企业才有材料出库单,商业企业没有此单据。

11.1.3 库存管理系统期末处理

1. 账表查询分析

日常核算的结果必须通过查询才能得出存货管理的有效信息。

1) 出入库流水账

出入库流水账可以查询任意时间段或任意情况下的存货出入库情况。

2) 库存台账

本功能用于查询各仓库、各存货、各月份的收发存明细情况。库存台账是按存货(或存货+自由项)设置账页的,即一个存货一个账页。

3) 收发存汇总表

收发存汇总表反映各仓库、各存货、各种收发类别的收入、发出及结存情况。收发存汇总表是按仓库进行分页查询的,一页显示一个仓库的收发存汇总表。所有仓库的收发存汇总表通过汇总功能查询。

收发存汇总表输出的内容包括仓库、存货、自由项、期初结存数量(件数)、各种入库类别的入库数量(件数)、各种出库类别的出库数量(件数),以及期末结存数量(件数)。

2. 月末结账

月末结账只能每月进行一次，结账后，本月不能再填制单据。

11.2 库存管理实务

11.2.1 基本任务

1. 库存调拨业务

1月30日，由于自制半成品库进行养护维修，该仓库中的所有面板转移到了产成品库。

2. 盘点业务

1月30日，仓储部对产成品库中的所有存货进行盘点。仓库中的实际数量如表11-1所示。

表11-1 库存商品实存账存对比表

存货编码	存货名称	主计量单位	账面结存数量	盘点数量	升溢/损耗			溢缺原因
					数量	单价	金额	
10101	全自动燕尾底锁	个		141		135		
10102	半自动燕尾底锁	个		398		80		
10103	集装箱中间扭锁	个		95		95		
10201	全自动锥	个		230		75		
10301	绑扎眼板	件		40		130		
20215	面板	件		1600		15		

3. 库存盘点预警业务

1月30日，根据企业最新内部控制要求，全自动燕尾底锁每周五盘点。请在系统中设置盘点预警。

4. 其他出库业务

1月30日，由于仓库管理不善，造成产成品库中的5个绑扎眼板无法正常销售。

11.2.2 基本任务实操指导

1. 库存调拨业务

(1) 填制并审核调拨单。

01 在库存管理系统中，执行"调拨业务"|"调拨单"命令，进入"调拨单"窗口。

02 单击【增加】按钮，选择"转出仓库"为"自制半成品库"，"转入仓库"为"产成品库"，"出库类型"为"调拨出库"，"入库类型"为"调拨入库"；在表体中选择"20215面板"，调拨单右侧显示当前存货的现存量，输入数量。

03 单击【保存】按钮，再单击【审核】按钮，结果如图11-1所示。

(2) 审核其他出入库单。

[01] 在库存管理系统中，执行"入库业务"|"其他入库单"命令，进入"其他入库单"窗口。

图11-1　调拨单

[02] 单击【末张】按钮，寻找参照已审核的调拨单自动生成的其他入库单，单击【审核】按钮，结果如图11-2所示。

图11-2　其他入库单

[03] 在库存管理系统中，执行"出库业务"|"其他出库单"命令，进入"其他出库单"窗口。

[04] 单击【末张】按钮，寻找参照已审核的调拨单自动生成的其他出库单，单击【审核】按钮，结果如图11-3所示。

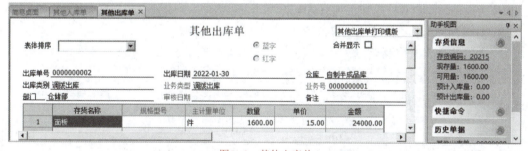

图11-3　其他出库单

注：① 调拨单审核后，将自动生成对应的其他入库单、其他出库单；

② 根据调拨单生成的其他出入库单，不能修改、删除，只能进行审核，弃审调拨单，则其他出入库单自动消失。

(3) 对调拨单记账。

[01] 在存货核算系统中，执行"业务核算"|"特殊单据记账"命令，系统打开"特殊单据记账条件"对话框，选择单据类型为"调拨单"，建议选择"出库单上系统已填写的金额记账时重新计算"复选框。

[02] 单击【确定】按钮，进入"特殊单据记账"窗口，选择要记账的调拨单，单击【记账】按钮，结果如图11-4所示。

图11-4 特殊单据记账

2. 盘点业务

(1) 填制并审核盘点单。

01 在库存管理系统中，执行"盘点业务"命令，进入"盘点单"窗口。

02 单击【增加】按钮，选择盘点仓库为"产成品库"，出入库类别分别为"盘亏出库""盘盈入库"。

03 单击【盘库】按钮，系统弹出"盘库将删除未保存的所有记录，是否继续？"提示框，如图11-5所示。单击【是】按钮，选择"按仓库盘点"，单击【确认】按钮，系统自动将该仓库中的存货及其账面数量全部列示出来。

图11-5 是否盘库

04 将存货实际盘点数量填列在"盘点数量"栏，单击【保存】按钮，单击【审核】按钮，审核并退出该盘点单，结果如图11-6所示。

注：① 必须先选择仓库才能选择存货；

② 盘点单保存审核后，盘亏会形成其他出库单，盘盈会生成其他入库单。

图11-6 盘点单

(2) 在库存管理系统中审核盘点单生成的其他出入库单。

`01` 在库存管理系统中，执行"入库业务"|"其他入库单"命令，进入"其他入库单"窗口。

`02` 单击【末张】按钮，寻找参照已审核的盘点单自动生成的其他入库单，单击【审核】按钮，结果如图11-7所示。

图11-7　其他入库单

`03` 在库存管理系统中，执行"出库业务"|"其他出库单"命令，进入"其他出库单"窗口。

`04` 单击【末张】按钮，寻找参照已审核的盘点单自动生成的其他出库单，单击【审核】按钮，结果如图11-8所示。

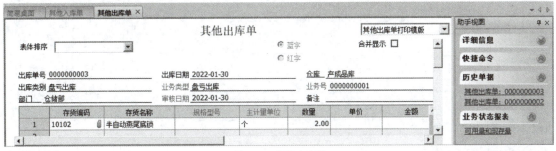

图11-8　其他出库单

(3) 在存货核算系统记账并生成凭证。

`01` 在存货核算系统中，执行"日常业务"|"其他入库单"命令，找到盘点单审核后生成的其他入库单，单击【修改】按钮，录入存货名称"全自动燕尾底锁"，单价为"135"，再单击【保存】按钮，结果如图11-9所示。

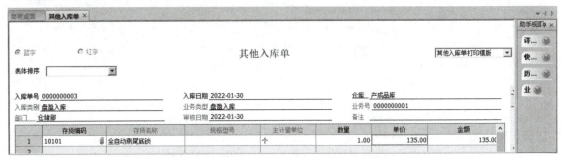

图11-9　存货系统日常业务中的其他入库单

`02` 在存货核算系统中，执行"日常业务"|"其他出库单"命令，找到盘点单审核后生成的其他出库单，单击【修改】按钮，录入存货名称"半自动燕尾底锁"，单价为"80"，再单

击【保存】按钮，结果如图11-10所示。

图11-10 存货系统日常业务中的其他出库单

03 在存货核算系统中，执行"业务核算"|"正常单据记账"命令，系统打开"查询条件选择"对话框，单击【确定】按钮，进入"未记账单据一览表"窗口。

04 选择相对应的"其他入库单"和"其他出库单"，单击【记账】按钮，完成记账。

05 在存货核算系统中，执行"财务核算"|"生成凭证"命令，系统打开"生成凭证"窗口。保存两张转账凭证，如图11-11和图11-12所示。

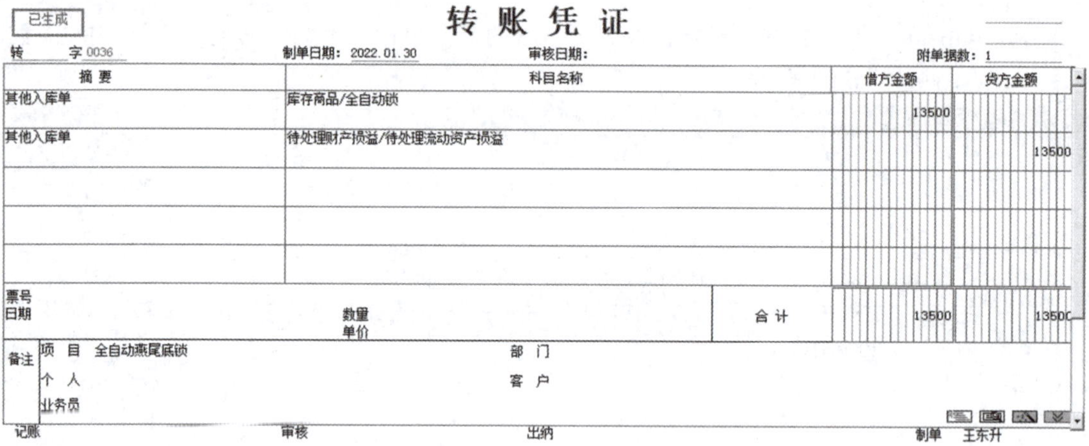

图11-11 盘盈入库生成凭证

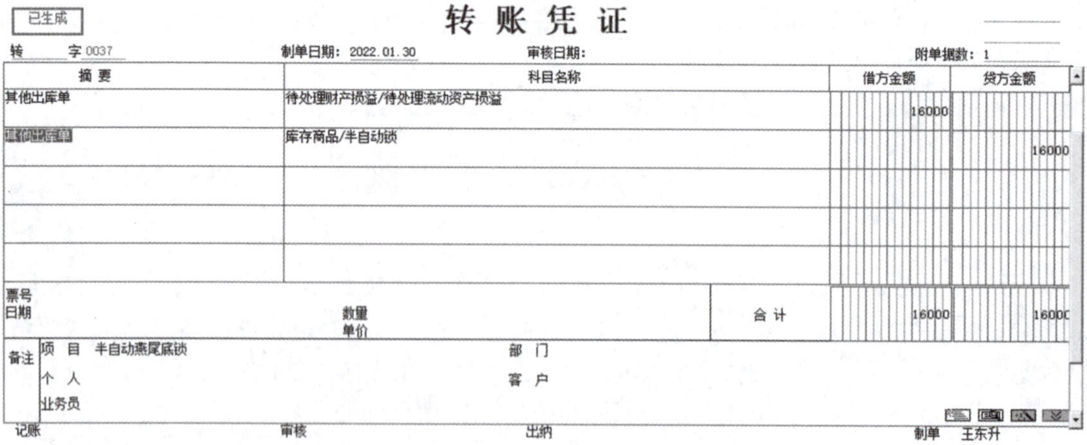

图11-12 盘亏出库生成凭证

3. 库存盘点预警业务

01 在企业应用平台"基础设置"选项卡中,执行"基础档案"|"存货"|"存货档案"命令,计入"存货档案"窗口。

02 单击"10101全自动燕尾底锁"记录行,单击【修改】按钮。在"控制"选项卡中修改存货盘点周期单位为"周",每周第"6"天为盘点日期,然后进行保存,如图11-13所示。

注:每周七天,周日定为第1天。

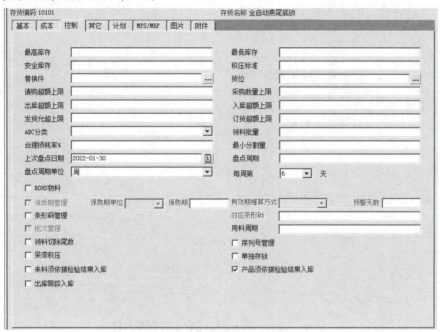

图11-13 设置盘点预警周期

4. 其他出库业务

(1) 填制并审核其他出库单。

01 在库存管理系统中,执行"出库业务"|"其他出库单"命令,进入"其他出库单"窗口。

02 单击【增加】按钮,填制表头信息,选择仓库"产成品库",出库类别"其他出库";填制表体信息,选择存货"10301绑扎眼板",数量为"5"。

03 单击【保存】按钮,再单击【审核】按钮,完成对其他出库单的审核,结果如图11-14所示。

图11-14 其他出库单

(2) 在存货核算系统进行记账并生成凭证。

01 在存货核算系统中，执行"业务核算"|"正常单据记账"命令，系统打开"查询条件选择"对话框，选择"产成品库"，单据类型为"其他出库单"，单击【确定】按钮，进入"未记账单据一览表"窗口。

02 选择相对应的"其他出库单"，单击【记账】按钮，完成记账。

03 在存货核算系统中，执行"财务核算"|"生成凭证"命令，系统打开"生成凭证"窗口。对已记账的其他出库单生成凭证。保存转账凭证，如图11-15所示。

图11-15 其他出库单生成凭证

11.3 存货核算概述

11.3.1 存货核算系统概述

存货是指企业在生产经营过程中为销售或耗用而储存的各种资产，包括商品、产成品、半成品、在产品，以及各种材料、燃料、包装物、低值易耗品等。存货核算系统可以进行存货核算，正确计算存货购入成本，促使企业努力降低存货成本；反映和监督存货的收发、领退和保管情况；反映和监督存货资金的占用情况，促使企业提高资金的使用效果。

1. 存货核算系统的主要功能

存货核算系统是从资金角度管理存货的出入库业务，核算企业的入库成本、出库成本及结余成本。它反映和监督存货的收发、领退和保管情况，以及反映和监督存货资金的占用情况。

2. 存货核算子系统的工作流程

存货核算子系统的工作流程主要包括初始设置、日常业务处理、凭证处理、期末处理和账表分析等。

3. 存货核算子系统和其他管理子系统的关系

存货核算子系统是连接财务管理系统和供应链管理系统的枢纽，与企业的采购业务、销售业务、总账管理系统均有直接且密切的关系。存货核算子系统接受供应链管理系统传递过来的单据，并进行记账处理，核算各种存货成本，然后生成凭证传递给总账管理系统。

11.3.2　存货核算系统日常业务处理

存货核算子系统的日常业务主要包括相关单据的记账、暂估成本处理、单据制单等工作。存货核算子系统能够处理采购入库单、产成品入库单、其他入库单、销售出库单、材料出库单、其他出库单、入库调整单、出库调整单等业务单据。

1．产成品成本分配

产成品成本分配单用于对已入库未记明细账的产成品进行成本分配，可随时对产成品入库单提供批量分配成本，也可从成本核算子系统取得成本，填入入库单。

2．单据记账

单据记账对于存货核算子系统来说意义非常重大，是系统计算、记录、确认出入库单据成本的关键。一方面，通过单据记账系统将用户所输入的出入库单据登记在存货明细账、差异明细账/差价明细账、受托代销商品明细账、受托代销商品差价账上；另一方面，单据记账和存货的计价关系密切，用先进先出、后进先出、移动平均、个别计价这4种方式计价的存货在单据记账时进行出库成本核算。单据记账包括正常单据记账和特殊单据记账。

(1) 正常单据记账。

单据记账、入库成本也根据前面设置的入库单成本选择方法进行核算。

(2) 特殊单据记账。

特殊单据记账主要是针对调拨业务而言的。需要注意的是，如果调拨单在特殊单据记账功能中已经记账，则由其生成的其他出入库单不允许再进行正常单据记账。

(3) 恢复单据记账。

单据记账后可以恢复记账，恢复记账用于将用户已登记明细账的单据恢复到未记账状态。

3．平均单价计算

用先进先出、后进先出、移动平均、个别计价这4种方式计价的存货在单据记账时可以进行出库成本核算，记账后能随时了解存货的出库成本。全月一次平均法往往只能在月底，当全部存货业务结束后才能得出全月的平均成本。

11.3.3　存货核算系统期末处理

当日常业务全部完成后，应计算按全月平均方式核算的存货的全月平均单价及其本会计月出库成本，计算按计划价/售价方式核算的存货的差异率/差价率及其本会计月的分摊差异/差价，并对已完成日常业务的仓库/部门做处理标志。存货核算子系统的这些操作称为"月末处理"。当所选仓库/部门为计划价/售价核算时，系统自动计算此仓库/部门中各存货的差异率/差价率，并形成差异/差价结转单，此单据不可修改。当所选仓库/部门为全月平均方式核算时，系统自动计算此仓库/部门中各存货的全月平均单价，并计算本会计月的出库成本(不包括已填写成本的出库)，生成期末成本处理表。当所选仓库/部门为上述两种核算方式以外的其他计价方式时，系统将自动标识此仓库/部门的期末处理标志。

11.4 存货核算实务

11.4.1 基本任务

1. 采购暂估入库单价录入

1月30日，检查本月是否存在货到票未到的入库业务，如果存在，录入暂估单价(定位器的暂估单价为18元/件)，进行暂估处理。

2. 调整存货单价

1月30日，经核查，产成品库中"10201全自动锥"价格偏高，经过调研和批准将其由每个75元调整为每个74元，请查询该存货现存量，计算需调整的金额并做出调整。

3. 调整存货的采购入库成本

1月30日，将本月9日向江苏华盛特钢铸锻有限公司采购的200千克圆钢的入库成本增加100元。

4. 业务记账

1月30日，将本月所有未记账单据进行记账。

11.4.2 基本任务实操指导

1. 采购暂估入库单价录入

01 在存货核算系统中，执行"业务核算"|"暂估成本录入"命令，打开"查询条件选择"对话框。

02 选择所有仓库，如果存在暂估价的单据也要查询，在"包括已有暂估金额的单据"的下拉列表框中选择"是"选项，如图11-16所示。

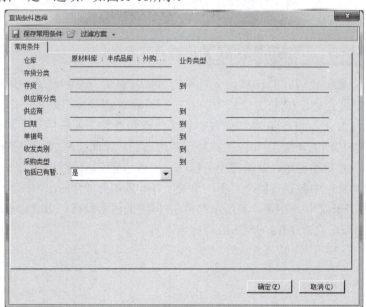

图11-16 查询条件选择截图

03 单击【确定】按钮，进入“暂估成本录入”窗口，补充录入定位器的暂估单价，单击【保存】按钮，系统弹出“保存成功！”提示框，然后单击【确定】按钮返回，结果如图11-17所示。

暂估成本录入（计划成本）

单据日期	单据号	仓库	存货编码	存货代码	计量单位	存货名称	规格型号	业务类型	采购类型	供应商	入库类别	数量	单价	金额
2022-01-15	0000000009	外购半成品库	20207		件	定位器		普通采购	普通采购	宁波隆...	采购入库	500.00	18.00	9,000.0

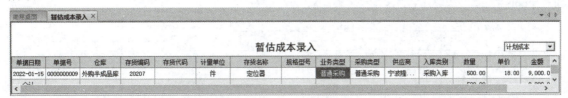

图11-17　暂估成本录入

注：① 对于存在暂估单价的单据可以在此处进行修改；

② 单据金额也可以通过执行“存货核算系统”|“日常业务”|“采购入库单”命令进行修改。

2. 调整存货单价

(1) 查看相关存货的库存量并计算调整金额。

01 在库存管理系统中，执行“报表”|“库存账”|“现存量查询”命令，打开“查询条件选择”对话框。

02 单击【确定】按钮，进入“现存量查询”窗口，如图11-18所示。

现存量查询

仓库编码	存货编码	现存数量	其中冻结数量	到货/在检数量	预计入库数量合计	待发货数量	调拨待发数量	预计出库数量	不合格品数量	可用数量
201	20203	7,800.00								7,800.00
201	20207	2,080.00								2,080.00
202	20204	2,700.00								2,700.00
202	20205	2,600.00								2,600.00
202	20206	2,600.00								2,600.00
202	20208	1,600.00								1,600.00
202	20209	1,600.00								1,600.00
202	20212	1,600.00								1,600.00
203	20202	1,650.00								1,650.00
203	20210	1,600.00								1,600.00
203	20211	1,600.00								1,600.00
203	20213	1,600.00								1,600.00
203	20214	1,600.00								1,600.00
203	20215									
3	10101	141.00		10.00	10.00					151.00
3	10102	398.00								398.00
3	10103	95.00								95.00
3	10201	230.00								230.00
3	10301	35.00								35.00
3	20215	1,600.00								1,600.00
总计		68,364.00		10.00	10.00					68,374.00

数据　图表　　共39条　共39组，共1页

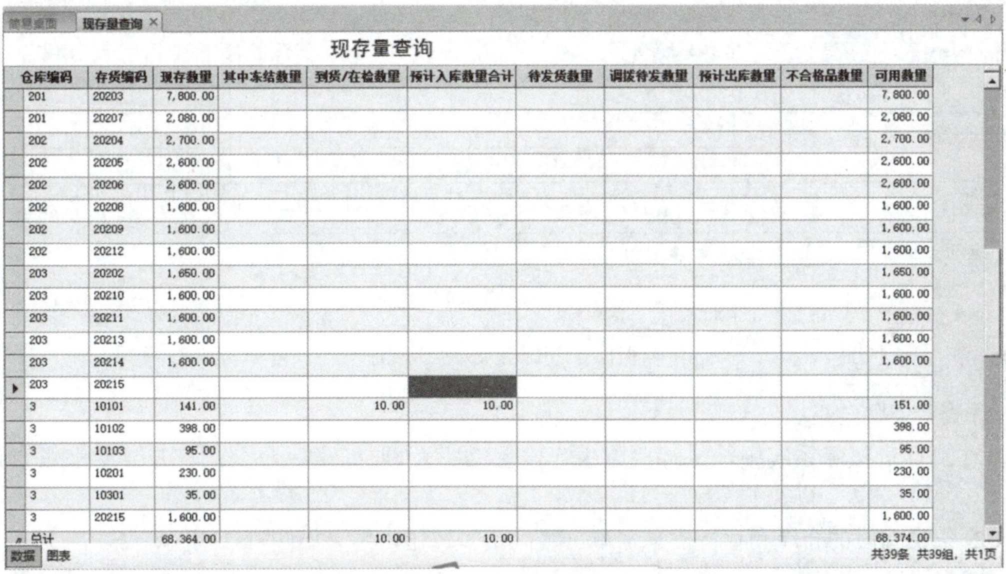

图11-18　现存量查询表

03 存货“10201全自动锥”的现存量，每个调低1元，计算出合计金额。

从表11-1可知，存货“10201全自动锥”的现存量为230个，单价由75元调整为74元，每个调低1元，合计230元。

(2) 调整出库金额并进行记账。

01 在存货核算系统中，执行“日常业务”|“出库调整单”命令，打开“出库调整单”窗口。

02 单击【增加】按钮，选择仓库为“产成品库”，存货为“10201全自动锥”，填写上调整总金额，如图11-19所示。

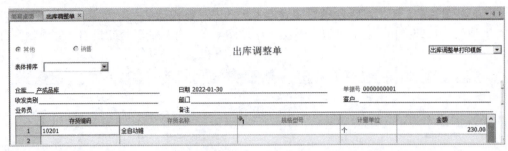

图11-19 出库调整单

03 单击【记账】按钮，使减少的金额入账。

注：若需要取消已记账的出库调整单，可以到存货核算系统的“业务核算”|“恢复记账”中进行取消操作。

(3) 生成存货出库调整凭证。

01 在存货核算系统中，执行“财务核算”|“生成凭证”命令，打开“生成凭证”窗口。

02 单击【选择】按钮，选择“(21)出库调整单”，单击【确定】按钮，并生成凭证。

03 补充录入借方科目“6401主营业务成本”，单击【保存】按钮，结果如图11-20所示。

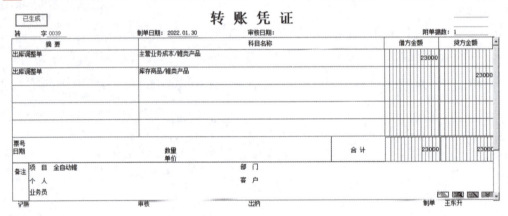

图11-20 出库调整单生成凭证

(4) 查看调整结果。

01 在存货核算系统中，执行“账表”|“账簿”|“明细账”命令，打开“明细账查询”窗口。

02 选择相应的仓库和存货信息，单击【确定】按钮，结果如图11-21所示。

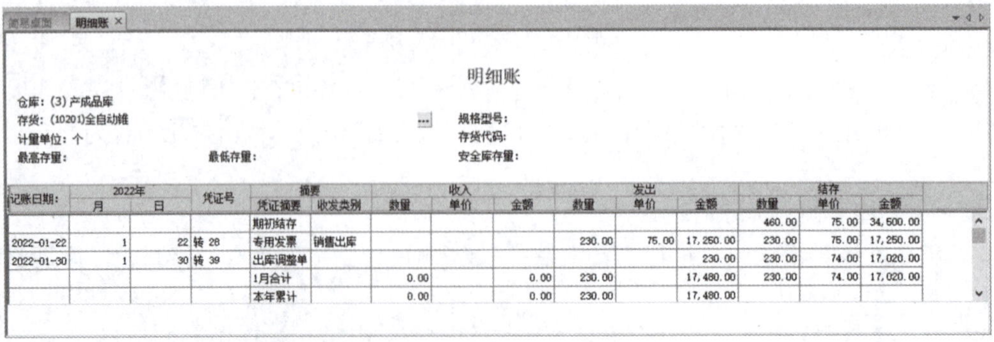

记账日期	2022年 月	日	凭证号	凭证摘要	收发类别	收入 数量	收入 单价	收入 金额	发出 数量	发出 单价	发出 金额	结存 数量	结存 单价	结存 金额
				期初结存								460.00	75.00	34,500.00
2022-01-22	1	22	转 28	专用发票	销售出库				230.00	75.00	17,250.00	230.00	75.00	17,250.00
2022-01-30	1	30	转 39	出库调整单							230.00	230.00	74.00	17,020.00
				1月合计		0.00		0.00	230.00		17,480.00	230.00	74.00	17,020.00
				本年累计		0.00		0.00	230.00		17,480.00			

图11-21 全自动锥明细账

3. 调整存货的采购入库成本

(1) 在存货核算系统填制入库调整单并记账。

01 在存货核算系统中，执行"日常业务、入库调整单"命令，打开"入库调整单"窗口。

02 单击【增加】按钮，完善表头、表体信息，尤其注意仓库选择为"原材料库"，表体中存货为"20102圆钢"，以及金额为"100"，单击【保存】按钮，结果如图11-22所示。

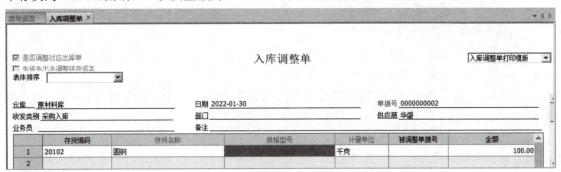

图11-22　入库调整单

03 单击【记账】按钮，则为增加的金额入账。

注：① 在入库调整单中，如果不输入被调整单据号，则视作调整该仓库下的所有存货，金额记入仓库下存货的总金额；

② 如果是要调整某一张采购入库单，则先记下该采购入库单的单据号，并填列到入库调整单中的"被调整单据号"中，此时金额栏的金额对应入库单上该存货的金额；

③ 如果调整采购入库单，那么该采购入库单必须是在采购管理系统中做了采购结算的采购入库单。

(2) 生成入库调整凭证。

01 在存货核算系统中，执行"财务核算"|"生成凭证"命令，打开"生成凭证"窗口。

02 单击【选择】按钮，选择"(20)入库调整单"，单击【确定】按钮，并生成凭证。

03 单击【保存】按钮，结果如图11-23所示。

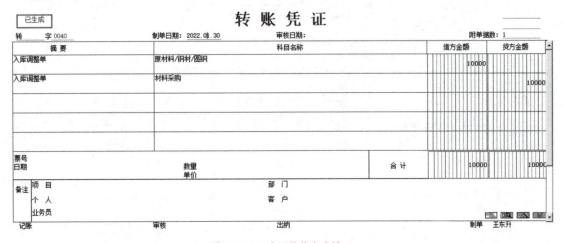

图11-23　入库调整单生成凭证

4. 业务记账

因为本月业务发生时已经及时办理出入库和记账处理，目前只有一笔暂估入库未记账，所以执行"业务核算"|"正常单据记账"命令，对暂估入库单进行记账。

11.5 拓展任务

【拓展1】产成品入库业务

业务解析：产成品入库业务是指车间的完工产品需要转移到成品库中，故需要填制产成品入库单，以及对入库的产成品进行成本分配及生成入库凭证。

1月5日，产成品库收到车间加工的全自动燕尾底锁100个，半自动燕尾底锁100个，均入产成品库。

1月10日，产成品库收到车间加工的绑扎眼板110件，入产成品库。

1月30日，收到财务部门提供的完工产品成本，其中全自动燕尾底锁的成本为135元/个，合计13 500元，半自动燕尾底锁的成本为85元/个，合计8 500元，随即做成本分配，并生成入库凭证；绑扎眼板的成本为130元/件，合计14 300元，随即做成本分配，并生成入库凭证。

业务操作如下。

1. 在库存管理系统录入并审核产成品入库单

01 在库存管理系统中，依次执行"入库业务"|"产成品入库单"命令，进入"产成品入库单"窗口，单击【增加】按钮，录入相关资料信息，注意不填写单价。

02 单击【保存】按钮，然后单击【审核】按钮，结果如图11-24所示。

图11-24 产成品入库单

03 采用同样的方法，录入并审核绑扎眼板产成品入库单，结果如图11-25所示。

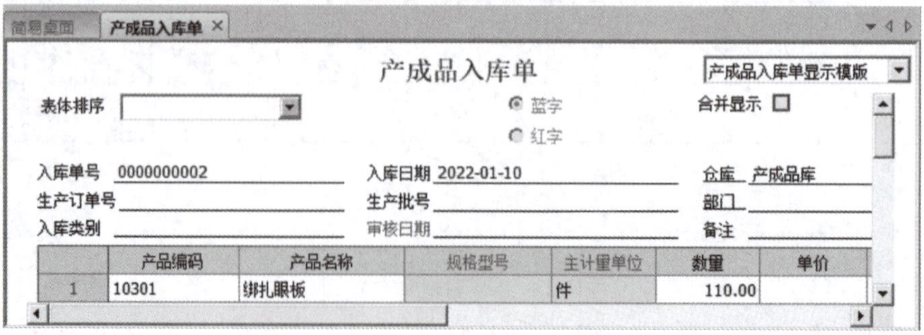

图11-25 产成品入库单

注：产成品入库单上不用填写单价，产成品成本分配后会自动写入。

2. 在存货核算系统录入生产总成本并对产成品成本进行分配

01 在存货核算系统中，依次执行"业务核算"|"产成品成本分配"命令，进入"产成品成本分配表"窗口，单击【查询】按钮，进入产成品成本分配表查询，选择"产成品库"，单击【确定】按钮，系统将符合条件的记录带回至产成品成本分配表中，按照业务案例输入"全自动燕尾底锁、半自动燕尾底锁和绑扎眼板"的成本，结果如图11-26所示。

图11-26 产成品成本分配表

02 单击工具栏上的【分配】按钮，系统提示"分配操作顺利完成！"，单击【确定】按钮。

03 在存货核算系统中，依次执行"日常业务"|"产成品入库单"命令，通过左右箭头找到单据，此时可以看到产成品入库单上的单价已经填入，并计算了金额，结果如图11-27、图11-28所示。

图11-27 含有单价的产成品入库单(1)

图11-28 含有单价的产成品入库单(2)

3. 在存货核算系统对产成品入库单记账并生成凭证

01 在存货核算系统中，依次执行"业务核算"|"正常单据记账"命令，进入查询条件设置，仓库选择"产成品库"，然后进入正常单据记账列表，选择要记账的单据，单击【记账】按钮，系统出现"记账成功"信息框。

02 在存货核算系统中，依次执行"财务核算"|"生成凭证"命令，系统打开"生成凭证"窗口。保存两张转账凭证，结果如图11-29和图11-30所示。

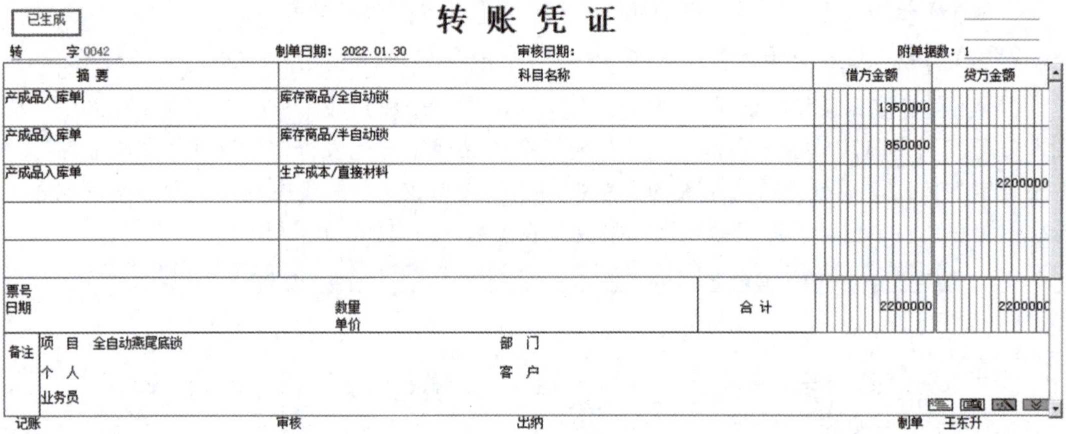

已生成

转账凭证

转 字 0042　　制单日期：2022.01.30　　审核日期：　　附单据数：1

摘要	科目名称	借方金额	贷方金额
产成品入库单	库存商品/全自动锁	1350000	
产成品入库单	库存商品/半自动锁	850000	
产成品入库单	生产成本/直接材料		2200000
票号 日期	数量 单价 合计	2200000	2200000

备注　项目　全自动燕尾底锁　　部门
个人　　客户
业务员

记账　　审核　　出纳　　制单　王东升

图11-29　产成品入库凭证(1)

注：在产成品入库凭证生成前，需将“500101生产成本——直接材料”科目取消项目辅助核算。

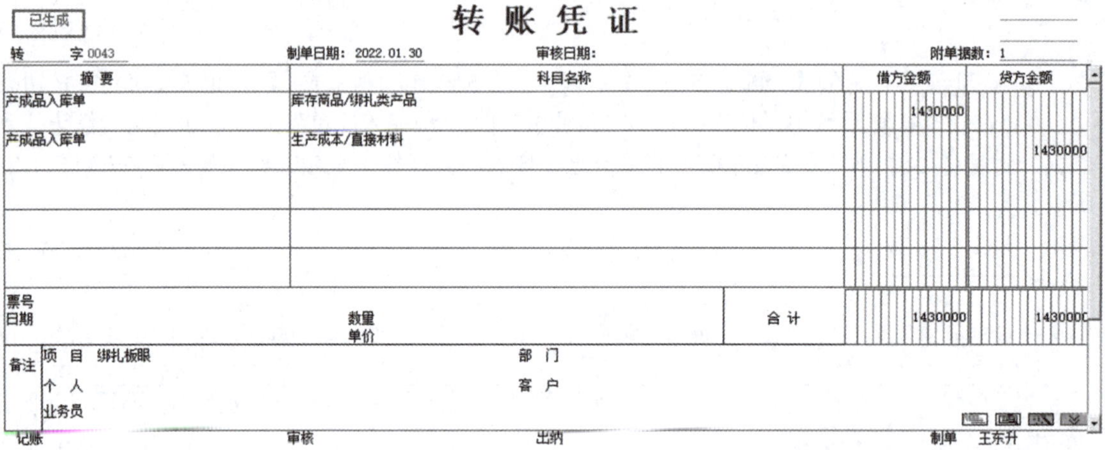

已生成

转账凭证

转 字 0043　　制单日期：2022.01.30　　审核日期：　　附单据数：1

摘要	科目名称	借方金额	贷方金额
产成品入库单	库存商品/绑扎类产品	1430000	
产成品入库单	生产成本/直接材料		1430000
票号 日期	数量 单价 合计	1430000	1430000

备注　项目　绑扎板眼　　部门
个人　　客户
业务员

记账　　审核　　出纳　　制单　王东升

图11-30　产成品入库凭证(2)

【拓展2】物料领用业务

业务解析：本业务属于车间物料领用业务，即车间为生产产品直接从原料库领用的材料，故需要填制材料出库单，以及对材料出库单进行记账及生成出库凭证。

1月10日，车间向原料库领用板钢200千克，圆钢200千克，用于生产绑扎眼板。

业务操作如下。

1. 在库存管理系统录入并审核材料出库单

在库存管理系统中，依次执行“出库业务”|“材料出库单”命令，单击【增加】按钮，录入相关信息，单击【保存】，然后单击【审核】按钮，结果如图11-31所示。

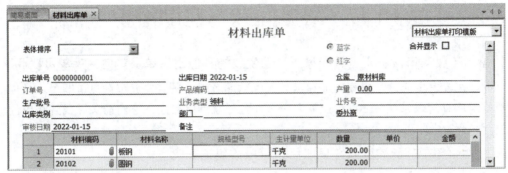

图11-31 材料出库单

2. 在存货核算系统对材料出库单记账并生成凭证

01 在存货核算系统中，依次执行"业务核算"|"正常单据记账"命令，进入查询条件设置，仓库选择"原料库"，然后进入正常单据记账列表，选择要记账的单据，单击【记账】按钮，系统出现"记账成功"信息框。

02 在存货核算系统中，依次执行"财务核算"|"生成凭证"命令，单击【选择】按钮，选择"材料出库单"，单击【确定】按钮，系统打开"生成凭证"窗口。保存转账凭证，结果如图11-32所示。

图11-32 材料领用凭证

【拓展3】核算资料查询(收发存汇总表查询)

1. 收发存汇总表查询

在存货核算系统中，依次执行"账表"|"汇总表"|"收发存汇总表"命令，进入设置条件窗口，按照默认设置进行查询。

2. 暂估材料余额表查询

在存货核算系统中，依次执行"账表"|"汇总表"|"暂估材料"|"商品余额表"命令，进入设置条件窗口，按照默认设置进行查询。

11.6　常见问题与自助维护

1. 盘点单保存审核后，盘亏和盘盈自动生成的其他出库单及其他入库单可以删除吗

可以。在没有生成盘亏出库凭证和盘盈入库凭证之前，只需要弃审盘点单即可。具体操作为：执行"库存管理系统——盘点业务"命令，打开盘点单界面，左右箭头寻找到相应的盘点单，进行"弃审"即可。

2. 相关业务在存货核算系统记账后，可以恢复记账吗

可以。具体操作为：在存货核算系统中，执行"业务核算"|"恢复记账"命令，打开"查询条件选择"对话框，单击【确定】按钮，进入"恢复记账"窗口。选中要回复记账的单据，单击【恢复】按钮即可。

单元测试

一、单项选择题

1. 存货核算系统中的平均单价计算功能是针对(　　)存货计价方法提出的。
   A. 先进先出　　　B. 个别计价　　　C. 移动平均　　　D. 全月一次平均
2. 暂估业务生成的红蓝回冲单会在(　　)中体现。
   A. 存货明细账　　B. 入库汇总表　　C. 出库汇总表　　D. 收发存汇总表
3. 存货系统以(　　)为依据核算采购入库成本。
   A. 采购入库单　　B. 采购订单　　　C. 采购到货单　　D. 采购申请单
4. 以先进先出计价方式核算的某存货，期初结存数为10，单价为10元。4月1日又购入一笔并记账，数进为5，单价为11元。4月2日需要发出一笔，数量为11，则发出成本是(　　)元。
   A. 111　　　　　B. 100　　　　　C. 55　　　　　D. 155
5. 在按照存货核算成本时，(　　)是必需的。
   A. 在存货档案中设置存货的计价方式
   B. 在仓库档案中设置仓库的计价方式
   C. 设置仓库存货对照表
   D. 设置存货货位对照表
6. 以移动计价方式核算的某存货，期初结存数为10，单价为10元。4月1日又购入一笔并记账，数量为10，单价为8元。4月2日需要发出一笔，数量为5，则发出成本是(　　)元。
   A. 100　　　　　B. 45　　　　　C. 80　　　　　D. 50
7. 存货核算不可以按(　　)方式核算成本。
   A. 仓库　　　　　B. 部门　　　　C. 存货　　　　D. 客户或供应商
8. 存货核算期末处理后，(　　)计价方式会回写出库成本。
   A. 个别计价法　　B. 先进先出法　　C. 全月平均法　　D. 后进先出法
9. 按照(　　)进行暂估处理时，系统自动生成红字回冲单，同时生成蓝字报销单。
   A. 月初回冲　　　B. 单到回冲　　　C. 单到补差　　　D. 月末回冲

10. 关于销售出库单上的单价，说法正确的是( )。
   A. 是销售成本价　　　　　　　　B. 是销售发货单上的含税单价
   C. 是销售发货单上的无税单价　　D. 是销售发货单上的零售单价

二、多项选择题

1. 其他入库单是指除( )外的其他入库业务形成的入库单。
   A. 采购入库　　　B. 产成品入库　　　C. 调拨入库　　　D. 盘盈入库

2. 库存管理系统中的盘点业务提供( )方法。
   A. 按部门盘点　　　　　　　　B. 按存货种类盘点
   C. 按仓库盘点　　　　　　　　D. 按批次盘点

3. 在( )存货计价法下，存货出库金额是在期末处理之后由系统计算出来的。
   A. 全月平均　　　B. 计划价/售价　　　C. 移动平均　　　D. 先进先出

4. 关于调拨单业务的核算，描述正确的是( )。
   A. 调拨单可用于仓库之间存货的转库业务
   B. 调拨单可用于部门之间存货的调拨业务
   C. 调拨单在库存系统中填制
   D. 调拨单审核后，系统会生成相应的其他出入库单据

5. 关于假退料业务，描述正确的是( )。
   A. 假退料回冲单在月末结账时自动记账
   B. 恢复月末结账时，将假退料单生成的蓝字回冲单一起恢复
   C. 假退料回冲单上的数量、金额的符号与假退料单完全相反
   D. 假退料回冲单的单据号与假退料单相同

6. 关于直运销售业务核算，描述正确的有( )。
   A. 采购直运发票是其记账的依据　　B. 直运采购入库单是其记账的依据
   C. 销售直运发票是其记账的依据　　D. 直运销售出库单是其记账的依据

7. 关于调拨业务，描述正确的是( )。
   A. 调拨单是指用于仓库之间存货的转库业务或部门之间存货的调拨业务的单据
   B. 调拨单上转入仓库与转出仓库、转入部门与转出部门可以不同
   C. 调拨单可以手工制单
   D. 调拨单可以参照生产订单生成，同材料出库单一样会写订单相关信息

8. 关于库存管理系统月末结账功能，描述正确的是( )。
   A. 月末结账后不能再做已结账月份的业务，只能做未结账月份的日常业务
   B. 如果和采购、销售集成使用，只有在采购结账后、销售结账前，库存才能进行结账
   C. 如果和采购、销售集成使用，只有在采购、销售结账后，库存才能进行结账
   D. 如果和存货核算集成使用，存货核算必须当月末结账或取消结账，库存才能取消结账

9. 关于库存账查询功能，描述正确的是( )。
   A. 现存量可按仓库、存货、批号、货位、条形码等关键字进行组合查询
   B. 出入库流水账可查询任意时间段或任意情况下的存货出入库情况
   C. 库存台账主要用于查询各仓库各存货各月份的收发存明细情况
   D. 入库跟踪表只显示入库跟踪出库属性的存货出入库记录

三、判断题

1. 库存期初数据录入完毕后，必须进行期初审核，之后才能开始处理日常业务。审核以后，期初数据不能修改。（   ）
2. 库存管理系统的结账工作应在采购与销售管理系统结账之前进行。（   ）
3. 盘点单只能手工增加，不可以参照生成。（   ）
4. 暂估价与结算价不一致，暂估处理时是否调整出库成本，只针对先进先出、后进先出和个别计价三种方法，因为只有这三种计价方法可通过出库单跟踪到入库单。（   ）
5. 单到补差是指报销处理时，系统自动生成一笔调整单，调整金额为实际金额与暂估金额的差额。（   ）
6. 对于采用全月平均法或计划价/售价法核算的存货，在期末处理后方可将单价回填到销售出库单上。（   ）
7. 采购入库单暂估记账指货到票未到，采购入库单未做结算。（   ）
8. 全月平均单价是通过存货核算下业务核算的期末处理完成自动计算的。（   ）
9. 关于暂估入库业务，系统提供了月初回冲、单到回冲、单到补差三种常用的暂估处理方式。（   ）
10. 存货核算提供了按仓库、按部门、按存货三种成本核算方式。（   ）
11. 其他出库单一般情况下由盘点、调拨、组装拆卸、形态转换、不合格品记录单等业务和单据生成。（   ）
12. 存货档案中的"应税劳务"指在采购发票上开具的运费、包装费等采购费用。（   ）

四、思考题

1. 简述存货核算与采购、销售、库存管理系统之间的关系。
2. 存货的库存成本是怎样核算的？销售成本是怎样核算的？

第 12 章

供应链管理期末处理

学习目标：
1. 掌握用友ERP-U8管理软件中供应链管理期末处理的相关内容；
2. 理解并掌握企业期末处理和月末结账的关系；
3. 掌握企业月末结账的顺序；
4. 理解并尝试如何取消月末结账。

12.1 供应链管理期末处理概述

供应链管理期末处理主要包括两项内容，分别是期末处理和月末结账。在采购管理、销售管理、库存管理、存货核算集成应用模式下，期末处理只涉及存货核算子系统，月末结账则涉及所有子系统。

12.1.1 期末处理

当日常业务全部处理完成后，需要在存货核算系统中进行期末处理。对于按全月平均法核算的存货，期末处理时计算全月平均单价及本月出库成本；对于按计划价/售价核算的存货，期末处理时计算差异率并分摊差异。对于按照移动平均、先进先出、个别计价核算的存货，期末处理仅作为本月业务完结的标志。

12.1.2 月末结账

结账表示本期业务处理的终结。

在采购管理系统、销售管理系统、库存管理系统、存货核算系统集成应用模式下，期末结账要遵从一定的顺序。按照子系统之间的数据传递关系，各子系统结账的先后顺序如图12-1所示。

采购管理和销售管理月末结账后，才能进行应付款管理、应收款管理、库存管理月末结账；库存管理结账后，才能进行存货核算月末结账；应付款管理、存货核算、应收款管理全部结账后，才能进行总账系统月末结账。

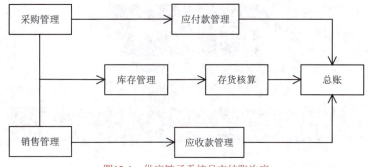

图12-1 供应链子系统月末结账次序

12.2 供应链管理期末处理实务

12.2.1 基本任务

1. 2022年1月31日，采购管理月末结账。
2. 2022年1月31日，销售管理月末结账。
3. 2022年1月31日，库存管理月末结账。
4. 2022年1月31日，存货核算期末处理。
5. 将除其他出入库单外的所有单据生成凭证。
6. 存货核算月末结账。

12.2.2 基本任务实操指导

1. 采购管理月末结账

01 在采购管理系统中，执行"月末结账"命令，打开"结账"对话框。

02 选择会计月份为1月，单击【结账】按钮，弹出"月末结账"信息提示框，如图12-2所示。

03 单击【否】按钮，1月"是否结账"处显示"是"。单击【退出】按钮，退出结账界面，如图12-3所示。

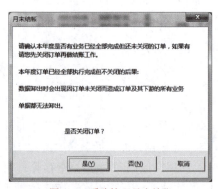

图12-2 采购管理月末结账

图12-3 采购管理完成结账

2. 销售管理月末结账

01 在销售管理系统中，执行"月末结账"命令，打开"结账"对话框。

02 单击【结账】按钮，系统弹出信息提示框。单击【否】按钮，完成销售系统结账，如图12-4所示。

03 单击【退出】按钮，退出结账界面。

3. 库存管理月末结账

01 在库存管理系统中，执行"月末结账"命令，打开"结账"对话框。

02 单击【结账】按钮，系统弹出信息提示框，如图12-5所示。

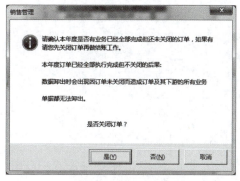

图12-4　销售管理月末结账

图12-5　库存管理月末结账

03 单击【是】按钮，结账完成。单击【退出】按钮，退出结账界面。

4. 存货核算期末处理

01 在存货核算系统中，执行"业务核算"|"期末处理"命令，打开"期末处理——1月"对话框，如图12-6所示。

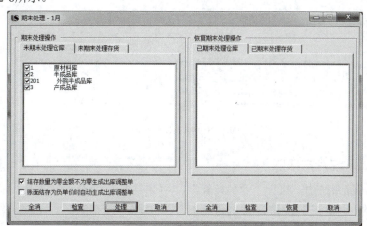

图12-6　存货核算期末处理

02 选中"结存数量为零金额不为零生成出库调整单"复选框，单击【处理】按钮，系统弹出"期末处理完毕！"信息提示框，单击【确定】按钮。

03 关闭退出"期末处理"对话框。

5. 将除其他出入库单外的所有单据生成凭证

01 在存货核算系统中，执行"财务核算"|"生成凭证"命令，系统打开"生成凭证"窗口。

02 单击工具栏中的【选择】按钮，系统弹出"查询条件"对话框，选中除"其他入库单"和"其他出库单"外的所有复选框，如图12-7所示。单击【确定】按钮，进入"未生成凭证单据一览表"窗口。

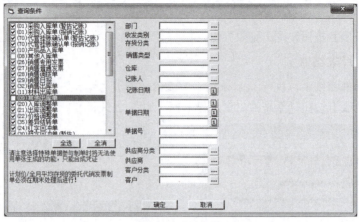

图12-7　查询条件

03 单击【全选】按钮，再单击【确定】按钮，进入"生成凭证"窗口。

04 单击【生成】按钮，生成凭证，如图12-8所示。

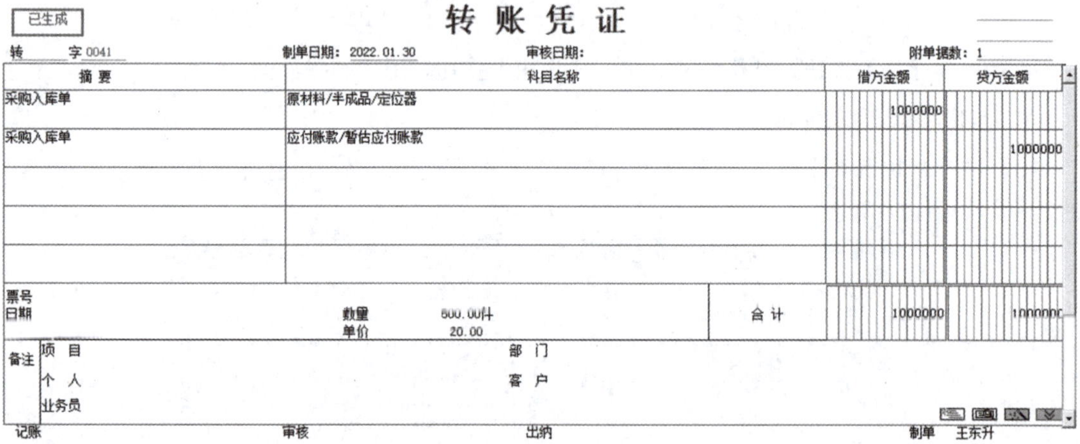

图12-8　暂估入库凭证

6. 存货核算系统月末结账

01 在存货核算系统中，执行"业务核算"|"月末结账"命令，打开"结账"对话框。

02 单击【月结检查】按钮，系统进行月结前的检查工作，完成后弹出"检测成功！"对话框，单击【确定】按钮返回。

03 单击【结账】按钮，系统弹出"月末结账完成！"信息提示框，单击【确定】按钮返回，如图12-9所示。

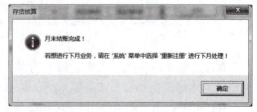

图12-9　存货核算系统月末结账

12.2.3 拓展任务

【拓展】如何取消结账

月末记账后，发现本月还有未处理完的业务，可以取消本月结账。取消结账要按照图 12-1 所示结账顺序的逆序进行。我们以"取消存货核算月末结账"为例进行操作指导。

01 存货核算系统取消1月月末结账时，要以2月日期登录。

02 在存货核算系统中，执行"业务核算"|"月末结账"命令，打开"结账"对话框。

03 单击【取消结账】按钮，系统弹出"恢复月末结账完成！"信息提示框，如图 12-10 所示。

04 单击【确定】按钮返回，其他系统取消月末结账同理。

图12-10　取消存货核算系统1月的月末结账

12.3　常见问题与自助维护

1. 如何订单关闭

采购管理和销售管理月末结账界面中，系统提示"请确认本年度是否有业务全部完成但未关闭的订单，如果有请您先关闭订单再做结账工作"的信息提示框，并指出不关闭的后果是"数据卸出时会出现因订单未关闭而造成订单及其下游的所有业务单据都无法卸出"。

本书以关闭"采购订单"为例进行操作指导，具体方法如下。

方法一：

(1)在采购系统中，执行"采购订货"|"采购订单列表"命令，打开"查询条件选择"对话框；

(2)单击【确定】按钮，进入"订单列表"窗口，选择要关闭的订单列表，单击【批关】按钮即可。

方法二：

在采购系统中，执行"采购订货"|"采购订单"命令，进入"采购订单"界面，通过左右箭头找到需要关闭的采购订单，直接单击该界面上方的【关闭】按钮即可。

2. 用友U8系统使用一段时间后，如何提高系统运行效率

通过数据卸出达到提高系统效率的目的。用友U8系统运行一段时间后，系统中会积累大量

的业务单据及数据，影响系统的运行效率。可以考虑将不再需要的数据卸出，以提高系统效率。具体操作为：账套主管登录系统管理，执行"账套库"|"数据卸出"命令，进行数据卸出。

单元测试

一、单项选择题

1. 以下哪个子系统需要进行期末处理？
   A. 采购管理　　　　B. 销售管理　　　　C. 库存管理　　　　D. 存货核算
2. 库存管理系统结账前，以下哪些子系统需要进行结账？
   A. 采购管理　　　　B. 销售管理　　　　C. 总账　　　　　　D. 存货核算
3. 销售管理取消月末结账前，以下哪些子系统需要进行取消结账？
   ① 采购管理　　② 库存管理　　③ 存货核算　　④ 应收款管理　　⑤ 应付款管理
   A. ①②③　　　　　B. ②③④　　　　　C. ③④⑤　　　　　D. ①②③④⑤

二、判断题

1. 如果没有设置为全月平均法和计划价/售价核算的存货，可以不进行期末处理。（　　）
2. 本月执行完毕的订单必须关闭才能进行月末结账。（　　）
3. 必须先恢复存货核算系统的月末处理，才能取消库存管理的月末结账。（　　）

三、思考题

1. 财务业务一体化集成应用时，正确的结账顺序是什么？
2. 简述订单关闭的意义。结账前是否一定要关闭已执行完毕的订单？

参考文献

[1] 孙莲香,刘兆军,安玉琴. 财务业务一体化实训教程(用友U8 V10.1)[M]. 北京:清华大学出版社,2022.

[2] 王新玲. 用友U8(V10.1)会计信息化应用教程(微课版)[M]. 3版. 北京:人民邮电出版社,2022.

[3] 刘大斌等. 会计信息化实训教程——财务链(用友U8 V10.1)[M]. 2版. 北京:清华大学出版社,2021.

[4] 王新玲. 用友U8财务管理系统原理与实验(U8 V10.1)——新税制微课版[M]. 2版. 北京:清华大学出版社,2020.

[5] 毛华扬,陈丰,王婧婧. 会计信息化原理与应用(微课版):用友U8 V10.1[M]. 4版. 北京:清华大学出版社,2020.

[6] 黄辉. 会计电算化:基于用友U8 V10[M]. 大连:东北财经大学出版社有限责任公司,2020.